国家级线上线下混合式一流课程配套教材

河南省"十四五"普通高等教育规划教材

工程创新创业基础

主　编　王忠勇　朱国贞
副主编　张复生　李常青　念延辉

GONGCHENG
CHUANGXIN
CHUANGYE JICHU

高等教育出版社·北京

内容提要

本书是国家级线上线下混合式一流课程"创新创业教育与工程设计实践"的配套教材，是河南省"十四五"普通高等教育规划教材之一。本书共十六章，主要内容包括：绪论、创新基础、产品创意、创业基础、创业团队管理、办公文秘、市场调研、商业计划书、创业法律基础、创业财务基础、创业营销基础、工程项目设计（嵌入式系统）、工程项目设计（软件系统）、产品标准、技术文档写作和工程项目管理。

本书适合作为高等学校创新创业相关课程教材，也可作为社会人士的自学用书。

图书在版编目（CIP）数据

工程创新创业基础 / 王忠勇，朱国贞主编. —北京：高等教育出版社，2021.5
ISBN 978-7-04-055680-3

Ⅰ. ①工… Ⅱ. ①王… ②朱… Ⅲ. ①大学生-创业-高等学校-教材 Ⅳ. ①G647.38

中国版本图书馆 CIP 数据核字（2021）第 033985 号

| 策划编辑 | 刘自挥 郭昕宇 | 责任编辑 | 郭昕宇 林 荫 | 封面设计 | 张文豪 | 责任印制 | 高忠富 |

出版发行	高等教育出版社	网 址	http://www.hep.edu.cn
社 址	北京市西城区德外大街 4 号		http://www.hep.com.cn
邮政编码	100120		http://www.hep.com.cn/shanghai
印 刷	江苏德埔印务有限公司	网上订购	http://www.hepmall.com.cn
开 本	787mm×1092mm 1/16		http://www.hepmall.com
印 张	18.75		http://www.hepmall.cn
字 数	431 千字	版 次	2021 年 5 月第 1 版
购书热线	010-58581118	印 次	2021 年 5 月第 1 次印刷
咨询电话	400-810-0598	定 价	42.00 元

本书如有缺页、倒页、脱页等质量问题，请到所购图书销售部门联系调换

版权所有 侵权必究
物 料 号 55680-00

编 委 会

主　　编　王忠勇　朱国贞
副主编　张复生　李常青　念延辉
编　　委　王咏梅　赵艳花　张德芬　张延彬
　　　　　　姬　波　宋　玉

前　言

一、写作背景

本教材源自编者所在学校2007年开设的"工程设计与管理"课程。该课程是在引进国外优质教育资源背景下为培养学生综合应用能力、提高学生工程设计水平而开设的。我们遵循国际工程教育专业认证的"以学生为中心的教育理念、成果导向的教育取向、持续改进的质量文化"三大核心理念,对该课程进行了全面升级,增加了"创新创业基础、产品标准、知识产权保护"等内容,完善了教学质量评价体系,重点解决创新创业教育与专业教育有机融合的问题,并实现线上线下混合式教学,同时将其列为学校工科专业实践环节的必修课。由于该课程涉及多学科的知识,实践性很强,多年来一直在寻求合适的教材,为满足教学和创新创业通识教育的需求,编写一本符合高校创新创业教育实际,特别是将专业教育和创新创业教育深度融合的教材就成为我们的夙愿。为此我们在不断研究讨论、查阅文献、总结十余年课程开设经验的基础上,通过近一年的努力,终于编写成了本教材。

二、教材特色

本教材将创新创业基础教育与工程设计实践相融合,通过讲授基本概念和方法、指导模拟实践过程,使学生掌握创新的原理与方法,熟悉创业的基本概念和流程。通过介绍创新创业过程中必备的团队管理、工程项目管理、创业营销、财务基础、法律基础等相关知识以及工程设计实践内容,全面提高学生的创新思维、创业能力和工程设计能力。

本教材对前导课程和学科背景没有特殊要求,可满足各级各类本科院校对体验式创新创业基础教育的教学需求。教材面向初创团队,以普及创新创业基础知识为主,阐述分析基本概念和原理,重点强调创业者在创业过程中必备的知识要点。同时从实战角度出发,通过贯穿全书的两个应用案例"趣味健身自行车"和"校园蹭课APP",使学生对创新创业有比较全面的了解和体验,帮助初创团队在创新创业过程中遇到问题时能找到解决问题的思路。

本教材以学生为中心,让学生以产品研发为目标,进行探索体验式学习。学生自己组建和管理团队,模拟初创公司运营和决策,在行动过程中培养创新意识、创业精神,提高机会识别、资源整合、团队建设等创业能力。因此,各章编写时注意以实用有趣的生活案例激发学生的求知欲望,注重自主学习能力的培养,引导学生用创新创业思维开展工作,强化创造性地分析和解决问题的能力。本教材特色主要体现在以下三个方面:

(1) 理念新颖。本教材将创新创业素质的培养有机嵌入到专业学习环节,从学科专业的角度学习创新创业知识，提高工程设计能力。

（2）学科交叉。本教材涵盖工学、商学、法学等学科专业知识，多学科交叉融合，完善了学生创新创业知识结构。

（3）实践丰富。本教材以项目研发为主线，让学生组队模拟初创公司运营，在该过程中学习创新创业涉及的创业思维、创意方法、工程设计、团队管理，以及市场、法律、财务、文秘、标准、写作等必备知识，并为体验创新创业过程提供实训指导。

三、慕课建设

本教材配套的中国大学MOOC"创新创业教育与工程设计实践"被评为国家级线上线下混合式一流课程。读者可以登录中国大学MOOC网（www.icourse163.org）搜索主编姓名或"创新创业教育与工程设计实践"，学习本教材配套慕课。

四、使用建议

建议使用本教材的高校同步开设实践课程。在学生组建团队模拟公司运行时，以学生自主学习为主，以团队全程考核为抓手，嵌入企业行为开展工程设计实践教学。教师要引导学生自主发现问题，提出产品创意，探索解决问题的方法，自觉遵循工程规范，开发出具有创新特征、市场价值的产品实体。

希望通过对本教材的学习达到"训练创新思维，培养创新习惯，激发创业潜能；提出工程问题，开展工程实践，了解工程规范；树立产权意识，强化团队合作，提高表达能力"的目标。

五、写作分工

本教材由王忠勇、朱国贞担任主编，张复生、李常青、念延辉担任副主编。全书共分为十六章：第一章由王忠勇编写，第二章、第三章由李常青编写，第四章由王咏梅编写，第五章、第十四章、第十五章由朱国贞编写，第六章由赵艳花编写，第七章、第十一章由念延辉编写，第八章、第十章由张复生编写，第九章由张德芬编写，第十二章由张延彬编写，第十三章由姬波编写，第十六章由宋玉编写。经编者反复讨论修改，最终由王忠勇、朱国贞统筹定稿。

六、致谢

本教材在编写过程中借鉴和参考了大量国内外创新创业教育方面的文献资料，吸纳了一些专家学者的理论和观点，在此一并向这些内容的作者表示真诚的谢意！同时感谢高等教育出版社的编辑们为本教材顺利出版所做的努力！

由于编者水平所限，书中难免存在疏漏和不当之处，恳请广大读者批评指正。

目 录

第一章　绪　论 1

　　学习目标 / 1

　　导入案例 / 1

　　第一节　创新创业概述 / 2

　　第二节　创新创业实践过程 / 3

　　第三节　创新创业的应用实例 / 7

　　本章小结 / 9

　　思考题 / 9

第二章　创新基础 10

　　学习目标 / 10

　　导入案例 / 10

　　第一节　创新概述 / 10

　　第二节　思维定式与创新思维 / 14

　　第三节　创新方法 / 18

　　第四节　奥斯本检核表法的应用实例 / 24

　　本章小结 / 24

　　思考题 / 25

第三章　产品创意 26

　　学习目标 / 26

　　导入案例 / 26

　　第一节　创意概述 / 26

　　第二节　产品创意 / 28

　　第三节　产品创意的应用实例 / 31

　　本章小结 / 34

　　思考题 / 34

第四章　创业基础 35

　　学习目标 / 35

导入案例 / 35

第一节 创业概述 / 36

第二节 创业现状与时机 / 38

第三节 创业要素 / 39

第四节 创业动机和创业者素质 / 41

第五节 创业准备与项目选择 / 44

第六节 创业设想的应用实例 / 47

本章小结 / 47

思考题 / 48

第五章 创业团队管理 ... 49

学习目标 / 49

导入案例 / 49

第一节 创业团队的组建原则 / 50

第二节 创业团队的管理原则 / 52

第三节 目标管理 / 54

第四节 绩效管理 / 58

第五节 管理艺术 / 60

第六节 创业团队管理的应用实例 / 64

本章小结 / 71

思考题 / 71

第六章 办公文秘 ... 72

学习目标 / 72

导入案例 / 72

第一节 秘书职业概述 / 72

第二节 文件处理与整理 / 75

第三节 会务工作 / 78

第四节 常用文件撰写 / 83

第五节 办公文秘的应用实例 / 86

本章小结 / 88

思考题 / 88

第七章 市场调研 ... 89

学习目标 / 89

导入案例 / 89

第一节 市场调研的策划 / 89

第二节 市场调研的方法 / 91

第三节　调查问卷的设计 / 97
第四节　调研资料的分析 / 101
第五节　调研报告的撰写 / 104
第六节　市场调研的应用实例 / 105
本章小结 / 107
思考题 / 107

第八章　商业计划书 · 108

学习目标 / 108
导入案例 / 108
第一节　商业计划书概述 / 109
第二节　商业计划书的内容 / 111
第三节　商业计划书的撰写要求与展示方式 / 116
第四节　商业计划书的应用实例 / 118
本章小结 / 122
思考题 / 122

第九章　创业法律基础 · 123

学习目标 / 123
导入案例 / 123
第一节　创业企业组织形式的选择 / 124
第二节　创业企业的组织机构 / 127
第三节　创业企业的合法经营 / 131
第四节　创业企业的知识产权保护 / 136
第五节　创业法律的应用实例 / 145
本章小结 / 146
思考题 / 146

第十章　创业财务基础 · 147

学习目标 / 147
导入案例 / 147
第一节　创业财务问题概述 / 148
第二节　初创公司的筹资 / 155
第三节　初创公司的资金运用 / 161
第四节　初创公司的财务营运 / 165
第五节　初创公司的财务核算 / 170
第六节　公司初创期的税费与利润 / 173
第七节　创业财务的应用实例 / 175

本章小结 / 181

思考题 / 181

第十一章　创业营销基础 …………………………………………………………… 182

学习目标 / 182

导入案例 / 182

第一节　营销战略的确定 / 183

第二节　营销战术的确立 / 187

第三节　新型营销模式 / 192

第四节　创业营销的应用实例 / 194

本章小结 / 197

思考题 / 197

第十二章　工程项目设计(嵌入式系统) ………………………………………… 198

学习目标 / 198

导入案例 / 198

第一节　需求分析 / 198

第二节　总体设计 / 199

第三节　硬件设计 / 200

第四节　软件设计 / 206

第五节　硬件调试 / 206

第六节　软件测试 / 208

第七节　嵌入式系统开发的应用实例 / 210

本章小结 / 212

思考题 / 213

第十三章　工程项目设计(软件系统) ………………………………………… 214

学习目标 / 214

导入案例 / 214

第一节　软件系统的设计与开发 / 214

第二节　面向对象开发模型 / 218

第三节　软件系统设计的应用实例 / 222

本章小结 / 231

思考题 / 232

第十四章　产品标准 ……………………………………………………………… 233

学习目标 / 233

导入案例 / 233

第一节　产品标准概述 / 233
第二节　标准体系简介 / 235
第三节　企业产品标准编制指南 / 238
第四节　产品标准的应用实例 / 241
本章小结 / 248
思考题 / 249

第十五章　技术文档写作 … 250

学习目标 / 250
导入案例 / 250
第一节　技术文档概述 / 251
第二节　编制规范与版本管理 / 252
第三节　编写流程 / 255
第四节　文档写作指南 / 257
第五节　技术文档写作应用实例 / 260
本章小结 / 262
思考题 / 262

第十六章　工程项目管理 … 263

学习目标 / 263
导入案例 / 263
第一节　项目管理概述 / 264
第二节　工程项目管理的目标与内容 / 267
第三节　工程项目管理体系 / 269
第四节　工程项目管理过程 / 271
第五节　创业项目管理的应用实例 / 275
本章小结 / 282
思考题 / 282

参考文献 … 283

第一章 绪　　论

 学习目标

1. 了解创新创业教育的背景意义。
2. 熟悉工程创新创业教育学习要求及实施过程。
3. 熟悉本教材课程管理模式和评价体系。

 导入案例

段同学和他的植保无人机

某大学通信工程专业学生段某,在踏入大学校园后,经常利用自己的信息学科专业知识制作、调试无人机模型,积累了丰富的航模制作经验。一个偶然的机会,他了解到无人机在农业中可以用于农药喷洒、灌溉监控等方面,对智能农业中的"植保无人机"产生了浓厚的兴趣,并寻找相关专业同学共同组建了创新团队。他们通过调查发现,当地农业生产中信息化、智能化严重滞后,由于人力、技术等限制,精细农业、数字农业难以真正落地。针对此问题,他们基于地理信息服务和无人机技术,研发了软硬件结合的植物保护信息化系统,创造了国内三个"第一"的好成绩:① 提出了第一款轴双插拔方案,实现无人机3秒换药;② 推出国内第一家高清地图飞行系统,作为无人机的"眼睛",帮助无人机勘测飞行轨迹、确定灌溉范围等,实现精准定位,误差仅在厘米级;③ 作为第一家大规模应用实时监管系统,实现了无人机实时监管、记录和提醒。依托该系统,段某及其团队申请专利并注册了公司,在基于专业进行创新的基础上开始了自己的创业实践,目前该公司已运营了三年,服务过近千个村镇,无人机从刚开始的3架增长到目前的150余架,保护农田面积达到几十万公顷,获得风险投资5 000余万元,创业取得初步成功。

在国家大力提倡"大众创业、万众创新"的背景下,很多高校学生纷纷投入到创新创业实践的热潮中来,涌现出一批成功的创业案例,展现出青年大学生的激情与活力。但是也要清楚地看到,目前大学生初创成功率依旧不高,多数创业项目存在创新性不足、可替代性强、规模难以拓展等问题,缺乏企业核心竞争力,难以形成企业发展的"护城河"。

分析"大疆无人机"等相似案例可以看出,在专业知识与创新创业知识有机结合的基础上进行创业实践,具有更高的竞争力和成功率。

第一节　创新创业概述

一、创新创业教育背景

目前，全球新一轮科技革命和产业变革正在加速演进，创新已经成为引领发展的第一驱动力，同时以创新驱动的创业实践也在蓬勃开展，对于推动经济社会发展起到愈加重要的作用。对于国家和民族来说，创新是一个民族进步的灵魂，是国家兴旺发达的不竭动力，推进创新创业工作是发展的动力之源、富民之道和强国之策；对于社会发展来说，创新创业实践是塑造企业核心竞争力、推动经济发展的必然选择；对于青年个体发展来说，创新创业能力已经成为一种个人的素质要求，是实现自我价值的重要支撑。

然而对于青年学生等初创者而言，在创新创业学习中始终存在的一个困境是：专业学习和创新创业学习在学习内容上并不能实现有效的结合，专业知识难以有效应用于创新创业实践当中。与此同时，针对创新创业学习来说，存在理论学习不够系统、实践锻炼无法落地、学习效果难以评价等现实的困扰，阻碍了学生全面发展和综合素质提升。

创新创业的关键在人才，人才的关键在教育，做好创新创业教育改革与实践既是高等学校的责任也是高等学院的使命。为了解决以上问题，教育部印发的《关于加快建设高水平本科教育全面提高人才培养能力的意见》（"新时代高教40条"），明确提出推动创新创业教育与专业教育、思想政治教育紧密结合的指导意见，为高等教育创新创业改革指明了方向。

以赛促创，全球最大双创平台开花结果

二、创新创业学习内容

基于创新创业教育与专业教育深度融合的理念，在培养同学们专业技能的同时，提高同学们的创新创业意识、团队合作精神等素质成为了学校的一项重要任务。本教材主要围绕一所高校创新创业教育实施流程的实例展开，后续各章节内容均为该应用实例涉及的相关知识。在内容组织上，各章节以"校园蹭课APP""趣味健身自行车"两个项目为应用实例，通过模拟公司的企业行为，引导同学们在组队合作的基础上，综合考虑市场调研、产品设计、产品研发、市场营销、财务管理和知识产权保护等企业运营的要素，在完成产品研究与开发的基础上，有组织、有分工、有预决算地完成模拟企业运营，将创新创业过程中涉及的不同专业学科的知识进行有机融合，最大限度地实现创新实践与创业体验有效统一，帮助读者掌握创新设计、企业创立与运营过程中应掌握的必备基础知识。

学生在立项、设计等环节，既要体现创新意识，也要考虑成本核算、商业策划与市场推广，更要考虑其对社会、道德、法律以及文化的影响，理解创新创业者应承担的社会责任；在工程实践环节，通过产品研发与制作，体会从创意产生到产品落地的全过程，认识到团队合作在产品研发当中的重要作用，了解行业的技术标准和相关法律法规，培养应用新技

自主创新显实力，知识产权添动力

术、新方法综合分析和解决复杂工程问题的能力,树立工程规范意识;在产品推广环节,通过撰写面向同行的技术报告、面向客户用户手册等训练,增强语言文字表达的规范性和准确性。通过知识产权相关学习,增强学术诚信和知识产权保护意识,学会尊重他人知识产权,保护自身知识产权。在整个过程当中,团队成员需要做好分工与合作,以此增强团队合作意识与能力。

【延伸阅读】 哈佛大学的创业教育:一切从实际出发

> 哈佛大学的创业教育课程主要突出一个特点,就是注重实际应用,课程内容和教学方法都强调从实践出发。在课程内容上,不仅包含创业所必需的基础知识,如财务、营销、商务谈判等方面内容,还包括领导力等行为科学内容,这些课程紧密联系商业实践,重视解决创新创业中的实际问题。
>
> 例如,在开设"创新企业"这门课中,着重探讨设立新公司时所需要的技能、技巧以及新企业发展的知识。学生们组成小组,从创意概念展开,进而完成一个设立新公司所需要的完整经营计划,并对计划付诸实施。通过这一完整过程的学习,学生可以学到创业理论,也能学习到具体的创业技能技巧,并能实施具体的创业行动规划。
>
> "案例教学法"是哈佛大学创新创业教育教学方法上的特色之一。"案例教学法"要求学生站在实际创业者的立场上,学习什么是创业和如何创业,对创新创业中遇到的实际问题进行分析,以培养学生解决实际问题的能力。丰富的案例训练也让学生对创业过程中可能遇到的问题有深刻的认识,有效提高了学生创业成功的概率。

第二节 创新创业实践过程

本教材的创新创业教育实施案例以产品研发为主线,以学生为主体,自由组建团队,成立模拟公司,自己提出问题,探索解决问题的方法,提出产品创意,并进行设计研发,最终研发出有卖点、能推广的产品。在实践中,采用问题驱动、结果导向的实战训练模式,教师"离岸""远程"监督指导。在该过程中结合创业团队管理、工程项目设计与研发、市场营销、财务管理、技术文档写作等一系列实践活动来学习相关知识,以阶段检查和最终验收来评定学生学习和实践的效果,以团队(公司)为单位获得总分,学生个人将根据对团队的贡献获得本人最终成绩。学校可根据情况成立"双创教学指导委员会"全程负责创新创业教学活动的开展和落实。具体实施过程如下。

一、团队管理

团队由8~10人组成,跨专业组建团队更好。团队包含经理、办公文秘人员、财务管理人员、质量控制人员、项目研发人员和市场营销人员等角色。经理由推荐或自荐产生,多人自荐时竞选产生;经理根据其他成员所学专业或者是所感兴趣的角色,确定办公文秘、财务管理、质量控制等人员。指导教师作为董事长来督导项目进度,并进行"离岸""远程"指导;若经理不称职,影响了项目进度或质量,可在董事长(指导教师)的主持下,重新推选。在项目进行的中、后期,可以根据需要作职务角色轮换,以体验不同岗位的工作和不同领导人的风格。团队依据所学专业知识,围绕产品创新开展工作。团队组建,即模拟公司成立后,就要求大家为公司起一个独特的与业务相关的名称,设计一个富有创意的标志(logo)。公司应特别重视产品的"卖点"。如果公司拟研发的产品没有卖点,公司就无法生存。也就是说,如果公司的产品没有创意或新意,团队的成绩将会受到较大影响。

团队成员都应参加基础知识的理论学习,都要参与以所学专业为主线的项目创意、需求分析、方案设计、产品开发等环节;在模拟公司运行环节,应根据角色,结合岗位职责,参加相应的创新创业实践。公司必须制定岗位细则、考核办法、激励机制等各项规章制度,并严格执行;定期召开会议,交流遇到的问题,讨论解决方案,每次会议按时间、地点、主题、内容、参加人员等形成会议纪要;在项目研发过程中,严格财务管理,提交项目研发经费预算,学校可给予一定经费用于支持购买元器件和申请知识产权等,对于在规定次数以外邀请教师的指导和讨论,要以内部虚拟货币的形式"付费",其支出必须有收据;鼓励与社会企业合作,获得资助,资助金额由团队自主支配,但必须按财务制度进行管理;每两周提交"项目进度报告",内容包括进展情况、存在问题、下一步计划等,经指导教师签署意见后,及时反馈给学生团队,达成一致意见后执行。

二、项目管理

(一) 选题立项

选题必须结合专业立项,例如,电子信息类专业的选题,可以是电子信息及其相关产品,包括应用软件、物联网设备、嵌入式系统、信息管理系统等,项目结项时,需提供硬件或软件实体,此实体必须是能演示的,要求有较好的外观,可以独立销售则更好。选题还应具有以下特征:① 创新性,在充分了解该领域的产品和技术现状的基础上,应对前人工作有改进或突破,或有独特见解,有一定的应用价值,具有"卖点";② 工程性,应具有一定的技术含量,必须运用工程原理,经过分析才可能解决;③ 复杂性,这里的复杂性主要是指,产品功能可以划分出相对独立的模块,满足所有队员都能承担一定技术研发任务的要求,要有一定的工作量。

选题立项应包含创意讨论和市场调研两个过程。创意讨论是指从需求出发,每个成员均应提出创意,根据创新特征、技术可行性、市场前景,最后分析讨论选出 1～2 个选题。市场调研由市场营销人员制定调研方案,全部成员参与调研,形成"市场分析报告",确定 1～2 个拟研发项目。

(二) 方案设计

方案设计应按工程管理规范进行需求分析、概要设计和详细设计。该过程是递进的,一般由质量控制负责人主导,其他队员参与,以口头或书面形式提出自己的见解,汇总归纳后形成设计文档。论证阶段应邀请指导教师参加,定稿后由指导教师审核签字。方案设计完成后,参加立项答辩。

(三) 产品研发

产品研发阶段,首先,应划分模块,按工作量大小分配给不同成员,所有成员(包括经理)都要承担一定的技术工作。项目研发人员承担主要的,或功能复杂的部分,其他队员按不同角色,分配一定量的研发任务。如果项目涉及一些本团队无法解决的技术或者其他因素,可通过团队间的协作或与社会协作解决。外协工作由经理负责,办公文秘人员协助。其次,应制订研发进度计划,最好是要求以"周"为时间单位。再次,应划分检查节点,按计划节点进行进度检查,对存在问题提出整改意见,给出检查结果,并上报指导教师。在每个模块完成后应给出单元测试记录,提交质量控制人员验收,验收通过后再进行总装调试。质量控制人员应设计系统的测试方案,交团队讨论,提交指导教师批准后实施。产品按设计要求通过系统测试后,本阶段工作结束。在该过程中各成员应根据进度计划,自行安排工作时间,每次工作结束后书写工作日志,简要记录工作时间、工作内容、所得结果,存在问题以及改进措施等。

(四) 项目结项

项目结项时应做好文档整理、实物展示、结项答辩等工作。

结项时,应对过程中产生的文档资料及变更情况进行最终整理,包括市场分析报告、开题报告、设计报告(需求分析、概要设计、详细设计)、研制报告、网站建设报告、市场营销报告、财务预决算报告和总结报告等。会议纪要、队员演讲材料、工作日志也是应提交的文档,作为日常工作评价的依据。

实物展示时应能顺利地演示产品功能,并且性能达到设计要求,为了达到较好的展示效果,应考虑外形美观,操作方便;产品展示会将邀请相关方面领导、专家、媒体及社会企业参加,项目团队应做好展台设计、展板制作、嘉宾接待等工作。

结项答辩的内容应包括公司组成、产品简介、市场调研、项目管理、财务管理、公司网站、市场营销等,同时应反映项目研发的全过程,准备答辩时答辩专家可能提出的技术、管理、营销等问题。

(五) 市场营销

市场营销是贯穿于项目研发过程始终的,具体包括:第一,公司网站建设。市场营销负责人主持公司网站建设,网站应宣传公司形象、文化理念,展示、推销公司产品,提供技术支持和售后服务;第二,根据产品特点制定营销方案,形成"市场营销报告";第三,产品展示会的营销方案、产品招贴等。

三、教师指导

双创教学指导委员会由教学主管领导、教学管理人员、实验室负责人和具有实践经验及有创业经历的骨干教师组成,负责过程组织安排、经验交流、受理学生投诉、裁决因不同见解引起的争议并对实施过程统一管理。

(一) 教师指导的主要内容

教师指导的主要内容包括:负责对学生选定的拟研发产品立项进行筛选,给学生反馈同意或不同意立项的理由;初步审核各阶段文档的逻辑性、完整性和规范性,与学生交流,启发学生讨论并改进;按规定次数定期给学生免费答疑,除此之外,如果是受学生邀请,或者是指导老师发现问题并参加队会进行干预时,应向团队收取虚拟货币,并出具收据;负责审核学生的项目进度报告,并及时反馈建议和意见给学生,同时上报双创教学指导委员会;最后,还需审核汇总每个阶段的"个人贡献度互评表",并上报双创教学指导委员会。

应注意的是,指导教师的任务不是告诉同学们做什么,更不是带领同学们做什么,而是把控方向、监督进度,具体工作应由团队成员自主完成。由于强调以过程保证结果,所以指导教师会高度重视和关注每个环节,特别是检查环节。

(二) 检查环节

检查环节分以下几个阶段,检查小组由三名以上指导教师组成,按相关要求给出评价。

1. 选题立项阶段(立项检查)

选题立项阶段为第一检查节点,双创教学指导委员会以组织立项答辩的形式,对拟研发产品的技术可行性、市场可行性、创新特征进行评价,把控项目的技术含量、工作量等要求。如有两个及以上团队研发相同的课题,要求实现的方法(技术路线)和创意不同,并将其分配在同一检查小组。

团队按拟研发项目数量,向指导教师提交"立项申请表""市场分析报告""开题报告",指导教师审核后上报双创教学指导委员会。

答辩时,全体队员参加,演讲者原则上是项目经理。检查教师进行评价,给出成绩,组长汇总后填写评价意见及汇总成绩。

若第一个立项不被认可,当场答辩第二个立项,仍不被认可,则需重新选题。

2. 方案设计阶段(中期检查1)

项目设计阶段为第二检查节点,团队向指导教师提交需求分析、概要设计、详细设计文档,指导教师审核后,上报双创教学指导委员会。

检查组就设计的合理性、完整性、技术可实现性、规范性进行评价,填写"中期检查表1"。全体队员均应参加检查,检查组可依据检查内容,按对应角色,进行随机抽查演讲答辩。

3. 产品研发阶段(中期检查2)

产品研发阶段为第三检查节点,对项目实物、测试记录、网站、财务报表、项目管理情况进行检查。对"研制报告""测试报告""网站建设报告"进行评价。

提交相关文档,相关角色演示、演讲、答辩,检查小组评价评分,对不符合进度要求的项目,提出整改意见,填写"中期检查表2"。

4. 项目验收阶段(结项检查)

最后一个检查环节是项目验收。项目验收主要对实物验收、结项答辩、文档资料、展示效果进行评价。

实物验收主要对四个方面进行评价。一是产品功能,产品各项功能应能完整演示;二是外观设计,产品外形应美观,操作方便;三是创新特征,产品应能体现创新意识,对前人工作有改进、突破或有独特见解;四是市场前景,产品应能产生社会或经济效益,有推广应用价值。

结项答辩重点对内容的完整性,论点的正确性,实验方法的科学性,思维的逻辑性进行评价,并考察队员的创新创业意识、团队合作精神、语言表达能力等。

文档资料主要评价文档是否齐全和规范。

产品展示重点是对展台布置、演示效果、人气情况进行评价。只有实物验收为及格以上的产品才可以参加产品展示会。

每次通过检查后,经理应召开队会,评价个人在本阶段的贡献度,通过个人讲演、队员互评方式进行,贡献度评价应有支撑材料,例如队会纪要、演讲材料、个人日志等。队员分别将互评表独立提交给指导教师,指导教师审核汇总后返回结果,并上报双创教学指导委员会。

四、结果评价

1. 团队得分

首先,团队得分中,过程评价占40%,项目验收占60%。其中过程评价的立项检查占15%、"中期检查1"占15%、"中期检查2"占10%。项目验收的实物验收占25%、结项答辩占10%、文档资料占15%、产品展示占10%。

由于团队得分是在演讲答辩和实物验收中产生,难免存在标准掌握不一问题,由双创教学指导委员会对团队得分偏高或偏低等问题进行最终审核确认。

不同的团队,人数可能不一样,怎么给定个人成绩是个难题。这里引入分数池和的概念,所谓分数池和就是每个团队的分数总和,它用来平衡团队人数不同带来的总分差别。各队队员得分相加不得超过分数池的总和。如果该队的人数不为10人,则相应的增加或减少其均值的倍数即可。

2. 个人成绩

个人成绩由各阶段个人贡献度和日常表现得分组成,日常表现由经理根据公司考核制度,参考考核表中的各项权重进行评价。

个人总贡献度由本人各阶段贡献度与日常表现加权计算得到,所有队员的总贡献度之和为100%,有了个人总贡献度,再依据团队的分数池和就可计算出个人成绩。

同样,由于个人得分是在队员互评中产生,难免存在情感因素或标准掌握不一问题,由双创教学指导委员会对个人得分过于平均或差距过大问题进行最终审核确认。

个人成绩为及格以上者获得学分。结项验收未通过者,继续整改,等待二次验收。结项验收通过而团队部分成员未通过者,重新组团,重复项目过程,等待再次验收,仍未通过者,本课程不及格。

允许团队和个人对评价结果提出复议,由双创教学指导委员会和指导教师共同依据支撑材料进行复议处理,必要时进行二次答辩。

第三节 创新创业的应用实例

为了更好地将理论知识和应用实践相结合,后续章节主要结合了"趣味健身自行车"

"校园蹭课 APP"两个项目进行应用举例,项目基本情况如下:

(一) 趣味健身自行车

(1) 产品创意:① 健身自行车与轨道上竞速小车"互动",骑行越快,小车速度越快;小车爬坡时自行车阻尼增加;两人及以上可以进行竞速小车比赛。② 网络互联,通过手机 APP 记录运动量,计算消耗的卡路里,分析锻炼效果,个性化推荐运动方案。

(2) 应用场景:家庭,健身房,游乐场,等等。

(3) 目标用户:健身爱好者,自行车项目爱好者,喜欢玩耍的小朋友,等等。

(4) 系统组成:由健身自行车、竞速小车和小车专用轨道三部分组成如图 1-1 所示。

图 1-1 趣味健身自行车系统组成

(5) 产品功能:① 通过健身自行车的骑行速度,控制在专用轨道上行驶的竞速小车的速度,达到"你走我也走"的效果;② 显示实时的骑行速度和骑行时间;③ 显示消耗的热量(以卡路里为单位)数值。

(6) 工作原理:在健身自行车上安装的速度传感器和力矩传感器,将骑行参数实时传送给竞速小车,使竞速小车沿轨道行驶速度与健身自行车骑行速度呈正比。在竞速小车上安装坡度传感器,将轨道坡度数据实时传送给健身自行车,通过自动力矩调节控制踩踏力度。小车专用轨道上装有红外传感器,记录竞速时的小车行驶圈数,计算行驶距离;手机 APP 实时计算并显示速度、力度、卡路里消耗等数据,以控制运动量,防止过度锻炼,并根据使用者的具体情况推荐运动方案。

(7) 公司名称:河南华康健身科技有限公司。

(二) 校园蹭课 APP

(1) 产品创意:越来越多的学生不满足于只选择本专业的课程,而希望通过跨专业选课来拓展知识。"校园蹭课 APP"与教务管理系统联动,提供可蹭课程查询以及和可用蹭课时间自动匹配,方便学生选择心仪的课程。

(2) 应用场景:校园教学。

(3) 目标用户:在校学生。

(4) 产品功能:① 教务管理业务:专业信息导入、学生信息导入、课程安排导入、蹭课课程统计及评价管理;② 蹭课业务:各专业课程表查看、个人基础课程表管理、蹭课专业选择、可蹭课程查询及个人蹭课课程表管理。

(5) 关键技术:蹭课时间匹配算法。输入目标课程、课程表和学生信息,输出蹭课可行性;通过比对目标课程的上课地点、时间与学生课程安排,发现是否有地点和时间冲突,判定蹭课是否可行。

（6）系统界面:系统主要功能界面如图1-2所示。

（7）公司名称:河南益教软件技术有限公司。

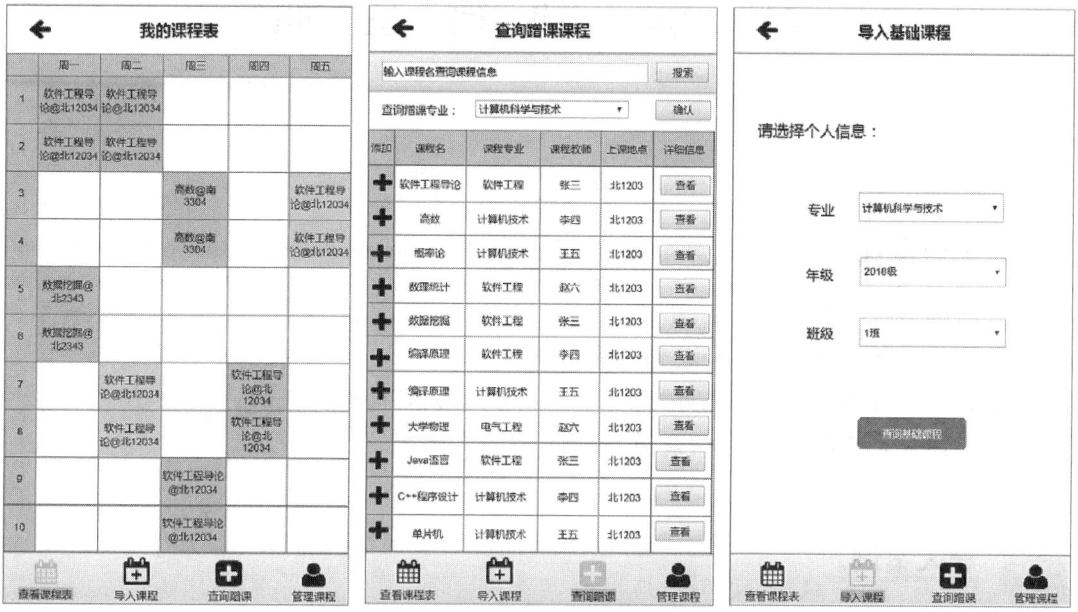

图1-2　校园蹭课APP软件主要界面

本 章 小 结

　　本章简述了创新创业教育的发展历程,在专业教育和创新创业教育深度融合理念的基础上,通过团队形式组建模拟公司,围绕该模拟公司的实施流程,介绍了与之相关的团队组建、项目管理、过程指导和结果评价等内容,最后介绍了贯穿教材始终的"趣味健身自行车"和"校园蹭课APP"两个项目实例的基本情况。

思 考 题

1. 你认为作为当代大学生学习创新创业的意义和价值是什么？
2. 你认为创新创业能力的提高应该怎样和专业学习相结合？
3. 对工科学生而言,工程设计能力与创新创业能力有什么关系？
4. 你认为该门课程应该怎样学习才能达到好的学习效果？

第二章 创新基础

 学习目标

1. 了解创新的基本概念。
2. 理解创新教育对学习和成长的重要性。
3. 建立创新思维和创新能力"需要培养且可以培养"的理性认识。
4. 提高创新意识,培养创新能力。

 导入案例

鲁班造锯

据传,鲁国国君要鲁班负责修建一座宫殿,工期很紧。当时还没有锯子,砍树全靠斧子,一天砍不了几棵树,而要将树木做成平滑的木板也没有好办法。一次鲁班进山砍树,手被一种野草的叶子划破了,他留心观察,发现叶子两边长着锋利的齿。这件事启发了鲁班,他模仿这种叶子的形态,经过多次试验终于发明了锯子。后来,他又发明了刨子、钻、曲尺、墨斗等工具,大大提高了工效,成为中国土木工匠的祖师爷。

第一节 创新概述

一、创新的内涵

创新的理念是由经济学家约瑟夫·熊彼特为解释经济周期理论而提出来的。熊彼特还从经济与技术的视角归纳了"五种"企业运行的创新理念或称创新模式:产品创新、技术创新、市场创新、资源配置创新和组织创新。

通常,创新是指在现有思维模式影响下,提出有别于常规或常人思路的见解;利用现有的知识和物质,为满足社会需求或理想化需要而改进或创造新的事物、方法、元素、路径、环境,并能获得经济或社会效益的实践活动。

如今,创新和创造发明概念的内涵和外延都有了较大的变化。当下"创新"的概念已被广泛用于表达人类所有的创造性行为,不仅有产品创新、技术创新、科学创新、产业创新,还有制度创新、政策创新、文化创新、管理创新、教育创新、金融创新等。同时,创新需要考虑必要性、有效性、获利性、实施性、扩散性等,越来越注重从社会、经济、科技、政治和文化等多领域、多角度理解创新行为和作用,强调永无止境的进步、变化和革新。

二、创新需求

改革开放以来,我国经济高速发展,逐步迈入了中高收入国家行列,并不断优化产业结构、增强自主创新和核心技术研发能力、重视教育和人力资源培养等,实现产业升级和国家的跨越式发展。如今的中国已从"追随模仿"阶段步入自主创新时代。我国自主创新的现状和创新需求如下。

(一)国家需要创新

随着我国社会经济的快速发展,社会对创新人才的需求越来越多、要求越来越高。近年达沃斯世界经济论坛上,国内外学术界的学者和企业界的企业家给中国跨越"中等收入陷阱"、经济再上一个新台阶提出了多项建议,其核心是要通过科技的"自主创新"带动产业升级,促进经济转型。高水平的科技创新能力和国家管理能力是我国跨越"中等收入陷阱"的重要保障。中国经济结构正在转向依赖知识密集型产业,以保持竞争优势和高质量发展的调整过程中。

(二)企业需要创新

全球买、全球卖、全球通的信息经济,给企业提供了广阔的市场,同时也使企业处于全球、全方位的竞争中。对于企业,信息经济既是机遇也是挑战,企业需要永无止境的创新。不仅如此,创新慢了也有被市场淘汰的可能。

当前,高技术行业的核心竞争力不仅在于高端设备生产线,更重要的是知识产权。我国许多高科技行业的产值很大,但利润较低。我国企业要打造核心竞争力,就要自主创新,未来的市场竞争将是持续的技术创新竞争。

(三)个人需要创新

人类经历的工业革命都伴随着大量行业和工作机会的消失,同时又有新行业和工作机会的产生;依靠体力的工作方式在减少,依靠技术的工作机会在增加。如今,第四次工业革命正在进行中,以人工智能、机器人、大数据等为代表的智能技术、生物技术、新能源技术等迅猛发展。随着人工智能技术和工业机器人的广泛应用以及计算机深度学习能力的提高,很多依靠重复训练积累经验形成的技术或技巧性工种在减少或消失,大量的行业和工作机会被机器取代。

要想从竞争激烈的社会中脱颖而出,创新能力和持续不断的创新是不可或缺的条件。在人工智能等技术快速发展的今天,我们既要学习和利用人工智能辅助我们工作,又要在其达不到或不能替代的领域发挥人类的特长。作为大学生,不断加强创新思维和能力的培养,可以在将来创造更多的成功机会。

三、创新的特征

创新始于问题,遇到必须解决的问题,人们才会思考,才可能有创新的行动。创新也是一种有目的的实践活动,创新的目的性使创新活动必然有自己的价值取向和特点。创新具有以下五个基本特征。

(一)创新的源点在于问题,发现并提出问题是创新的第一步

爱因斯坦认为提出一个问题往往比解决一个问题更重要。因为解决一个问题也许仅仅是一个数学上或实验上的技能而已,而提出一个问题则需要想象力,标志着科学的真正进步。在科学探索过程中发现并提出问题并不容易,提出的问题也不一定都正确,但只有提出问题才有出现新思想的机会。

(二)创新的基础是已有的知识、技术和物质

创新是创新者进行的一项求新求异、解决问题的实践活动,是以现有的知识、技术和物质条件为基础,以创新思维和实践为途径。创新不是无源之水、无根之木,而是继承中的升华,是实事求是的超前。斯坦福大学主讲创意速成课的 Tina Seelig 教授认为:知识是我们的工具箱,想象力是知识转化为新理念的催化剂,而态度是推动创意发展的火花。知识越丰富,则工具越齐全,解决问题的能力就越强大。

(三)创新的核心是创新思维,是创新思维指导下的实践活动

思路决定出路。没有创新的思维,很少会主动思考,很难发现问题,自然也不会发现创新的方法。而没有创新的思路和方法,很难发生创新的实践活动,自然也不会有创新的成果。因此,创新既需要敏锐的观察力、丰富的想象力和深刻的洞察力去发现问题,又需要在创新思维的驱动下对问题进行再认识、再发现,直至最终解决问题的实践活动。丰富的想象力有助于创新活动打破时空限制。但缺乏知识和经验基础,没有科学根据的漫无边际的想象很难产生有实际意义的创新成果。然而只有知识,但思路狭窄、思维固化、缺乏想象力时,很难产生新思维,也不会转化为创新的结果。因此,想象力是知识转化为新理念的催化剂。

(四)创新的目的在于解决问题,满足社会需求

创新是有目的有目标的实践活动,解决问题和创造价值是创新的最终目的。创新一般是围绕解决某一个棘手的问题进行,或与完成某一个具体的任务相联系,不应该是盲目和漫无目的的。同时,创新活动要能够给社会、企业或创新者等带来实实在在的价值和效益。解决问题的效果以及由此带来的经济与社会效益,是检验创新成果和创新价值的标尺。

(五)创新的本质是"突破",灵魂是"新"

创新的重点在于"创",本质是"突破"。创新既不是一般的重复劳动,也不是对原有事物的简单修补,而是创造出一种全新的事物或对已有事物综合性的改进,能够给使用者带来新的感觉或体验。被誉为"创新大师"的美国哈佛商学院教授克莱顿·克里斯坦森提出破坏性创新,即创新者不是遵循原有技术创新路径、市场竞争基础以及现有的商业模式,而是利用新技术完善产品特性和服务功能,它通常从低端市场切入,逐步颠覆现有市场规则、商业模式和主导市场地位,并最终打破现有市场格局的一种创新。

四、创新的原则

创新应该遵循以下几项基本原则:

（一）科学原理原则

创新要遵循科学技术原理，不能违背科学规律。例如，数百年来，人们幻想的"永动机"违反了能量守恒的基本原理，永远也造不出来。检验或判断一个创新设想是否遵循科学技术的原理，一般可以通过对创新设想或发明进行科学原理的相容性，或技术方法的可行性进行分析检查。

（二）市场评价原则（效益和效率原则）

立体巴士

创新是否成功或者创新的价值，需要通过市场进行评价。很多新产品上市后很快就销声匿迹，也有一些被认为是创新的产品甚至没有进入市场。创新的目的是解决问题，满足社会需求，为创新者和社会带来效益，也只有市场能够给出结论。检验或判断一个新设想、新产品是否符合市场原理，一般可通过对新产品或新技术在解决问题的迫切性、系统的合理性、成本的经济性、材料的安全性、操作的便利性、使用的可靠性以及用户的舒适性等方面进行分析检查。

（三）相对较优原则（适度创新原则）

创新活动是一个变化的过程，不要盲目追求完美；创新不能一蹴而就，创新产物也不可能十全十美。创新设想各有千秋，需要按照相对较优的原则进行判断和选择，一般可以从解决问题的程度、技术先进的程度、系统的完整程度、经济的合理程度以及整体效果等方面进行比较选择。

（四）构思独特新颖原则

创新的结果或者核心，是给使用者带来"新感觉、新体验"。因此，一个新产品（或新技术）要取代旧产品（或旧技术）需要在解决用户"痛点"的同时，抓住或刺激消费者的"痒点"，而创新产品的新颖性和独特性就是其"卖点"。检验或判断一个新设想的独特性或新颖性，可从功能、结构、材料、工艺、外观、操作、效果等方面进行分析判断。

（五）机理简单原则

结构复杂、功能冗余、使用烦琐是技术不成熟的表现，简单化本身就是一种创新。因此，在创新过程中，应始终贯彻机理简单的原则，尽量有简不繁地选择方案。对于一个创新产品或设想，机理简单可以从工作原理、系统构造、制作过程、操作使用、维修保养等方面分析判断。

（六）容错试错原则

真正有价值的创新并不容易，创新不仅需要"容错"，也要善于"试错"。100%的成功就意味着没有冒险，而创新时常伴随着风险，也允许有风险。

（七）成本原则

创新的成本原则可表述为：在成本一定的前提下力求收益最大；或在收益一定的前提下，力求成本最低。创新是企业保持竞争优势的关键。但产品和技术创新均需要投入大量的资源，企业运营也需要成本。因此，企业有必要对创新的投入和产出进行有效的分析与控制。盲目、无边界的技术或产品创新，可能会超出企业或社会的可承担度，造成损失。

无法实现的永动机

创新不应停留在概念上，它应该能够看得到摸得着，应该融入我们日常的学习和生活中，而生活正是创新之源。本书主要讨论产品及技术创新，在研究领域指新发现、新理等,在工程应用领域指新技术、新产品、新功能等。大学生现在是学习创新的主体,将来应该也必须成为创新活动的主体。不同专业、不同层次的学生,创新活动有不同的特点。在学校阶段,创新可以从适应一些新的学习方法、时间管理方法做起,从小改进或小发明做起,从改变日常学习或生活中的一些不便之处做起,重点在于培养创新思维,增强创新意识,提高创新能力。

第二节　思维定式与创新思维

思维是大脑的功能,大脑是思维的物质基础。正如物体具有惯性一样,思维也具有其特有的"惯性"。长期的习惯性思维会让我们形成思维定式。思维定式虽然对我们的日常生活和学习等有非常积极的作用,但同时会阻碍创新思维。

一、思维定式的相关概念

（一）思维的概念

思维是一种复杂的心理现象,是人类大脑的一种能力。心理学、逻辑学、生理学等不同的学科对思维没有统一的定义,心理学上一般认为思维是人脑对客观事物的本质特征和内部规律间接的和概括的反映。间接是相对于感知的直接性而言。感觉、知觉等必须通过外界事物直接作用于人的感官,而思维可以通过媒介认识客观事物,如通过已有的知识经验等理解和把握没有直接感知过的或不能直接感知的事物。而概括性是依据对事物规律性的认识,通过理性加工对同类事物的共同特征和本质加以概括。

（二）思维惯性的概念

思维惯性是人脑思维的一个特点,是先前的思维活动造成的一种当前活动的心理准备状态,使思维按照一定次序、沿着一定方向进行思考的倾向。思维的这种惯性可能阻碍解决新问题的能力。

思维惯性具体表现为：这次使用这种方法解决了一个问题,下次遇到类似问题时会不自觉地依照已有的方法、思考方向去解决问题。久而久之,形成一定的思维习惯或模式固定下来,即思维的定式。

（三）思维定式的概念

思维定式的形成过程和类型很多,没有统一认可的定义,一般认为：思维定式是指按照过去积累的知识、经验和已有的思维规律,形成的比较稳定的、格式化的思维路线、方式、程序和模式等。思维定式的形成,与我们所处的历史文化传统、社会环境、教育、学习及生活经历等诸多方面相关。思维定式一旦形成就很难改变,成为约束和规范思维活动的条条框框。

思维定式对我们的学习、工作和生活,具有非常重要的积极意义。统计显示,已有的知识和经验可以帮助我们解决日常所遇到的90%以上的问题。例如在学习中,我们会根据已学习或掌握的概念、方法和理论等去分析、理解、记忆新的概念、理论；会根据以往解题的成功经验去分析解答类似问题,会根据掌握的知识和指导书等去做实验或设计实验等。但思维定式也有致命的弊端,它会变成"思维枷锁",使我们形成一种呆板、机械、懒惰的思维习惯,使认识的轨道被过去的知识和经验等左右。当遇到形似质异的新问题、新情况时,思维定式会使我们墨守成规,甚至引起心理抗拒,阻塞创新思维的逻辑通道,无法创造性地解决问题。法国生物学家贝尔纳曾提到,妨碍我们学习的最大障碍,不是未知的东西,而是已知的东西。

二、思维定式的类型与突破

思维定式对问题解决具有积极意义,同时也有很多消极的影响,特别是在创新过程中,会阻碍新观念、新设想的产生。如果习惯于在一个框子里思考问题,思维很容易陷入僵化、教条,失去创新的活力和能力。因此,在创新活动中,跳出思维定式的框框是创新思维的前提。

(一) 书本型思维定式及其突破

书本知识是一种系统化、理论化的经验和认知,是千百年来人类的经验和思想的总结。有了记载文字的书本,人们才能把自己的经验、认知和观念等一代一代传下去,使人类文明快速发展。但任何书本知识都受时空限制,有时是一般性的经验和认知,有时是特定情况下的体验,同时还受到作者的知识、经验及环境条件的制约。因此,书本知识常会和具体的客观现实之间存在较大差异。

书本型思维定式是指将书本知识绝对化,脱离实际,教条、盲目地运用书本知识的思维模式。突破书本型思维定式,可以从以下几个方面进行思考和训练。

1. 丰富知识

知识贫乏是书本型思维定式的第一原因。正如流行语:贫穷限制了我们的想象力。丰富知识,"读万卷书"是我们突破书本型思维定式的第一方法。对处于学习阶段的学生,求知欲促使其去探索科学和真理,而探索过程中又会不断激发好奇心,促使思考或提出新问题,进而产生新发现或新思想。作为研究者或专业学习阶段的大学生,需特别注意跟踪和了解相关研究的最新进展等。

2. 怀疑好奇

首先,读书、学习时要有问题意识,多问几个"为什么"。发现和创新始于问题意识,学习和研究中的疑问或意外发现往往是产生新发明或发现的源点,要重视并究其原因。其次,当知识积累到一定程度后,要有自己的观点和见解。再者,在知识信息大爆炸的今天,要能辨别或有选择地获取信息,批判地学习吸收新知识。最后,要认识到随着科技的进步,书本上的观点、概念和理论等也会随之发展和更新,甚至被颠覆。

3. 重视实践

理论来源于实践,学习理论的目的是用于指导实践。当实践结果与理论、书本知识与客观现实产生矛盾时,要善于总结和归纳,找出矛盾背后的原因和本质,发展或创新已有理论。

书本型思维定式是一定时期读书学习活动的总结,要多读书、会读书、读好书,随着知识的积累和视野的开阔,旧的书本定式自然会被突破。创新需要知识,更需要智慧,要灵活运用知识,用简单的方法解决复杂的问题才是最重要的。

（二）经验型思维定式

经验是人们在实践中获得的主观体验和感受，是感官对个别事物表面现象及外部联系的认识。经验具有时空狭隘性和主体狭隘性，个人经验往往只抓住了自己感受到的东西，通常不能充分反映事物发展的本质和规律。

经验型思维定式是指过分依赖已往的经验和认识，习惯以经验为标准来衡量是非的思维模式。经验思维定式与一个人所继承的社会文化传统及个人独特生活经历等有很大关系。突破经验型思维定式，可以从以下几个方面进行思考和训练。

1. 丰富经验

经验型思维定式是对过往体验、感受等思维活动的总结。丰富经验，即"行万里路"是突破经验定式的最根本方法。知识和经验具有不断增长和更新的特点，随着经验的丰富，眼界的开阔，能力的增强，旧的经验定式自然会被打破。但知识经验又是相对稳定的，要避免新的经验型思维定式的形成。

2. 逆向思维

考虑问题时，人们一般是根据正向，即常规思维做出判断或决策。遇到新问题或凭借以往经验不能完善解决的问题时，可以反过来思考。生活中，走出死胡同的方法就是调头往回走。有些事物乍看起来违反常规，实际上却合情合理。逆向思维也有哲学依据——物极必反。对一些问题，尤其是特殊问题，倒过来思考常会使问题简单化。

在日常生活、生产经营管理和科技开发中，逆向思维解决问题的例子比比皆是。例如生产流水线，早期的产品生产组装通常是工人围着机器、零件和产品来回走动，劳累且效率低；通过改善生产工序，让零件或产品流动，工人固定位置不动，发展出了流水线的概念，生产效率大大提高。

3. 三思而后行

遇到问题时，尤其不熟悉或不喜欢的问题时，不要急于否定或肯定，要分析问题的根源和起因，以及导致问题的诱因。对于不需要当机立断的新问题，不急于根据已有的经验和知识等做出决策或下结论，暂时把问题搁置一下。过早下结论，可能错失走出死胡同的机会。

4. 发散思维

发散思维是指分析问题时不要纠结于一点、一面，要通过对事物的联想、类推，分析事物的多种属性、事物发展的多种可能性以及解决问题的多种方案的思维方式。具有发散思维的人在思考问题或观察事物时，往往会通过联想与想象将思路扩展开来，不是局限于事物本身，从而常常发现别人发现不了的事物与规律。

（三）权威型思维定式

权威型思维定式是指对权威的观点和言论不加思考地认同或盲从，习惯以权威的观点作为判断是非的标准，不怀疑也不质疑的思维模式。社会需要权威，但不需要权威定式，因为权威也会犯错误。不迷信权威，但要尊重权威；破除权威型思维定式，也不是要否定权威。

突破权威型思维定式，可以从以下几个方面进行思考和训练。

1. 尊重科学

首先要具有科学精神和求是的态度。科学精神主张科学认识来源于实践，真理面前

Think Outside The Box

人人平等,强调理性与实证性,坚持以科学的态度看待和评价问题。在科学研究中,坚持科学的精神、科学的方法和正直的学者情怀,是研究者和创新者始终需要思考的问题。

2. 大胆质疑

质疑是人们对现有事物持科学的怀疑态度,质疑促使我们进行更深入的思考、分析、研究等思维和实践活动。提出问题是创新的起点和前提,同时要注意质疑的目的不是为了否定,而是为了发展和完善。质疑权威既需要勇气,又需要理性和说服力;既需要有理论或实践依据,又需要考虑时机和场合、方法和方式,才可能达到事半功倍的效果。

3. 审视权威

审视权威可以从权威的研究领域、权威的观点与时期、权威的言论及观点是否与自身利益有关等方面进行审视。现在,出现了一些权威泛化现象,学术权威的影响力被用于他途,利用个人声望追名夺利,对不熟悉的领域发表不成熟的言论,误导公众。因此,大家更需要对权威进行审视和分辨。例如医学专家为某公司推荐产品,若这种推荐与其自身利益有关,如收取了推荐费或自己参与研制、自己参股公司的产品等,这种推荐就值得怀疑。

(四) 从众型思维定式

从众是一种心理现象。从众型思维定式是指个人在行为、态度、思想、价值观及判断等方面,盲从多数人的意见和观点,没有独立的思想和意识。从众型思维具有两重性。从众使得个人有归属感和安全感,有助于学习他人的智慧经验,克服固执己见和盲目自信,减少误会等不必要的烦恼。因此,一定的从众行为是有益和必要的。但是,从众行为会牺牲组织成员的个性,压抑成员的创新精神,阻碍新思想新事物的产生。特别是当一致性达到相当程度时,会使人们不能依据事实进行独立思考和行动,结果产生极大的负面效应。当群体中的人们形成从众型思维时,便会产生群体的惯性,严重影响群体内人员的行为,是企业或组织发展创新的羁绊。

破除从众型思维定式,可以从以下几个方面进行思考和训练。

1. 培养思辨能力

思辨(批判性思维)能力是洞察事实真相和思考分析的能力,逻辑思维是构成思辨能力的框架,知识和经验是框架的填充物。思辨能力强的人会理性观察和分析问题,善于从繁杂的表象中洞察事物的本质;而缺乏思辨能力的人则易陷入从众定式,或被情绪左右。

培养和强化思辨能力,需要构建完整的逻辑思维体系,还需要丰富知识的深度和广度做支撑体系。哈佛大学的"通识教育"秉承人文是一切学问的基础,要求本科生修满8个学科32门核心课程,包括外国文化历史、文学艺术、道德伦理、数理伦理、科学和社会等,其目的是帮助学生提高思辨能力,学会发现和鉴别事实真相。为培养基本的逻辑思维,还可以阅读一些哲学和逻辑学等经典书籍,系统了解哲学和逻辑学的相关概念和基本原理;也可以阅读一些简单实用的哲学逻辑学书籍,更重要的是结合实际进行训练和实践。在工作、学习和生活中借鉴围棋复盘式评估与反思,对解决问题的成功和失败进行复盘,不失为一个训练和提高思辨能力的好方法。

2. 保持思想独立行为理性

思想独立是指思考问题时,不拘泥于经验,不迷信权威,不人云亦云,不屈从压力,坚持实事求是,尊重事实真相和真理的思维。一个人只有在思想上独立了,才能从学习知识的人成长为创造知识的人,才能摆脱从众压力更理性地看待问题和世界,才能拥有更深层次的视野,更好地把握机遇。

创新是为了解决问题,必须要有行动。实际执行中需要人力、物力、财力等资源,行动上的特立独行很可能脱离实际,难以取得成功。因此,在处理问题时,需要考虑多数人的意见和方法,保持行为理性。

上面讨论了四种常见的思维定式,现实中还有其他多种类型的思维定式。要突破思维定式,并非一件简单轻松的事情。因为一般情况下思维定式是合理的,符合习惯和传统性的。客观上,思维定式也是一定时期思维活动的总结,可认为是创新的起点。没有一定的思维定式,创新也无法具体操作实施。思维陷入某种思维定式大都是不自觉的,而跳出思维定式则需要自觉的努力。

【延伸阅读】 图形分割小游戏

如图2-1所示,以平面坐标零点为中心画一个正方形,该正方形在第一至第四象限被分为4个相同的正方形。接下来,在第一至第三象限正方形的中心位置至坐标原点分别画一个小的正方形,并将这3个小正方形打上阴影线。

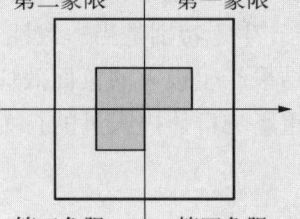

图2-1 图形分割初始状态

首先看第1问,试将第一象限的非阴影部分通过连线分出2个形状相同的部分,限时5秒钟。

然后看第2问,试将第二象限的非阴影部分通过连线分出3个形状相同的部分,限时10秒。

再来看第3问,试将第三象限的非阴影部分通过连线分出4个形状相同的部分,限时1分钟。问题比较复杂,可能在规定时间内有部分人没有完成。但是如果再慢慢试几分钟,应该大部分的人能够解决问题。

最后看第4问,试将第四象限的非阴影部分通过连线分出7个形状相同的部分,限时3分钟。你在规定时间内解决问题了吗?

那么,为什么会这样呢?这是思维的惯性在作祟,使你认为图形越来越多,问题会越来越难,图形也一定会越来越复杂。

第1问答案

第2问答案

第3问答案

第4问答案

第三节 创 新 方 法

创新离不开方法,创新方法是针对创新过程的思路设计,是通过研究一个个具体的创新过程,如创新的设想如何产生、创新的题目怎样确定、设想怎样才能变成现实等,从而揭示创新活动中具有一定普遍性的方法和程序。学习和训练创新方法,可提升创新能力;正确地运用创新方法,可有效提升创新效能,使创新活动事半功倍。

一、创新方法概述

在技术和知识发展过程中,创新方法大致经历了三个阶段。第一阶段:经验法(尝试法),是人们根据先人的经验或有经验的人去认识世界、进行生产和生活。第二阶段:试错法,是基于已有的知识体系,通过不断试验和消除误差等达到或接近目标。第三阶段:专业的创新方法,始于头脑风暴法。

创新方法的分类方式和类型多种多样,下面简要介绍几种常用方法。

(一)智力激励型创新方法

智力激励型创新方法是针对专门问题进行集体创造活动的方法,其核心是"集智"和"激智",是一种激发群体创造思维、提高群体创造能力的有效方法。通过互相交流、使各种设想在相互碰撞中激发起群体创造性的思维风暴。典型的智力激励法是奥斯本头脑风暴法,延伸方法有小组漫谈会、默写式头脑风暴、德尔菲法等,头脑风暴法将在后文介绍。

(二)设问型创新方法

在创新活动中,通常很难自发提出问题。设问型创新方法是针对需要创新的对象,采取有序的、有目标的设问方式,列出系列相关问题,逐个进行分析研究以产生创新方案和方法。典型的设问法有奥斯本检核表法,延伸的方法有和田12法、5W1H、系统提问法等。

(三)列举型创新方法

列举型创新方法是将研究对象的属性特点、缺点、希望点等按规律罗列出来,通过研究分析,提出改进措施,形成创造性的设想。

手机的进化

按照列举对象,可将列举法分为属性列举法、缺点列举法、希望点列举法和综合列举法等,很多情况下希望点列举和缺点列举相互交叉对应使用。

(四)组合型创新方法

组合型创新方法是按照一定的原理和功能从两种或两种以上事物中抽取合适的要素进行组合,产生新功能、新产品以及优化结果的创新方法。典型的组合型创新方法有同类组合、异类组合、替代组合、概念组合和综合等。组合型创新方法反映了技术发展的时代特征,统计显示现代技术或产品开发中,组合型成果约占全部发明创造的60%~70%。

(五)类比型创新方法

类比型创新方法是由一类事物所具有的某种相同或相似属性,推测与其类似的事物也应具有这种属性的推理方法。类比是一种人类本能的创新方法,例如,类比鸟类的飞行,人类创造出了飞机;类比蝙蝠的回声定位原理,人类发明了雷达探测技术。常见类比型创新方法有直接类比、拟人类比、仿生类比、因果类比、综合类比等。

（六）萃智理论

萃智理论（TRIZ）是对前人创新成果与创新方法的提升和集成，揭示了创造发明的内在规律和原则。萃智理论采用一整套独特的科学思想和方法，需要经过学习和训练才能掌握。目前，萃智理论在自动控制、电子电气、航空航天、机械等多个工程技术领域中发挥作用，成为流行的创新利器，并在不断地发展和完善。

创新活动是一项复杂的系统工程，任何一种创新理论或方法都有其自身的局限性，也没有一成不变的模式。因此，方法学习要活学活用，避免陷入方法定式。

二、头脑风暴法

头脑风暴法，又称智力激励法，是由美国创造学家亚历克斯·奥斯本提出的一种激发群体创新思维的方法，被视为首个专业的创新方法。

头脑风暴法的核心和目的是"集智"和"激智"，它采用小型会议的形式，通过选择参会人员构成、制定特定会议流程和规则、控制会议过程等手段，克服传统讨论会中各种思维定式的影响，激发参与者的集体智慧，相互启发，从而产生创造性思维。

为达到"集智"和"激智"的目的，头脑风暴法需要特定的组织形式、基本原则和会议流程。

（一）头脑风暴法的组织形式

合适的组织形式是头脑风暴法成功实施的前提。

（1）参与者10人左右，具有不同的专业背景和经历，不必都是专家，但应与主题相关或者对主题感兴趣，且有主见。

（2）主持人1名，只主持会议，对设想不做评论；熟悉并掌握会议流程和操作要点，清楚主题背景、现状和发展趋势，以便流畅地控制会议进程。

（3）记录员1～2人，快速地记录与会者每一个设想，最好有一定的速记或速描能力，以便完整记录或形象描绘与会者的设想。

（4）会议时间30～60分钟，以保证与会者的激情和活力。

（二）头脑风暴法的基本原则

基本原则是头脑风暴会议中产生创新设想的保证，主要内容如下：

（1）延迟评判。对各种意见、方案的评判放到最后阶段，会议中严禁与会者对他人的方案和设想进行肯定或否定的评论，每人只谈自己的想法，不要妨碍他人发言。

（2）自由畅想。鼓励与会者自由发言、畅所欲言、人人平等、机会平等，这是"激智"的关键。

（3）以量求质。强调在有限时间内提出尽可能多的设想，创意越多选择余地越大，出现好创意的概率越高。

（4）集体智慧。鼓励与会者借用他人的设想开拓自己的思路，补充他人的设想或综合改进已有的设想等，以集体智慧为重，不突出强调个人，这是"集智"的关键。

另外，注重相互启发式的发散思维，突出求异创新的设想，是智力激励法的宗旨。其他注意事项：限人限时，人多时发言机会就少，激不起思维风暴；时间过长会使参与者产生疲惫,激情衰退;主持人应有明确的目标导向,使参与者的思维保持有目标的发散,才能更富有成效。

(三)头脑风暴法会议流程

会议流程是头脑风暴法顺利实施的关键。

1. 会前准备

(1)落实主题。头脑风暴法适合解决单一明确的问题,不适合处理复杂、面广的对象,主题不可太泛。可事先给参与者提供参考资料、设想及需达到的目标等,让参与者有所准备。

(2)落实人员。确定参与人、主持人、记录员等,明确分工和职责,必要时可对参与者进行流程规则等训练,以保证会议有效顺利进行。

(3)落实场所。选择一个舒适畅快且空间合适的场所,准备必要的用具,如纸、笔、黑白板、便利贴等。

2. 会前热身

在开始讨论主题前做一些热身活动,进行发散思维的练习。如主持人说明会议的规则并宣布开始后,可先谈些有趣的话题或问题,创造一种自由、宽松的氛围。

3. 明确主题

主持人简要介绍需解决的问题,不必过分周全。经过一段时间讨论,大家对问题有了较深的理解,对这一阶段大家的设想进行整理和归纳,找出富有创意的想法和具有启发性的表述等,重新审视会议的议题和焦点,以供下一步畅谈时参考。

4. 自由畅想

自由畅想是头脑风暴法产生创意的高潮阶段,要保证参与人能不受限制地畅所欲言、自由想象。大脑在开放的环境中往往能够相互启发,在思维的碰撞中激发灵感,产生创意。这要求主持人既能引导大家自由想象,保证与会者的激情和活力,又能使参与者遵守会议原则,控制会议流畅地进行。

5. 设想筛选

自由畅想结束后,头脑风暴会议只完成了一半,还要对产生的大量设想进行分析、归纳和筛选。设想筛选通常可在会议结束后的一两天后进行,将想法放一放,可使与会者清晰客观地进行评价。这期间,主持人或策划者应向与会者了解会后的新想法和新思路,以补充会议记录。然后将大家的想法整理成若干方案,让大家根据设计标准进行筛选,也可邀请相关专家参与评估。最后确定 1~3 个最佳方案,进行试验验证。

(四)头脑风暴法的适用范围和局限

头脑风暴法以多种形式应用于日常生产生活中,适用于产品创新、技术创新、企业管理、商业运营、文娱创作等各行各业,在许多领域得到了拓展,如产品功能的改进提升、产品多样化、产品广告、销售策略及产品创意等。

头脑风暴法的局限性:头脑风暴法利于横向思维,但不利于纵向思维。因此,头脑风暴法利于解决生产生活中的具体问题,不利于处理抽象或宏观的问题;利于解决面上问题,难以解决深层次的纵向问题,如深层次的科学和技术问题等。

三、奥斯本检核表法

1941年,亚历克斯·奥斯本在《创造性想象》一书中提出了奥斯本检核表法。该方法根据产品要求制定检核表,根据检核表强制人们去思考,启发人们提出一系列提纲式问题,有利于突破人们不愿提问或不善于提问的心理障碍。

（一）奥斯本检核表的基本结构

奥斯本检核表的基本结构如表2-1所示。通过检核表中给出的9个检核项目,针对需要解决的问题或对象,引导人们思考并依次提出问题,从而发掘出解决问题的大量设想。奥斯本的基本检核表总结了约75个问题,逐一进行检核分析,提出解决方案或设想。检核表中的9个检核项目可归纳为"变"与"换",因此,奥斯本检核表法的核心是"变换",通过变化实现改进。

表2-1 奥斯本检核表的基本结构

序号	检核项目	检核内容	方案或设想
1	能否他用	有无新用途、其他使用方法？可否改变现有使用方法？	
2	能否借用	有无类似产品、类似问题？可否引入、模仿、超越？	
3	能否改变	可否改变功能、颜色、形状、味道、音响、种类、外形、结构、制造方法,有无其他改变的可能性？	
4	能否扩大	可否增加、附加些什么？可否增大尺寸、强度、寿命？可否增加新成分？可否扩大使用范围？	
5	能否缩小	可否减少些什么？可否压缩、浓缩、聚合？可否微型化、简单化、节能化？可否缩短、变窄、分割？	
6	能否替代	可否代替、用什么代替？是否有别的排列、成分、材料、元件、工艺、能源、颜色、音响、照明？	
7	能否调整	可否调整顺序、成分、位置、模式、工序、时间？	
8	能否颠倒	可否颠倒上下、左右、前后、横竖、里外、主次、正负、角度、因果关系等？	
9	能否组合	可否进行原理组合、材料组合、功能组合、部件组合、结构组合、形状组合、目的组合等？	

（二）奥斯本检核法实施步骤

奥斯本检核表法的实施分为以下三个步骤：

（1）明确问题。根据对象明确需要解决的问题。

（2）强制检核。参照表中列出的问题,强制性地逐个检核讨论,运用想象力,依次写出新设想。

（3）筛选评估。对设想进行筛选，将最有价值和创新性的设想筛选出来，并进一步思考和完善。

检核中应注意：不遗漏，联系实际逐条检核；多核检，要多核检几遍，或许会产生更好的解决方案或新设想；多设想，检核每项内容时，尽可能地发挥想象力，产生更多的创造性设想；根据需要，可一人核检也可以多人共同核检。

奥斯本检核表法使我们思考问题的思路和角度具体化，减少盲目性，提高解决问题的效率。但检核表法的创意产生主要源于改进，需要与具体的对象（方案或产品）和检核人员的知识经验相结合，因此很难产生原创型的创新技术和产品。此外，检核表检核问题过多过细，实施起来比较复杂。实际应用时，可根据具体对象改进或自行设计问题，提出的问题越全面越新颖，得到的方案或设想可能越有创意。

【延伸阅读】 和田十二法

和田十二法是学者许立言、张福奎在奥斯本核检表的基础上，加以创新而总结出的一种思维技法。因首先在上海市和田路小学进行实践运用，故称和田十二法。和田12法根据12个动词"加、减、扩、缩、变、改、联、学、代、搬、反、定"提供的方向去设问，进而激发创造性思维。其12字诀通俗易懂：加一加、减一减、扩一扩、变一变、改一改、缩一缩、联一联、学一学、代一代、搬一搬、反一反、定一定。图2-6是某同学利用"和田十二法"对手机检核得到的一个图谱，很有新意，明了易懂。

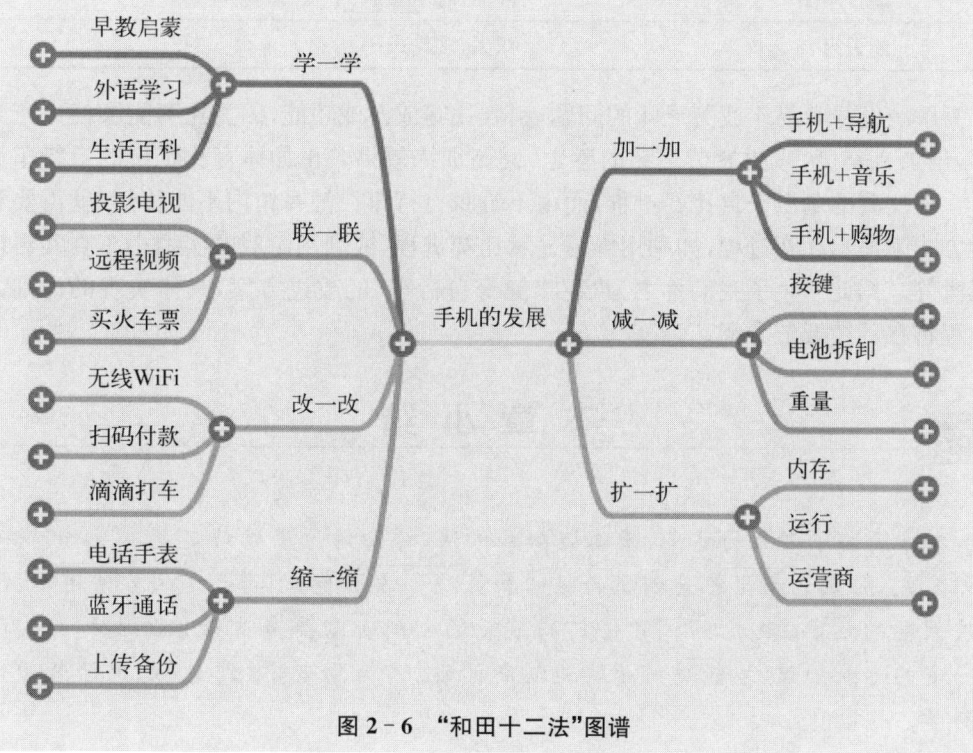

图2-6 "和田十二法"图谱

第四节　奥斯本检核表法的应用实例

本节将运用奥斯本检核表法，展示由健身自行车到诞生趣味健身自行车的过程。

健身馆里常见的健身自行车，由于空间限制不能移动，且只能一个人进行锻炼。由于缺少其他方面的刺激，容易使健身者产生疲劳而乏味。为解决这一问题，利用奥斯本检核表法对健身自行车进行检核，依据表2-1中的检核内容，可得检核结果如表2-2所示的方案或设想。

表2-2　健身自行车的奥斯本检核表

序号	检核项目	检核内容	方案或设想
1	能否他用		比赛、发电、玩具、共享、游戏……
2	能否借用		引入照明、遥控、阻尼……
3	能否改变		无链条、无轮、多轮、变力、跑步式……
4	能否扩大		多人、多轮……
5	能否缩小		小轮、独轮、超轻……
6	能否替代		材料替代、部件替代、链条替代……
7	能否调整		车轮大小、纵横向、变速比、车把高低……
8	能否颠倒		前驱-后驱颠倒、手刹-脚刹……
9	能否组合		双人、多轮……

为解决健身者易于疲劳乏味的问题，引入比赛或游戏功能，因为比赛能够使人产生刺激感，增加兴奋度，减少疲劳乏味的感觉，提高训练效果。正如体育比赛中的自行车竞速一样。但比赛的刺激来自比赛过程，而由于健身自行车在健身馆内不能移动，就需要利用其他方式来显示比赛过程，如利用屏幕显示比赛进程，或利用游戏的实物小车真实再现比赛场景等。据此产生了我们称之为"趣味健身自行车"的改进方案，具体实现的详细方案和过程将在后续章节介绍。

本 章 小 结

本章简述了创新的意义、基本概念和方法，详细讨论了思维定式以及如何突破思维定式，强调创新思维是创新的核心和灵魂。方法是工具，合适的方法可以提高解决问题的效率。本章强调了任何高质量的创新都需要专业知识作支撑，只有具备一定的专业知识，才能更好地实施创新活动。"活到老，学到老"是生活哲学，也是科学。

思 考 题

1. "九子"分布图如图2-7所示,要求如下:① 用4条线段连接9个点;② 连线必须一笔完成;③ 不能移动任何点。如果顺利实现了,对你有什么启示?如果没有完成,问题出在哪里?

图2-7 "九子"分布图

2. 分析自己的哪种思维定式比较明显,并思考在日常生活和学习中如何对其进行趋利避害?

3. 进入大学后,你对什么现象产生过好奇?对此现象是否进行过了解、思考和探索?如果进行了分析或探索,得到了什么结果?

4. 列举在日常生活和学习中遇到的两例有代表性的"权威泛化"现象,分析原因并思考如何避免?

5. 利用缺点列举法,通过对自己正在使用的手机功能列举出你认为的缺点,分析改进后是一个什么样的手机?

6. 对普通自行车按奥斯本检核表法进行检核练习,并思考针对不同年龄的使用对象,能否做一些创新性的改进?

7. 针对在健身馆里常见的健身自行车,能否进行改进以提高健身者的使用兴趣?

第三章　产品创意

 学习目标

1. 了解创意和产品创意的基本概念。
2. 熟悉产品创意的基本方法、产品创意要素与原则。
3. 认识到产品创意是创造性地运用知识,而不是异想天开。

 导入案例

从人看"笼中兽"到兽看"笼中人"

动物园作为人们认识动物、了解自然的一个公共场所,为动物提供了食物、领地和繁殖条件,但由于限制了动物们的自由,因此一直面临着"该不该存在"的争论。为了改变这种状况,近年,在国内"观看动物"的形式也在发生着改变,人类和动物的互动方式开始从人看"笼中兽",变成兽看"笼中人"。游客坐在特制的游览车里让猛兽来观看,以现代的无屏障全方位的立体观赏取代了传统笼舍观赏方式,既可以近距离接触猛兽,切身感受它们的野性;又给了动物,尤其是大型猛兽动物更大的活动空间,改善了它们的生存条件,体现一个"爱"。这种逆向思维的位置互换,使游客与动物各得其所。从人看"笼中兽"变成兽看"笼中人"就是个很好的创意。

第一节　创意概述

一、创意的内涵

(一) 创意的概念

今天"创意"的影子随处可见,如创意园区、创意农业、创意设计、创意生态、创意礼品、创意家居、创意产品、广告创意、文化创意、商业创意,并逐渐形成了"创意产业"和"创意经济"的概念。可以说,"创意"已经渗透到当代社会经济的各个层面,产生越来越重要的影响。

提到创意,很多人会联想到创新与创造,创意、创新与创造语义相近。三个概念的核心语义都是指人们通过创造性劳动产生出一种新的事物或思想。然而,在学术语境下,其概念在外延上有明显区别。创造通常与发明联系在一起,主要指人们在自然科学和工程技术领域创造前所未有的事物。创意,主要与人类的精神文化活动相关,通常认为是在社会文化领域产生的新观念、新思想、新设计等。在现代语境下,创意常常借助某种实物载体表现出来。例如服装设计创意、建筑设计创意、家具设计创意、产品设计创意等。

创意是思维层面的活动,而创新一定存在行为层次的活动。创意是创新的起点,创新是创意的延伸,创意需要通过创新活动达到目标。或者说,创意务"虚",创新重"实",但创意也绝不是无中生有。我们使用的日常用品,如闹钟、眼镜、手机,都是创意的产物,是人们面对生活中的难题提出的解决办法。

(二)创意的来源

生活是创意的源泉,创意改变生活,生活产生创意;创意源于生活,但高于生活。只有依靠平日里的学习、积累与思考,培养出来的对环境或问题的敏锐观察力,才可能在遇到问题时形成巧妙地解决问题的创意构想。因此,创意来源于日常生活学习中知识与经验的积累。图3-1形象地反映知识、经验和创意的差别。

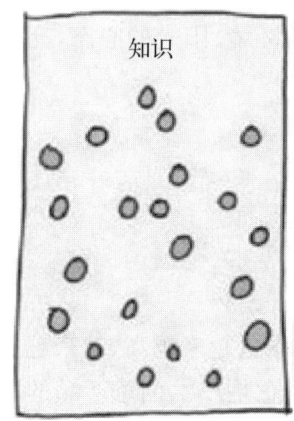
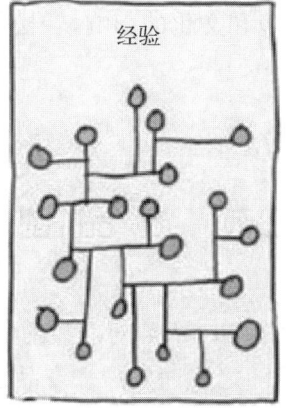
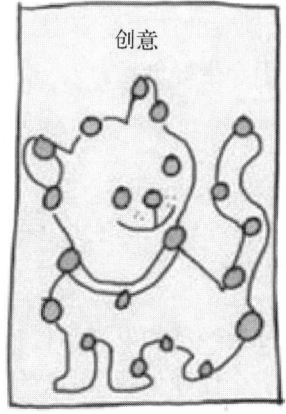

图3-1 知识、经验和创意的差别

二、创意能力及其提高方法

创意能力是指以一定的知识为前提,创意者充分发挥其主观能动性,积极调动智力和非智力因素进行创造性思维的能力。创意能力是进行创意活动、产生好创意的核心要素。提高创意能力,可以从以下几个方面进行思考和训练。

(一)学习理论,丰富知识

只有大脑中积累有大量信息,在构思创意时,才可以随时提取。系统化的专业训练有助于实现对知识的"深度学习",利于在某一专业领域的纵向思维。相关研究也表明,大脑需要长时间去理解和吸收一种知识或者技能,才有可能达到高级的水平。

创意是多元素的新组合,需要联想能力,需要横向思维来实现和完善。知识的宽度是

一万小时定律

联想的基础,创意需要"广度学习",能根据快速变化的社会做出灵活的反应。随着人工智能等技术越来越强大,想要在一些领域取得成功,知识的"广度"越来越重要,而"创意"符合这一特征。

创意是对事物的整体构想,是系统化的体现。一个好的创意既要有专业功能提供业务服务,实现经济价值;又需要有人文内涵提供精神服务,实现社会价值。

(二)勇于尝试,积累经验

创意源自生活,知识和经验是创意的基础。正确地运用知识去发现问题、解决问题是比单纯学习知识更重要的一件事情,而实践是运用知识、检验知识并产生经验的过程。创意本身最终也需要实践检验,没有经验的创意很容易脱离实际,最终很难形成产品。只有勇于尝试,才会真正思考创意应该怎样做,存在什么问题,有没有更好的方法,如何做成功概率大,在失败中吸取教训,在成功中总结经验。

但同时也要注意,如同经验对创新存在积极和消极作用一样,如果思维受到经验的束缚,将会影响人们想象力的发挥,阻碍好创意的产生。

(三)积极思考,拓展思维

要想不断有创意产生,就需要不断发掘问题、思考问题。如果说创意是行动的目标,思维就是通向目标的行动计划或路线图。知识经验态度与创新思维是放飞创意的两翼,缺一不可。提高创意能力,既需要丰富知识、经验和积极的态度,也需要提高创新思维能力。另外,创意的产生受资源、环境和文化的影响,轻松的环境、阳光的心态、充分地利用资源有利于产生好创意。

创意理论

第二节 产 品 创 意

随着社会经济的发展与科技的进步,人们对产品的要求也越来越高,越来越多的消费者开始追求个性和创新,创意产品随之快速发展。产品创意是产生创意产品的基础和前提,只有经过充分的产品创意设计和论证,才可能生产出能够满足消费者需求的创意产品。

一、产品创意的内涵

(一)产品创意的概念

广义上的产品创意是一项创造性的思维活动,其目的在于使产品性能与目标受众达到有效的沟通和共鸣,更好地实现产品的目标。从狭义上说,产品创意是指企业可以为市场提供的某种可能的商品的想法。产品创意过程必须在产品策略或者创意原则的指导下,在深刻洞察目标受众的心理和需求的基础上,对产品的概念和功能展开构思。产品创意的目的是希望通过创意的设计,实现产品与创意的融合,形成新的产品理念,赋予生活更多的情趣,引发目标受众的共鸣。一个真正好的产品创意往往能给企业带来巨大的利益。

实际上,通过产品创意产生的创意产品数不胜数。如以眼镜的新产品为例,眼镜附带摄像机并联网,警察可以用来快速识别罪犯;交警可以快速查出套牌车辆等;眼镜附带图像处理等功能,可以实现虚拟现实、增强现实、360°可视眼镜等。

(二)产品创意的原则

产品创意的目的是使产品最大限度地满足消费者的需求,解决"痛点",唤醒潜在需求,刺激"痒点",进一步展示产品"卖点",唤起"买点"。这些都需要创新思维去解决,创意过程离不开创新思维。因此,产品创意过程中应在遵循科学原则的前提下,坚持"科技向善""文化向善"原则的基础上,把握以下原则:

(1)商业的本质是消费者获益,任何成功的商品都是实现了消费者利益最大化的产品,因此产品创意首先必须站在消费者的立场上。

(2)产品创意要服务于客户,能够解决客户生活中的实际问题,使生活变得更加便利。

(3)产品创意必须尊重人的发展规律,给客户更多的选择方式。

(4)突出产品特点,增强产品"卖点",使卖点能够转化为消费者的"买点"。

在产品创意过程中,可以考虑新奇性、简单化、冲击性。

【延伸阅读】 西瓜成熟度检测仪

西瓜成熟与否是买瓜群众关心的一个问题。生活中最常见的判断方法是用手拍打西瓜,通过听声音或感受震动来判断西瓜是否成熟,这种方法完全取决于个人经验。利用电子设备辨别声音或感受震动,测量原理并不复杂,都是测量西瓜的振动频率。一般可以通过传声器收集声音,经前置放大、滤波、模数转换处理后,经过单片机或DSP分析,给出测量结果。

曾有大学生团队立项开发"西瓜成熟度检测仪"。他们经过市场调查,认为这可以作为一个创意产品来开发。查阅资料发现已有对西瓜的敲击声学特性研究的资料,证实了能够通过敲击声学判断西瓜的成熟度。于是他们设计电路,制作测试系统,并到城市附近的西瓜产地进行了实地测量,获得一些数据。但是后来对市场里买来的样品进行测试时,结果很"失准"。

因为如今市场上西瓜种类繁多,大小、形状、密度、皮厚以及瓜瓤的特征等均有不同,改良品种也不断出现。要使产品做到有效实用,不仅需要做大量的试验研究、检测分析,建立相关数据库,在测量之前,还需要对西瓜做一个基本特性判断,并将西瓜特征作为输入,然后再进行测量,才可能得到比较可靠的结果。因此,即使开发出产品,使用也会比较烦琐,很难得到"买方"的认可。从另一个角度,西瓜的"卖方",会如何看待这种产品呢?

因此,虽然已经有不少关于"西瓜成熟度检测仪"的专利,但在现实中,还没有看到方便实用的相关产品。

(三) 产品创意的产生过程

创意不是无中生有,而是一个循序渐进的过程。产品创意的产生过程可分为以下三个主要阶段:

(1) 产品构思。在市场调查和技术可行性分析的基础上,提出创意或产品改良建议等。消费者渴望产品既能满足其实际需求,又能满足其精神需求。市场调查的目的在于确认产品构思或创意是否有目标受众,有开发的价值。可行性分析是为了论证在当今科学技术条件下,产品构思是否能够实现。

(2) 创意筛选。现实中并非所有的创意都能发展成为产品。有的创意可能很好,但与企业的目标不符合,或缺乏相应的资源支持而无法实现;有的创意可能已经被别人申请了专利,存在实施风险;有的创意可能本身不切实际,缺乏开发的可行性。因此,对于创意要进行科学的筛选和论证。判断产品是否有创意,可通过差异性、价值性和可行性来评估。

(3) 产品新概念形成。经过筛选后的创意,仍仅仅是创意者或设计者的想法,还需要形成具体的产品概念,以便能够为消费者理解并接受。产品概念的形成过程,实际上是创意与消费者需求结合的过程。如纯电动汽车"特斯拉"形成了消费者理解并接受的"新能源汽车"的概念。

二、产品创意的方法

正确地使用创新思维和方法有助于切入创意思维,增加产品创意数量、提高产品创意效率。产品创意方法包括列举法、类比法、联想法、组合法、头脑风暴法、检核表法等。

类比(迁移)思维法是一种常用的创意思维方法,是指从一个或一类事物中抽象总结出来的规律,灵活运用在其他事情上。类比和迁移思维可以大大扩展解决问题的思路,以起到启发思路、触类旁通的作用,产生更多的创意。

在产品创意中,类比迁移思维的案例比比皆是,最具代表性的是仿生设计,从人性化的角度,将某些生物的某个或多个特性恰当地运用到产品创意中,使产品拥有某种功能特征上的或情感上的价值。

在商业模式中,也存在另类大量的类比迁移,如百度模仿了谷歌,阿里巴巴和京东则是模仿了亚马逊的电商销售模式。虽然创意上可以模仿,但是在国情、文化、价值观以及制度等不同情况下,要想类比迁移的创意获得成功,需要在操作运行中创新,在继承中发扬光大。实际上,阿里巴巴、京东和亚马逊在商业模式、经营模式和物流模式上均有不同。近年亚马逊在一些方面也在学习阿里巴巴的创意,如亚马逊的"Prime-day"就类似于阿里巴巴的"双11"促销活动。

在产品创意中灵活运用类比迁移思维,常常能起到启发思路、触类旁通的作用。但任何好的产品创意都不是仅仅依靠方法就能成功的。它只有在与知识、想象力、态度及文化环境等有机联系、相互作用、共同激发下才可能产生。要学会或掌握这些方法并不是一朝一夕的事,需要长期有针对性的心智训练和实践,才有可能开发出来。

第三节 产品创意的应用实例

一、趣味健身自行车的产品创意

创意源自生活,产品创意源自生活经验中的"痛点"。

（一）创意来源

随着现代城市生活节奏加快和审美意识的提高,越来越多的人开始注意健身和健美,城市中出现了大大小小的健身房馆。你如果是一个健身爱好者,经常去健身馆进行健身锻炼,可能会发现健身过程中的一些"痛点",如很多健身运动枯燥又乏味。能否给健身运动增加一点乐趣呢？大家可能想到了跑步机、健身自行车等全身运动型的运动或可以进行竞赛项目的许多创意。但哪些才是可以进行商业开发的创意呢？

（二）产品创意

因为跑步和赛车是国内外运动会的比赛项目,很受人们喜爱。项目团队开始进行产品创意时关注到了跑步机和健身自行车。通过对健身馆内跑步机和健身自行车的现状进行比较,发现很多跑步机上,已经安装了诸如电视、音乐等娱乐选项,还能够显示跑步距离和消耗能量等,相比跑步机,健身自行车就显得无趣的多。因此,项目团队将增加健身自行车运动的趣味性作为产品开发的选项。如何提高健身自行车锻炼中的乐趣呢？针对这个问题,项目团队召开了几次头脑风暴会议,从中筛选、确定产品创意。

这里,利用检核表法来进行产品创意。为解决健身者易于疲劳乏味的问题,引入比赛或游戏功能以提高训练兴趣,减少疲劳乏味的感觉。因为比赛是最能产生刺激感、增加兴奋度的形式,也可以增加乐趣,减少疲乏,提高锻炼效果。

为了增加可实施性,产品策略中,确定不改动健身自行车任何结构。在上述限定条件下,对产品创意再次进行检核。结果如表3-1。

表3-1 功能与方案检核表

设 想 名 称	设想方案/功能描述
车速—转换发电	减免健身费用
车速—输出控制	灯光、音乐、风扇……
车速—竞速比赛	数字显示、语音提示、指针指示……
车速—竞速比赛	替身车、游戏机、虚拟现实……

（三）创意筛选

排除检核的前两项,因为产生不了刺激,也没有多少趣味性。关注后两项的竞速比赛,不同点在于比赛过程和结果的显示方式。第三项中的比赛过程和结果利用"数字显示、语音提示或指针指示等"实现,这种方式技术简单、易与实现、成本低,但缺少比赛临场的动感,刺激性弱。考虑到健身馆里消费者的消费倾向,达不到预期效果。第四项中,比赛过程利用"替身车、游戏机、虚拟现实"实现,这种方式有一定技术含量、系统较复杂、成本较高,但有较强的临场动感,刺激性强,预期可以达到比较好的效果。

这三种产品创意均来自创新中的"功能组合法"。在这里,健身自行车、替身小汽车、游戏机和虚拟现实(设备)是各自独具功能的产品(或技术),将它们经过适当的组合,就可能形成一种新产品(或新技术)。其中,健身自行车和替身小汽车的组合为同类组合,健身自行车与游戏机或虚拟现实(设备)的组合,属于异类组合。

(四)确定方案

根据差异性、价值性和可行性三个要素,对三种比赛过程显示方案进行了对比分析。

(1)利用替身小汽车在轨道上竞速。利用健身自行车进行竞速的运动者,看着自己的替身车在比赛,动感、直观、趣味性强。这种方案技术难度及成本相对较低,且一个人锻炼时,可以看到替身车随着自己骑行速度的快慢,速度在不断变化。当然如果有别人共同参与,就可以达到比赛竞技的效果。

(2)利用游戏机屏幕显示比赛过程,与游戏里的虚拟人进行比赛。比赛不需要有别人参与,但竞争性、动感性会差一些,且增加了编程技术的复杂程度,工作量增加,同时大屏幕显示的成本较高。

(3)利用虚拟现实的装备显示比赛过程,动感比(2)好一些,但需要利用虚拟现实等新技术,硬件和软件成本将更高。

通过比较,最终确定了选择"替身小汽车"作为项目的产品创意方案。为了强调健身过程的趣味性,产品命名为"趣味健身自行车"。图3-2为趣味健身自行车想象图。

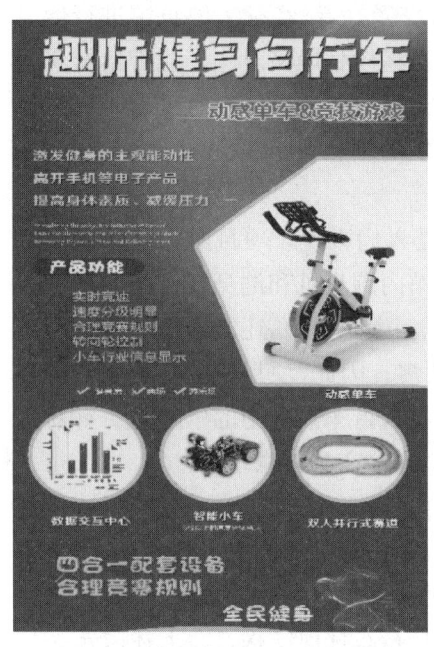

图3-2 趣味健身自行车想象图

二、校园蹭课APP的产品创意

该项目主要是提高教学资源的利用率和服务管理水平,提升学校形象,解决学生的"痛点",便于学生拓展学习。

(一)创意来源

查看学校课程安排的途径一般有两种,一是到各教学楼内的中心位置,关注或记录电子屏滚动显示的当天各教室课程安排的数据;二是登录学校教务系统网站,根据需要记录课程安排。这两种方式受时间、地点及方式等的限制,学生不能根据需要随时查询课程情况,提前规划个人的听课计划。尤其是对有空闲时间,希望学习培养方案规定课程外课程(蹭课)的学生,极不方便,也是学校资源的浪费。这对于在校学生和学校来说,都是"痛点"。随着互联网和手机的普及,学校能否提供一个随时随地查询课程情况的手机APP呢?

(二)产品创意

为了解决学生"随时查询课程情况,提前规划个人的听课计划"的问题,本项目团队召开了几次"头脑风暴"会议,最后确定通过手机 APP 方式,并逐步形成了如下几个创意方案:

(1)增加随时随地查询课程表及课程内容简介功能。这个方案,利用了创新中的类比(迁移)思维,将电脑端的查询方法迁移到手机端,考虑到现在的智能手机本身具有大部分的电脑功能,因此这种创意是比较易于实现的。

(2)增加学生选择的课程后,自动生成个人课程表功能;规定培养方案内的课程优先于蹭课课程,同时设置防止课程冲突的功能。"防止课程冲突,自动生成个人课程表"功能的创意,来自创新中的希望点列举法。站在学习培养方案课程外课程(蹭课)学生的角度,这个功能可以让使用 APP 的学生节省制定个人听课计划的时间,并且不容易出错,也方便随时调整听课计划。

(3)增加导航功能。查询和导航是两个不同的功能,这个创意来自组合法,也是部分学生希望具有的功能。

(三)创意筛选

那么,三个创意方案中,从使用者、管理者以及实施难度和占用资源等方面综合考虑,哪一种创意方案更合适呢?

第一个方案是将"电脑端登录学校教务系统网站,查询课程表"的功能,扩展为可以通过手机随时随地查询课程表及课程内容简介,解决了查询不方便的问题;在三个功能中占用资源少,方案容易实现,但是对于希望学习规定课程外课程的学生,需要花费一定的精力去规划个人的听课计划,尤其在需要调整听课计划时很不方便。

第二个方案是在第一个方案的基础上,增加了课程规划自动防冲突,在学生选择课程后自动生成个人课程表的功能。这个功能需要考虑听课时间和教室匹配的算法,对 APP 的开发方来说,难度及工作量有所增加,服务器的占用资源也相应增加了,但这个方案节省了学生人工制作课程表的时间,也非常方便于学生随时修改听课计划。考虑到学生人数众多,这个方案可以节约学生们大量时间成本,同时提高了同学们对软件体验的友好性。与第一个方案相比,学校教务部门的工作量也基本没有增加。

第三个方案是在第二个方案的基础上,增加教室导航功能。由于不方便直接调用现有的 GPS 或百度导航等软件模块,因此该方案首先需要对教学楼进行数学建模、编写算法,工作量和复杂程度大幅度增加,同时因教室等建筑物的影响,有些区域 GPS 信号弱,用户体验还不友好。另外这种校内小范围教室导航主要适合一年级新生,而普遍的一年级学生刚刚开始适应大学生活,学习培养方案课程外课程的比例较小。

(四)确定方案

在对比了三个创意方案后,项目团队又针对在校大学生进行了市场调查,综合对比差异性、价值性和可行性后,最终确定采用第二个方案,同时又对第二个方案作了改进。有时,同一门课程有几位教师同时授课。为了更好地服务学生,在第二个方案上,根据同学们的希望(希望点列举法的完善),又增加了学生对课程的评价项,在通过学校管理部门审核通过后,学生们的听课评价可以显示在评价栏里,以利于其他学生优化课程选择。结合

如何选择有创意的产品

同学们平时的语言风格,综合考虑后,将这款软件产品命名为"校园蹭课APP"。

本 章 小 结

本章简要介绍创意及产品创意的概念、创新思维与创意能力的关系。讨论了产品创意的原则、过程与方法等。创意不是异想天开,是思维的创新、知识的创造性运用。并结合"趣味健身自行车"和"校园蹭课APP"分析了产品创意与论证过程。

思 考 题

1. 简述创意、创新和产品创意的概念。

2. 有一种射线如果强度足够高的话,就可以杀死肿瘤细胞。但问题是,如果直接用高强度的射线照射肿瘤,健康的细胞组织也会同时被杀死。如果采用强度很弱的射线,虽然对健康组织没有伤害,但对肿瘤也没有作用。你有什么创意,让射线杀死肿瘤细胞,而不破坏健康的组织吗?

3. 试分析在"不成功的产品创意:西瓜成熟度检测仪"案例中,产品创意是否考虑了"卖方"(瓜农或商场)的因素?有没有使"买方"和"卖方"利益均衡的好创意?

4. 对于"校园蹭课APP",试从使用者的视角出发,列出五个重要的功能;从管理者的视角出发,列出四个重要的功能。

第四章 创业基础

 学习目标

1. 了解创业的基本概念和一般过程。
2. 熟悉创业要素的内涵和创业者特质。
3. 建立创业能力"需要培养且可以培养"的理性认识。
4. 正确处理创业和学业的关系,以做好创业准备。

 导入案例

王志东的创业故事

王志东北大毕业后,凭借其在计算机方面的出色能力受邀进入北大方正,从事计算机软件等研发工作。1992年,王志东离开北大方正,踏上了创业之路,与同伴创立了"新天地电子信息技术"公司,开发出红极一时的"中文之星",使比尔·盖茨的微软公司为此修改了微软的中文版本。1993年,王志东获得四通集团的融资,创立了新浪网的前身——"四通利方",再度创业。这期间,王志东主持开发了全球第一个全面支持Internet应用的中文系统平台,领导新浪网成功进行了多次国际资本运作,使新浪网成为全球最大的中文门户网站,并于2000年在美国纳斯达克上市。2001年,由于一些复杂的原因,王志东在其职业生涯的巅峰时刻离开新浪。但他没有因此而沮丧,第三次创业,创立了"北京点击科技"公司,并于2003年推出"竞开协同之星",在制造、服务、媒体、教育、电子政务等多个行业得到推广和应用。2013年,公司推出了供校内外学生、家长和老师互动交流的在线教育平台。

拥有创业的梦想,还要有让梦想起飞的翅膀!面对一次次的挫折,需要有再次扬帆起航的能量。从创立名噪一时的"新天地",到领导"新浪网",再到现在的"北京点击科技公司",王志东从一名优秀的程序员,到一名职业经理人,经历了一次次"蜕变"。作为一个创业者,王志东从没有停止过前进的步伐。

第一节 创业概述

走出校园的大学生可能会信心满满加入创业大军,踏上创业之路。但统计数据表明,初次创业成功者寥寥无几。排除文化、环境、政策等社会因素外,创业认识欠缺、准备不充分以及能力不足等个人原因均可能导致创业的失败。

一、创业的概念与类型

(一)创业的概念

从广义上讲,创业就是创造新事业的过程。大事业如秦始皇统一六国,任正非创建并领导"华为"在通信领域与世界诸强比肩;小事业如夫妻为了生活开店、摆地摊。从狭义上讲,创业是指人们为了生存和发展,运用自己的知识和能力,寻找机会、整合资源,投资兴办经济实体,并获得经济利益和社会利益的实践过程。

(二)创业的类型

创业可以根据不同特征划分类型:按照创业个体特征,可分为个人创业和公司创业;按照创业事业模式,可分为自主型创业和企业内创业;按照创业项目特征,可分为传统技能型、知识服务型和高技术型创业;按照创业风险等级,可分为依附性、跟随型、独创型和对抗型创业;按照创业主体身份特征,可分大学生创业、无业者创业、兼职创业和辞职创业;按照创业周期,可分初始创业、二次创业和连续创业等。

2001年,在全球创业观察(Global Entrepreneurship Monitor,GEM)报告中,英国伦敦商学院的雷诺兹博士等根据创业动机,首次提出将创业分为生存型创业和机会型创业的观点。

生存型创业是创业者为了生存,必须依靠创业为自己的生存和发展谋求出路而进行的创业活动,主要体现为被动型创业,主要目的是追求物质财富。据统计,我国所有的创业活动中,生存型创业所占比重约为90%左右。这种创业一般不需要高技术高智商,其知识、经验及资金壁垒较低,从事的大多是低成本、低风险、低门槛、低利润的行业,如餐饮等服务类行业。生存型创业虽然一般只能解决自己或少数人的就业问题,但由于其占比巨大,在解决就业问题、营造创业氛围及提升创业文化环境等方面起着重要的作用。

机会型创业是创业者通过发现或创造新的商业机会,为追求更大发展空间或价值实现,从事的开拓新产业或新市场的创业活动,主要体现的是主动型创业。机会型创业的特点是创业起点高、知识技术门槛高、成功后利润高、带动就业的倍增效应大,但创业风险也大,其主要目的一般不是单纯地追求物质财富。因此,机会型创业对于加快产业升级、提升综合国力、拓展国际市场、增加工作岗位、促进经济社会进步等具有重要意义。这里根据大学生创业的身份特征和时代背景,主要讨论机会型创业。

创业活动是一个充满不确定性的动态过程,生存型创业和机会型创业也不是固定不变的。例如,当生存型创业发展到一定规模时,如随着创业资源的积累、创业能力的提升,创业者开始注重商业机会的发掘,生存型创业可能转变为机会型创业。

【延伸阅读】 刘永好和希望集团

> 希望集团的刘永好兄弟,20世纪80年代初,刘永好兄弟四人为了让家人过上好日子,辞去了在当时被看作"铁饭碗"的工作,卖了手表、自行车等集资1 000元,开始创业。最初创办养殖场,养鸡、养鹌鹑。兄弟四人为人善良、勤奋,且经营灵活,虽历尽艰辛,但养殖规模快速增长,完成了原始积累。随着改革开放的深入,国人生活水平逐步提高,人均消费的肉类产品迅速增加。刘永好兄弟们看到了商机,1987年开始进军饲料行业,取得了巨大的成功。为了获得更大的发展空间,刘永好兄弟团结合作,充分发挥各自的特长,又分别进入食品加工、金属材料、银行地产、电器制造等多个行业,今天的希望集团已在全国拥有140多家工厂,成为国内最大民营企业之一。这也是企业由生存型创业向机会型创业转变的经典案例。

二、创新与创业的关系

创新与创业是相辅相成的,创新是创业的手段和基础,而创业是创新的载体。创业只有通过创新才能生存、发展和不断壮大,创新也只有与创业结合才能体现其价值。创新推动创业,创业依赖创新,二者相互促进,是密不可分的统一体。

创业团队由创业者与从业者共同组成,在初创公司中,创业者既是老板,又是与团队成员一起摸爬滚打的带头人。当今社会,伙伴制正在替代雇佣制,过去的劳资双方逐步转向合伙、聚合的新型关系,以我为人人、人人为我的发展理念进入良性循环。时代在进步,个人只有融入团队才能获得更多机会,实现价值,赢得尊重。

三、创业的意义

目前,创业作为就业的一种模式逐渐被国人接受。这是因为创业者由打工者变为企业的决策者或所有者,不单为自己提供了就业,也创造了更多的就业机会。当然,创业者也需要承担更大的责任和风险,对创业者的素质和能力有更高层次的要求,因此"创业是更高层次的就业"。在现实层面,大学生创业的意义如下。

(一)缓解就业压力

国内外经济形势、国际贸易保护主义等诸多因素时常影响着就业形势。利用创业带动就业的倍增效应可有效缓解就业压力。从国际经验看,等量资金投资于小企业所创造的就业机会是大企业的4倍。创业需要大量资金投入,可以创造大量的就业机会,因此可以缓解就业压力。

(二)发挥大学生创业优势

大学生综合素质较高,在高校的学术科研氛围熏陶下,大学生从事机会型创业具有自身优势。例如,在校期间,可以系统地学习专业知识和创业基础知识;可以参加各种创新创业活动,接触各方面的优秀人才,易于组成志同道合的团队;可以有较多空闲时间参加企业的项目,进行一些创业实践训练,积累创业经验。同时,大学是国家创新体系的重要组成部分,是高水平科技成果的重要源泉,大学生可以接触和了解最新的科研成果和科技发展趋势,容易获得好的项目或发现创业机会。

(三) 产生巨大的社会作用

大学生的机会型创业一般是基于知识的技术和智力密集型创业,这种创业与创新密不可分。通过创业促进创新,对促进产业升级、提高国家的核心竞争力具有重要意义。有报道称,美国企业创新产品中80%以上来自中小型创新企业。随着创业规模的扩大,尤其是高新技术产业,即使企业本身雇用的人员不多,但由于其产业链长,能够创造出更多高质量的就业岗位,这对于转型期的中国非常重要。

(四) 实现自我价值

创业带动就业的倍增效应

创业可以将自己的兴趣与职业紧密结合,做自己感兴趣、愿意做和自己认为值得做的事情,能够最大限度地发挥自己的主观能动性和才能,谋求自我价值的实现,这也是机会型创业的主要动机。创业是一项高收益、高风险的活动,而一般意义上的"就业"是一种中低风险、中低收益的活动。2018年福布斯发布的《中国新兴中产阶层财富白皮书》显示,创业者的家庭年收入超过百万的比例是最高的。这表明相对于就业者,创业者有可能创造并拥有更多的财富。

第二节 创业现状与时机

创业并不是一件简单的事情,有很多不确定因素,需要有合适的机会或前提、团队的合作、不懈的努力和资源的投入,还需要随机应变、承担风险等。刚出校门的大学生创业很容易进入误区,一是仅凭激情创业,最后遭遇失败;二是对创业有天然的畏惧,顾虑重重,错过了创业时机。因此,在创业前对国内外大学生的创业现状有所了解,对以后创业会有一定启发。

一、大学生创业现状

创业正在成为一种就业模式,也是很多人(尤其是青年人)的梦想。但是,创业本身是一件具有风险的实践活动。虽然我们经常听到不同的励志故事,而现实中成功永远属于少数人,没有失败者,也就没有成功者。社会需要有人创业,有人也需要创业。创业有生存的需求,也有梦想、憧憬和自我价值实现的需求,还有对经济社会发展的巨大贡献。那么,大学生创业现状如何?

(一) 创业比例

根据麦可思发布的年度《中国大学生就业报告》的数据,从2011届到2015届,中国大学生毕业(或半年内)即创业比例连续5年上升,从2011届的1.6%上升到2015届的3.0%,该数字接近发达国家平均水平的2倍。2016和2017届也基本保持这个水准,2018届出现了下降,但仍是发达国家平均水平的1.6倍。

(二) 创业成功率

麦可思发布的《2017年中国大学生就业报告》显示,2013届大学生毕业半年后,有2.3%的人选择自主创业(本科为1.2%,高职高专为3.3%),但3年后超过半数的人退出创业;而毕业后三年,约有5.9%的人加入自主创业的大军(本科为3.8%,高职高专为8.0%)。关于大学生创业成功率,社会上说法不一。但是,即便在创业环境比较好的浙江省,大学生创业的失败率也达95%。

二、大学生创业时间点

大学生创业主要有三个时间点:求学时创业、毕业即创业、先就业再创业。对于不同的人、不同的领域及不同的社会文化环境等,创业时间点并没有一个明确标准的答案。求学时创业的代表人物有比尔·盖茨、扎克伯格、史蒂夫·乔布斯等。他们都是在大学期间找到了自己事业的发展方向,然后凭借超人的直觉、激情和能力开始创业。本科毕业即创业的代表性人物有"饿了么"的张旭豪、"汉鼎宇佑"的王麒诚、"大疆"的汪涛等,他们无疑是杰出的,这种人物在创业者群体中数量还是极少的。先就业再创业是绝大部分创业者的选择,也是创业成功率相对高一些的模式。随着工作经验的积累,一些具有创业意愿的毕业生对自己的创业项目有更成熟的计划。同时,在工作中扩展了人脉、积累了启动资金,具有了一定的创业资源。所以,工作一段时间后创业的比例和成功率会升高。

创业"黄金期"

第三节 创 业 要 素

美国创业教育学家蒂蒙斯提出蒂蒙斯创业模型(图4-1),认为机会、团队和资源是创业活动不可或缺的三要素,并指出创业过程是三个要素不断寻求动态平衡的行为过程。如果三要素不能保持平衡,创业很可能失败。

一、创业机会

创业机会通常来自商业机会。商业机会是指市场上存在的尚未满足或尚未完全满足客户显性或隐性的需求。商业机会以多种多样的形态存在于社会生活的方方面面。

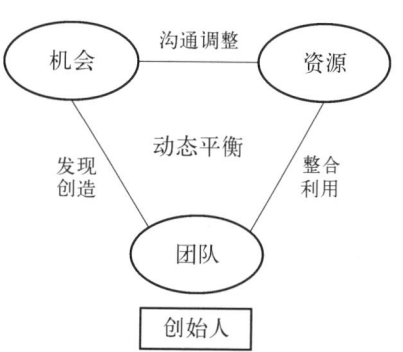

图4-1 蒂蒙斯创业模型

创业机会是一种创造性的整合利用资源和能力、满足市场需求、创造价值的可能性,是创业者可以用来进行创业的机会。创业机会是创业的前提,"机会"具有时间限制,商业上常称之为"风口",通常只是一个短暂的窗口期。创业机会可能是一个创意、一种技术、一个概念,也可能是社会变革、经济转型等。要创业,首先要能够发现并捕获机会。

(一) 创业机会的来源

1. 技术机会

技术的根本性改变或重大突破具体表现在如下几方面：一是替代性技术，某一领域发明了突破性技术，可以有效替代旧技术，如显像管显示到液晶显示的进步；二是能够创造新产品、升级旧产品的新技术，如以 PC 为核心的互联技术，到以移动互联为核心的技术升级；三是能够解决新技术带来的新问题的技术，如伴随着计算机网络的发展有了计算机病毒的问题，杀毒软件就是解决新技术带来的新问题的技术。每一次技术变革，都存在着海量的创业机会和巨型企业的诞生。

2. 市场机会

市场变化带来的市场机会主要有以下几个方面：一是产业转移带来的市场机会；二是中外差距带来的产业或行业商机；三是经济升级带来的市场机会，如消费升级等，使"快销"正在被"网购""定制"等取代。

3. 政策机会

很多创业机会与国家社会经济的整体发展趋势与政策变化息息相关。尤其是在中国，当前还有很多行业没有对民营企业开放，或正在逐步开放。在逐渐开放的过程中，就隐含着大量的创业机会。

4. 人口和社会变化

中国及世界都在面临人口老龄化的问题，使医疗保健成为创新创业投资等热点行业。例如，美国的医疗保健行业约占其国内生产总值的 20%。针对老年的旅游市场行情也在逐年看好。在城市化的进程中，需要大量的人力、物力和财力投入，同时伴随着全面消费升级，自然会带来大量的就业和创业机会。

(二) 创业机会的特征

创业难，发现真正的创业机会更难。

作为创业机会的创意、技术、模式等，或者说"金点子"至少要具有下面四个基本特征：

(1) 稀缺性。"点子"要新颖独特，能够吸引顾客，并且能够随环境变化而变化。

(2) 时效性。"机不可失，时不再来"，进入的时机是有限的，必须在窗口期内实施。

(3) 获利性。"金点子"必须能够为用户提供增值的产品或服务，也要有旺盛的需求和丰厚的利润。

(4) 持久性。必须有资源和能力建立业务，并且一旦产品或服务的市场建立起来，要能够尽可能地保持持续的增长。

二、创业团队

创业是一项庞大复杂的工程，涉及选项、融资、规划、选址、生产、营销等诸多方面，通常不是一个人能够完成的事情，需要一个优秀的团队。例如，创业时，新东方的俞洪敏有"三剑客"，阿里的马云有"十八罗汉"等。

三、创业资源

创业资源是指已经拥有的或通过努力能够获得的资源，是创业持续进行的保证。创业资源需要进行优化整合,以实现最有效的利用。创业资源是多方面的,包括有形资源和无形资源,如人力资源、财务资源、技术资源、生产材料、客户资源、管理资源等。

启动创业活动最初需要的是资金,"资金从哪里来""如何融资"是创业者在创业初期必须考虑的问题。近年,创业者的主要资金来源或融资渠道及方式主要有:自己或合伙人出资、借钱或贷款、利用国家对创新创业的支持或优惠政策、寻找天使投资和风投机构或融资平台等。

创业者群像

【延伸阅读】 刘备的"创业之路"

> 刘备的"创业"之路:①抓住机会,目标明确,方向正确。东汉末年,群雄并起,皇权旁落,社会动荡,这是个"英雄创业"的机会。刘备打出了"匡扶汉室"的旗号,这个想法符合社会现实,有大批受众,也就是有了远大的市场前景。②组建强有力的团队。刘备虽一介布衣,但为人忠厚仗义,仪表堂堂,具有不凡的人格魅力;自称皇室后裔,有着以天下为己任的抱负,具有号召力。人格魅力和号召力构成了刘备的"领导力",然后通过"桃园三结义"组建了一个核心团队。在"创业"过程中招贤纳士,积累经验,扩展人脉,建立了文有诸葛孔明、武有"五虎上将"的强有力团队。③争取资源,合理整合。征战需要兵马,招兵买马需要资金。最初的启动资金是合伙人张飞的资产及一些富商朋友的捐助。在事业扩张的过程中,趋利避害,取得了一定的成功和名声;抓住机会,谋取徐州,使人力财力大增;兵败后逃往蜀地,逆境中整合资源,联吴抗魏,取得赤壁之战的胜利;最后取蜀地,立蜀国,成三分天下。
>
> 刘备"创业"的故事体现了创业的三个基本要素:机会、团队和资源。如果再加一项的话,那就是刘备的"领导力"。
>
> 创业是一个复杂的实践过程,有的企业几年之中迅速壮大成长,也有十几年在艰难中风雨摇曳的企业,更多的是失败后的销声匿迹,但更多的初创企业如雨后春笋。创业的开端或为了生存或看到了机会,但创业过程难以把控,结果也难以预测。了解创业成功者的历史,学习创业成功者的经验,总结创业成功的内在规律,对创业者尤其是初次创业者少走弯路、降低风险、提高创业成功率具有重要的指导意义。

第四节 创业动机和创业者素质

创业活动是一条艰辛之路,很多时候是在长期不利局面下的马拉松竞争,充满不确定性,要承担巨大的风险和压力,甚至付出昂贵的代价。既然这样,为什么还是有人义无反顾地进行创业呢?创业里一定有超越"承担风险、压力以及支付价值"的价值和意义存在。

一、创业动机

创业动机是创业者愿意冒各种风险去创立新事业的激励因素,创业动机的强弱直接决定着个体实施创业活动的可能性大小。创业动机通常有以下几种：

(1) 实现自我价值的需要，获得成功的满足感。年轻人和大学生处于创造力最为活跃的时期，思维活跃、创新意识强烈。创业有助于自我价值的实现，而创业的成功证明了自己比一般人更优秀、更有才能，能够获得心理上的满足。

(2) 争取更高的利润，实现财富自由。一些掌握专业技能或经验的专门人才不满足当前的收入现状，为了最大限度地发挥自己的潜能和特长，实现自身价值的最大化或争取更高的利润，开始创业。

(3) 争取自由和灵活的生活空间。自主创业可以有相对自由、较为灵活的时间和空间，可以更好地安排生活。

(4) 成功的创业者永远是商业社会最大的赢家。赚钱和创业是不同的概念，但它是一个事物的两面，缺一不可。成功的创业者可以同时得到财富、地位和声望，也就是"名利双收"，这是部分创业者们选择创业的实质原因。

二、创业者素质

今天的创业者只能在细分的市场里开拓前进，为了能够应对复杂局面，创业者应该具备下列基本素质：

(1) 坚毅、果断、富有激情的性格品质和成功的欲望（感染力）。创业过程中可能会遭遇多次失败，重要的是失败后要有重新开始的素质和能力，只有坚持才有可能成功。欲望是创业行动的原始动力，对创业者来说，成功的欲望有时比金钱更重要。激情是创业者的内在动力，用激情描绘愿景、传播愿景，可以增强队员的信心、鼓励队员的斗志。

(2) 自信、正直、务实、灵活的作风（执行力）。创业一旦确定了方向，必须立即执行。在被证明错误之前，一定要坚信自己的产品是最好的这一信念，以便全身心地投入到产品开发创新及市场开拓中。务实、灵活是为了更好地适应市场变化，例如，若竞争者已经开发出更好的产品，就不能固执己见，而是要迅速地做出调整以应对变化。真正优秀的人不是不犯错，而是善于纠错。

(3) 敏锐的洞察力，捕捉和创造商机的能力（洞察力）。创业者需要有趋势感，要能够感觉到经济社会发展趋势和规律，能够看清事物的本质，能够洞察到别人不能预知的事情，善于发现好的切入点、识别出被忽视的商业机会，这是更深层次的智慧。

(4) 创新思维、创新精神、创新能力（创新力）。创新是创业的"灵魂"。创业成功的标志之一是否定已有的产品，做出与别人不一样的东西，打破已有的市场格局。因此创业者需要有创新思维和创新能力，尤其是在当代细分市场中，只有不断地创新，才可能打开一条条缝隙，才可能实现破坏性创新。

(5) 团队协作，分享成果（共情力）。团队是创业的核心要素，创业路上，必须凝聚团队力量，开拓前行。创业者必须懂得放弃和分享。懂得分享的创业者，可以有效地提高创业的成功率或公司的竞争力。华为、阿里、京东等创业过程中的分享方式使团队和员工积极主动地奉献力量，这与企业的成功密不可分。

(6) 承受风险，风险意识（承受力）。选择了创业，就必须有承受风险的觉悟和勇气。

但是,要想创业成功或企业发展,必须具有能够控制和减少风险的意识和能力。

(7) 学习学习,终身学习(学习力)。创始人是企业的天花板,创始人的能力、格局等决定了企业能做多大、走多远。创业过程中需要不断地学习以提高自己,不仅要从成功中学习,更要从失败中学习。据统计,世界上 IT 企业的平均寿命大约为 5 年。那些急功近利的企业,如果不注意员工的培训学习和知识更新,会导致整个企业机制和功能老化,成立两三年就会"关门大吉。"

张维迎教授经过多年研究,认为真正的企业家和普通人确实有不同之处。如企业家决策很多时候不是依靠科学,而是依赖经验和直觉;企业家不是在给定条件下做事,而是要改变做事的条件;企业家不以利润为唯一目标,而是有着超越利润的梦想。对于企业家来说,约束条件不是固定的,而是可以改变的。正因如此,他们才成为经济增长的推动力。

三、创业者素质和能力的培养

由于创业的复杂性,创业过程和结果的不可预测性,对创业者素质和能力提出了极高的要求。

(一) 培养创业意愿

意愿是一种内在动力,只有产生了创业意愿,才有可能进行创业活动。大学生在文化水平、创新意识、学习新技术新理念等方面具有优势,但是长期成长于象牙塔中,很少以创业者的身份接触社会和市场。而意愿通常以能力和知识为后盾,为提高大学生的创业意愿,需要大学生在大学期间的整个学习过程中,能够接触市场、接触社会,丰富创业经验,有针对性地学习创新创业知识。

(二) 培养创业精神

创业精神是指创业者具有的开创性的思想、观念、个性、意志、作风和品质等,是创业者开展创业活动并持续进行的意志品格。创业精神可以概括为:没有资源创造资源,没有条件创造条件,用有限资源去创造更大的资源。首先,要坚定信念,自己一定能够成功。如果自己都不相信创业能够成功,创业也就没有成功的希望。其次,有积极心态;积极的心态可以激发人的潜能,才可能去积极地克服困难,创造条件,变不可能为可能。再次,有冒险精神;创业活动本身具有很大的风险,冒险不是盲目的,是基于理智的决断。最后,要执着,执着是就是面对困难时的坚持,没有执着,再好的目标,再好的模式都可能被错过。

(三) 培养创业能力

创业能力是保证创业成功的决定因素,包括洞察机会能力、专业技术能力、资源整合能力、市场驾驭能力、社交沟通能力、风险控制能力、创新能力、学习能力等。

大学生创业能力的培养是一个长期持续且不断完善提高的过程。首先,要完善知识体系,在校期间的学习成绩本身,就是学习能力的具体体现;增加知识的深度和广度,开阔视野。在知识经济时代,商机隐藏在各行业的表面或深层,需要有不同行业的知识去发掘。其次,积极参加创业教育培训,提高理论和实践认知;通过积极参与实践活动积累经验;通过小投入的创业活动接触市场,以求得创业能力的综合性提高。

埃隆·马斯克的人生写照

第五节　创业准备与项目选择

商场如战场,创业前必须做好充分的准备,才有可能在创业中减少失误,实现创业目标。

一、创业准备

（一）知识准备

知识是创业的基础,大学生创业需要激情经验以及资本,但更需要知识和学习能力。因此,大学期间大学生的主要精力要放在知识积累和学习能力培养上。在知识经济时代,经验的作用在弱化,所有事情的时间周期在变短,市场规律也越来越难以把控,只有强大的学习能力才能够让你跟得上时代的脚步。一个创业者要带领企业最终走向成功,需要资本性资源,更需要知识性资源。如果说资本是取得一时成功的要素,那么学习能力和知识才是取得一生成功的关键。

（二）组团准备

团队是机会型创业的三大基本要素之一,大学内有创业需要的各个专业方向的高智商、知识型人才。大学期间积极结交多方面人才,了解彼此优缺点,将来组团创业时,可以选择志同道合的人选。组团创业的成员之间能力和资源尽量互补,既要取长补短,更要扬长避短。一个具有高度凝聚力、能力互补的创业团队,创业成功的概率会大大提升。如俞敏洪创业的"三剑客"都是他的同学,他们互帮互助最终成就了"新东方"。

（三）理性创业准备

鼓励大学生有激情地理性创业,不支持一时冲动地盲目创业。盲目创业造成的失败,会给创业者带来巨大的经济损失和精神压力。大学生创业不仅要不断地提高自身综合能力,也要合理利用各种社会资源,注重平时创业经验的积累,只有创业所需的条件基本具备时,创业才可能有较高的成功率。创业行动上需要理性,在创业目标选择时也要理性,切忌好高骛远。对于初次创业、资源有限、抗风险能力较弱者,可以通过一些小投入、低风险的创业试错实践,坚持脚踏实地,一步一个脚印。对于毕业后工作几年,积累了一定经验的创业者而言,在创业项目和时机选择上,相对刚毕业的大学生应该更有理性更务实。当然,理性和务实,并非要抹杀创业的激情,而是要把激情转换为创业的持续动力,成为创业成功的安全保障。

（四）艰苦创业准备

创业是一个艰辛的过程,尤其是创业的前几年。有很多创业者是因为创业没有准备好,导致创业难以进行而失败。比如启动资金不足,发展方向不太确定,内部外部资源不充分,管理不善等问题都可能导致创业失败。因此,大学生在选择创业前一定要有足够的心理准备,要充分认识到创业过程中可能面临的艰难困苦。

（五）诚信创业准备

创业成功不仅仅能带来物质财富，同时也能带来无法衡量的精神财富。做人讲诚信，创业更要讲诚信。在社会制度越来越公平，市场机制越来越完善的环境中，诚信经营是企业长久生存与发展的根本。初次创业的大学生更要切记诚信的重要性。充分认识到经营企业诚信为本的内涵。另外，成功的创业者在赢得财富的同时，应该主动承担相应的社会责任。树立正确的创业观和财富观。合法合理地创造财富，健康地使用财富，让创业在阳光下运行。

二、如何选择创业项目

做任何事情必须要有方向，选择项目就是选择方向。一个成功的创业往往源自创业者的创业意识与创业项目的结合。如果你要创业，必须对创业项目进行周密细致合理的选择。选择创业项目的注意事项如下：

（1）确定项目切入点和模式。创业项目选择正确与否，直接关系到创业的兴衰和成败。项目切入点的选择，要根据社会需求、创业能力、个人爱好、资源需求、市场风险等综合考虑。

（2）选择自己熟悉的领域。熟悉的领域有两层含义，一是自己的专业领域或项目；二是对这个项目或产品比较熟悉。这样可以充分利用自身优势和资源优势。不要盲目地追求经济热点，以避免决策失误，浪费资源。

（3）选择有市场需求的领域。通过详细的市场调查，了解行业的现状，分析项目有没有市场机会；自己有没有能力利用这个市场机会。对于一般创业者来说，发现的市场机会并不一定会成为你的创业机会。因为市场机会成为创业机会是有条件的。一是创业者要具有利用该机会的资源能力和技术能力；二是创业者利用该机会能够实现其目标。

（4）选择有明显优势的领域。比如在某些方面有专业特长，对某部分群体有影响力，那就从事该方面的创业。例如，王志东网络技术水平极高，曾被称为网络"三剑客"，他在网络领域的多次创业都取得了成功。

（5）选择有浓厚兴趣的领域。选择自己感兴趣的领域或项目创业，可以把兴趣与创业目标结合起来。那就是快乐的创业，能够产生持久的创业动力。王志东曾经说过他的创业目标就是他的兴趣。

（6）选择有外部资源的领域。利用家族企业或依托大企业来开展自己的创业活动，或在企业内部创业（依附性创业），或利用可以利用的社会资源，实现低成本起步的目的，可以减少创业风险，提高创业成功率。创业必需的硬件可以租赁，直接进入产品开发过程的终端程序，减少中间环节，可以有效减少风险和成本。

（7）选择起点较低的项目。大学生初次创业，可以选择一些不需要太多资金和技术的产品，可以从简单做起，积累经验资金。例如，在大学期间可以选择做一些家教，参加一些社会实践和横向课题。

创业虽然是一个多维度的整体考量的问题，但是如果把创业的维度抽丝剥茧，找到最关键的一维，那就是市场需求的"产品或服务"。对于具有超前意识的创业，那是创造市场需求的"产品或服务"。由于创业是一种高风险的活动，没有一个创业机会是完美的，也没有任何创业者是在完全有把握的条件下开展创业活动的。创业的成功与否，很大程度上不是单独看你拥有多少资源，而是看你能在多大范围、何种程度上创造资源或整合资源，而这种能力也是创业能力的核心。有创业意向的同学可以从个人能力、社会网络、经济状况、承压能力等几个方面进行自我评价。评价之后，是否决定进行创业仍然是一件比较主观的决策。

【延伸阅读】 创业维艰：如何完成比难更难的事

　　本·霍洛维茨(Ben Horowitz)是硅谷最牛的天使投资人之一，过去十五年里连续三次创业，数次让两家公司起死回生。书中他以自己的创业、管理和投资经验，对创业公司(尤其是互联网公司)的创立、经营、人才选拔、企业文化、销售、首席执行官与董事会关系等，毫无保留地奉上了经验之谈。

关于担任首席执行官(CEO)

★在担任CEO的八年中，只有三天是顺境，剩下的时间几乎都举步维艰。

★CEO任何时候的工作都是找到解决问题的办法，不论成功的可能性有多大，CEO的任务始终不变。

★CEO：除我以外，没有人清楚公司发展的全局，没有人能令公司摆脱困境。

★专业领域的事都可以留给专业领域的人，但是一个公司生存与否以及如何生存下去这样的基本问题，"是留给CEO一个人的。"

★CEO必须像塑造性格一样培养自己的勇气。"你每做一次艰难而正确的决定，勇气就会增加一分。相反，你每做一次轻松却错误的决定，怯懦就会多一分。"

关于对待员工

★如果不能公平、公正地对待那些即将离开公司的人，那些留下的人就永远不会再信任我了。——事实证明，这条理念为日后重建公司打下了必要的基础。

▲不要陷入鼓励式管理的错觉，要实话实说。危急之时，坦诚相待比傻白甜的鼓励更能团结员工。

关于机会

★在一次讨论时，有合作伙伴谈到电子商务平台网站时常会崩溃，因为无法解决网络交通拥堵的问题。"应该有一家公司站出来解决这个问题。"在本和马克(Netscape创始人)不断完善这一想法的过程中，发现了"云计算"的概念，接着他们创立了Loudcloud。

关于筹资

寻找一个统一市场，只要有一个投资者点头，即可功成，其他30位投资者即便全部摇头拒绝也无关紧要。

关于经营策略

在市场上要让一个东西奇货可居，就是让追求者更多一点。在Loudcloud濒临危机时，许多曾有意收购的买家都自身难保，为了卖出更好的价钱，他们在自己公司里招待两家公司的负责人,并制造出让他们擦身而过的局面。可以说是:兵不厌诈。但前提是要有"奇货"可居。

关于产品策略

研发出好产品是创新者的职责。因为客户只能根据对现有产品的体验来判断自己要什么……而真正的创新者才有勇气忽略事实数据。

本·霍洛维茨说:"客户提出的这些要求,我统统不在乎。我需要你们彻底改造产品。"

第六节 创业设想的应用实例

本节以"趣味健身自行车"为例,考察其进行创业的设想。

一、趣味健身自行车的创业机会

"趣味健身自行车"可以解决"健身者"在健身过程中的"无聊乏味"的"痛点";因为兼具动感实物模型和竞赛等功能,能够刺健身者的"痒点"。通过市场调研,认为该产品可以作为一个"商业机会"进行创业。

二、趣味健身自行车的创业过程

一个创业团队需要各方面优秀的人才,但"趣味健身自行车"针对的是一个小众市场。首先要考虑是"自己创业"还是"团队创业";这里考虑以小"团队创业"的形式。

在此阶段组建一个以完成产品设计(与生产)为目标的创业团队。主要考虑队员的技术能力及综合能力,因为公司运营需要研发、生产、销售、财务等,队员可能要身兼多职。

通过考察调研健身自行车及其使用特点、环境等,确定技术及实施方案(如不改动自行车、非接触测速、无线传输数据、动感模型小车等),完成技术细节的设计、测试等。

这个阶段,不需要太多的启动资金,一般情况下可以通过自筹资金实现。但要进行批量生产时,根据市场规模等,考虑是否融资和如何融资等。

根据公司运营情况,完善团队、组织和配置资源等,提供优质的产品或服务,达到创业的目的。

本 章 小 结

本章简述了创业的基本概念、意义以及大学生创业现状,分析了创业涉及的机会、团队、资源要素的内涵,阐明了创业者应具备的素质和精神特质以及如何根据实际情况选择合适的创业方式、提升创业能力等。

思 考 题

1. 你有过创业意愿吗？如何理解创业意愿？
2. 分析一下家庭、学校以及社会文化环境对创业意愿的影响。
3. 观察你生活学习的环境中，是否有亟待解决的"痛点"问题，分析它们能否成为你的商业（创业）机会。
4. 根据你的个人情况，如果让你组团开发"趣味健身自行车"，你会如何选择队员组建一个4~5人的创业团队？
5. 思考蒂蒙斯创业模型的三要素，在"趣味健身自行车"的创业过程中的具体作用，三个要素是否需要保持动态平衡？
6. 如果让你去创业，你会如何选择创业项目？如何做创业的准备工作？
7. 分析思考你有哪些竞争优势？如何补差以让竞争优势成为核心竞争力？
8. 你如何看待学业和创业的关系？

第五章　创业团队管理

学习目标

1. 熟悉创业团队的组建原则，正确评估个人在创业团队中应处的地位和作用。
2. 熟悉创业团队的管理策略，正确认识管理者与被管理者的协同关系。
3. 了解人性化管理对初创团队的意义。
4. 掌握针对学生团队的公司制度制定、目标管理、绩效管理操作方法。

导入案例

小余和他的大学生求职网站

大学的最后一学期，小余参加了一场接一场的招聘会，但一次又一次地失望而归。"我们不停奔波于各种招聘会，但想要找到一个适合的工作却很难。"在经过数次面试被拒后，他了解到企业也存在类似的烦恼，由于对学生缺乏了解，仅通过一次招聘会或简单的面试签订用人协议，试用后却发现招来的员工并不适合这份工作，为此浪费了大量人力物力。于是，他萌发出办一个针对在校大学生求职网站的创业想法。

这个充满了创业激情的小伙子迅速拟定了酝酿许久的创业计划书，架构起未来网站的基本框架。在网站中，他将为企业和大学生搭建起一个长期稳定的接触平台，双方可以通过这个平台相互了解，企业甚至可以跟踪大学生在校期间的各方面表现，决定毕业时是否录用。接下来的几个月里，他登门几十家企业，与人力资源管理部门负责人沟通了这一想法，网站特色服务内容得到 70%以上被调查者的肯定。"我会用两到三年的时间向外界推广网站，吸纳大学生和企业登录，并向企业收取一部分会员费。点击量有了一定的提升后，广告将成为网站盈利的又一渠道。未来，在继续完善网站服务内容的基础上，推出一系列连带产品，我相信这会有很好的发展前景。"

尽管制定了自己的创业计划，进行了市场调研，确立了盈利模式和长远规划，也得到了资金支持，却忽视了创业团队的组建。"刚开始我以为这不是问题，懂程序的人多，肯定能吸引到这样的人。"直到制定创业计划的后期，他才发现找到适合的人并不容易，"人太少了，编好这个网站的程序至少要两年时间。"小余感叹道。目前高校内具备这方面技术的人太少，而有丰富经验和能力的人却不愿意放弃工作跟他一起创业，好比没有左膀右臂，小余孤军奋战的结果只能是退下阵来。

大学生肩负着时代的使命,创新创业又是最好的践行方式,但激情与失败似乎已经成为大学生创业难以摆脱的命运,困惑面前何去何从?纵观众多的创业挫折,原因各有不同,唯一的共同点指向"人和"的缺失,即创业者素质与创业团队的组建与管理。

第一节 创业团队的组建原则

创业团队的组建没有统一的模式,有多少个团队就有多少种组建方式,有的可遇不可求,有的反复打磨成型,有的大浪淘沙历久弥坚。因此,成功的创业团队不可复制,但值得学习,也有一定的规律可循。

一、共同的价值观

价值观是一个人的价值倾向,是后天形成的,取决于所处的自然环境和社会环境,包括社会地位和物质生活条件,一旦形成便具有相对稳定性,轻易不会改变,在深层次上影响、制约和指导实践活动。

在为什么要创业的问题上,不同的价值观有不同的表现:① 迫于就业压力而选择创业;② 为了赚更多钱,过更好的生活;③ 不愿甘居人下,想享受颐指气使的感觉;④ 追求自由,做自己喜欢的事;⑤ 获得更大的发展空间,达到自我实现的满足;⑥ 梦想改变世界,体现自己的人生价值。

必须直面这些客观存在,没有好与不好之分。迫于生活而看重眼前利益的未必没有远大抱负,满怀豪情的未必能走得更远。价值观的核心问题是对人生价值的认识,虽有一定的稳定性,但其表现是随着环境的更替和地位的变化而不断变化着的,选择创业伙伴时应透过现象看本质,注重共同的追求而非趣味相投。共同的抱负、相同的价值观才是选择创业伙伴的关键。

二、性格多样性

在组建创业团队时,大多会选择志趣相投的人,常常忽略成员性格的多样性。在创业之初,志趣相投便于沟通,很多问题容易达成一致,减少扯皮,具有相对稳定性。但团队成员的过分同质化会缺乏新的见解,不利于形成"良性冲突",效率可能不高,发展潜力相对较小。

因此,创业者应寻求能有效弥补自己知识、经历、见解不足的合伙人。要知道有能力的人多少都有点怪异,他可以把一些事情做得很好,有些地方却幼稚可笑,团队成员只有性格不同、各有所长、相互影响、相互弥补,才能形成1+1>2的合力。一个高效的创业团队一定是优劣势互补、不求包容但求相容的团队。

三、责权利明确

组建团队一开始切忌大谈宏伟目标和远大抱负,有人注重眼前利益,有人注重发展潜力,这很正常。但人际关系不是靠道德和面子维系的,当公司出现盈利时就会凸显弊端,会因为付出与得到的不同或者以为不相同而撕破面子,严重时导致离开,使公司发展受到影响,"生意好做,伙计难搁"的原因就在于此。因此,在组建团队时应直面责权利,有话当面说,达成一致方可合伙,不管你是组织者还是参与者。

四、寻找最适合的人

初创企业面临着资金、技术、市场等诸多问题,组建一个稳定的团队至关重要。不论是寻找合伙人还是招聘部门负责人,高薪聘请技术骨干或者业务精英不一定是好主意。想一想把波音747的引擎装到拖拉机上会出现什么情况?反之,公司就要腾飞了还是在用拖拉机的引擎,能飞得起来吗?要按公司的发展阶段寻找合适的人而不是最优秀的人,让合适的人坐上合适的位置,然后放手去做。

以上分析表面上是创业者在组建团队时应注意的问题,实际上同样适合正在寻找创业团队的从业者。对于个人发展来说,加入一个适合自己的团队至关重要,道不同不相为谋,入错行比走错路更加糟糕。从广义创业的角度来说,无论创业者还是从业者都是创业,只是个人选择的创业之路不同罢了。

【延伸阅读】 组建创业团队的程序和方法

1. 撰写创业计划书

通过撰写创业计划书,使自己的思路进一步清晰,也为后来寻找合作伙伴奠定基础。

2. 优劣势分析

分析自我,发掘自己的特长,确定自己的不足。创业者要对自己正在或即将从事的创业活动有足够清醒的认识。并使用SWOT(优劣势)法分析自己的优点与缺点、性格与能力特征、拥有的知识、人际关系以及资金等方面的情况。

3. 确定合作形式

通过第二步的分析,创业者可以根据自己的情况,选择有利于实现创业计划的合作方式,从而寻找那些能与自己形成优势互补的创业合作者。

4. 寻求创业合作伙伴

创业者可以通过媒体广告、亲戚朋友介绍、各种招商洽谈会、互联网等形式寻找创业合作伙伴。

5. 沟通交流,达成创业协议

找到有创业意愿的创业者后,双方还需要就创业计划、股权分配等具体合作事宜进行深层次、多方位的全面沟通。合作前充分沟通与交流,才是创业企业其后稳定发展的保障。

6. 落实谈判,确定责权利

在双方充分沟通交流达成一致意见后,创业团队还需要建立责权利统一的团队管理机制,妥善处理各种权力和利益关系。

第二节　创业团队的管理原则

　　创业起步时，大家激情四射，容易形成合力，当越来越多的条件成熟或者取得了一定的进展时，人们开始变得不再有刚开始时候的那股干劲，会变得越来越浮躁，越来越没有思路了，出现这种情况大多是因重情感而忽视管理造成的。团队稳定发展不能依赖于人的素质、道德和相互之间的情谊，当团队发展到追逐权力的阶段，就会进入瓶颈期，看似心照不宣，实则矛盾加剧。轻则降低效率，重则发展停滞，甚至面临解散。有效的解决办法就是建立科学的管理机制，用制度保障团队建设与长期稳定发展。对于初创团队来说，有很多成熟的管理理论与成功案例，可供学习和参考，但无法复制。管理没有标准答案，你面对的发展阶段、所处的资源和环境，决定了应该采用什么样的管理思路和手段。

一、团队建设稳中求变

　　在创业过程中，大家都希望有一个长期稳定的团队，但事实上团队成员与组织架构会经常发生变动，具有一定的必然性。

　　刚开始创业时，家人朋友同学是最好的资源，你会自然而然地依靠他们，亲情友情加上对未来的憧憬，不需要特别规范的管理就能形成合力。发展到一定阶段或淘到第一桶金时，就会伴随着权利、利益产生越来越多的纠葛，不规范的家族式管理就会越来越呈现弊端。如果保持碍于人情的稳定，看似风平浪静实则暗流涌动，会严重阻碍公司发展，这时候就必须改变，引进外部人才，进行股份制改造，形成新的合伙人。随着公司的进一步发展，又会产生新的矛盾，有人希望通过资本重组变现，有人产生了背离公司发展理念的想法，当思维不一致，利益不一致的时候还要强求稳定，就会使公司偏离轨道。所以，团队管理不会一劳永逸，也不会一蹴而就，而是随着公司发展不断变化的过程。

　　不同的阶段用不同的人，该引进的引进，对于理念不合或变得不合的创业伙伴，不管能力有多强，该分开的就得分开，才能保证团队健康发展。

　　发展理念就像建筑物的框架结构，是公司的支柱，必须保持稳定，其他部分随过程而变动。逐步吸引理念相同的人，淘汰无法融入团队的成员，保证框架结构更加稳定。但有时团队变动带来的创业风险是致命的，就像打掉了承重墙，一旦基础遭到破坏，会造成资金、技术、人才的流失，带来不可估量的损失。所以，创业过程实质上是团队磨合过程，创业者的胸怀、格局应该体现在管理策略上，知道哪些需要稳固，哪些必须变动。不能一味地求"稳"或求"变"。好的管理策略会使团队在变化过程中人员构成更为合理，促进合作文化进一步形成。

二、分配激励制度公平有效

创业团队的分配激励机制是创业团队持续稳定发展的基础。合理的激励机制，不仅关系到员工获得报酬的满足感，还包括价值是否体现、是否受到尊重和承认等精神层面的成就感。对于提高员工忠诚度来说，起决定作用的是价值体现、工作氛围和个人能力的提升空间，而报酬作为直接的价值体现最为关键，大多数时候不患寡而患不均。

绩效考核体系的建立是公平有效的基础，很多初创团队无暇顾及，大部分都是由部门口头评定，领导形式化审核，存在很大弹性，容易制造不公，容易影响内部氛围。

在制定分配激励制度时应注意度的把握，过多的物质激励会使人贪婪，经常的精神鼓励会使人生厌，应注意发展阶段，可用资源，两者的合理搭配是体现管理智慧的关键。

三、目标制定可实施

创业使命是宏观的，目标则是具体的，使命通过一个个任务去实现，任务必须转化为目标才具有可实施性。因此管理者应该通过目标对下级进行管理，当组织高层管理者确定了组织目标后，必须对其进行有效分解，转变成各个部门以及各个人的分目标，管理者根据分目标的完成情况对下级进行考核、评价和奖惩。

目标的制定应基于当时的资源和技术，注重可实施性，不宜过高，更不宜过多，否则会令成员很难集中精力完成，可参考德鲁克的 SMART 原则制订。用制度的方式规定下来，促使大家进行自我控制、自觉自愿地工作。避免陷入"控制式"领导拍脑袋下指标、定任务，看似高效实无效的传统管理泥潭。

四、管理人性化

制定合理的、适应发展阶段的管理制度固然重要，更为重要的是执行方法。好的执行方法会使制度深入人心，尺度把握得当，逐步变为人们的自觉行动。否则会束缚团队手脚，激起成员抵触情绪，背离管理初衷。执行的关键是执行人，执行人应注重实施条件的构建与实施氛围的形成，研究管理艺术，讲究实施策略，使执行效果起到事半功倍的作用。

管理对于创新的重要性

团队管理者不是自己要发挥多大作用，而是要把团队每个人的作用发挥出来。就像教练与球队的关系一样，不是关键时候亲自进场，而是研究战术，排兵布阵，把合适的人放到合适的位置上，使每个人都发挥出比自己大得多的作用。必须意识到各级管理者首先是制度的执行者，每一项制度的提议都应从执行者的角度出发，明确基于什么条件，解决什么问题，使大家认识到制度的必要性，才会自觉执行。人性化管理的核心是对于人的尊重，敬人者，人恒敬之，多替别人着想，站在对方的角度考虑问题，当他们感受到尊重时，就会减少抱怨情绪，当自己意识到问题所在时，你的管理目的就达到了。

第三节 目标管理

一、目标管理的概念

目标管理是根据一定时期内整个企业期望达到的总目标,由各部门和全体员工根据总目标的要求,制定各自的分目标,并积极主动地设法实现这些目标的管理方法。目标管理由美国管理学家彼得·德鲁克于20世纪50年代提出,被称为"管理中的管理"。其指导思想是以管理心理学中的"Y理论"为基础,认为在目标明确的条件下,人们能够对自己负责。理论依据是心理学与组织行为学中的目标论,即任何一个组织系统层层地制定目标并强调目标成果的评定,都可以改进组织的工作效率和员工的满意程度。目标管理一方面强调完成目标,实现工作成果;另一方面重视人的作用,在员工的积极参与下,自上而下地确定工作目标,并在工作中实行"自我控制",自下而上地保证目标的实现。德鲁克认为,并不是有了工作才有目标,而是相反,有了目标才能确定每个人的工作,所以企业的使命和任务,必须转化为目标。如果一个领域没有目标,这个领域的工作必然被忽视,因此,管理者应该通过目标对下级进行管理,当组织最高层管理者确定了组织目标后,必须对其进行有效分解,转变成各个部门以及每个人的分目标。管理者根据分目标的完成情况对下级进行考核、评价和奖惩,通过目标的激励来调动广大员工的积极性,从而保证实现总目标。

二、目标管理的作用

(一) 参与目标制定可提高责任意识,起到激励作用

人是有责任感的,人的行为动力大多来自强烈的责任感,只要环境适当,不仅会承担责任而且还会追求责任。责任感是一个巨大的激励因素,亲自参与目标的制定,可满足追求责任的渴望,从而自觉自愿地承担责任。参与过程会对目标有充分的理解,主观上认为达到目标的概率很高,就会很有信心,促使其积极、主动、创造性地发挥作用。

必须认识到不具有责任感的激励机制,只能依赖强制性管理手段来实现目标,员工在"被控"状态下工作,积极主动性必然受到压抑,应当力求避免。

(二) 目标的激励引导功能

目标是期望的成果,这些成果是个人、部门或整个组织努力的结果。目标作为活动的预期目的,不仅为管理决策指明方向,而且作为标准可用来衡量实际的工作绩效。其激励作用主要表现在三个方面:一是在目标确定后,由于它能使人明确方向看到前景,因而能起到鼓舞人心、激发斗志的作用;二是在目标执行过程中,由于目标的制定都具有一定的先进性和挑战性,在实际工作中必须通过一定的努力才能达到,因而有利于激发人们的积极性和创造性;三是随着目标的逐步逼近,人们的愿望和追求得以逐步实现,看到自己的预期结果和工作成绩,会在心理上产生满足感和自豪感,这样就会激励人们以更大的热情

和信心去承担新的任务,达到新的目标。

（三）实现自我控制

目标体系组织实施过程中,组织的各个部门、各个成员明确了自身的目标,明确自己的职责和工作任务,可以通过比较实际结果和目标来评估自己的绩效,以便做出进一步改善,在工作中实现自我控制。用自我控制的管理代替上级主管压制性的管理,能充分发挥组织成员的聪明才智和创造性。正如德鲁克所说,目标管理的主要贡献之一,就是它使得我们能够运用自我控制式管理来代替由别人统治式管理。

二、目标管理的步骤

（一）目标设置

1. 制订总体目标

一般由上级提出目标预案,再同下级讨论,也可以由下级提出,上级批准,无论哪种方式,必须商量决定。管理者应根据企业的使命和战略,评估客观环境带来的机会和挑战,把握发展方向,参与者重点关注目标的可实现性,共同制定切实可行的总体目标。

2. 确立下级目标

明确下级组织的规划和任务,然后逐层分解。管理者在讨论中应耐心听取下级意见,分清轻重缓急,帮助和引导下级建立发展一致性和支持性目标。每个员工和部门的分目标要和其他的分目标协调一致,支持团队总体目标的实现。

3. 明确责任主体

目标管理要求每一个分目标都有确定的责任主体,必要时重新审查现有组织结构,根据新的目标分解要求进行调整,明确目标责任者及其关联关系。

4. 形成书面文件

各级部门就实现各项目标所需的条件以及实现目标后的奖惩事宜达成一致,形成书面文件。最后绘制目标体系图,详细说明各目标之间的关系。

（二）组织实施

目标管理重视结果,强调自主、自治和自觉。并不等于领导可以放手不管,相反由于形成了目标体系,一环失误,就会牵动全局。因此领导在目标实施过程中的管理是必不可少的。首先进行定期检查,一是利用经常接触的机会和信息反馈渠道自然地进行。二是要向各部门通报进度,便于互相协调。三是帮助解决工作中出现的问题,当出现意外、不可预测事件严重影响组织目标实现时,也可以通过一定的程序,调整原定目标。

（三）检查评价

达到预定的期限后,部门和个人首先进行自我评估,提交书面报告。然后上下级一起考核目标完成情况,决定奖惩。同时讨论下一阶段目标,开始新的循环。如果目标没有完成,应分析原因总结教训,改进工作。切忌相互指责,推卸责任。

三、目标体系的建立

目标是将公司的使命和任务转化为可执行的总体目标与个人目标,具体地说就是个人或组织所期望的工作成果。这种成果必须是明确的、可衡量的、可获得的、现实的、有时间限制的,否则会是一纸空文。

目标代表最后结果,总体目标需要由各级子目标来支持,组织及其各层次的目标就形成了一个目标体系。作为任务分配、自我管理、业绩考核和奖惩实施的基础架构,目标体系应包含以下几个方面。

(一) 体系结构

目标体系结构图

目标体系结构包括团队总体目标、阶段目标、部门目标和单元目标。顶层的总体目标是团队的使命和任务,更多地指向最终结果,并为目标的实施提供明确的行动框架,以便在这些框架下进一步地细化为更多的行动目标和行动方案。第二层阶段目标是总体目标的按阶段分解过程,主要涉及阶段划分、工作流程和进度要求。第三层部门目标包含各部门职责、配合协调等。第四层是单元目标,是目标体系落地的关键,也是最为具体的部分,包括详细任务说明、岗位责任和工作计划等。

(二) 层次关联

目标体系的倒树形结构图主要是从组织的整体观来展现目标层次,层次之间的关联则是从某一具体目标的实施规划和整体协调来体现的。目标与计划方案通常要求说明形成所希望结果的互联关系,各种分目标、子目标的有机关联、相互协调和支持,形成目标网络,使目标执行者清楚自己所处的位置和周围的互联关系,避免组织成员出于自身利益而采取对本部门看来可能有利而对整个公司不利的方式。

层次关联主要考虑到目标和计划很少是完全独立的,必须充分注意目标网络中每个组成部分的相互关系。各个部门在制定自己的目标时,要与其他部门相互协调,否则,一个部门似乎制订了适合于它的目标,但却与其他部门的目标相矛盾。因此,组织制订各级目标时,不但要注意各目标之间的关联,还要注意相互的制约因素以及完成这些规划在时间上的协调。

(三) 可考核性

目标考核的最佳途径是将目标量化,但目标的量化往往会损失运行效率,也可能显得教条。但是对规划实施的控制、公平的奖惩机制会带来方便。必须面对的问题是"在每一个考核节点,将怎样综合评价目标的完成情况?",不是所有的指标都可以量化,但原则是只要有可能,就规定明确的、可考核的目标。对一个目标接受者来说,更容易判断达到目标是否超过其能力所及的范围,减少接受任务的盲目性。

(四) 挑战性

根据弗鲁姆的期望理论,如果一项工作很容易完成,对接受者来说是件轻而易举的事,会感到没意义,也就没有动力去完成该项工作。大多数人是喜欢挑战性工作的,所谓"跳一跳,摘桃子"说的就是这个道理,经过努力能达到会提高接受度,会激发潜在动力。

综上所述,设置目标重点考虑可实现性,目标不易过高,并尽可能地说明必须完成什么和何时完成,明示所期望的质量和为实现目标的计划成本。目标的可接受性和挑战性是对立统一的关系,在实际工作中必须把它们统一起来。

四、目标分解原则

根据项目规划确定总体目标与开发计划,根据现有资源(人力、物力、财力、协作条件、技术保障等),围绕总体目标进行不同阶段、不同层次的目标分解。各级目标要保持与总体目标方向一致,内容上下贯通,保证总体目标的实现。

(一) 适度分解

根据各级目标所需要的条件及其限制因素进行适度分解,分析既定条件下系统整体效益变化的影响因素,避免分解不够或分解过度带来的组织与管理成本增加,影响系统效益提高。

(二) 完全分解

分解后的各级目标必须能有机地整合为系统整体目标,不能出现断层或空白,亦不能出现多余部分和环节。

(三) 目标具体

各级目标的表达要简明、扼要、明确,有具体的目标任务和完成时限要求。分解后各部分的比例要合理,不能出现某些部分过重、过大或者不足。

(四) 协调一致

各分目标之间在内容与时间上要协调、平衡,并同步的发展。强调明确分工、有效协作,尽量避免由于分工带来各环节的脱节及横向协作困难的问题。

五、目标分解过程

目标分解就是将总体目标分解成阶段目标、部门目标和单元目标的过程。在纵向、横向或时序上分解到各层次、各部门以至具体人,明确目标责任,使总体目标得以实现。

(一) 按时间顺序分解

将总体目标按先后顺序划分为若干阶段,按工作内容对阶段命名,确定每个阶段的任务目标、实施进度,形成目标时间体系。

(二) 按职能部门分解

列出每个阶段涉及的各个部门,进行任务划分,明确目标要求,构成目标的空间体系。

(三) 按任务单元分解

将部门各阶段任务按相对独立原则划分为若干单元,详细说明单元目标要求,与其他单元的关系。考虑现有资源,有针对性地分解到小组或个人。

【延伸阅读】 西游记里的个人和团队目标

西游团队中唐僧的唠叨、悟空的任性、八戒的懒惰使得一路上节外生枝,险象环生,只有沙僧任劳任怨,但他又从不谈理想。为什么能百折不回,历经九九八十一难取得成功呢?就是为了一个伟大的团队目标"取得真经,普度众生",同时实现个人目标"得道成佛"。团队目标与个人目标的高度融合成就了西游团队。

第四节 绩效管理

一、绩效管理的概念

绩效管理是指管理者和员工为了达到组织目标共同参与的绩效计划制定、绩效交流沟通、绩效考核评价、绩效结果应用、绩效目标提升的持续循环过程。

按管理主题划分,绩效管理可分为激励型和管控型两大类。激励型绩效管理侧重于激发员工的工作积极性,管控型绩效管理侧重于规范员工的工作行为。

建立有效的激励约束机制,使员工朝着期望的方向努力,从而提高个人和组织绩效。通过定期有效的绩效评估,肯定成绩,指出不足,对组织目标达成有贡献的行为和结果进行奖励,对不符合组织发展目标的行为和结果进行一定的约束,在短期内实现投入与回报的心理平衡,促进员工业绩持续提高。

二、绩效计划

(一)原则与要求

制定绩效计划是绩效管理的首要环节,制定切实可行的绩效计划是进行有效管理的基础。绩效计划包含绩效目标、考核指标及权重、评价方式、考核节点等方面,解决为什么考核、考核什么、怎样考核、何时考核等问题。

首先是确定绩效目标,科学合理地制定绩效目标对绩效管理的成功实施具有重要的意义。如果绩效目标定得太高,无论如何努力,都完不成目标,反之如果绩效目标定得比较低,很容易就完成了目标,造成事实上的内部不公平,达不到激发员工积极性的目的,绩效管理不可能取得成效。其次是考核标准和考核方式,要求领导和下属就考核期内应该完成哪些工作以及达到什么样的标准进行充分讨论,提出具体的要求和期望,同时明确员工在哪些方面做得不好会影响绩效。这样,在考核方式和时间上就可以根据由员工本人参与制定并做出承诺的绩效计划进行选择。

(二)方法建议

首先制订团队绩效计划,明确目的、指标、方式、时间,确保所有成员都明确他们的工作任务前提下制定个人绩效计划。个人绩效计划反映成员是否准确理解团队绩效计划和自己所承担的工作质量要求,由部门领导审核签字后备案。

绩效考核指标是从公司的目标分解与员工岗位职责相结合来确定的,也是绩效计划制订最为复杂的一环,要尽可能的量化,缩小考核弹性,避免人情面子造成的人为矛盾。考核指标的确定宜简不宜繁,宜粗不宜细,可简单划分为量化指标和互评指标。量化指标如参与讲座次数、参与队会次数、演讲次数、有效建议次数、计划完成情况等。互评指标如责任心、工作积极性、工作质量等。每个阶段可以根据工作情况制定不同的考核指标,权重系数由该指标的工作量和重要性设定。

考核方式以打分的形式进行,量化指标直接打分,互评指标取参评人数的平均分值。分数与贡献度挂钩,贡献度与最终成绩挂钩。

制定绩效计划的主要依据是工作目标、工作职责和工作计划。只有目标明确、计划具体,团队成员的工作才会有方向性。如果团队成员在他的工作中都找不到方向,你就无法使他达到目标,控制他的工作进程。无论怎样制订计划,建立多少个考核指标,以什么样的方式考核,只要使大家感到公平,客观反映工作量,起到激励作用就是有效计划。

三、绩效评估

(一)建立评估机制

绩效评估是绩效管理工作的核心。由于人为操作过多,很容易出现问题,一旦评估结果不准确,导致激励对象错位,使大家产生抵触情绪,绩效系统不但不能发挥作用,很可能会阻碍团队目标的实现。因此,建立公平公正透明的评估机制是发挥绩效激励约束效用的关键。通过定期有效的评估,对员工的工作做出准确衡量,肯定成绩,找出不足,奖勤罚懒,促使员工提高能力素质,改进工作方法,自觉提高绩效水平。

(二)方法建议

绩效评估就是绩效考核评价,建议以会议的形式启动,切忌在员工不知情的情况下进行。管理者要首先回顾团队成员共同制定的阶段工作目标和工作计划书,以及与工作相关的所有记录文件,总结一下团队工作所取得的进步,这样可以使团队成员在整个考核过程中,保持一个积极的态度,并且可以让他感受到,他将接受的是一个公正的评估,减少对考核的误解。

四、绩效反馈

按照绩效计划对成员的业绩作出考核评价后,及时地反馈在提升团队成员的业绩方面是非常有效的。尽快地让你的成员了解他们的工作状况,可以帮助他们及时地找出问题,改进工作。如果在计划节点结束数周以后,才跟你的成员交流,这项工作他做得如何糟糕,或者是如何出色,对于团队成员而言是非常不公平的,也是非常低效的。

队员对考核结果有异议,应及时沟通,防止带着怨气工作。如队员以目标过高为由提出异议时共同分析问题,探讨解决问题的办法,给予必要调整或帮助,毕竟团队的目标和进度计划不会因此而改变。

结果反馈分为会议和个别沟通两种形式。阶段绩效考核工作的结束,意味着下一轮绩效考核工作的开始,考核总结会议也是下阶段工作动员会议。团队管理者的工作就是要鼓励团队成员,调动他们的积极性,激励他们发展优势,改进不足。对于考评结果差的队员,只要尽力了就应当给予鼓励,宜采用个别沟通方式,建立他们的信心,肯定他们的自身价值,让成员相信他们有能力做得更好,再加上你的帮助和支持,他们将会取得更好的成绩。

五、绩效沟通

绩效沟通贯穿绩效管理全过程,是员工自觉参与、理解与实施绩效管理的重要手段,管理者必须高度重视,沟通工作不到位,绩效管理将不能落到实处。

(一) 绩效计划沟通

绩效计划沟通主要是指绩效管理体系的建立、考核指标及考核方式确定过程的沟通。讨论是沟通的一种方式,在讨论过程中充分听取队员意见有利于达成共识。个别交流是沟通的另一种方式,管理者和被管理者之间需要在对被管理者绩效的期望问题上达成共识,在共识的基础上,被管理者对自己的工作目标做出承诺。通过充分沟通,使被考核者知道并理解绩效考核过程,便于他们配合绩效计划的实施。

(二) 绩效实施沟通

一方面,绩效管理是个法宝,能够通过客观考核,评价员工的日常工作表现,使得员工贡献度计算有据可依,从而提高员工的主动性。另一方面,绩效管理如果应用不当,就会出现个人绩效好而团队的绩效差的尴尬局面。绩效管理的常见误区就是把绩效考核重点放在如何考核打分上,误导员工为考核而考核,重视如何提高考核成绩,而忽视绩效管理对于工作过程的促进作用。

必须明确,绩效管理的关键在于绩效目标管理而非绩效考核,绩效目标是否有效制定、是否与公司的目标相结合、是否合理的分解都会影响到最终绩效管理运行的效果。因此绩效实施过程中管理者与员工的沟通尤为重要,定期进行绩效面谈,及时发现问题,如有需要进行绩效计划的调整与完善。沟通的目的是帮助员工提高绩效,而不是在考核时扣分。

(三) 绩效结果沟通

绩效结果沟通主要是指绩效结果的应用,这个沟通过程是绩效沟通的重点。绩效考核的最终目的是不断循环改进和提高员工的业绩,绩效结果的应用就是要让员工明白自己的长处和不足,要对自己过去的行为和结果负责。通过沟通引导员工正确的思维,帮助员工总结经验教训,查找不良绩效的原因,并制订改进的措施和方法。

实施绩效管理的基本原则

第五节 管 理 艺 术

在过分指导和严格监管的地方别指望有奇迹发生,因为人的能力唯有在身心和谐的情况下,才能发挥出最佳水平。通俗地说,管理艺术就是如何让自己轻松管理,让下属开心工作。

一、善于倾听

倾听是管理者的基本功,倾听的前提是平等,倾听的目的是沟通。不要把帮助当沟通,不要以自以为是、居高临下的方式去沟通。倾听需要注意以下几点。

(一) 领导风范

考虑问题从全局出发,有大的格局,让人愿意"追随"你一起工作。既然做了管理者,就得对自己提出更高的要求,倒逼自己成为一个经得起考验、表里如一、值得被信任的领导。要放下姿态做一个倾听者,特别是下属找你沟通时。注意不要随便承诺,承诺了一定兑现,以承诺换取信任是管理者的大忌。

(二) 平易近人

关键是交心,下属有委屈愿意向你倾诉,有想法愿意与你交流,才是你的能力。对于每个人的建议都应认真对待,感到自己受重视,你会更容易走近他们。

(三) 忌带情绪

不如意事常八九,喜怒哀乐人之常情。注意个人情感的控制,不能把消极情绪带到工作中去,相信自己有能力在工作中保持明朗心情,感染你的团队,你会发现一切更加美好。

(四) 用人之长

用人之长意味着容人之短,而非补人之短。善于利用队员擅长的方面,他会很容易取得成绩,提振信心,则天下之人皆可用。如果让对方干不擅长的事情,使他勉为其难,就会敷衍了事,则天下之人皆不可用。

二、团队精神

团队精神的核心是团队凝聚力,团队凝聚力是无形的精神力量,是将一个团队的成员紧密地联系在一起的看不见的纽带。团队的凝聚力来自团队成员自觉的内心动力,来自共识的价值观。

集体荣誉感是团队精神的重要一面,主要来源于工作目标。团队因工作目标而产生,为工作目标而存在,只有团队成员对工作目标产生强烈共鸣,才会激发团队成员对所在团队的荣誉感。要在管理工作中重视个人目标与团队目标的统一,鼓励成员利用团队资源,分享团队的成功,体会到个人在集体中的地位。当集体受到赞扬、奖励的时候,就会产生欣慰、自豪的感情;当集体受到批评或惩罚的时候,就会产生不安、自责的感情,从而产生积极的心理品质,自觉地为集体尽义务、做贡献、争荣誉。

归属感是建立团队意识的必备要素,影响团队成员的积极性和相互之间的信任。必须有意识地采取有效措施增强团队成员之间的融合度与亲和力,让团队成员在短期内建立起认同感。团队是一个大家庭,管理者应处处关注员工的感受,从信任开始,本着负责的态度,帮助和培养员工,诚心解决所遇到的问题,使员工感受到家庭般的温暖。常言道"人多势众",有了团队做港湾,成员才可能最大限度地放心去搏击风浪、施展才华。

21世纪的今天,个人英雄独唱主角的日子一去不返,需要充分了解你的团队,了解每个人的性格、特长、兴趣和知识结构,发挥他们的长处。切记取长而非补短是创业团队管理的重要原则,创业激情能否持续下去,在很大程度上取决于团队管理人员是否用人得当。

三、提倡竞争

无竞争不团队,合作的道理大家都懂,但是没有竞争的团队不是一个好团队。完全的丛林法则不行,一团和气会更糟糕,必然死气沉沉。竞争一定会带来冲突,管理者应善于引导向积极的方向。

(一) 创造竞争氛围

团队内部要有一定的竞争氛围,如讨论争着发言,有问题争着出主意想办法等。这种竞争是公平、公开的健康竞争。队员参与了就要当众鼓励，以激发其潜能。否则大家唯首是从，沉默不语，就会使团队失去活力。

（二）鼓励合作式冲突

竞争才能发展，建设合作式冲突的氛围和文化，关键在于遵循一致目标，鼓励看到对方观点的长处和价值，不要认为对方在否定自己，不回避问题，有则用之，无则加勉。合作式冲突的氛围和文化往往能够充分调动每个人的潜能和专长，形成相对有效的运行机制。

（三）避免竞争式冲突

竞争一定会有冲突，观点无对错之分，方式各有不同。争论的目的一定是为了达成某种共识，而不是相互指责、固执地坚持己见。当竞争式冲突发生时，往往会偏离主题，作为管理者有责任也应该有能力以"中间人"的身份将冲突拉回到正道上来。切忌以居高临下的姿态肯定一方，否定另一方。

（四）吸收多样性观点

听取成员观点并不意味着依从，管理者的能力在于整合。这需要营造成员充分发表看法和观点的开放性机制，同时又需要快速形成决策结果的集中性机制。每次讨论结束，管理者应站在全局的高度对大家的建议进行点评式总结，肯定其积极参与行为。如无把握，不要当场轻易下结论，事后可采用个别沟通的办法达成共识。这一步最能锻炼和考验管理者的把控能力，应用心把握。

四、鼓励试错

试错的成本并不高，而错过的成本非常高。一帆风顺的创业过程是不存在的，即便成功也是小概率的偶然事件，而将成功变成大概率的必然事件，唯一途径是不断试错和验证。

创业团队管理是以协同学习为核心的团队管理，创业过程充满不确定性，需要鼓励队员都去勇敢尝试各种新的方法，丰富获得经验的途径。毕竟我们都是从懵懂开始，如果只是讨论，不敢去尝试，那就没有办法获得经验。

五、期望管理

期望管理就是指团队领导要对成员的期望进行管理，对其不合理的期望予以说明和剔除，对其合理的期望进行最大程度的满足，同时引导下属建立正确有效的期望，最终实现他们满意的目标。根据美国管理心理学家维克多·弗鲁姆的期望理论，人们在工作中的积极性或努力程度（激发力量）是效价和期望值的乘积，其中效价指一个人对某项工作及其结果（可实现的目标）能够给自己带来满足程度的评价，即对工作目标有用性（价值）的评价。期望值指人们对自己能够顺利完成这项工作可能性的估计，即对工作目标能够实现概率的估计。因此，一个目标对其接受者如果要产生激发作用的话，这个目标必须是可接受的，可以完成的。如果目标是超过其能力所及的范围，则该目标对其是没有激励作用的。因此，进行期望管理应注意以下方面：

（1）对每一位成员都要进行充分的沟通，了解他真实的期望，在这个团队里他想干什么？能干什么？以便于有针对性地进行激励，让团队成员更加有激情和动力去工作。每个团队成员由于性格爱好和技术能力不同,各自的期望也不同。作为管理者应该引导团队成员形成正确的期望观,让他们的期望具有客观性、可实现性,与团队的发展相匹配。

期望过高会有很多纠结和痛苦,充满挫败感,反复感到失望。期望过低会使自己处在一个不够积极的心态里,容易使人获得知足常乐的舒适感,却会错过本可以更好的东西。合理的预期即为稍高的期望值,可以激励我们奋进,争取你能争取的东西,又能帮助你作出取舍,迅速达到目标。

(2)皮格马利翁效应:"当人们被赋予了更高的期望以后,他们就会表现得更好。"记住你的管理者角色,你在带领你的团队完成一项非常具有挑战性的任务,热切的期待,积极的心理暗示比盲目的打鸡血、灌鸡汤要有效得多。要更多地看到成员身上的闪光点,及时地赞赏他们,要知道得到别人(上司)的认可和赞赏是一件非常愉悦的事,工作就会有动力,也就能更好地发挥自身的潜力。

(3)团队管理者有责任为其期望的实现指点迷津,提供实现的方法。对于前期绩效不好失去信心的队员,更要引导建立新的期望,这是期望管理的重要的环节,不放弃一个后进成员是一个团队管理者优秀与否的关键。对于前期绩效不好的队员,更要分析问题所在,帮助建立新的期望。这是期望管理的重要的环节,不放弃任何一个后进成员是你的职责所在。

综上所述,作为一个创业团队的管理者,应该是服务型领导而非管控型,在工作上要以身作则,认真负责,在团队面前表现积极向上的一面。人们往往过分重视知识结构的互补性,而对于情感结构管理和动机结构管理重视程度不够。人是社会中人,良好的人际关系是高效团队的润滑剂,只有成员紧紧地团结在团队中,在成员中间主动交流,主动联系,才能创造出团队的融洽氛围。

【延伸阅读】 盛田昭夫的管理经验

> 被誉为"日本的爱迪生"的管理大师盛田昭夫,从自己的管理实践中体会到,通过一定的途径和方式让下级表达自己的不满,发表批评意见,抒发自己的心声,对组织来说非但不是不幸,反而有利于培养上下级的工作关系,使组织少冒风险。不同意见越多,组织的决策就越高明,公司犯错误的风险就越小。
>
> 普惠公司为促进员工之间的沟通,实行了"走动式管理"和"开放式管理"。所谓"走动式管理"即公司高层管理者经常到公司各处走动检查了解情况,与员工进行交谈,倾听他们的意见。所谓"开放式管理"即建立公司全体员工的相互信任和理解的环境,使每个员工感到可以自由地表达他们的思想、意见和问题。公司鼓励员工与任何管理人员讨论任何问题。
>
> 为此包括最高管理者在内的公司每个员工,都是在没有隔墙、没有门户的大办公室里工作,此外公司为了让每个普惠人不断了解所在部门工作的最新情况,管理人员充分利用一切可利用的机会、场合和工具,与员工进行较直接的沟通。例如,喝咖啡时的交谈,各种非正式员工集合,员工刊物等等,取得了很好的效果。

> 总之，实行人性化管理，就要加强企业群体中人与人之间的情感交流和需求沟通，形成企业内融洽的人际关系和整体合力，使员工意识到自己在企业中的作用和义务、权利，从而增强工作责任感。

第六节 创业团队管理的应用实例

本节针对课程案例中学生创业团队的组成特点、管理背景提出管理策略建议及实施指导。

一、组建团队

模拟公司原则上由 8~10 人组成，可跨专业自由组合，岗位设置为总经理 1 人、办公文秘 1 人、财务部 1 人、质控部 1~2 人、开发部 3~4 人、市场部 1 人。董事长由出资方（学院）委派（指导教师），全程督导公司运营。要求学生对自己进行创业素质客观评估，根据爱好特长参与角色竞聘。

自荐总经理者，就自己的创业理念、技术领域、创业目标发表演说，进行模拟招聘。应聘学生制作简历，选择适合的职位投递。总经理对简历进行筛选，通过面试组建团队，应聘人员不足或面试不能达到要求人数时，可通过游说或其他方式进行选择创业伙伴，成功组建团队后向"双创"教学指导委员会报备。未能竞聘到职位者由教学指导委员会统一协调安排，总经理由推荐或竞选产生。

"双创"教学指导委员会公布指导教师简介和学生团队资料，双向选择确定董事长。

二、管理背景

（一）人员组成

大家都是同学关系，管理者与被管理者之间没有地位区别，临时走到一起，心理上没有上下级关系，又各自为政，无法监督，不能随意辞退，属于"无阶层团队"。

（二）组织架构

学生组建的虽然是模拟公司，却要求按公司体系运营，部门一应俱全，负责人一个不少。为了弥补官多民少的困局，要求各部门负责人都要承担一定的技术开发工作，形成了部门领导与开发员工的嵌套格局，既是管理者又是被管理者，进入了传统管理学的盲区。

（三）工作特点

与社会创业公司不同的是，学生虽然组建了团队，明确了每个人的工作职位，却有职无实，没有办公场地，没有专职人员，没有工资奖金，典型的"三无"团队。学校又不安排课时，相当于没有上下班时间，工作无法量化，常规考勤与奖惩机制难以建立。但教学计划又规定了严格的项目进度时间表，不能按要求完成将影响团队得分和个人成绩。

上述三点充分说明了学生模拟创业团队的特殊性,管理工作极具挑战性。作为公司总经理和各部门负责人,新官上任,最重要的不是三把火,而是认清形势,了解团队,然后放手去做,适应角色转换,全面体验创业者与从业者的创业感受。

三、管理策略

管理的最高境界是"不管",治理的有效办法是"自治"。首先要做的是让大家清楚凑在一起干什么(团队目标)?每个岗位的职责是什么(个人目标)?干不好会承担怎么样的后果(个人成绩)?参考本章所述,各级管理者与全体成员共同参与商定团队管理方式,达到自我制订、自我执行、自我控制的目的。

针对学生团队实际情况,宜采用弹性工作制的管理思路。学生在完成规定任务前提下,自主安排工作地点和时间,使大家有更灵活、更自由的时间去处理其他课程的学习或个人事务。

实行弹性工作制的核心是管理制度的建立和科学合理的任务分配,这需要在合适的管理策略指导下进行。管理策略是团队为实现其奋斗目标,谋求稳定发展而作出的带有全局性的管理规划。鉴于课程要求及成员分散的工作特点,建议实施以目标管理为导向、绩效管理为激励的管理策略。将项目总体目标分解为阶段目标、部门目标和单元目标,不同的成员在不同的阶段承担不同的任务,在绩效管理的约束和激励下,各行其是,各负其责,朝着一个方向共同努力,保证项目的顺利实施。

开会是落实管理举措的一种重要形式。会不可不开,又不可多开,开会的时机和效率很重要,可开可不开的会坚决不开。开会前一定要确定会议主题,说明要解决的问题。会议过程适当把握和引导,使队员认识到召开会议的必要性,从而提高参会积极性。通过会议总结得与失、好与坏,分析问题、发现问题、解决问题,使队员相互学习、认识自己,不断感受到集体智慧的力量和温暖。

讨论和演讲也是落实管理举措的一种重要手段。可定期组织队员讨论和演讲,提前安排主题和内容,倒逼队员结合任务学习,让队员在工作和演讲中提高自己,分享知识和经验,得到进步的享受。

四、管理制度

实现目标靠制度保障,对于初创团队来说,关键是考核激励制度。应重点考虑"考勤管理""岗位职责"和"绩效考核",其他规章可根据具体情况制定。制度的制订必须具体可操作,应遵循复杂事情简单化、简单事情可操作化、可操作事情度量化、度量化事情考评化、考评化事情流程化的规则制定。

(一) 考勤制度

考勤制度是公司为加强组织纪律、规范员工行为、确保正常工作秩序的一项重要管理内容,包括出勤情况分类、记录方式说明及奖惩办法规定等。因此,应从实际情况出发,以人为本,制定合理的考勤制度,力求避免形式化、教条化。

(二) 岗位职责

目标确定后,岗位职责是表明公司期望员工做些什么,员工知道应该做些什么而不是应该怎么做。根据公司的具体情况制定岗位职责,说明文字简单明了,内容具体,避免形式化、书面化。另外,在实际工作中,随着过程的不断进展,还要在一定的时间内,有必要给予一定程度的修正和补充,以便与公司的实际发展状况保持同步。

一般来说,岗位职责的具体内容如下:

(1) 岗位名称,根据工作任务确定。

(2) 工作内容,根据工作范围确定。

(3) 岗位责任,包括直接责任与领导责任,需要逐项列出任职者工作职责,以及失职应承担的责任。

岗位职责的制定应公开透明,经理主持起草,交队会讨论修改,全体通过后实施。

质量控制负责人和软件开发工程师的职责

(三) 绩效考核

由于学生团队的特殊性,绩效考核应符合弹性工作制要求,注重结果和效率,定量和定性相结合制订评价标准,体现公平公正、多劳多得原则。还应使员工明确自己的行为带来的后果,之前失误的弥补方法,从而利用结果导向自我加压,激发努力工作的主动性。要本着"以人为本"的宗旨,管理者和员工共同参与绩效考核制度制定的各个环节,通过自我约束让员工自己为目标的达成负责。绩效考核制度是绩效管理的核心,是关系到所有队员切身利益最重要的公司制度之一,应认真对待。根据课程教学目标,模拟公司绩效考核应考虑以下内容:

1. 阶段业绩评价

阶段业绩一般不考虑职务,只考虑全体成员对某个阶段的业务贡献,个人阶段目标完成情况等。其绩效考核可分为个人述职、考核打分、队员互评等步骤。量化指标可以队会纪要、个人日志为依据,互评指标可按责任心、工作积极性、工作质量等进行评价。指导教师应参加会议,听取述职报告,审核评价结果,处理争议。项目管理阶段的个人述职评价的标准如下。

(1) 选题立项阶段。个人述职包括提出创意个数、被采纳个数、参加讨论次数,承担社会调研工作量等。

(2) 方案设计阶段。个人述职包括参加讨论次数、书面或口头见解次数、被采纳次数、承担工作内容等。

(3) 产品研发阶段。个人述职包括承担技术开发任务、工作情况(查阅资料、关键技术解决办法、协作或帮助他人工作内容)、体会和建议等。该阶段的贡献度不仅仅是承担工作量的大小,还与自学能力、团队协作、工作质量相关,应予重点关注。

2. 个人日常表现评价

个人日常表现应列出细则,制订量化考核办法,如参加队会得分、参加讲座得分、演讲得分等。

(四) 最终贡献度计算办法

个人最终贡献度应按照结果评价规定的办法,制订计算细则。

(五) 人员调整

由于是临时组队,彼此之间并不十分了解,每个人对自己能力的认识也是有限的,原来的公司分工是暂定的可以改变的。在岗位职责讨论通过后,需要重新审视现有的组织结构，根据开发任务分解要求进行调整。队员可根据对开发产品的理解、模块划分情况、个人专长爱好，重新申请合适的工作，明确个人目标责任。

在项目实施过程中，经理如果认为某个队员能够在其他的职位上做出更多的贡献，就应该认真考虑进行调整，找到成员的真正爱好所在，这样一旦他们全力以赴，将是创新和成长的强大动力。但一定是达成共识后的调整，否则会适得其反。当出现意外和不可预测事件，严重影响组织目标实现时，应当进行人员调整。对于个别队员不服从管理严重影响项目进度时，可向指导教师汇报，通过一定的程序予以调整。人员调整应多方权衡，慎重进行，非需勿动。

六、总体目标

团队的总体目标由以下两个方面组成。
（1）开发出具有创新特征和市场价值的产品，要求能够独立演示和销售。
（2）在开发过程中培养学生的创新思维和团队精神，提高工程设计能力和自主终身学习能力。

总体目标是团队的战略目标，所有的工作都必须围绕这个目标进行，要求所有成员必须深入理解。首先要关注的是教学计划要求，特别是检查评价节点和规则，对整体部署心中有数，一定要明确自己的岗位和工作对总体目标达成的影响，增强集体意识和责任感。

七、阶段目标与下级目标

按照教学计划安排，项目划分为选题立项、方案设计、产品研发、项目结项和市场营销（产品展示环节）等阶段。

分项目标是阶段目标的分解，按任务的相对独立性进行。单元目标具有针对性，根据现有人力资源，按单人完成或多人参与进行分解。

（一）选题立项阶段

该阶段的任务是选择具有创新特征和市场价值的拟开发产品，提高学生的创新能力和市场意识。按照阶段任务要求，分可解为"产品创意、市场调研、项目论证"三个分项目标。

1. 产品创意

好的项目是成功的一半，开发什么样的产品是能否完成任务的关键，大家应在对产品的"创新特征"和"市场价值"有清晰的认知前提下进行。作为经理，必须对本团队的优劣势有清醒的了解，充分估计客观因素带来的影响，从立项开始就应该对组织和能够完成的目标做到心中有数。根据团队的人员组成、兴趣特长、技术能力，引导团队成员选择合适的产品进行研发。下级目标可分解为创意提出、创意讨论等。

2. 市场调研

市场调研分为产品的市场可行性和技术可行性两个方面。市场可行性应根据产品特点制定合适的调研方案，技术可行性调研主要是通过查阅文献资料、咨询专业人员，根据技术储备确定技术路线，了解所需的材料、元器件、组件模块市场供应情况及价格。

下级目标可分解为文献资料检索、专家顾问咨询、调研方案制定、调研过程实施、材料供应情况及价格查询等。

3. 项目论证

项目论证由小组讨论、教师指导、立项答辩几个环节组成,全体队员参与。

单元目标可分解为市场调研报告撰写、财务预算报告撰写、项目开题报告撰写与答辩PPT制作、主讲、参加答辩等。

(二)方案设计阶段

方案设计是项目实施过程中最为关键的阶段。阶段目标是做出全面、严谨、规范、符合逻辑的技术实现方案,这些方案包括需求分析、概要设计、详细设计,也就是即该阶段的分项目标。

1. 需求分析

需求分析是开发人员经过深入细致的调研和分析,准确理解用户需求和项目的功能、性能、环境、可靠性等具体要求,将用户非形式的表述转化为完整的需求定义,从而确定系统必须做什么的过程。

单元目标可分解为文献资料收集、用户需求调研、需求规格说明书撰写等。需求规格说明书可进一步分解为功能性需求、非功能性需求、性能需求、其他需求等。

2. 概要设计

概要设计的主要任务是根据需求分析进行系统结构设计。嵌入式系统主要是系统总体设计,确定实现其功能的技术路线,说明硬件组成和各部分之间的关系;软件系统主要是软件结构设计、数据结构设计和功能模块划分,建立模块的层次结构及相互关系。

单元目标分解以模块为单位进行,根据人力资源情况可将一个功能模块划分为多个目标单元,或多个模块合并为一个目标单元。增加概要设计说明书撰写、审核批准等特定目标。

3. 详细设计

详细设计是对概要设计的细化,就是各模块的具体实现设计,主要是通过需求分析的结果、概要设计的技术框架,实现满足用户需求的软硬件系统产品。

单元目标的分解按概要设计的模块划分顺延,增加详细设计说明书撰写等特定目标。

(三)产品研发阶段

1. 硬件制作和软件编程

参考概要设计方案进行分项分解,按详细设计方案进行单元分解。

2. 系统测试

这一阶段可分解为测试方案设计、测试过程实施、测试结果分析等。

3. 质量控制

这一阶段可分解为开发计划制定、质控节点检查、研制报告撰写等。

(四)项目验收阶段

验收阶段包含实物验收、项目答辩和文档检查评价。

单元目标可分解为答辩PPT制作、产品演示讲解、文档修改完善等。

(五)产品展示

准备工作是制作展板、设计展台、解说预演等。现场工作有布置展台、来宾登记、产品展示、产品推介等。

这样就完成了产品研发工作的目标制定与分解,其结果如图5-2所示,参考案例见"趣味健身自行车"目标体系构建与分解。

  【延伸阅读】 "趣味健身自行车"目标体系构建与分解

一、团队组成
由电子、通信、软工各专业10名同学组成,适宜做软硬件结合的产品。

二、项目创意
现代都市生活的人们更注重强身健体,但健身器材单调乏味,打卡容易坚持难。健身自行车是年轻人喜爱的运动方式,现有功能是阻尼/速度/时长/距离显示,高级一点的带运动量/卡路里消耗计算,仍缺乏互动性,有很大的改进空间。大家通过热烈讨论,提出如下创意:

(1) 与儿童玩具"轨道小车"互动,骑行越快小车速度越快,小车爬坡时增加阻尼。两人以上可以竞技,进行轨道小车比赛;

(2) 网络互联,通过手机APP记录运动量,计算热量(以卡路里为单位计)消耗,分析锻炼效果,推荐运动方案。

三、市场调研
设计了网上问卷和健身房及健身爱好者的实际访谈,汇总分析后决定立项。

四、技术路线
系统架构框图如图5-1所示。

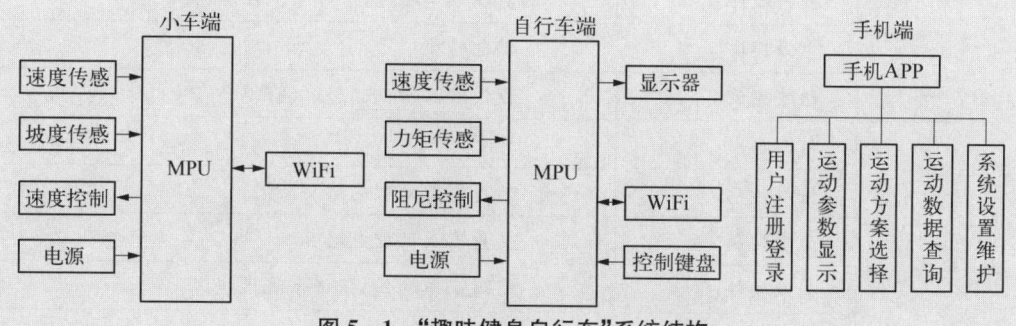

图5-1 "趣味健身自行车"系统结构

五、可行性分析
速度传感、力矩传感、蓝牙通信、WiFi互联技术成熟,相应元器件市场供应充足,可选余地大。人员组成技术全面,又有运动爱好者,满足该项目的知识与技术需求,具有较强的可实施性。

六、目标分解
依据系统架构,以方案设计阶段为例,分解为可执行的分项目标。这是一个整合过程,需要将某个或几个方框划分为一个特定目标,特别是总体方案中隐含的支持性技术工作,如知识收集整理、测试方案设计、组装测试等。分项目标分解如图5-2所示。

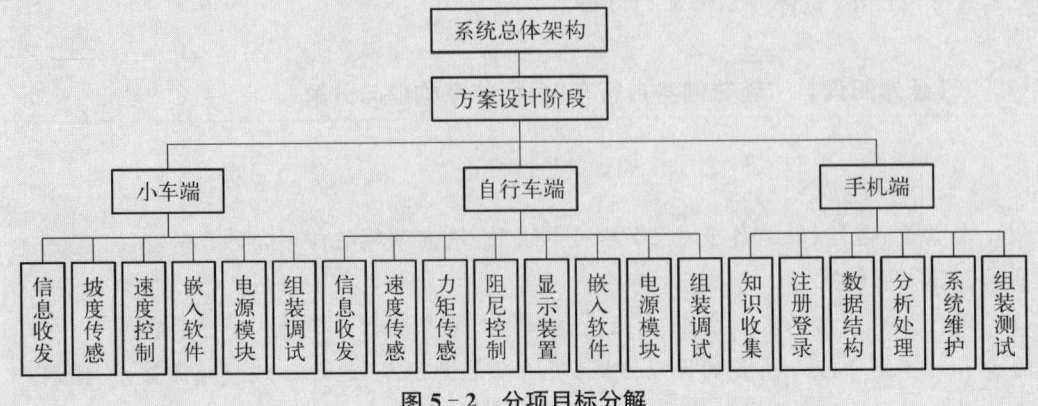

图5-2 分项目标分解

也可以采用分解表的形式,对每一部分作出更具体的说明(表5-1)。

表5-1 目标分解表

组成部分	分项目标	说　　明
自行车端	信息收发	WiFi模块
	速度传感	传感器及处理电路
	阻尼控制	传感器及处理电路
	显示/设置	触摸屏
	嵌入软件	实现单车功能,保证系统性能
	电源模块	供电转换
	组装测试	模块验收、组装、整机调试
小车端	信息收发	WiFi
	坡度传感	传感器及处理电路
	速度控制	传感器及处理电路
	嵌入软件	实现小车功能,保证系统性能
	电源模块	变换/稳压/充电
	组装测试	模块验收、组装、整机调试
手机端	知识收集整理	运动量与卡路里消耗评估方法
	注册登录	身份认证
	数据结构设计	设置参数、原始数据、中间数据、处理结果
	分析处理	软件功能、核心算法、实现
	系统维护	设置、导出、清除
	组装测试	测试用例、模块验收、组装测试

七、个人目标分解

个人目标的分解就是将分项目标划分为可执行的任务模块,越具体越详细越好。如"嵌入软件"可分解为不同的独立功能模块。尽可能地把显性/隐性任务考虑全面,纳入个人目标,防止任务盲区。

八、任务分配

(1) 每个责任主体可以面向几个相同类型的个人目标,如信息收发、电源部分设计等。

(2) 按成员承担的行政职务、技术专长、兴趣爱好合理分配。比如经理负责公司管理,可以分配较少的技术工作,如显示模块。专职开发人员承担技术复杂的关键模块。

(3) 执行过程中的任务调整应是对个人目标的补充完善,而不是增加新的任务。

本 章 小 结

创业团队是创业三大要素的核心,在创业过程中具有重要地位,对创业公司的稳定发展起关键作用。本章从创业者与创业团队的关系出发,介绍了创业团队的组建与管理过程中应遵循的原则和需要注意的问题。提出了针对初创团队"建议实施以目标管理为导向、绩效管理为约束、人性化管理为激励"的管理策略。并对目标管理、绩效管理、人性化管理方法进行了系统归纳,分析了初创团队在实施过程中可能遇到的问题及注意事项。

思 考 题

1. 说明创业者与创业团队在创业过程中的作用和地位。
2. 目标管理的作用什么?为什么适合初创团队?
3. 目标管理与绩效考核的关系是什么?
4. 说明人性化管理对初创团队管理的重要性。

第六章 办公文秘

 学习目标

1. 了解秘书的含义和类别、基本职能和岗位职责。
2. 掌握文件处理与整理的程序。
3. 掌握会务工作的流程与细节。
4. 学会撰写会议通知、会议记录、会议纪要和工作日志。

 导入案例

小公司的秘书

小张和小李是秘书专业本科同学,毕业后在不同的公司工作,两人经常交流工作感受。小张说:"我们公司规模大,秘书办公室都有八个人,分工很细,办公室主任对我的工作要求特别高,每天压力很大。你们公司小,一共才十几个员工,你的工作肯定比我简单、轻松多了。"小李说:"我才不轻松呢。我们公司只有我一个秘书,我身兼文员和办公室主任为一身,包揽了所有的秘书工作。经理要求我熟练运用各种办公软件、办公设备写作和处理文档,组织和参与公司大大小小的会议,在公司内外进行协调和沟通,还要求我掌握公司所在行业的情况,在他进行决策时提出建议,充当他的参谋和助手。"小张一听,感叹道:"小公司秘书的工作担子并不轻啊。"

第一节 秘书职业概述

一、秘书的含义

秘书作为一种职位,最早产生于17世纪的英国,克伦威尔在资产阶级革命中聘请汉密尔顿帮助自己起草公文、处理文件和日常事务。法国资产阶级大革命雅各宾派领袖罗伯斯庇尔也聘用了秘书,从此秘书成为政府和企业工作人员的一个组成部分。我国现代的"秘书"的概念是1905年由孙中山先生从日本引入中国的。

现代秘书的含义可以从以下三个方面进行界定:

第一,秘书是一种职位。在中国,秘书经常被当作一种行政职位,是行政人员的核心部分。我国各级政府机关都设有秘书长和秘书,大中型国营企业和事业单位也都设有办公室主任和秘书。

第二,秘书是一种职业。秘书职业属于第三产业,即服务性行业。秘书人员通过处理信息、事务的知识与能力为政府机关、社会团体和企事业单位或者个人服务。

第三,秘书是具有秘书职位、从事秘书职业的职员或者人员。

二、秘书的类别

(一) 按服务对象划分

从服务的对象来划分,秘书可以分为公务秘书和非公务秘书。公务秘书是为党政机关、国营企事业单位、军队、社会团体服务的秘书。非公务秘书是由私人、私人企业或者民办企业等出资聘请并为之提供服务的秘书。随着我国改革开放的不断深入和秘书职业化进程的不断加快,非公务秘书人数逐渐增加,现已占秘书人员的大多数。

(二) 按从事的行业和职能划分

按秘书人员所从事的行业和职能划分,可分为业务秘书、文字秘书、法律秘书、医学秘书、教育秘书、广告秘书、工程秘书、演艺秘书等。

(三) 按工作内容划分

按秘书人员所从事的工作内容划分,可分为文字秘书、机要秘书、信访秘书、事务秘书等。

(四) 按职责范围和工作任务划分

按承担职责范围的大小和工作任务轻重的不同,秘书在纵向上可以分为高级秘书、中级秘书和初级秘书三个层次。

三、秘书的基本职能

(一) 参谋辅助职能

参谋是秘书在经理决策时为其提供智力辅助的职能活动,首先是经理工作的现实需要。如今,经理负责的工作变得越来越复杂,涉及的因素也越来越多,仅仅依靠个人的知识、经验和才能进行决策是不够的,因此,需要秘书提供有效的参谋。这就要求秘书不能满足于仅仅做一个听命者或者办事员,而是既要能在办文和办事上为经理提供帮助,还要能为经理出谋划策。其次,秘书具备参谋辅助的诸多便利条件。在管理组织的纵向层面,秘书可以发挥上情下达、下情上达的作用,一旦发现上下级之间处在失衡或冲突的状态,及时协助经理发现问题、分析问题并解决问题;在管理组织的横向层面,秘书可以协助经理站在全局的角度,综合控制和处理公司的各职能部门、各子系统和各要素情况,使整个公司能够协调运转;秘书也是组织内外部之间沟通的门户,可以及时将公司的内部运营信息和外部环境信息提供给经理,使其能够掌握公司内外部协调状况。

需要注意的是,秘书的参谋作用是在建立在辅助性基础之上的。辅助性是秘书职业的根本特点。秘书的产生源于领导工作的需要,没有领导就没有秘书,在社会地位上讲,秘书从属于领导或者领导部门,因此,秘书的工作就是协助经理完成规定的任务,实现预定的目标。秘书可以在工作中发挥积极性、主动性和创造性,但要按照领导的意图和指示办理,不能超越自己的职权范围,更不能违背领导的意图。因此,在公司中,秘书是经理的助手,可以帮助经理行使权力,但不能代替经理行使权力。也就是说,秘书要参谋,但不决断,更不能揽权和越权,或者借经理名义发号施令。

（二）联络和协调职能

秘书的联络和协调职能由秘书的工作任务、地位和工作方式决定。秘书处在组织和工作网络的节点,既承上启下,又联系左右内外,因此可以在其职责范围内,或在经理的授权下,调整和改善组织之间、工作之间、人与人之间的关系,促使各项活动趋向同步化与和谐化,以实现共同目标。协调可以分为政策协调、工作协调和关系协调。政策协调是指政策制订过程中的协调工作和政策本身所具备的协调性。工作协调是指根据领导的意图,对单位内外的文件制发、会议安排以及日常事务等事宜的协调。关系协调是指在处理人与人、人与组织、组织与组织之间各种矛盾关系中所进行的协调,关系协调又包括对上关系协调、对下关系协调、同级关系协调、内外关系协调等。

（三）信息枢纽职能

秘书离不开文件,历史上的秘书最主要的工作就是处理书面信息,现代秘书又从接待、联络、调研等工作中接触大量的口头信息。秘书的办公室可以说是公司的信息集散地;秘书为上司和整个公司起着信息的提供、反馈、传递等枢纽作用。

四、秘书的岗位职责

通常来讲,公司秘书的岗位职责大致包括以下方面:

日常事务管理,包括办公室管理、通信管理、值班事务、日程管理、印章管理等;接待事务,包括来访接待、安排服务等;会议事务,包括会前准备、会间服务、会后扫尾等;信访事务,主要是处理客户来信来访或顾客的投诉等;调查研究事务,指搜集信息,提供可行性的方案供经理选择;文件档案事务,包括文件撰写、制作、处理和档案管理等;协调工作,包括政策、工作、地区、部门、人际关系等方面的协调;督察工作,指督促、检查董事会、经理交办批办工作的落实情况;还有其他领导临时交办的任务等。

【延伸阅读】　秘书素养

秘书的职业道德:甘当配角、严守机密、实事求是、不卑不亢、诚实守信。

秘书的作风修养:雷厉风行、严谨细致、谦虚谨慎、勤奋耐劳、思路清晰。

秘书的知识素养:基础知识(马克思主义理论知识、语言文字知识、历史知识、法律法规知识、办公自动化知识等)、专业知识(秘书学知识、应用写作知识、文档处理与整理知识、管理学知识、经济学知识、心理学知识等)、文化修养(文学修养、史学修养、艺术修养等)。

秘书的能力素养:基础能力(观察力、注意力、记忆力、思维力等)、专业能力(表达、办事、管理、应变、社交能力等)、基本技能(现代化办公设备操作、常用办公软件使

用、网络办公技能等）

　　秘书的心理素养：有正确的动机、对本职工作的兴趣、坚强的意志、积极平静的情绪等。

　　秘书的性格特征：开朗豁达、坚忍顽强、宽容友爱、幽默风趣、稳重自制等。

第二节　文件处理与整理

　　文件处理与整理是秘书工作中最为重要的内容，是国家机关或社会组织制作、传递、使用、保存或销毁文件等行为的总称，构成了行政管理的重要组成部分。本节主要介绍公司文件处理的程序和文件整理的方法。

一、文件处理程序

　　文件处理是对收受的文件和制发的文件进行有针对性的处理，包括收文处理和发文处理两大过程。正式的公文处理要求比较高，是一个比较复杂的系统工作。收文处理包括签收、登记、审核、拟办、批办、承办、催办等程序，发文处理主要包括草拟、审核、签发、复核、缮印、用印、登记分发等程序。在整个过程中，各个环节之间相互关联，衔接有序。结合初创公司的具体情况，文件处理的主要环节如下。

　　（一）收文处理

　　收文处理即秘书对来自本团队内部或者外部的文件进行处置与管理。接收文件，可以分为外接收和内接收两种。

　　签收：对收到的文件进行清点检查和初步分类。如果是纸质文件要认真清点收到的文件件数和发文通知上的件数是否相符，检查文件是否有受损、缺页等现象，发现问题要及时和收文来源人核对并解决。清点检查后，确认收到文件没有问题，可以按照文件来源进行初步分类。

　　登记：秘书要建立收文登记表，将收到的文件及时登记，登记的基本项目包括文件名称、文件数量、文件形式（纸质文件或电子文件）、传递方式（通知分发或者电子邮件、微信、QQ传递等）、文件来源、收文时间、办理结果等。

　　办理：对收到的文件要及时办理。先按文件内容和办理要求确定转发范围，有的文件需要转发给全体员工，有的文件只是转发给经理或者分流给具体的职能部门。秘书还要负责对具体承办人进行督促，使他们能按照文件的要求完成任务。最后还要将办理结果及有关情况加以总结。

　　（二）发文处理

　　发文处理全部程序分为两个阶段：制文阶段和制发阶段。

　　1. 制文阶段

　　秘书写作的过程同其他写作基本相同，都要经历收集材料、文稿构思、拟制初稿、审核修改,到最后定稿的完整过程。但秘书写作又具有一定的特殊性,撰写时需要符合程序要求。

(1) 明确行文目的。虽然是由秘书来起草文件,但秘书并不是法定作者,也不是发文意图的制定者,只是代公司立言。秘书写作与其他写作的重要区别是,文件不是秘书个人意图或情绪的表达,而是组织和领导意图的表达,秘书只是代笔。任何在草拟文件中以个人意图代表领导意图的做法,或者掺杂秘书个人目的和情绪的做法,都是秘书写作中所不允许的,是与秘书职业规范所不相容的。因此,在文件起草前,秘书要和经理充分交流,领会经理发文的目的、意图、中心内容、发文对象和具体要求,不清楚不确定的地方要及时和经理沟通。

(2) 拟稿。拟稿也就是秘书执笔起草文件的初稿或草稿。文稿要使用正确的文种和行文格式。正式的公文有很多文种,不同的文种具有不同的性质、作用、行文方向、行文要求。有时候仅是一字之差,例如公示与公告、通告与通知、指示和请示、会议记录和会议纪要等,实际上差别却很大。因此,秘书在拟制文稿之前,一定要正确选用文种,否则就会给管理工作造成混乱,甚至给公司带来恶劣影响。本章第四节会具体介绍会议通知、会议记录、会议纪要、工作日志等文种的特征和行文格式。

文稿的主题要准确,中心内容必须遵循国家方针、政策、法规;观点要明确,在表述的时候,无论是赞成还是反对,是肯定还是否定,都必须直接、鲜明地表达态度;内容要集中,一般是一文一事,全文围绕一个中心展开,切忌一文数事,内容繁杂。

《国家行政机关公文处理办法》摘录

文稿要结构严谨,语言要准确简练,文风要求庄重平实。与以审美为宗旨、注重文采和修辞的文学写作不同,秘书写作是以实用为宗旨,目的是传达信息,因此要求秘书摒弃创造性、形象性写作。结构上不能委婉曲折,而是要条理清楚,逻辑性强。文件具有固定的结构层次序数,例如,第一层为"一、",第二层"(一)",第三层"1.",第四层"(1)"。文字上要简洁明了,避免冗长拖沓,不用生僻、艰涩的字词,尽量不用复杂的长句。秘书写作对文字使用还有些具体的要求:比如人名、地名、数字、引文要准确,用词要规范;比如数字,除了成文日期、部分结构序数或者惯用词、缩略语、概数约略数等词、词组中的数字必须用汉字数字外,一般应该使用阿拉伯数字;比如必须使用"克、公斤"等国家法定的计量单位,而不能用"两、斤"等;文内使用非规范化简称,应该在第一次出现的时候使用全称,并注明简称等。

(3) 审核修改。审核修改文稿是秘书写作过程不可或缺的阶段,完善文稿的过程比撰写更为重要。因为主观认识具有局限性,或者业务知识和能力的不足,初稿很难达到完美,这就需要秘书反复推敲,对文稿中存在的问题进行有针对性地修改,以避免文稿中出现错讹,造成工作失误。

文件草稿在送发之前,秘书要继续深化主题,认真审核文稿是否准确反映了领导的意图,主题是否准确明晰,论述是否集中深刻;要继续审核内容,确定观点正确、看法全面、提法妥当,表达没有问题,所用材料准确属实且和观点一致;要继续调整文稿的结构,避免出现条理不清、衔接不当的问题,使结构更加严谨完整;要修正文稿用语,审核文字有无错漏,特别是在时间、数字、人名、地名、专用名词、引文等方面是否有错漏或不一致之处,要做到文字简明、流畅、得体,合乎语法,标点符号正确;要对文稿的格式进行规范,使其符合统一规定和行文规则。总之,秘书必须以高度负责的态度,认真严肃地对文稿进行反复审核修改,使文稿更加完善。

2. 文件制发阶段

文件制发阶段包括缮印、校对等程序。

(1) 缮印:秘书根据经理审定后的定稿,经打字印刷而制成正式文本。缮印文件一般采用打印或者复印的方式,要按照统一标准的格式。缮印出来的文稿应字迹清晰,排列匀称,美观大方,做到不缺页、不多页、不少页、不错页、不倒页、不粘订文件内容,做到整齐美观庄重。

(2) 校对:在文件印刷过程中,秘书要以定稿为基准,和印制出来的文本清样进行核对。校对是确保文件文字准确、避免发生错漏的关键环节。秘书要从内容到形式上全面对照检查,逐字逐句、逐个标点都要校对。这就要求秘书具有一丝不苟、耐心细致的作风,较高的文字理论水平和扎实的文件工作知识。正式的公文制发要经过"初审、核稿、签发"三审和"毛校、二校、签印"三校程序。

此外,还需要对发文进行登记,登记表形式与收文登记类似。

二、文件整理

(一) 纸质文件整理

纸质文件整理是指将纸质文件以件为单位装订、分类、排列、编目、装盒,使之有序化的过程。一件指每份文件的自然件,一般一份文件为一件,文件的正本与定稿是一件,正文与附件是一件,原件与复制件为一件,所有的会议记录是一件。

常见的文件分类方法有按年度分类、按机构分类、按问题分类、按保管期限分类。按机构分类就是按照机关内部各部门名称分类。如果每类中的文件比较多,可以再编制一定的具体条目,如果文件不多,可以不再编制条目。这种分类方式是按照客观标准分类,比较容易掌握,也便于归档,通过这种分类还可以看出某单位的内部机构设置和机构的职能任务等。按问题分类是指按工作性质及内容分类,例如技术类、财务类、市场类等。这种分类的优点是不受机构限制,比较灵活,如果单位的职能任务变化不多,可以长期使用,如果某年临时增加某项工作任务,另外增加类别即可。比较适合小型、职能较少或者综合性较强的单位。这种分类方法的缺点在于分类方法依据的是主观特征,类别之间不容易划分清楚,可能出现互相包含交叉的情况,使用的时候要注意分类名明晰准确。文件按保管期限分类分为短期、长期和永久三种,短期为1~15年,长期16~50年,永久保管也就是需要永久保存。需要归档的文件一般先按保管期限分开整理,然后再按其他分类方法进行分类。

一般来说,分类方案的最低一级类目内,按时间结合事由排列;同一事由中的文件,按文件形成先后顺序排列;会议文件、统计报表等成套性文件可集中排列。

秘书可以按照文件来源将纸质文件大致分为两类:内部和外部文件。外部文件采用"机构/来源+日期+具体事项"的模式来命名,再按照一定的时限将文件放入更高一级文件夹中,最后将其放入同一机构或者来源的总文件夹中。内部文件以"部门名称或者文类名称+日期"模式来命名,采用按问题分类的方法,将文档分为行政事务类、市场营销类、财务管理类、项目开发类等。按照一定的时限将文件夹放入更高一级文件夹中,最后将其放入同一机构或者来源的总文件夹中。如果项目需要跨年完成,可以结合按年度分类的方法。

(二)电子文件整理

随着办公自动化逐步成为秘书文件处理的平台,文件的起草、审核、签署、发布以及收文的办理都可以在办公自动化系统中运行。这些电子文件是公司职能活动的历史记录,也应当按照档案管理的要求归档和集中管理。

电子文件一般以一份文件作为一件,特殊情况下(如来文和复文)多份电子文件可以作为一件。一份电子文件一般由一个或者多个文档构成。多份电子文件作为一件时,其排列顺序与纸质文件的排序相同。一份电子文件包含多个文档时,其排列顺序同样与纸质文件的排序方式相一致。

电子文档在形成和接收时要制作备份,如果发生信息变化,还要在文件内容和标题中注明初稿、修订稿、定稿,如需多次修改,还需标注"修改1稿""修改2稿",依此类推,并注明修改人姓名和修改时间。

建立电子文件登记表,每份电子文件都要在电子文件登记表中登记,电子文件登记表和电子文件的备份文件一同保存,并附有纸质版。

电子文件整理一般应采用"随办随归"的整理方式,分类方式与纸质文件基本一致。

随着办公自动化的发展,秘书要处理的电子文件在数量上并不少于纸质文件,秘书应该注意将电子文件和纸质文件同步进行管理和归档,也就是说,秘书要将具有保存价值的重要电子文件进行纸质备份,也要把具有保存价值的纸质文件制作成电子副本,这样就能保证同一份文件的电子版本和纸质版本共同处于保存及可利用状态。秘书可以按照以下流程开展文件整理:

收到的电子文件应尽量打印成纸质文件,并按照需要进行流转处理;在纸质文件流转过程中,由秘书和业务部门负责人对文件进行价值鉴定,在流转完毕后,对具有归档价值的文件进行初步分类整理;将收到的电子文件、纸质文件的数字副本和公司形成的纸质文件对应的电子版本合并整理为电子档案,并与整理完毕的纸质档案采取相同的分类排列方法,与纸质档案合并为一体进行管理。

第三节 会 务 工 作

在现代社会,会议成为企业进行管理和决策、实现企业职能的重要方式之一。会务工作在秘书工作职责中占据了越来越重要的地位。秘书应该如何做好会务组织工作呢?秘书在实际进行会务组织工作前,要了解会务组织工作的原则:准备充分、组织严密、服务周到、节俭高效和确保安全等,并尽量在会务组织过程中始终遵守这些原则,才能保证会议达到预期目的与效果。

一、会前准备与安排

会议前的准备工作是否充分直接关系到会议成功与否,高质量的会议准备工作是会议成功的前提和保证。因此,作为秘书,要对会议准备工作给予足够的重视。秘书首先要就会议召开的目的、内容、时间地点、与会者的范围、参加人数和预算、需要准备的物品和资料、是否需要做会议记录等向经理确认,在经理批准后,秘书做出周密的计划和具体的安排。

(一) 确定会议名称

会议名称是使用准确、规范的文字概括和表述会议信息的引领性标题,一般采用"会议主办方名称+会议议题+会议类型",也可以根据需要显示会议的性质、参加对象、主办单位以及会议时间、届次、地点、范围、规模等信息。

(二) 确定会议议程

会议议程是根据会议目标来确定并在会议上讨论或解决的具体问题,实际上是会议主题的具体化。大型会议的议程一般由会议领导层议定,由秘书记录整理;小型和例行会议的议程一般由秘书根据领导意图,向各领导成员征求议题,然后由主要领导人决定。秘书要将决定的议程在会前通知与会者,让其做好准备。

(三) 确定会议时间

会议在什么时间召开,会期多长时间,要根据会议的性质、议题、与会人员的情况等来确定。最好在条件成熟的时候召开会议,保证参会人员有充分的准备时间。要协调确保所有参会人员,特别是会议的核心人物能到会。秘书在确定会议时间时,要确保参会人员有充足的时间做准备,还要选择尽可能多的成员能参会的时间召开会议,否则会议的效果就会大打折扣。

(四) 安排和拟制日程

根据会议的议程和时间对开会期间的日程进行具体安排,一般以天为单位,按照先后步骤设置开幕式、闭幕式的程序和大会发言的程序等。合理安排会议日程有利于提高会议质量,确保会议有序进行。

(五) 选择会议地点

要选择与会人员方便前往的地方,会议举办场所大小和会议规模相符,会场内部配备所需要的桌椅设备、照明设备、放映设备、音响设备等。

(六) 确定与会人员

会议的与会人员包括主持者、出席者和列席者。例行会议的与会人员往往是确定的,只有特别邀请的与会者由主持人确定;非例行的大中型会议,会议秘书要根据会议的主题、目的、内容和领导指示拟出与会的出席者、列席者名单,由会议领导者或会议代表资格审查委员会审定,要防止遗漏或错选与会人员。

(七) 成立会议组织机构

大中型会议要成立会议主席团、秘书处、后勤处、保卫处等机构,并根据会议的性质和需要按地区、系统、专业或层次对与会代表编组,以便进行讨论。

(八) 制发会议通知

会议通知是向参会人员传递会议信息的载体,是会议组织者与参会人员在会议召开前进行沟通的重要渠道。会议通知一般分为口头通知和书面通知，重要会议、大中型会议都应该制发书面会议通知。发送会议通知时要明确被通知的单位、部门和人员范围。如果是重要的内部会议通知，秘书应该当面送达参会人员，并请对方签收，外部会议通知可以邮寄。如果是电子形式通知，秘书要检查会议通知是否到达，可以要求参会人员在收到电子邮件或者微信、QQ通知时回复确认。

（九）编制会议预算

根据需要对会议支出和会议收入做出科学的测算，列出明细，请领导审批后在办会过程中使用。会议经费一般包括交通费用、场地租金、设备租金、食宿费用、资料费用和文娱活动费用等。

（十）布置会场

根据会议的性质、规模、会期、会场条件等布置会场环境、排列座次、进行必要装饰、提供和摆放各种物品（桌椅、话筒、座位卡、投影幕、纸笔等）。

（十一）准备会议资料

会议资料包括会议的指导性文件、主题性文件（开幕词、工作报告、大会发言、选举结果、正式决议、闭幕词等）、程序性文件（会议日程、选举程序、表决程序等）。这些文字资料有的是发言者自己准备，有的是秘书受命执笔由领导审定。一般在开会时要分发的文字材料在会前要准备齐全，由秘书清点、核对、分发。

（十二）准备会议用品和设施

会议用品包括文件包、资料袋、文件袋、笔、笔记本、复印纸等常用文具用品，接机或接站牌、报到指引牌、会场指引牌（座位号指示牌、桌签、座签等）等指引标志用品，花卉、旗帜、横幅或条幅、气球等会场装饰用品，茶水、茶叶、茶杯、矿泉水、水果等生活用品。会议设施包括桌椅等基本设施，打印机、扫描仪、复印机等资料印制设备，扩音器、投影仪、投影屏、黑/白板、摄像机、录音笔等视听器材，电话机、计算机等通信设施。

（十三）制作会议证件

大中型重要会议需要制发会议证件，以证明与会者的身份，可以起到便于管理、交流和统计人数的作用。会议证件包括代表证、出席证、列席证、旁听证、来宾证、工作证、通行证等。小型会议一般不需要制作证件。

（十四）其他工作

除了以上介绍的会前准备工作，秘书或者会务工作人员还有一些其他工作。例如邀请会议嘉宾，需要秘书与经理商定后发出邀请，可以电话沟通，也可以通过书面形式。在会议正式召开前，最好再次与嘉宾联系确认。秘书还要做好会前检查，检查会议准备是否充分，检查会议用品、文件资料、会场布置等是否妥当。

（十五）组织会议报到

许多会议都会把开幕式前一天作为报到日，接待参会人员。对于重要的参会人员或者邀请的嘉宾，秘书或者会务工作人员要到机场或者车站去迎接，这就需要秘书提前汇总人员抵达信息，确定迎接规格和礼仪，安排接站/接机工作人员、车辆，准备接站/接机标志等。

参会人员报到之前，会务工作人员要根据需要制作、摆放好各种指示标志，引导参会人员到达会议地点以后顺利办理各种手续。

在整个会议筹备过程中,秘书或会务工作人员需要注意:一是周密安排,不能出现疏漏和失误,要全面考虑,多方面联系;二是反复检查,具体落实,要根据情况的变化随时发现问题,解决问题,若遇到难以解决的问题,要及时请示领导,迅速加以解决;三是确保时限,有序进行。

二、会间秘书工作

(一)组织会议签到

与会者进入会场时一般要签到,以便及时准确地统计到会人数,更好地安排会议工作并给档案工作留下记录。可采用簿册式签到、表单式签到、会务工作人员代为签到、证卡式签到、座次表签到、电子式签到等方式。无论采用哪种签到方式,会务工作人员都要提前准备好签到工具或设备,有序组织参会人员签到,在签到结束后统计实际到场人数和缺席人数,并向大会主席或主持人报告。

(二)组织引导服务

引导服务是指会务工作人员引导参会人员入场、入座或者进入展区、餐厅等场所,这一工作贯穿整个会议期间。大型会议参会人员进入会场时,都应该有会务工作人员或者礼仪人员负责引导。一些小型会议的参会人员也有固定的座次,并在每个会议桌上摆放桌签。

(三)安排拍摄服务

安排摄像摄影服务也是会间的一项重要工作内容。在会议进行过程中,会务工作人员需要拍摄签到台、会场、发言、茶歇和合影等。

(四)操作维护设备

在会议期间,需要安排专门的会务人员负责开关、维护、保养会场的照明、音响、录音、录像、音像、投影、通风等设备正常运转,并根据会议议程需要去调节和控制。

(五)做好沟通联络

做好内外联系,及时传递信息。

(六)安排会议记录

做好会议记录是会议进程中一项极其重要的工作。

(七)处理突发情况

在会议召开过程中,可能会发生一些无法预料的突发情况,需要秘书或者会务工作人员果断应对和处理,以保证会议正常进行。例如电子设备发生障碍,秘书或会务工作人员应在会议开始前检查电子文档是否能够正常打开,事先备份会议资料,准备好维修人员的姓名、电话等信息。

三、会后扫尾工作

秘书或会务工作人员应该将会后扫尾工作作为会务工作的重要环节,具体内容如下。

(一)送别参会人员

在会议结束后,会务工作人员应该为与会者离会返回提供服务。比如为参会人员做好账目结算,提供正规发票;大中型会议的参会人员来自不同地区,会务工作人员要了解与会者返回原单位的日期和交通工具,代为购买飞机票、车票和船票,并安排车辆送往机场、车站和码头。

(二)清理会议现场

如果是内部会议,会议现场清理比较简单,如果是在外租借会场,会后清理工作相对繁杂。会务工作人员一是要清理会场的指引标志用品和装饰宣传物品;二是要清理会场设施设备,例如将桌椅恢复原样,清扫会场,关闭电脑、投影仪、空调、照明设备等;三是要清理会议资料。会前分发的文件有些已经被参会人员带走,有些讨论稿、文稿需要清退,有些重要的文件材料要及时立卷归档,没有参考和保存价值的文件要销毁,不允许会议文件材料散乱丢失。

(三)结算会议经费

会议结束后,会务人员要根据会前经领导审核批准的经费收支预算,从收入、支出两个方面对会议经费进行核算,完毕后,及时向领导汇报,并到财务部门报销。

(四)整理会议文件

会议文件是围绕活动产生和在会议期间使用的书面文字材料的总称。整理会议文件工作包括:一、清退会议文件。比如一些内部文件、机密文件、重要文件按照文件清退单或文件清退目录及时清退回收,否则会造成文件内容泄露,可能带来严重后果。二是收集会议文件。比如会议计划、会议通知、会议日程等会前文件,开幕词、闭幕词、讲话稿、会议记录等会中文件,会议纪要、会议新闻等会后文件。三是整理会议记录。会议记录的撰写详见本章第四节。四是印发会议纪要。会务工作人员在确定印发范围后,将纪要发送到接受者手中。再将经过签收者签字确认的会议纪要核对后,由领导签字,印制发给会议决策执行者。会议纪要的撰写详见本章第四节。四是整理归档会议文件。具体整理归档方式参见本章第二节。

(五)会议总结工作

在会议结束后,要对整个会议的组织和服务工作进行全面分析和总结,做出客观的评价,积累经验,肯定成绩,找出缺点和不足,为以后举办会议提供借鉴。

(六)落实相关工作

会议召开完不等于会议完全结束,秘书还要根据会议要求,向有关部门或人员传达会议精神,并对会议作出的决议事项予以落实、催办和督办。

【延伸阅读】 会议策划的6W

会议策划需要明确6个W,即Who(会议参加人员)、What(会议类型)、When(会议时间和日期)、Where(开会地点)、Why(会议目的与议题)和How(具体会务工作)。因此,一份完整的会议筹备方案应包括的内容有:确定会议的主题与议题、会议名称、会议议程、时间和日期、所需设备和工具、与会代表、会议文件范围、经费预算、住宿和餐饮安排、筹备机构等。

第四节　常用文件撰写

在初创公司中,秘书需要撰写一些常用的公文,例如会议通知、会议记录、会议纪要和工作日志等。

一、会议通知

正式的会议通知分为标题、正文和落款三个部分。重要会议的通知一般要标明会议召开的单位和会议名称,例如"某公司关于召开某会议的通知"。一般性、例行性的会议,会议通知标题只写"会议通知"即可。

会议通知正文的必备内容和注意事项包括以下几个方面:

(1) 参加会议的单位或者人员。秘书要明确参加会议的人员的身份、人数和范围。

(2) 会议开始时间、结束时间和报到时间。秘书下发会议通知的时间不能过早也不能过晚,时间过早,参会人员可能会因为忙于其他的事务而忘记,时间过晚,参会人员可能无法及时查收会议通知,或者没有充分时间做好准备。会议时间要具体到小时和分钟,最好采用 24 小时制,如果采用 12 小时,在时间前面一定要加上上午、下午或者晚上。会议日期要具体到年月日,不能泛泛地写今天、明天、后天等。

(3) 会议地点。通知中要交代会议召开的详细地址,具体到哪座楼哪一层的哪个会议室或者哪个房间,大型会议还要附上交通图、公交线路和自驾车线路。

(4) 会议召开的目的和议题。会议通知应提前告知参会人员召开会议的目的,给参会人员时间提前做好准备,提高会议效率。

(5) 其他事项。大型会议的会议通知中还要包含会议费用、食宿要求、接站事宜、会务联络信息等。

会议通知的落款应在正文下面,注明会议的召集单位或领导人和成文的日期,加盖公章。若需要还应附加回执表。

会议通知有文件式、邀请函式、海报式、公告式、表格式、备忘录式等类型。文件式会议通知适用于重要的大中型会议。表格式和备忘录式会议通知适用于公司内部事务性会议或者例行性会议。

秘书要确保会议通知最终到达每一个人。在微信群或者 QQ 群等平台下发通知时,最好在通知里加上"收到请回复",没有及时回复的参会人员需要用其他方式再发通知。

会议通知示例

二、会议记录

会议记录是会议中完成的对会议组织状况和会议内容的原始记录。会议记录是重要的档案材料,为撰写会议简报、会议纪要、会议总结等提供重要的素材,为日后分析研究会议提供依据，为检查会议议定事项的执行情况提供凭证。会议记录可以分为两种：一是摘要式记录，如记录发言要点和议题、决定决议、表决结果等。既要准确地记录发言人的发言要点，不曲解不疏漏，又要简明扼要。常用于一般的例行性会议；二是详细性记录，尽可能地有言必录，一字一句地记录发言者的发言，适用于极其重要的会议。详细的记录不仅要记录要点，而且要按原话记录要点的材料和论据。可采用速记方法或借助录音设备，会后再进行整理。原始记录和录音文件都要作为原始资料保存。

会议记录最突出的特征是其具有原始记录性，它是按照会议的进程，将会议召开的情况、发言人的讲话内容、研究决定的问题，如实地记录下来。一般不允许加工（但可纠正语病）。秘书应该对会议记录草稿全面检查，对错字、别字、漏字、字迹不清之处和遗漏之处进行整理，不清楚之处可与录音参照核对或找相关人员核对。

会议记录的标题可以采用"会议名称＋会议记录"或者简单的"会议记录"两种形式。正文一般由两个部分组成：一是会议组织的基本情况。具体包括会议名称、会议时间（开始时间、休会时间和结束时间）、会议地点（具体到会场或者房间号）、参加人员（包括正式、列席、旁听、特邀人员等）、缺席人员（注明缺席原因）、主持人、记录人等；二是会议的进程和内容，主要包括会议议题（包括会议主持人的开场白和会议总结）、会议发言（记录重点）、会议决议（会议议题是否通过、缓议、撤销、否决，表决事项名称、表决方式、表决结果）、会场情况（参会人员的掌声、笑声、迟到、早退等与会议进程有关，具有记录价值的情况）等。

会议记录示例

三、会议纪要

会议纪要记载、传达会议情况和议定事项。重要的大中型会议，一般要由秘书根据会议宗旨、精神和主要内容，并以会议记录为依据，撰写会议纪要草稿，经主持会议的领导审批、签署。和会议记录不同，会议纪要要注意突出重点和主题，不要事事记录，未讨论或未达成共识的事项不能写成议定事项。

会议纪要的内容可分为两部分或三部分：开头简明介绍会议的基本情况，例如会议的依据和目的、会议召开的时间、地点，会议参会人员、主要议程、会议发言和讨论情况等；

主体部分要具体阐述会议讨论的问题、有代表性的意见、基本结论和做出的正式决定等，要在会议原始记录的基础上进行分析、综合、提炼，反映会议的主要精神。

结尾部分可以针对会议精神提出要求或注意事项，也可补充其他相关内容。本部分可以省略。

会议纪要示例

表 6-1 会议纪要的基本结构模式

组 成 部 分	内　　容
标题	会议名称＋纪要
开头部分	简明介绍会议的基本情况
主体部分	写明会议的主要精神、议定事项等
结尾部分（可省略）	提出要求或注意事项，也可补充其他相关内容

【延伸阅读】 会议纪要和会议记录的区别

> 会议记录属于事务文书、普通公文；会议纪要属于行政公文、法定公文，它是《国家行政机关公文处理办法》里面明确规定的文种。
>
> 会议记录一般是客观详细地将会议的全过程记录下来，包括每个与会者的讨论发言都应详细忠实地记录，发言人是怎么说的，就怎么记录。会议纪要则是将会议的主要内容、事项、决议、发言要点等经过整理概括后，将具有重要意义的内容传达给受文者。会议的一般过程、与理解意义传达事项贯彻精神没有关系的内容等就没有必要在会议纪要中记载。因此，"会议记录"是一种"过程记录"，而"会议纪要"是一种"精神传达"。
>
> 记录一般是有会必录，纪要则主要记述重要会议情况。一般地说，凡属正式会议都要做记录，但并不一定都要写成纪要。因为记录作为机关内部资料，主要是为了存档备考，作为进一步分析研究问题和检查总结工作的依据。而会议纪要作为外发公文，则直接用于上报下达。因此，只有当会议需要向上级汇报或向下级传达精神时，才有必要将记录整理成纪要。
>
> 可以说，会议记录是制作会议纪要的基础。如果不认真把会议记录搞好，详细将会议的所有情况全面记录清楚，要总结概括出会议的主要精神、主要事项就是不可能或很困难的，也就很难把会议纪要做好。

四、工作日志

工作日志不是记录工作的流水账，而是对每天的工作进行记录和梳理，总结遇到的问题和解决问题的思路、方法、体会与反思等。

（一）工作日志的作用

不管对于公司还是员工个人来说，工作日志都具有很重要的作用。对于员工来说，首先，工作日志具有提醒作用。工作日志记录了员工工作的任务来源和输出的过程，在实际工作中，员工每天可能会负责多项工作，或处在同一工作的不同阶段，及时察看自己的工作日志，并进行标注，会避免出现遗忘或者忽略某项工作的现象。其次，工作日志能帮助员工养成对工作进行总结和反思的习惯。在工作日志中，除了描述当天的工作内容，更重要的是进行总结和反思，这样才能在以后的工作中吸取之前的经验，避免类似错误发生。如果能坚持做好工作日志，经过长期积累，员工的工作技能肯定能得到很大的提高。再次，员工的工作日志具有业绩的证明作用。一个员工在公司或者项目中的贡献度如何，工作日志是很重要的评价依据。无论职务的升迁和薪酬的调整，还是重新择业，工作日志都可以成为关键的证明。因此，员工要认真记录自己的工作日志。

对于公司来说，首先，工作日志有助于公司跟踪和观察员工的工作进度和效率。每个员工从事的业务不同，工作内容和效率也不尽相同，公司可以根据员工的工作日志记录的内容对其参与的工作进行跟踪，以便对他/她的工作进度和效率进行及时调整，从而减少因某一名或者某些员工影响整个项目或者公司的情况。其次,工作日志也可以实现员工和公司之间的有效沟通。公司可以通过工作日志及时了解员工在工作中遇到的困难,并有针对性地给予帮助和支持。

(二) 工作日志的组成

工作日志可以按照"KPTP 原则"来记录。KPTP 是由 keep、problem、try、plan 四个单词的首字母组成的,据此,工作日志可以分为四个组成部分:

(1) keep:描述今天完成的工作内容。

(2) problem:描述今天在工作中遇到的问题。

(3) try:描述自己针对上述问题尝试的解决方法。

(4) plan:计划明天的工作安排。

KPTP 四个部分组成了一份清晰明了的工作日志,既能充分体现员工当前的工作状态和工作能力,又能层次分明地向领导传递工作中的困难。

(三) 工作日志的写作要求

首先,工作日志填写的内容要实事求是,所写所记是其所为。不能过于谦虚,更不能夸大自己的贡献度。其次,工作日志要条理清晰,言简意赅,突出重点。每一部分内容最好都分条列项,用序号标出顺序,排列方式可以按重要程度或者时间前后。要避免重复,不要写成流水账,更不要记那些琐碎而不重要的细节。再次,建议采用夹叙夹议的叙述方式,既客观描述工作内容和解决方法,又要写出自己的思考、体会和心得。但切忌过于感性,不要出现一些假大空的口号式的语言。

工作日志示例

第五节　办公文秘的应用实例

以某高校学生组成的十人双创团队成立的初创公司为例,创意产品为"趣味健身自行车"。该公司设置有秘书岗位。因为公司里只有一个秘书人员,所以秘书应该承担起秘书所有的岗位职责和工作内容。另外,由于公司比较小,有些工作或者工作程序可以省略或者简化。

一、秘书的岗位职责

(一) 协助经理的工作

在初创实践过程中,秘书需要发挥参谋和助手职能。例如,在公司成立之后,项目进行到选题立项阶段的时候,秘书需要协助经理确定拟开发项目。秘书既要提出自己的立项建议,还要负责收集整理其他队员的立项建议,并和经理、其他队员一起比较所有项目的优劣之处,最终确定拟开发项目。再比如,项目进行到一定阶段,需要某个部门或者某些部门上交报告等,这个时候也需要秘书下发通知,进行协调和督促。

(二) 负责协调和联络

秘书要进行内部协调。趣味健身自行车项目涉及健身单车、竞速小车、应用 APP 等内容,开题报告和项目总结报告中包括项目开发、质量控制、市场营销、财务管理等各方面的内容,需要秘书在经理与自己之间、经理与部门之间、部门与部门之间发挥协调作用。一方面秘书要督促各部门负责人按时按质按量上交所需要的材料,另一方面和经理、各部门负责人共同确定报告的最终内容。同时,秘书还要负责内外关系协调,也就是本团队和专利事务所等的协调。如果公司需要召开会议,秘书应该按经理的要求确定召开的时间和地点,如果遇到客户来访或有投诉,秘书应确保客户和公司的有效沟通等。

(三) 信息枢纽职能

秘书要把从董事会、客户或其他有关联的公司(例如竞争对手)那里得到的信息传达给经理和其他本队队员,如每一阶段要完成的工作、所要提交的文档;要将召开会议的通知和经理的决策传达给所有人员或相关人员,还要将某些人员的想法、要求反馈传递给经理。

二、秘书的工作内容

秘书的主要工作内容是围绕"趣味健身自行车"项目进行文件处理和文件整理。

(一) 文件处理

在初创公司中,秘书并不需要撰拟全部文档,比如市场分析报告、设计报告、市场营销报告、财务预决算报告等由对应的部门负责人来完成。但项目进行过程中和最后验收的时候,文档的整理和装订主要是由秘书负责。文档是项目验收主要的评价指标之一,所以秘书要重视各种文档的收集、整理、装订工作。

按来源分类,秘书接收的文件可以分为外接收和内接收两种,接收来自税务局、客户的文件和资料即为外接收,例如科技局的会议通知、用户反馈的资料等;接收来自其他部门负责人的文件和资料为内接收,例如各部门负责人提交的报告、生产日志等。要建立收文登记表,对收到的文件及时登记,并进行办理。如果是外接收文件,秘书要按照文件内容按照职能分工分流给具体的部门负责人。秘书还要负责对具体承办人进行督促,使他们能按照文件的要求完成任务。最后,秘书还要对办理结果及有关情况加以总结。

在制文阶段,秘书撰拟文件要经历明确行文目的、拟稿、审核修改并定稿的过程。在发文阶段,秘书要对文件进行缮印、校对和装订等程序。与正式的公文相比,初创公司文件的制发程序已经大大简化,但整个过程几乎都由秘书一人完成,实际上对秘书的要求也很高。

(二) 文件整理

文件整理分为纸质文件整理和电子文件整理,两者的整理比较相似。秘书可以按照文件来源将电子文件大致分为两类:内部和外部文件。外部文件采用"机构/来源+日期+具体事项"的模式来命名,再按照一定的时限将文件放入更高一级文件夹中,最后将其放入同一机构或者来源的总文件夹中。内部文件以"部门名称或者文类名称+日期"模式来命名,采用按问题分类的方法,将文档分为行政类、市场类、财务类、项目开发类等。按照一定的时限将文件夹放入更高一级文件夹中,最后将其放入同一机构或者来源的总文件夹中。如果项目需要跨年完成,可以结合按年度分类的方法。

项目由立项到结项产生的文档会很多,例如"趣味健身自行车"的市场分析报告、需求分析报告、项目研发报告、财务预决算报告、项目测试报告、项目验收报告，对这样的系列文件秘书应该按照一定的顺序按项目进行归档。秘书可以将同一事由的文件可以按照形成时间先后顺序排列，也可以按照文件的重要程度排列。项目实施过程中的会议记录、演讲材料和工作日志等应该分别按照时间先后顺序排列。

三、常用文件撰写

初创公司要求秘书负责撰写会议通知和会议纪要，每位成员都要记录工作日志，所以秘书必须掌握会议通知、会议记录、会议纪要和工作日志的撰写方法。会议记录和会议纪要从内容上来说具有一定区别，但在实际操作中，秘书可以将会议记录和会议纪要结合起来，会议期间做会议记录，会后撰写会议纪要。项目验收前，秘书要将所在团队的所有会议纪要按照时间顺序整理，形成电子文档和纸质文档等。

本 章 小 结

本章首先概述了秘书的含义和类别，明确了在初创公司中秘书的职责以及参谋助手、联络协调和信息枢纽的职能；其次梳理了文件的收文和发文处理程序、文件的整理方法等；接着讨论了会议准备、会间服务和会后扫尾三个阶段的工作；还阐述了会议通知、会议记录、会议纪要和工作日志等常用文件的撰写方法；最后结合一个应用实例，说明了初创公司秘书应完成的工作。

思 考 题

1. 秘书的含义有哪些？
2. 按服务对象划分，你们团队的秘书属于公务秘书还是非公务秘书？按工作内容划分，你们团队的秘书属于什么秘书？
3. 秘书的基本职能有哪些？
4. 秘书的岗位职责有哪些？
5. 处理文件有哪些程序？
6. 如何整理纸质文件和电子文件？
7. 会务工作的流程有哪些？
8. 如何撰写会议通知、会议纪要和工作日志？

第七章 市场调研

学习目标

1. 掌握市场调研主题的确定方法。
2. 掌握文案调查法和实地调查法中的访问法、观察法和实验法,理解不同方法的优缺点及适用范围。
3. 掌握调查问卷的基本结构、设计原则及问卷中问题和答案的设计技巧。
4. 掌握市场调研资料的审核工作方式及审核重点,调研资料整理的技巧,调研资料的列表分析、数据图形分析、统计分析等技术方法。
5. 掌握调研报告的基本结构和撰写原则,能够撰写科学翔实的市场调研报告。

导入案例

校内导航 APP 的调研策划

某高校占地面积大,院系专业多,学生经常遇到找错教室、找不着办公室或老师的问题。创业团队 A 看到同学们的这个痛点,翻阅资料发现,室外导航如百度地图、高德地图等做得都很好,但校园内特别是室内导航却是空白,于是就萌生了做校内导航 APP 的想法,将学校的行政楼、教室、各院办公室等校内设施及各楼房间置于其中,学生只需要输入房间号或待办事宜,就可以方便地找到教室或办公室,创业团队将这款 APP 命名为"细途"。在开发"细途"之前,创业团队计划做市场调研,调研主题为"细途的使用意愿",调研对象为本校学生,主要通过问卷调查的方式询问同学们是否愿意使用"细途",从而估算软件应用规模,预测市场发展前景。请问:该创业团队对"细途"的调研策划合适吗?

第一节 市场调研的策划

无论是创意的 idea,或是"从 0 到 1"的创新产品,再到"从 1 到 n"的创业,都充满着无尽的风险和诸多的变数。切入哪个行业、生产什么产品、目标客户是谁、如何开拓市场等,对于初创公司而言,都是一团迷雾,而市场调研便是那拨云见日的一把利剑。完整科学的市场调研包括调研活动的策划、调研项目的实施、调研资料的整理分析、调研报告的撰写等一系列衔接有序的活动。

"凡事预则立,不预则废。"市场调研作为一项系统工程,在具体实施之前,需要进行周密可行的工作规划,来保证调研活动有序完成。

一、确定调研主题

调研主题是调研目标所在,只有足够清晰准确,才能做到有的放矢。创业团队在确定项目调研主题时,可以和企业未来的商业模式结合在一起,解决四个方面的问题,即为什么要调研,调研中想了解什么,调研结果有什么用处,谁想知道调研结果。

作为初创公司,调研主题通常包括以下几方面:

(1) 找到企业发展方向。创业团队面对纷繁复杂的市场,在剖析企业自身优势与劣势的基础上,需要深入分析市场环境不断变化所带来的机会与威胁,从而制定适合企业未来的发展战略,而这种战略分析与规划就需要进行全面深入的市场调研。

(2) 开发适销对路产品。初创公司只有对客户进行充分地调研,深入探究他们的真正需求,才能发现消费中的痛点,研发出满足目标客户需求的产品,将潜在的商机转化成现实的生产力。但现实中有些创业团队执着于技术的高精尖,研发出超乎客户需求的产品,却因价格昂贵得不到客户的认可,最终黯然离场。

(3) 实现产品顺畅销售。产品的销售需要渠道的配合和促销的推动,渠道种类的选择与成本控制,促销方式的把控与效果评价,都需要通过市场调研来获得相关数据。反之,如果不去进行市场调研,闭门造车,找不到合适的销售渠道和促销方案,市场开拓也会很难。

二、确定调研对象和调研单位

调研对象是指由许多性质相同的调研单位所组成的调研总体,调研单位是调研对象中的一个具体单位。如某创业团队拟做一个6~12岁的少儿编程项目,计划在当地运用随机抽样方式抽取1 000户家有6~12岁少儿的家庭,则调研对象为当地6~12岁的少儿及其父母,调研单位是抽取到的1 000户家庭。

三、确定调研项目

初创团队明晰调研目标后,可以结合企业的商业模式,确定相关的调研内容,并在此基础上列出明确的调研项目。调研项目设立的根本原则是完整性,若收集的信息资料不充分,将会使后期的资料分析变得困难,调研效果也会大打折扣。但调研项目的增加,势必增加调研的工作量及成本,因此也要遵循经济性原则,选取与调研主题关系密切的调研项目。确定调研项目时可以采用模块化设计方法,即根据调研主题,首先明晰需要收集哪些数据资料,把这些资料进行分类,再根据每一大类确定相应的调研项目。

四、确定调研方法

合适的调研方法能够对调研活动的实施起到事半功倍的效果。调研方法的确定以较低成本获得尽可能多的信息资料为原则,不同的项目调研方法可以不同。如校园蹭课APP创业团队想了解同学们的蹭课意愿,就可以用访问法进行直接交流,这样可以获得同学们的真实想法;趣味健身自行车创业团队想了解健身房顾客的接受程度,就可以用观察法,在一天的不同时间,观测趣味健身自行车的骑行顾客数量、骑行时间、骑行时交流的骑行体验等,从而获得相关的数据资料。

确定调研方法后,通常需要将调研成员进行明确的分工,包括采访人员、记录人员、摄影摄像人员等,大家各司其职,相互配合,才能保证调研活动有条不紊地开展。

五、确定调研进度

确定调研进度,将每一阶段需要完成的工作内容、时间节点、人员安排进行明确,可以避免无序劳动和拖延时间,进而把控成本。市场调研的进度一般包括活动策划、文献查询、实地调查、资料整理、报告撰写、报告提交等阶段。初创团队可以根据这些阶段划分安排具体的调研内容和时间,制定切实可行的调研进度表。

【延伸阅读】 市场调研的原则

> 市场调研是市场预测的基础和前提,调研资料的科学完整性直接关系到企业预测的准确性和决策的可行性,因此,市场调研需要遵循几个基本原则:一是实事求是原则,即在进行市场调研时要尊重客观事实,摒弃主观臆断;二是时效性原则,即在既定的时间内,及时有效地捕捉市场上有价值的信息情报,并快速进行资料的整理分析,避免调研工作的延期;三是科学性原则,即调研策划阶段要周密详尽,调研实施阶段调查对象要合理,方式方法要可行,资料整理分析阶段要严格审查问卷,合理分类统计,尽量运用相关数学模型,实现结果的精准反映;四是系统性原则,市场调研对象众多,内容庞杂,各种变量相互交叉影响,因此需要运用系统思维,综合分析各调研项目之间的相关关系;五是经济性原则,对于财力有限的初创公司,在保证调研效果的前提下,也要尽量提高投入产出比率。如在实地调研之前,尽可能通过耗费较少的文案调查获得市场环境、竞争对手的相关信息等。

第二节 市场调研的方法

市场调研资料可以分为第一手资料和第二手资料,第一手资料是指市场调研人员通过实地调查,直接向调查对象收集的信息资料;第二手资料是指已经公开发表,经其他人进行整理收集的资料,如期刊、报表、文件、年鉴等。根据第一手资料和第二手资料获得方法的不同,市场调研方法分为实地调查法和文案调查法。

一、文案调查法

文案调查法,又称为间接调查法,是指围绕调研目标,通过查阅大量历史和现实的各种文献资料,并经过甄别、统计分析,得到市场调查者所需信息的一种市场调研方法。

(一)文案调查法的作用

1. 为创业项目的选择提供依据

创业团队在选择创业项目的时候,应阅读相关的文献资料,如国家的产业政策、科技发展的制高点、消费者的消费偏好、国民收入的变化等,从而发现潜在的创业机会,寻找合适的创业项目,去解决生活中的一些痛点,为企业的起步打下良好的基础。

2. 为实地调查提供帮助

文案调查对实地调查提供的帮助全方位地体现在实地调查的全过程中。首先,对创业项目进行实地调查之前,需要对国家政策的支持度、所属行业的发展现状及发展前景、目标客户的背景资料、竞争对手的发展策略等相关资料进行深入了解,而这些资料就需要通过文案调查法来获得。其次,在实地调查中,和调查对象进行交流时,遇到一些新的想法,也可以随时进行文献资料的查阅予以补充。再次,实地调查结束后,在进行数据资料的整理时,如果发现有些问题没有体现出来,也可以通过查阅相关文献进行弥补,而在进行数据分析时,更是需要通过文案调查法,借助相关调查资料来探讨现象发生的原因并提出相应的对策建议。

(二)文案调查法的工作程序

创业团队在运用文案调查法时,既可以查阅企业内部的档案资料,也可以搜集企业外部的数据库、期刊、报告等资料,如果要高效节约地获得所需信息,就需要遵循一定的工作程序。

1. 明确信息需求

任何事情目标越明确,工作效率才会越高。在文案调查开始之前,首先要明确需要的信息类型和信息内容,这样才能做到有的放矢,减少不必要的人力物力财力开支,降低时间成本,达到事半功倍的效果。

2. 审查现有材料

现有材料是指创业团队已经取得或已经积累起来的业务资料、财务资料及相关的政策解读。创业团队在实施文案调查之前,可以先审查已经具备的现有资料,分析哪些是直接可用的,哪些是需要进一步收集的。

3. 寻找信息来源

根据确定的需要进一步收集的信息,创业团队要明确收集的方向和渠道。外部资料的来源渠道非常多,应根据资料收集的目的、内容和相关要求,综合考虑提供者的信用度、专业化水平和服务能力,并在数据的质量、数据的系统性和可比性上做出选择。

4. 筛选分析资料

文案调查法获得的第二手资料非常庞杂,种类众多,格式不一,因此需要做出进一步的筛选,尽可能选用可信度高的外部渠道公开发表的资料,对于不好分辨真假的信息,尽可能采用两三种来源做交叉检查。在去伪存真的基础上,进行分类整理,选择正确的统计方法和统计指标进行数据处理,必要时可以制成图表做进一步的比较分析,最后归档、汇编,实现资料的条理化、综合化和层次化,为创业项目的研究提供优质的信息来源。

(三) 文案调查法的资料来源

文案调查法的资料来源渠道非常丰富,包括企业的内部资料和外部资料。内部资料是指企业内部的各种信息资料,包括业务资料、财务资料、统计资料及其他资料等。外部资料是指来自企业外部的各种信息资料,包括统计年鉴、报纸期刊、各种媒体信息等。

1. 内部资料的来源

(1) 业务资料,包括与企业经营活动有关的各种资料,如订货单、入库单、发货单、销售记录、顾客数据库等,通过对这些资料的收集和分析,可以掌握本企业的客户类别和商品需求,分析企业的生产和销售能力,利于巩固老客户,开发新客户。

(2) 统计资料,包括各类统计报表,如企业生产、销售、库存等各类统计资料及相关分析报告等。企业的统计资料是对企业各项经营活动的综合反映,是研究企业经营活动数量特征及发展趋势的重要依据,也是企业进行预测和决策的基础所在。

(3) 财务资料,是由财务部门提供的相关资料,包括各种原始凭证、会计核算、财务报表及分析报告等。通过对这些资料的分析,可以考核企业的经济效益,确定合适的产品组合,挖掘企业的发展潜力。

(4) 其他资料,包括企业积累的各种调研报告、工作总结、会议记录、档案卷宗等,这些资料对企业的市场调查也有一定的参考价值。

2. 外部资料的来源

(1) 各级政府部门发布的资料,包括不同部门发布的各种政策法规、各级统计部门发布的国民经济统计资料,如统计年鉴、商业地图。

(2) 行业协会发布的资料。目前很多行业都设立了自己的行业协会,如中国市场信息调查业协会、中国科学技术协会、中国互联网协会、中国汽车工业协会等,这些协会网站上都有丰富的信息资料,可以为创业团队提供深入前沿的行业信息。

(3) 专业机构提供的资料。市场调查行业的发展方兴未艾,涌现出了大量的专业调研机构,包括市场调查专业公司和管理咨询公司等,如 AC 尼尔森公司、波士顿公司、北大纵横咨询公司、和君咨询公司等,这些公司有着优秀的专业人才,内部建立了资料丰富的案例库和数据库,提供各种专业的信息服务。

(4) 图书馆存档的资料。我国各级图书馆保存有大量的书籍、文献、报纸杂志等,是创业团队查阅资料去处的一个好选择。

(5) 交流会发放的资料。国内外各种学术交流会、博览会等都会发放大量的文件资料,这些资料的优势在于时效性很强,特别是各个行业的学术年会上,通常展示的都是本行业的最新研究成果。创业团队参加这样的学术会议,可以把最新的学术成果消化吸收,甚至转换成现实生产力,最终实现创业梦想。当年何霆就是在科技年会上获知当时最新的 CAR-T 技术,萌生了将该技术应用于白血病治疗的想法,后来创办艺妙神州,为众多的患者带来了新希望。

3. 网络资料的来源

随着互联网技术的普及,在网络中搜集相关文献资料已经成为最常用的一种方法。

（1）搜索引擎。利用搜索引擎，输入要查找的关键字，就可以搜索到海量的相关信息。互联网上著名的搜索引擎包括百度、搜狗等。目前国际上影响较大的主要商情数据库检索系统有 DIALOG 系统（http://www.dialog.com）、DUN&BRADSTREET 系统（http://www.dundb.com）、ORBIT 系统（http://www.questel.orbit.com）等。

（2）在线数据库。通过在线数据库，输入关键词和其他参数，可以方便地查找到需要的信息资料。最常用的电子文献数据库包括中国知网、万方数据库、超星数字图书馆、EBSCO 外文期刊全文数据库等。

（3）网络新闻组。网络新闻组（UseNet），又称用户交流网，是一种利用网络进行专题研讨的国际论坛。每个论坛围绕一个专题展开讨论，如计算机、艺术、数学、哲学、文学，创业团队可以根据创业项目的不同，进入不同的论坛。在这里，有思想的碰撞，有技术的革新，有志同道合的伙伴，它是创业者不断进步的源泉。

（四）文案调查法的原则

（1）针对性原则。文献典籍汗牛塞屋，网络资源包罗万象，在文案调查开始前，应明确调研的目的，并针对调研目的重点收集与调研项目关系最密切的资料。不要漫无目标，随意浏览与调研主题关联不大，甚至毫无关联的信息资料，从而浪费人力、物力、财力。

（2）充足性原则。只有通读大量文献，而且历史文献与现实文献并存，国内文献与国外文献齐聚，正面材料与反面材料兼备，才能更好地了解研究领域的发展脉络及未来的发展趋势。

（3）及时性原则。时代的变迁将会降低资料的价值，因此在收集资料时，要注意资料的时效性，及时收集、及时整理、及时分析文案调查法获得的信息资料，同时收集的资料要以近期资料为主，保证视野具有比较好的前瞻性。

（五）文案调查资料的价值评定

通过文案调查法收集的资料，要从真、准、新、全这四个方面进行价值评定，即真实可靠，准确翔实，讲求时效，全面广泛。

（1）真实可靠。文献典籍浩如烟海，信息资料纷纭复杂，通过文案调查法收集文献资料时，要擦亮慧眼，识别真伪。利用著述性文献获得的信息，要确认作者或编纂者的身份和背景，尽量引用客观性较强的文献，同时注意文献的编写时间。而对于统计资料，要注意指标口径和资料分组问题，尽可能采用国家权威部门统一拟定的口径。

（2）准确翔实。在使用文案调查法时，不能只看表面信息，还要挖掘信息背后潜藏的真实含义，保证信息理解的准确性，这样才不会误导创业者，避免做出企业运营的错误决策。

（3）讲求时效。收集的信息资料中通常既有历史资料，又有现实资料，但要以最新文献为主，这样可以更好地了解事物的发展现状及未来趋势。如果根据比较陈旧的资料进行分析，会给创业团队造成信息的困扰，甚至会误导创业团队的发展方向。

（4）全面广泛。文案调查法在应用时要注意信息收集的全面性，禁忌管中窥豹，只见树木，不见森林，以偏概全，信息的片面性会严重影响信息的准确度。

二、实地调查法

实地调查法是指调查人员应用客观的态度和科学的方法进行实地考察，获得第一手资料的一种调查方法。按照采用形式的不同,实地调查法可以分为访问法、观察法和实验法。

(一) 访问法

访问法,即调查者将拟调查事项以当面、电话或书面的不同形式向被调查者提出询问,从而获得所需资料的一种调查方法。访问法根据不同的形式,分为以下四种:

(1) 直接访问法。直接访问法是调查者和被调查者事先约好进行面对面地交流从而收集资料的一种方法。采用这种方法,可以进行深度访谈,灵活性较强,获得的资料更深入,准确性也较强,但存在成本高、时间长、调查质量容易受气候、时间、情绪等干扰的局限。直接访问法适用调查范围较小而调查项目较为复杂、希望获得顾客对产品的具体想法、需要进行解释或取得谅解的调研项目。

(2) 堵截访问法。堵截访问法是在被调查者出现频次较高的场所,通过拦截的方法与被调查者进行交流或请被调查者填写调查问卷获得资料的一种方法。堵截访问法具有在较短时间获得大样本信息的优势,可以节省对每个样本的访问费和交通费,但也存在因调查对象带有偶然性而影响调查的精确度、拒访率较高等不足。因此堵截访问法只适用于问题简单明了的调查项目,而对那些内容较长、问题较复杂的调查则不适合。

(3) 电话访问法。电话访问法是指通过电话向被调查者询问调查有关内容和征询市场反应的一种调查方法。这种方法具有成本低、速度快、统一性高的优势,但电话访问法询问的时间不宜太长,因此调查内容的深度不及直接访问法和堵截访问法,同时由于调查人员不在现场,对调查对象回答问题的真实性很难进行判断。因此,电话访问法只适用于具有普遍性的单一问题的调查。

(4) 邮寄访问法。邮寄访问法是调查人员将调查问卷通过邮政系统、E-mail、QQ 群、微信群等渠道寄给被调查者,由被调查者填写完成回寄的一种方法。邮寄访问法的优点在于调研的区域比较广泛,问卷可以有一定的深度,调查费用较低,但也存在调查问卷回收率低,调查时间长,问卷回答可靠性较难把握的不足。

(二) 观察法

观察法是调查人员凭借自己的眼睛或借助摄录像器材,在调查现场直接记录正在发生的市场行为或状况的一种有效的收集资料的方法,其特点是被调查者在不知晓的情况下接受调查。例如专注 4~12 岁青少儿英语在线学习的 VIPKID,运用人脸识别、情绪识别等技术,观察孩子们在学习过程中的瞳孔和表情变化,得出孩子的视线关注情况和上课情绪,进而优化课程设置,促成孩子专注度的形成与学习的高效,从而在 K12 教育中脱颖而出。

1. 观察法的类型

根据观察对象不同,观察法可以分为直接观察法和痕迹观察法。直接观察法是调查人员在现场直接观察被调查者的言行举止,从而获得相应信息资料的一种观察方法。痕迹观察法是通过对现场遗留下来的实物或痕迹进行观察,了解或推断市场行为的一种观察方法。

2. 观察法的优缺点

观察法具有简便易行、客观准确的优点,但为了发现市场的发展规律,通常需要观察较长时间,这样经济成本和时间成本都会比较高。同时,观察人员的观察能力、记忆能力及心理分析能力会直接影响观察结果的精确度。此外,观察更多的是出现的结果,而对行为产生的原因和动机无法确定,从而导致可能出现观察深度不够的问题。

3. 观察法的注意事项

为规避不足,在运用观察法的时候,首先应选择具有代表性的调研对象,在合适的时间内进行观察;其次要避免被调查者察觉到,保证被调查对象处于自然的状态;最后要求调查人员有良好的专业素养,客观公正,实事求是,不能带有主观偏见,更不能歪曲事实真相。

(三) 实验法

实验法是从影响调查问题的许多可变因素中选出一个或两个因素,将它们置于同一条件下进行小规模的实验,然后对实验结果作出分析,确定研究结果是否值得大规模推广。实验法包括实验前后无控制对比实验、事后有控制对比实验、实验前后有控制对比实验。

(1) 实验前后无控制对比实验。这种方法是选定一个实验单位,再通过记录实验前后的结果,来了解实验变化的效果。例如,某空调生产厂家的产品主要在 A 商场进行销售,6 月份该空调厂将其中一款空调的式样做了改变,本厂记录该款空调的销量结果如表 7-1 所示。

表 7-1 空调销量统计表

月 份	销售量/件
5 月	50
6 月	80
变动值	+30

实验表明,空调式样改变后,销量增加了 30 件,初步判断,空调式样的改变是成功的。这种方法可以保证实验在同一商场环境下完成,但却忽略了季节变动因素的影响,因此可能会高估空调式样改变带来的销量增加。

(2) 事后有控制对比实验。这种方法是选择两个条件相当的市场,一个为实验组,一个为控制组,通过对实验组和控制组进行对比,来测定实验的结果。仍考虑上述案例,该空调厂 6 月份将空调式样进行改变后在 A 商场进行销售,而在和 A 商场相似的 B 商场依然销售老款空调,销售结果如表 7-2 所示。

表 7-2 空调销量统计表

月 份	A 商场销售量/件	B 商场销售量/件	变动值/件
6 月	80	60	+20

实验表明,空调式样改变后,销售新空调的 A 商场销量增加了 20 件,初步判断,空调式样的改变是成功的。这种方法虽然可以保证实验是在同一时间进行的,实验结果不受季节变动的影响,但因为是在两个商场进行的实验,即使两个市场的环境是基本类似的,

但依然会存在一定的实验误差。

(3) 实验前后有控制对比实验。这种方法是选择两个条件相当的商场,一个为实验组,一个为控制组,通过对实验组和控制组分别进行事前事后的对比,来了解实验变化的效果。仍考虑上述案例,该空调厂六月份将空调式样进行改变后在 A 商场进行销售,而在和 A 商场相似的 B 商场依然销售老款空调,然后分别记录 A、B 两个商场五月份和六月份的销售量,记录结果如表 7-3 所示。

表 7-3 空调销量统计表

月　份	A 商场销售量/件	B 商场销售量/件	变动值/件
5 月	50	40	
6 月	80	60	
变动值	+30 (式样、季节)	+20 (季节)	+10 (式样)

实验表明,空调式样改变后,A 商场的销量增加了 30 件,这 30 件的增加主要受式样的改变和季节两个因素的影响,B 商场的销量增加了 20 件,这 20 件的增加主要是受季节因素的影响,因为 A、B 两个商场基本类似,因此 A 商场销量增加的 30 件减去由于季节因素带来增加的 20 件,剩下增加的 10 件销量则主要是式样改变这个因素带来的,由此可以判断,空调式样的改变是成功的。这种方法的实验结果既剔除了季节变动的影响,又可以保证各因素的变动都是在 A 商场内部进行的,因此实验结果的准确度较高。

实验法的应用范围非常广泛,某种环境因素的改变,或商品在包装、价格、广告等方面做出改变,在判定其改变是否有效时,均可采用实验法。

市场普查和抽样调查

第三节　调查问卷的设计

调查问卷是调查者根据调查目的与要求,设计出的由一系列问题、备选答案及说明等组成的向被调查者搜集资料的一种工具。在市场调研中,特别是实地调查获得第一手资料时,问卷调查经常被采用。因此,问卷设计在整个调查活动中具有重要的地位,问卷调查表设计的质量直接影响市场调研活动的效果。

一、调查问卷的基本结构

调查问卷的基本结构包括起始部分、过滤部分、主体部分和背景部分。

(一) 起始部分

该部分一般包括问候语、填表说明和问卷编号等内容。

(1) 问候语:调查问卷中,写好问候语十分重要,它可以使被调查者感到被尊重,激发填写热情。问候语要语气亲切,诚恳礼貌,说明调查目的,打消被调查者的顾虑。一般的写作模式如下：

尊敬的女士/先生：

您好！

为了更好地了解……下面有几个问题，请您在百忙之中协助填写。

谢谢您的支持与合作！

（2）填写说明：指导被调查者用统一格式填写调查问卷的一段文字叙述，以便于以后问卷的审核整理。填写说明可以放在问卷的前面，也可以分散至各个题目。一般的填写说明包括：请您在所选答案的题号上画√、开放式问题请在规定的地方填上您的意见，等等。

（3）编号：对调查问卷进行编号，主要是便于校对整理。

（二）过滤部分

这一部分主要是通过对被调查者进行分析，筛选掉不需要的部分内容，再针对特定的被调查者进行调查。通过过滤，一是可以避嫌，二是可以确定合适的被调查者，三是可以对被调查者进行区分。

在"校园蹭课APP"的市场调研活动中，可以运用过滤技巧针对有蹭课需求和没有蹭课需求的同学分别提出一些问题，从而获得更有针对性的信息资料，如：

Q1. 请问您大学期间有过蹭课的想法吗？（选择1的同学请回答Q2，选择2的同学请回答Q3）

1. 有　　　　2. 没有

Q2. 请问您想蹭课的原因是：

（1）挂科重修　　（2）刷分重修　　（3）兴趣使然　　（4）自修高年级课程

（5）其他_____

Q3. 请问您不想蹭课的原因是：

（1）没有课程表　　　　　　　　　（2）不知道该蹭什么课

（3）没有时间　　　　　　　　　　（4）其他_____

（三）主体部分

这一部分是调查问卷的核心内容，包括所要调查的全部问题，由一系列的问题和相关答案组成，如：

Q1. 请问您大学期间每个学期平均蹭课数量是：（　　）

（1）0次　　　（2）1～2次　　　（3）3～5次　　　（4）6～10次

（5）10次以上

Q2. 请问您蹭课的内容有：（　　）（多选题）

（1）本专业高年级课程　　　　　　（2）挂科课程

（3）刷分课程　　　　　　　　　　（4）其他专业课程

（四）背景部分

这一部分主要是有关被调查者的一些背景资料，用于对被调查者进行分类、比较、分析。

Q1. 请问您的专业是什么？（请在横线处填写具体专业名称）

(1) 理科_____　　　　（2) 文科_____
(3) 工科_____　　　　（4) 医科_____
(5) 农科_____

Q2. 请问您在哪个年级就读？
(1) 大一　　　　（2) 大二　　　　（3) 大三　　　　（4) 大四

二、调查问卷的设计方法

(一) 突出"四易"

调查问卷在设计过程中要突出"四易"，即易于回答，易于汇录，易于整理统计，易于辨别回答的真伪，具体内容如下：

(1) 易于回答。调查问卷在设计问题时，应多为封闭式问题，少一些开放式问题，从而减少被调查者的填写难度；在用语上要准确规范，简洁易懂，符合被调查者的身份和思维习惯；在问题的顺序安排上要先易后难。

(2) 易于汇录。调查问卷在答案设计中可以尽量采取态度测量表，将属于质量性的答案，以数量的方式记录下来，从而便于对态度、意见等作出记录，进而易于比较分析和辨别汇总。

(3) 易于整理统计。调查问卷的设计要格式整齐，编码规范，易于信息的整理和统计。

(4) 易于辨别回答的真伪。调查问卷要设计严密，可根据调查主题，按照一定的逻辑关系，将问题分为不同类别，每个问题具体清楚，问题之间相互关联而互不重复，便于识别被调查者是否是草率应答或胡乱作答，从而保证调查信息的真实可靠。

(二) 具体要求

调查问卷在设计时要注意以下几点：

(1) 模块化设计。在设计调查问题时，可围绕调研主题，将调研内容分为若干模块，再依每个模块设置相应问题，这样既可以避免遗漏和重复，又便于后期的维护，一个好的调查问卷就是一个完整的理论体系。

(2) 简明化设计。调查问卷的措辞要简练且不易发生歧义，避免出现容易误解的词语；问题不宜过多，尽量采用封闭式问题，这样既可以提高效率，又易于得到回答者的支持；对于开放式问题或半开放式问题要对回答范围及方式进行限定或引导，并在卷面上留有足够空间。

(3) 艺术化设计。问卷题型可以多样化，如采取图文并茂的提问方式等，以提高被调查者的兴趣；先易后难，封闭式问题在前，开放式问题在后；问题的顺序尽量符合回答者的思维习惯，注意问题间的逻辑关系，这样也便于识别出草率应付或错误的答卷。

(4) 规范化设计。调查问卷的编码要统一，格式要规范，不可为了节省费用而压缩版面，导致问题容易被漏答或回答不完整，在后期数据录入时也可能出现疏漏或串行，造成调查信息的不完整或出错率高。

三、调查问卷设计中应注意的事项

(一) 问题设计应注意的事项

1. 用词要通俗

大规模的市场调研，要考虑到调研对象的年龄层次、文化背景有很大的差异，因此在

设计问题时一定要通俗易懂,避免被调查者因不能正确理解而误答或拒答。如:

请问贵公司是否使用 ERP 管理系统?

很多人可能根本就不知道 ERP 管理系统是什么,导致无法作答或胡乱填写。可将问题改为"请问贵公司是否使用 ERP(企业资源计划)管理系统?"这里对 ERP 做了一个简要说明,就便于被调查者理解了。

2. 问题要单一

问题设计要保证一项询问只包含一个内容,否则会导致被调查者无从答起。如:

请问您对公司产品的质量和价格是否满意?

这里包含"对产品质量和价格"两项内容的询问,如果被调查者对质量满意,而对价格不满意,或正好相反,则一时很难回答。因此可以将这个问题拆分为两个独立的问题。

3. 避免诱导性

问题的设计要保持中立,不应暗示观点,对被调查者的意见进行诱导。如:

该产品为网红食品,您认为它的知名度高吗?

这里已经暗示了产品的知名度较高,会让被调查者认为既然是网红食品,知名度一定比较高,因此在一定程度上会诱导被调查者跟随调查人员的意见。

4. 避免敏感性

敏感性问题是指被调查者不愿意让别人知道答案的问题,如涉及隐私的问题,或是不为一般社会公德所接纳的行为类问题等。如:

您身为老师,一年内责罚学生的次数是多少?

这类敏感性问题,会引起被调查者的反感,被调查者出于本能的自卫心理,往往选择不答或不真实回答,从而影响市场调研的质量。

(二) 答案设计应注意的事项

1. 答案要穷尽

答案在设计时,要保证所有可能的答案全部被列出,这样才能使每个受访者都有答案可选,不至于因为找不到合适答案而漏答。如:

您认为该产品的理想价位是: ( )

(1) 200 元及以下 (2) 201~500 元
(3) 501~1 000 元 (4) 1 001~1 500 元

这个问题的答案设计就违背了穷尽性原则,因为没有"1 500 元以上"这个选项,可能导致有些被调查者因为找不到这个选项而放弃作答或选一个违背自己真实想法的答案。

2. 答案要互斥

互斥性原则是指答案设计中各个备选答案之间不能相互重叠或相互包含。如:

您每月支出最多的事项是: ( )

(1) 食品 (2) 饮料 (3) 服装 (4) 书籍
(5) 其他

在这些答案中,食品包含有饮料,所以就违背了互斥性原则,导致被调查者在作答时会无从下手。

3. 答案要艺术

答案设计要兼顾语言艺术,避免引起作答者的反感。如:

您不买轿车的原因是:

(1)买不起　　(2)怕出交通事故　　(3)担心被盗　　(4)养不起

(5)其他

这样的答案会使被调查者感到窘迫,引起他们的反感,从而拒绝回答。

(三)问题顺序设计中应注意的事项

调查问卷的设计应站在被调查者的角度,顺应他们的思维习惯,来安排问题顺序设计,从而提高问卷的回收率。因此,在问卷设计中,安排好问题的顺序也是很重要的。

1. 要有逻辑性

设计调查问卷时,问题的顺序要有一定的逻辑性,尽可能符合被调查者的思维习惯,这样既可以引起被调查者的兴趣,也利于审查答案的准确度。

2. 要先易后难

问题设计时要把简单的、轻松的问题放前面,复杂的、较难的问题放后面,这样有利于调动被调查者的积极性。

3. 开放式问题在后

封闭式问题被调查者容易作答,而开放式问题需要被调查者有更多的思考,填写起来相对困难,因此,开放式问题不宜过多,同时应放在问卷的后面,避免影响被调查者的情绪,以致拒访率升高。

测量尺度级别理论

第四节　调研资料的分析

市场调研结束后,需要对调研资料进行整理分析,这个过程既是对前期调研工作的总结,又为后期的调研报告撰写打好基础。

一、调研资料的整理审核

设计好的问卷由被调查者作答后回收,在整理分析之前,要确保准确,因此需要对问卷进行检查、核对、补充并验收合格。

(一)审核员的作业方式

审核员在进行资料审核时,需要针对试卷回答的逻辑性判断真伪。在具体的作业方式上,虽然分段把关的流水作业式可以提高审核效率,但不能很好地根据不同问题之间的逻辑关系进行答案真伪的判断,因此审核员的作业方式应该为一卷到底式,而不是分段交叉作业式。

(二)审核工作的重点

调查问卷的审核工作的重点应放在以下几类答卷上:

1. 不完整答卷

个别问题无回答,但可根据问卷中被调查者留的联系方式进行再次提问获得信息,这类问卷仍为有效问卷;如果是大面积无回答的问卷,应作废卷处理;对调查问卷中同一问题很多无回答的,就需要反思这些题目是否设计得有问题,比如是否因用词不当而无法理解,抑或是因为问题太敏感导致拒答,再或者是根本无法找到问题的答案等。

2. 明显错误答卷

明显有错误答案,是指那些答案前后不一致,或者答非所问等。对于明显有错误答案的答卷,可以按问题的逻辑关系进行修补;如果不能修补,就按"不详值"对待。

3. 乏兴回答答卷

乏兴回答的答卷是指那些连续多个题目答案选项一样,或一笔勾过若干问题,能够明显看出被调查者对问卷没有太多兴趣的答卷。对于乏兴回答的答卷,如果是个别现象,可作为废卷处理;如果比较多,那就需要反思问题设计的精准度了。

以"校园蹭课APP"创业团队为例,团队成员就蹭课需求做了一次市场调研,共发放了500份调查问卷,回收478份,其中多题未答的有5份,乏兴回答的有4份,这9份问卷作为废卷处理,剩余的469份为有效问卷。

二、调查数据的分析技术

审核过的市场调研资料可以用列表分析技术、数据图形分析技术、统计分析技术等工具进行分析。

(一) 列表分析技术

列表分析技术是利用表格的形式将调研结果展示出来,常用的有单向频次表和交叉列表。

1. 单向频次表

单向频次表只包含一个变量,是最基本的图表,如表7-4所示。

表7-4 单向频次表

问题: 如果有一款方便实用的校园蹭课APP,可以提供多方位的蹭课信息,您愿意蹭课吗?		
项目	人数/位	比例/(%)
总数	469	100
非常愿意	162	34.5
愿意	241	51.4
不愿意	66	14.1

从这张表可以看出,有蹭课意愿的同学占85.9%,说明如果"校园蹭课APP"创业团队设计的蹭课APP使用方便,会有很好的市场前景。

2. 交叉列表

交叉列表分析技术是将两个或两个以上变量,按照一定顺序对应排列在一张表中,从中分析变量之间的相关关系,得出科学结论的技术。

以各年级蹭课原因为例,将"年级"和"蹭课原因"两个变量的不同人数按照顺序排列在一张表中,就构成了一张交叉列表(表7-5)。

表 7-5 交叉列表

各年级蹭课原因					
年　级	挂科/位	考研/位	兴趣/位	其他/位	小计/位
大一	17	5	63	20	105
大二	26	49	82	29	186
大三	22	52	18	5	97
大四	16	48	5	12	81
合计	81	154	168	66	469

从这张表中可以看出,大二蹭课的人数最多,其次是大一,而大四的蹭课人数相对较少。在蹭课原因中,大一以"兴趣"为主,大二因为兴趣因素蹭课的也较多,但"考研"蹭课的同学增长较快,大三和大四因为考研在即,"考研"蹭课的同学占了大多数。由此可见,针对不同年级,创业团队推送的内容应该有所区别。

(二)数据图形分析技术

数据图形分析技术是用线形图、柱形图、饼状图等展示调研结果。"一图抵千字",运用图形分析可以更直观、更有效地表达市场调查的结果。EXCEL软件可以很方便地将表格数据转化成各种图。EXCEL软件的菜单栏如图7-1所示。

图 7-1　EXCEL 软件的菜单栏

点击菜单栏中的"插入"项,就会显示很多种类的图,如柱形图、折线图、饼状图,点击你所需要的图示即可。例如,以饼状图(图7-2)例示单向频次表,以柱形图(图7-3)例示交叉列表,可以更直观地看出分析结果。

(三)描述性统计分析技术

图 7-2　"校园蹭课 APP"使用意愿

描述性统计分析是将调研数据进行整理,用统计学指标描述其特征的分析方法,主要包括数据的集中趋势分析和离散趋势分析等。

1. 集中趋势分析

集中趋势是指一组数据所趋向的中心数值,它反映了数据之间虽然存在着一定的差异,但客观上存在着一个能够反映总体各单位数量一般水平的数值。常用的统计学指标

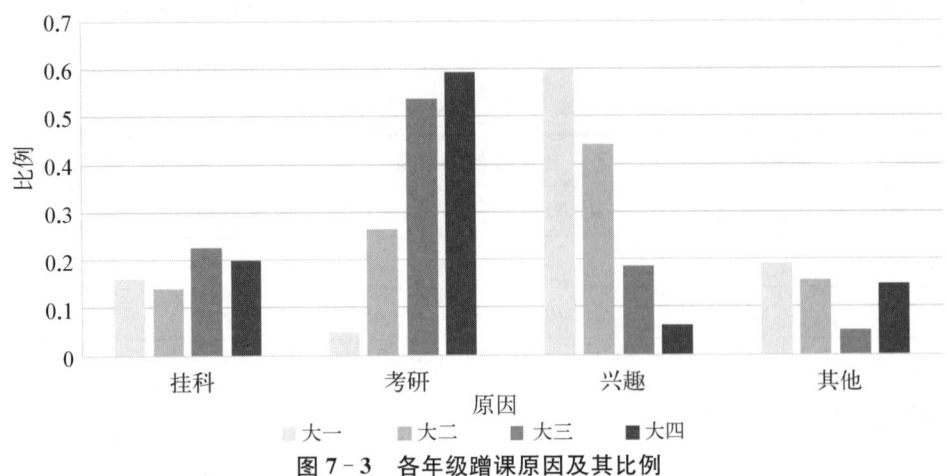

图 7-3　各年级蹭课原因及其比例

有众数、中位数和平均数。

2. 离散趋势分析

离散趋势是指一组数据偏离中心位置的趋势,它反映了调研数据偏离中心的分布情况。常用的统计学指标有全距、平均差、标准差、标准差系数等。

SPSS 软件介绍

第五节　调研报告的撰写

通过前面的学习,我们收集到了市场调研的第一手资料,并且对资料进行了结果分析,接下来就需要撰写一份科学翔实的市场调研报告,它是市场调研的结果汇报和内容升华。

一、市场调研报告的基本格式

市场调研报告的基本格式包括扉页、序言、正文、附件这四个部分。

（一）扉页

扉页是调研报告的封面,包括调研报告的标题、调研人员姓名、所属单位和提交日期等。扉页的设计既要规范,又要精美,体现一定的艺术性。

（二）序言

序言用于简要说明本次调研的缘由。针对"校园蹭课 APP"项目的调研报告,在序言中应简洁而概括地说明想要解决的是大学生跨学科专业学习的痛点,本软件和竞争者相比的优势等。

（三）正文

正文是调研报告的主体部分,具体内容包括:

（1）调研目的。要求紧扣调研中心,提出本次调研的关注点或亟待解决的问题,吸引读者。

(2)调研方法。陈述本次调研所使用的方法,并解释使用这些方法的原因、优势及可能存在的问题。

(3)调研内容。结合调研主题和调研项目,写出本次调研的主要内容,并通过列表分析技术、图形分析技术等进行数据分析,揭示数据背后隐藏的经济动因。

(4)提出建议。根据调研结果及问题动因的剖析,提出解决问题的对策建议。

正文是调研报告的主要内容,要求写作具体深刻、层次分明、详略得当、逻辑严密、层层深入。在写作顺序上,可以采取顺叙和倒叙两种写法。顺叙写法即按照调研背景、调研过程、调研数据分析、调研结论和对策建议这样的顺序来写,倒叙写法则是先给出调研结论,再按照调研顺序陈述的方法。

(四)附件

附件是用来论证、说明或进一步阐述正文有关情况的资料,通常在附件中出现的资料包括:调查问卷、原始资料、汇总的统计图表、为调查选定的样本细节等。每个附件都应编号,便于核对分析。

二、市场调研报告的撰写原则

市场调研报告的撰写,应遵循真实性、具体化、简明扼要、紧扣主题等原则。

(一)真实性原则

调研报告是企业进行预测和决策的基础性材料,来不得半点虚假,因此,真实性是撰写调研报告的首要原则。调研报告应真实反映调研的实际情况,不应为了达到预想的目标而略去事实真相或只报道那些对自己有利的结果,同时调研人员要客观分析,不能带有过多的主观判断。

(二)具体化原则

具体化原则是指调研目的要明确,做到有的放矢,并根据调研目的和阅读对象的要求,用大量的事实和数字准确说明客观实际,避免使用空洞、抽象和含糊不清的语言文字。

(三)简明扼要原则

简明扼要原则是指报告撰写要文字简练,数字准确,尽量采用直观可视的图表等分析工具,增强报告的明晰效果,通俗易懂,也可加强对读者的吸引力。

(四)紧扣主题原则

紧扣主题原则是要明确中心思想,针对调研问题提出的结论与建议要切中要害,常识性的或陈旧的观点和结论不要写进报告,而是要提出新的观点,形成新的结论。

新冠肺炎疫情对购房态度影响的调研报告

第六节 市场调研的应用实例

本节以"校园蹭课 APP"的市场调研为例。创业团队对"校园蹭课 APP"的调研主题最初定义为"校园蹭课 APP 的使用意愿",就是通过调研在校学生使用该软件的意愿比率来估算软件规模和市场前景。但后来团队成员探讨的时候,大家意识到该软件的使用是完全免费的，如果仅仅调查学生的使用意愿，那么即使调研结果显示大多数学生愿意使用，但公司依然没有很好的盈利点，该项目存在的价值就很低了。在商业模式的激烈讨论中，有成员提到，我国近年来将稳就业放在"六稳"的首位，因此可以将蹭课APP与大学生的职业规划结合在一起，为大学生就业提供更好的帮助，具体做法就是基于学生在蹭课APP上的选课情况，进行数据分析，为学生推送与选课科目相关的课程、从业证书、培训等内容，从而帮助学生基于个人兴趣作出职业成长规划，而公司的盈利点就可以来自培训机构的精准广告投放和推荐学生进入培训机构学习的佣金收入。这样调研主题就变更为"基于蹭课内容的大学生职业规划"，调研内容就丰富为考研生、挂科生、兴趣生等目标客户的蹭课需求及推送的相关从业证书、培训信息的接收意愿。调研结果的使用主体除了创业团队和教务处外，还包括培训机构，以期达成和培训机构的合作。

通过蹭课APP调研主题的探讨可以看到，创业团队在进行创业项目调研主题的确定时，要和企业未来的商业模式结合在一起，解决文中提到的四个问题，即为什么要调研？调研中想了解什么？调研结果有什么用处？谁想知道调研结果？在对市场调研主题的不断深入剖析中，创业团队对企业未来的战略发展渐渐清晰，并进一步地厘清了市场调研目的的明确性、调研项目的完整性、调研结果的有效性和调研对象的广泛性，由此市场调研活动才有条不紊地进行。否则，如果调研人员对调研主题不够明晰，就会使调研的内容不全面，收集的信息资料有限，直接影响创业项目的选择和企业商业模式的开发。

创业团队在进行"校园蹭课APP"项目的调研时，为了能够比较全面地获得不同专业、不同年级同学们的蹭课需求及蹭课内容，并借机进行推广宣传，就需要获得足够多的样本数量，访谈的内容也要比较深入，因此适于采用访问法。具体可以采用以下做法：一是采取邮寄访问法，即通过各专业各年级的QQ群、微信群发放调查问卷，并在一定时间内进行回收，从而获得丰富的样本资料；二是采取直接访问法，和准备考研的学生及有挂科记录的同学约好时间，进行面对面的交流，听取他们对蹭课APP的需求和意见；三是采取堵截访问法，在教学楼前、宿舍楼前、食堂门口等学生聚集的场所，请同学们填写调查问卷，并注重和不同专业、不同年级的同学进行面对面地交流，发掘同学们的真实需求和期望，从而更好地设计并完善该软件。另外，创业团队也可以通过观察同学们平日阅读的书籍或上网浏览的信息，了解大家可能的蹭课内容及职业发展动向。同时，也可以采取实验法，尝试给出两种方案，一种是免费，一种是收费2元，但在朋友圈获赞20个可免费，看看这两种方案带来的普及效果哪个更好。

创业团队在设计调查问卷的时候，可围绕调研主题，采取模块化设计，将调研内容分为四个模块，即被调查者的个人情况、蹭课的意愿及内容、推送内容的接受与否及偏好、其他希望获得的服务，这样可以避免遗漏和重复，也便于后期维护。"校园蹭课APP"的调研模块及相应问题如表7-6所示。

创业团队对通过问卷调查收集到的资料进行审核整理后，可以利用文中提到的列表分析技术、数据图形分析技术、统计分析技术等进行综合分析，充分了解同学们对"校园蹭课APP"的使用意愿及是否愿意被推送相关信息。在此基础上，提交一份市场调研报告，不仅有助于创业团队预测该软件的市场前景，进而判断设想的商业模式是否可行，而且可以提交给教务处，让教务处了解学生们的蹭课需求，从而合理安排课程。此外，还可以将报告提交给相关的培训机构,利于以后双方的合作。

表 7-6 "校园蹭课 APP"的调研模块及相应问题举例

类别	项目	选项
个人情况	专业	理科_____;文科_____;工科_____;医科_____;农科_____
	年级	大一;大二;大三;大四
蹭课意愿及内容	蹭课意愿	经常有;偶尔有;没有
	蹭课原因	挂科重修;刷分;兴趣;考研;其他_____
	蹭课内容	经济学;管理学;法学;文学;理学;工学;农学;医学;艺术学;其他_____
推送内容接受与否及偏好	是否愿意接受	非常愿意;愿意;无所谓;不愿意;非常不愿意
	希望接受的内容	考研培训及信息;从业资格证书考试培训及信息;校园讲座;其他
其他希望获得的服务		

本 章 小 结

本章介绍了市场调研的策划技术、市场调研中的文案调查法和实地调查法、调研问卷的设计、调研资料的分析及调研报告的撰写五方面的内容,使读者了解一个完整、科学、有效的市场调研过程,进而能够较为准确地进行市场预测,最终找到适合公司发展的可行性方案。

思 考 题

1. 市场调研的主题如何确定?
2. 市场调研的方法有哪些?
3. 简述调查问卷的设计方法。
4. 如何撰写一份有价值的市场调研报告?
5. 由于台风影响,货物无法及时抵达公司,造成交货滞后,李经理希望得到客户的理解,请问他用哪种调研方法与客户沟通比较合适?
6. 小王等几位大学生希望暑假开办一个小学生英语培训班,拟了解以下问题:(1) 小学生的基本情况;(2) 小学生以前是否参加过英语培训及相关情况;(3) 小学生的上课时间;(4) 可接受的价位。请你帮助他们设计一份调查问卷。

第八章　商业计划书

 学习目标

1. 掌握商业计划书的概念、基本内容和撰写要求。
2. 理解商业计划书各个组成部分之间的逻辑关系和结构。
3. 掌握商业计划书的实际应用。

 导入案例

智能家装的商业计划书

某大学的工商管理硕士(MBA)研究生在入校将近一年的时候,担任周末班班长的李玉提出了自己的一个创业梦想——成立一家智能家装公司。

李玉当时就职于某颇有名气的装修公司并任副总经理,主管该公司的市场开发,他也是大家公认的机灵鬼,无论是在课堂发言,还是在分组讨论等场合,都表现出了他的干练与商业情怀。

借助该大学的 MBA 交流平台,他不单单扩大自己的同学圈子,而且还结识了不少上下届的 MBA 朋友。李玉认为:MBA 是个大家庭,在这个 MBA 大家庭的成员中从事什么行业的都有,因此利用 MBA 的人际关系,足以构架一个经济循环的圈子。李玉还给大家举了个例子,比如同学中有人从事绿色农业,种植无公害蔬菜,也有同学开超市、开饭店,还有人经营物业公司、物流公司,通过"无公害蔬菜和粮食—物流—超市和饭店进小区—物业服务"过程就可以形成一个相互关联的内部商业闭环系统,以此还可以屏蔽外部不利因素的影响。基于这种思路,并考虑自己的工作经历,他联系了数位同学准备开展一项创新创业活动。

李玉召集了几位同学,经商议决定创立一家独具创意的智能家居装饰公司。为了说服其他同学并吸收外部投资者,李玉编制了一份"商业计划书"。他在商业计划书中大致说明了以下几个方面的内容:

(1)项目环境分析。包括我国近年来的城镇化进程和房地产行业基本走势、人们对家居智能化的追求、目前的智能化技术水平等。

(2)项目的优劣势。MBA 学员的来源具有多元化特征,学员的本科学历和职业经历多种多样。因此,李玉首先介绍了团队成员的构成及各自的专业特长、职业背景,以此体现了项目的技术优势和管理优势等,间接地呈现了该项目与众多的家装公司的差异之处。

(3) 项目定位和市场分析。该项目主要定位在城市高端消费人群,旨在通过手机、网络和控制系统为消费者提供智能化的家居环境。李玉通过对目标市场和客户进行分析,提出了项目未来的经营策略和营销措施。

(4) 项目对资源的整合。一方面,李玉针对自身团队成员的职业特点提出了全程服务、合作开发、智能设计等几种业务模式。其中,全程服务是指项目公司从智能化设计、控制件采购,到装修施工等向客户提供全程服务;合作开发是指项目公司与团队成员现有的家装力量合作,进行智能设计、控制件采购,并将装修业务委托现有团队成员家装公司,以此保证家装质量和事后维修维护、避免合同纠纷的一种业务模式;智能设计业务主要是与现有房地产开发商进行合作,事先进行智能化设计并以此提升业主购房价值、减少交房后成本浪费的一种业务模式。另一方面,李玉在智能家装的控制件、相关物料采购方面也提供了合作的思路,其初选的几个品牌中,要么有同学是区域总经销,要么也已进行了初步的洽谈。

(5) 财务方面的预测。李玉深知,仅仅依靠同学或校友的关系开展智能家装服务是很难做大的。因而,他专门出资委托他人进行了详细的市场调查和分析,其中包括对智能家居的需求和可以接受的价格等。在此基础上,进行了财务方面的分析,包括项目公司开设之初的资金需求和资金来源预算,其资金来源预算中包括拟吸收外来风险投资;基于市场调查的未来三年营业收入、成本费用和利润预算等。

(6) 相关风险的分析和资本退出机制。李玉向几位感兴趣的同学和校友提供了上述"商业计划书"的电子版,并收到了愿意参与合伙或进行业务合作的回复,还有个别同学针对该"商业计划书"中的不足提出了修改意见。

大家一致认为这个"商业计划书"体现了项目的以下优势:一是差异化——强调了智能家装不同于一般的家庭装修,而是符合社会消费的发展趋势;二是稳健性——体现了智能家装服务链的半封闭式运作、项目受控面积大、可以有效地防范较多的风险等特点;三是专业化——项目团队成员中既有从事自动化控制的,又有从事控制元器件的,还有从事家庭装修的,等等;四是协同性——不同专业背景的同学相互协作,具有共赢性特征;五是盈利性——从市场到客户、项目、财务,项目的营业收入、营业成本和盈利等具有合理性。

既然"商业计划书"基本得到了大家的认可,李玉就召集了几位对智能家装项目高度认可、具有相关的职业背景和出资能力的同学,将"商业计划书"作为启动项目、成立公司、初期运作的行动指南。

第一节 商业计划书概述

商业计划书是用以反映双创项目的基本载体,下面就简单地谈谈商业计划书的相关问题。

一、商业计划书的概念

商业计划书是公司、企业或项目单位为了达到招商融资和其他发展目标,在经过前期科学地调研、分析、搜集与整理有关资料的基础上,根据一定的格式和内容的具体要求编辑整理而成的、向投资者全面展示公司或项目的目前状况和未来发展潜力的书面材料。

由商业计划书的概念可以看出:

(1) 商业计划书要借助文字、图形、列表等形式,全面陈述公司所从事的业务、经营团队及项目的商业前景等。比如,以河南华康健身科技有限公司的"趣味健身自行车"项目为例,通过商业计划书,要让读者感受到这家公司、这个项目的基本情况,包括公司的成立时间、经营范围、基本技术、管理团队、所从事的项目概况等。

(2) 商业计划书要详尽地介绍一个公司或项目的产品服务、生产工艺、市场和客户、营销策略、人力资源、组织架构、对基础设施和供给的需求、融资需求,以及资金的利用及其结果。还以河南华康健身科技有限公司的"趣味健身自行车"为例,要以商业计划书的形式介绍项目的产品、产品的核心技术及其不可复制性、产品的生产方式和生产工艺、市场细分和需求预测、公司产品的销售模式和营销策略,还有产品的盈利性和商业前景,以及从事这个项目的资金需求等。

二、商业计划书需要回答的问题

整体而言,商业计划书要告诉人们:项目有技术、产品有市场、团队有能力、财务有盈利。

(一) 项目有技术

所谓项目有技术,指的是项目所选择的产品或服务具有一定的技术含量,具有的独到技术优势,他人不能模仿。比如河南华康健身科技有限公司的"趣味健身自行车"项目所具有的相关技术,这些技术不但具有独创性,而且还具有不可复制性,比如技术是保密的或已经通过专利保护等。同时,在商业计划书中,不单单要讲明技术上是可行的,而且也要能够形成独到的、具有使用价值的产品。要让商业计划书的读者感受到:技术有创新、产品有创新或工艺有创新等。

(二) 产品有市场

产品再有技术,但如果没有市场、没有消费客户就仍不可行。因而,商业计划书要对产品市场和消费者群体进行周密的调查和如实的描述。产品市场需求的相关资料,可以通过调查取得,但要求被调查的对象样本量充分且具有代表性;或也可以根据类似的或相关的市场消费产品进行推定。比如针对河南华康健身科技有限公司的"趣味健身自行车"项目,就要进行深入的市场调查和研究,弄清楚大部分人群是否需要、哪些人需要、需要多少、销售价格怎么样、市场上有没有替代产品或类似产品等相关的问题。这些问题直接影响项目能不能拥有细分市场、怎么进行市场布局、采用哪些营销手段等,也会直接影响项目的经济效果。

(三) 团队有能力

产品市场空间再大,不一定属于自己的团队。要想将创新创业团队的产品或服务推向市场,甚至将竞争对手的产品挤出目标市场,就必须要有相应的团队和营销能力。同样,正如河南华康健身科技有限公司的项目,要想将"趣味健身自行车"的技术优势转换成市场优势、市场优势转变为项目优势、项目优势转化为盈利优势,就必须有一支功能齐全、结构合理的团队。这支队伍应当涵盖技术研发、市场营销、项目管理、财务核算等。只有这样,"趣味健身自行车"才能不断地推陈出新和更新换代,才能具有可持续发展的潜力,双创项目和公司才会有持续的生命力。

(四)财务有盈利

双创项目最终是要追求盈利的,无论是技术和产品,还是项目所选择的商业模式,理性的投资者,一般都会关心项目的营利性。只有盈利的项目才有可能获得可持续发展的机会。比如前面对"趣味健身自行车"的盈利性就已经做了简单的分析。在此基础上,还需要在商业计划书中对河南华康健身科技有限公司未来3~5年的市场情况和盈利状况作出合理的预计,进而形成公司未来3~5年的预计资产负债表、预计利润表和预计现金流量表。作为一个双创项目,还可以通过预计投资回收期、投资净现值和内涵报酬率等指标,以显示该项目的投资价值。

三、商业计划书的其他说明

拟定商业计划书的目的之一就是说服他人、争取他人的资金等方面的支持。如果是创新或创业者完全自己出资、自己经营,则有无系统的商业计划书就无关紧要了。因此,对商业计划书还有必要说明以下内容:

(1)它向人们提出一种商业合作的邀约。商业计划书要通过提供市场机会,向投资者发出投资邀约,以筹集项目所需要的部分资金。

(2)它向人们表明自身团队的实力。团队是项目运行的基本力量,团队人数的多少、结构是否合理等会直接影响人们对项目的信心。

(3)它向人们表明一种态度。商业计划书制作的格式是否规范、内容是否完整、结构是否合理等等,直接显示了创新创业团队的综合素质和专业态度,因而需要认真对待。

(4)它向人们呈现一个未来。商业计划书是对双创项目或公司未来的一种合理预期,这种合理预期要建立在现有技术和产品、现有法律法规框架、现有市场供求状况、现有团队和组织分工的基础之上。

商业计划书的重要性

一份商业计划书是否内容完整、格式规范、表达清楚、重点突出,无论对于项目融资、还是项目的持续推进,都发挥着重要的作用,因此创新创业团队必须重视商业计划书的撰写。

第二节 商业计划书的内容

商业计划书是双创项目的一个重要载体,它体现了双创项目技术的先进性、市场的可行性、团队的竞争性及财务的盈利性,等等。因此,创新创业团队应当重视商业计划书的撰写。

一、商业计划书的基本内容

整体而言,商业计划书的基本内容应当包括:

1. 项目或公司的概况

如果是新设项目或公司,要说明项目或公司基本背景,包括技术发展现状、产品和市场环境、市场需求和趋势等。其中,对于涉及公众已经形成共识的法律法规、社会发展趋势、政府重点支持等方面的背景性知识,不宜过多进行陈述。如果是已有公司的招商项目,则需要说明公司的发展历史和现有状况、业务范围和经营现状、目前的市场概况等,包括已有公司的业务经营范围、重点的技术和产品、主要市场分布、主要荣誉称号和奖励等,都要尽可能阐述清楚。

2. 产品或服务

要说明项目生产或提供何种产品,产品的技术含量、生产工艺等。其中,应当明确说明产品或生产工艺的核心技术,必要的时候要附有产品和生产工艺的图示,也可以将本项目所涉及的产品、技术、工艺等进行横向对比,突显本项目产品或技术的先进性能。在进行产品或技术对比时,涉及他人产品或技术时切忌不能太具体,以免招惹不必要的麻烦。对项目产品涉及的专利,需要明确专利的权属及合法使用权。

3. 市场和需求

应当简练说明产品或服务的社会意义和经济价值。要尽可能详细地反映市场调查资料,并进行汇总和分析。其中,市场调查问卷可以作为商业计划书的附件,调查对象要具有代表性、调查样本数量要充分。产品的市场需求也可以通过同类或相关市场容量进行推算。通过市场需求分析,要让投资人认识到产品的市场空间和未来趋势。

4. 创业团队

创业团队一般都是双创项目的发起成员,同时也是项目运行的基本队伍。在商业计划书中要说明团队状况及其构成的合理性,包括团队成员的专业背景、业务专长、以往的相关经历等,同时要做到人员分工合理。团队在创业初期不一定要有固定的职能机构,但很多职能都需要有专人负责。

5. 营销手段和竞争力分析

如果产品和服务有市场容量,那么到底项目团队能争取多少市场份额?这主要取决于营销渠道和营销手段,例如产品策略、价格策略、渠道策略、促销策略等。因此,在商业计划书中要明确项目的竞争优势,表明团队有能力将双创项目的产品销售出去,争取一定的市场份额。另外,最好能够提炼出项目的核心竞争力、稀缺资源或核心技术等。

6. 财务分析

财务分析是商业计划书的重要组成部分,但它不是孤立的,它应当与项目的经营活动相关联。同时,项目的财务分析自身也需要保持数据上的对应关系。商业计划书中的财务分析部分应当体现:① 依据市场调查、同类或相关市场的市场容量,及项目预计能够取得的销售数量和价格、每年的业务成长性等,预计出每年的营业收入;② 根据每年的产品生产和经营情况预计出各种成本和费用,以此形成未来3~5年的预计利润表,如表8-1所示;③ 根据销售政策、每年的成本费用发生情况,形成未来3~5年的预计资产负债表和预计现金流量表,如表8-2和表8-3所示;④ 如果是一个项目而不是一个公司,则还可以计算出项目的投资回收期、项目投资净现值、项目内涵报酬率等指标,并得出财务分析方面的结论。

【延伸阅读】 河南华康健身科技有限公司的相关报表

表 8-1 预计利润表

编制单位:河南华康健身科技有限公司　　　　　　　　　　　　　　　　单位:元

项　目	第1年	第2年	第3年
一、营业收入	860 000	1 118 000	1 548 000
减:销售成本	415 000	533 000	747 000
税金及附加	16 000	20 800	28 800
管理费用	37 800	48 000	56 300
销售费用	26 700	31 200	43 700
财务费用	3 500	4 760	5 600
二、利润总额	361 000	480 240	666 600
减:所得税	54 000	72 000	95 000
三、净利润	307 000	408 240	571 600

表 8-2 预计资产负债表

编制单位:河南华康健身科技有限公司　　　　　　　　　　　　　　　　单位:元

资产	第1年年末	第2年年末	第3年年末	权益	第1年年末	第2年年末	第3年年末
货币资金	27 000	564 000	783 200	短期借款	10 000	60 000	70 000
应收账款	245 000	241 000	563 620	应付账款	1 000	18 100	26 780
存货	87 000	73 540	93 200	应付薪酬		43 200	45 000
				股本	250 000	250 000	250 000
固定资产	164 000	168 000	203 600	盈余公积	46 050	107 286	193 026
无形资产	45 000	40 000	35 000	未分配利润	260 950	607 954	1 093 814
资产总计	568 000	1 086 540	1 678 620	权益总计	568 000	1 086 540	1 678 620

表8-3 预计现金流量表

编制单位：河南华康健身科技有限公司　　　　　　　　　　　　　　　　　　单位：元

项　目	第1年	第2年	第3年
一、经营活动的现金流量			
经营活动产生的现金流入量	640 000	886 150	1 306 680
经营活动产生的现金流出量	545 000	371 850	1 121 380
经营活动产生的现金净流量	95 000	514 300	185 300
二、筹资活动的现金流量			
筹资活动产生的现金流入量	11 000	125 000	142 300
筹资活动产生的现金流出量		46 000	60 000
筹资活动产生的现金净流量	11 000	79 000	82 300
三、投资活动的现金流量			
投资活动产生的现金流入量			171 400
投资活动产生的现金流出量	85 000	56 300	123 000
投资活动产生的现金净流量	−85 000	−56 300	−48 400
四、汇率变动对现金的影响	0	0	0
五、现金净增加	21 000	537 000	219 200

7. 风险分析

在商业计划书中应当对相关的风险进行适当的披露和提醒性说明，以及告知项目公司如何防控相关的风险，包括具体的方法和措施。作为项目风险，有些风险是大家都能合理预计的，比如市场风险、财务风险等；而有的风险则是非专业人士难以合理预计的，比如政策风险、技术风险等。

8. 核心成员的稳定性和风险投资者的退出

风险投资或天使投资是双创项目的助推器，其目的不在于专注于某一个行业，而在于通过助推好的项目获得经济利益方面的回报。因此，商业计划书应当考虑风险投资或天使投资的退出。常见的退出方式包括：

(1) 公司股份上市。风险投资等可以通过二级资本市场公开出让其股份，从而退出并获得投资收益。

(2) 股份协议转让。如果公司股份不能上市，则可以依据公司的每股净资产并通过评估、议价等程序向他人转让其股份。

(3) 其他退出方式，如公司清算。

二、商业计划书应传输的其他信息

商业计划书是一种正式的商业文档，它既要向他人传播一个商业信息，并借以赢得他

人的赞同和支持,同时还要向阅读者间接地传输以下信息:

(一)严谨的态度和自信

商业计划书作为一种商业文档,应当从形式上到内容上体现创新创业团队严谨的工作态度和自信心。从形式上看,商业计划书应当格式规整、图文并茂、表达规范而专业的同时易于被公众所接受;从内容上看,商业计划书应当逻辑结构合理、重点突出。尤其是对项目技术和产品的表达,应当客观、真实,不能过度渲染、夸大其词;市场调查研究的相关过程和资料,应当具有一定的代表性,能够如实地反映技术和产品的应用市场,无论是市场细分和市场容量,还是销售方式和销售价格等都要贴合实际,不能主观臆断;市场调查及项目团队通过自身的营销模式、营销渠道和手段等所分享的市场份额应当与商业计划书中的营业收入预计具有一定的对应关系;项目的相关成本费用预测应当与自身的商业模式相适应,且应当全面、真实等。所有这些内容与实际情况是否对应,能间接地反映创新创业团队的严谨态度和创业自信心。

(二)创新创业的构想和规划

创新创业项目不同于一般的商业项目。无论是创新项目还是创业项目,都潜在地包含着"新"的内容。其中,创新项目的核心反映在产品上,要么是技术新,要么是产品新,要么是生产工艺新等;而创业项目的核心主要反映在商业化过程上,要么是商业模式新,要么是营销渠道新,要么是营销手段新等。因此,创新创业项目的商业机会总是伴随着一定的风险。由此也就决定了商业计划书应当反映创新创业团队的整体商业构想,其中包括创新创业团队的组建、团队成员的具体分工、技术和产品开发的现状及市场需求情况、拟采用的市场营销方式和盈利模式、项目的盈利性和可持续性、项目可能遭遇的各种风险及其应对措施等。

(三)可以信赖的团队

创新创业团队是直接决定双创项目能否进一步实施的基本因素,同时也是借以取得外部投资者信任的重要参考。因此,商业计划书中应当对创新创业团队的基本情况进行必要的介绍。其中应当包括团队成员的构成、专业背景和相关社会经历、分工等。对于创新创业团队成员中的核心成员,应当通过股份安排、其关于出资金额和出资内容的承诺等内容表明其服务于双创项目的稳定性和长期性,同时借以降低双创项目的风险,取得外部投资者的信任。

(四)市场可进入性和盈利性

商业计划书应当围绕项目技术和产品对相关市场进行调查和研究,同时还需要间接地显示市场的可进入性,即相关的技术和产品市场并非垄断市场,也并非国家和政府严格控制的市场。如果与项目相关的市场已经被个别厂商垄断,且很难被超越,或者相关的市场由政府严格控制和监管,市场缺乏准入机会,则该市场就不具有可进入性。医药和医疗器械的研发等周期长、难度大的产品就不容易进入市场。同时,既然是商业计划书,就要体现项目的经济性、效益性和可持续盈利性。所不同的是创新项目的效益性具有一定的滞后性和风险性,而创业项目的效益性具有一定的可比性,且风险较低。

总之,商业计划书通过文字、数字、图形和表格等方式反映双创项目的相关内容。但这些内容都是静态的,且难以就此进行面对面的沟通和交流。因此,有了商业计划书一般都还需要进行相关的展示和互动。

第三节 商业计划书的撰写要求与展示方式

商业计划书是一个正规的商业文件,创新创业团队应当认真对待,且需要运用恰当的方式进行展示。但在实际工作中,双创项目团队经常出现一些不该出现的问题。

一、商业计划书的撰写要求

商业计划书是一种较为成熟的应用性商业文件,它除了应遵循一般的写作规范,还应当体现双创项目的个性特征。整体而言,商业计划书的写作应当遵守下列规范:

(一)浑然一体

双创项目团队成员有可能涉及多个专业,比如工程设计、企业管理、市场营销、财务会计、法律、文秘等;商业计划书也涵盖有多种内容,比如专业技术、产品设计、市场调查、产品营销、财务核算、风险管理等。其中不同的内容有可能由不同的专业人士撰写,这样就很容易出现相互割裂、整体拼凑及语言表达风格的差异等方面的问题。如果商业计划书由一人撰写,虽然可以保持严谨的逻辑关系和相同的表达风格,但却容易出现表达不专业、不充分等方面的问题。因此,在商业计划书的撰写过程中,不同的人员、不同的专业应当统一布局、整体规划、各有分工、统一规范,从而实现各专业、各部分的充分融合、浑然一体,看不出拼凑或脱节的痕迹,并且可以实现语言风格一致。

(二)重点突出

商业计划书应当突出双创项目的重点。一般情况下,商业计划书的重点是产品或技术的先进性、市场需求和调研的真实性、财务业绩的吸引力,以及项目的可持续性等,尤其应当突出双创项目的核心竞争力。如果项目属于创新性项目,商业计划书应当突出"新"——或技术新,或产品新,或工艺新,或创意新,或模式新等;如果项目属于创业项目,商业计划书则要突出项目的"差异性"——要有别于现有的产品或竞争对手的生产经营模式;同时应当体现项目的近期可盈利性、风险可控性等。对于普适性知识,在商业计划书中尽可能避免大篇幅的陈述。

(三)图文并茂

商业计划书主要呈现给他人阅读并借以赢得对方的支持。而商业计划书的阅读者可能对商业计划书中的部分内容并不熟悉,比如相关的技术和产品、创新性的商业模式等,这就需要运用多种方式予以简单、明了的描述,包括图片、表格、流程和文字等,通过这些方式的结合使用,达到信息沟通的目的,进而使得商业计划书的阅读者能够了解本项目的技术、产品或商业模式等。图片、流程、表格应当清晰可辨,语言表达要专业、到位,尽可能通俗易懂。

(四)避免夸张

双创项目的商业计划书的重要意义之一就是要通过项目的介绍,寻求社会资本的支持。因此,很容易出现对自身的技术、产品、团队、市场、财务等方面的过分乐观甚至明显夸张,有的甚至不顾及社会需求,也不参照同类产品的市场状况和盈利水平。商业计划书要靠事实说话、要靠数字说话,不能脱离实际,比如市场销售数量、贴现率和利息率、利润率等不能严重失实或偏离社会实际的常理。

(五)语言简练

语言是商业计划书中最常用的、也是最基本的表述方式。作为商业计划书的语言应当表达专业到位、力求简练,切忌重复、烦琐,不要认为读者什么都不懂。有些涉及专业技术、生产工艺、操作流程等运用文字语言表述较为困难的,可以附之以图形或表格。

(六)换位思考

双创项目的商业计划书实际上是一种信息沟通的方式。双创项目团队要通过商业计划书向社会风险投资者等对象沟通项目相关的信息。因此,创新创业团队应当换位思考,应当立足于投资者的角度考虑自身的项目需要传输哪些信息。对于社会投资者们想知道的信息,只要不涉及商业机密,就需要在商业计划书中予以回答,以此降低双创项目信息的不对称性,提升社会投资者对项目投资的信心,解除社会投资者的顾虑。

(七)格式规范

商业计划书既要阐述一个项目或公司,也要能够吸引投资者的关注,同时也要表明双创项目主创人员的一种态度。因而从形式到内容都要严谨、规范。

二、商业计划书的展示方式

双创项目的商业计划书一般都需要通过一定的方式向社会投资者进行展示。商业计划书的展示方式除了展示计划书本身,还包括宣讲和实物展示等方式。

(一)商业计划书的宣讲

商业计划书的宣讲一般由团队成员与他人面对面进行。在宣讲时需要做到:

1. 内容熟悉

商业计划书的宣讲要与商业计划书、展示PPT文件形成互补关系,切忌照本宣科、直接诵读展示PPT文件的内容,否则会使人感觉厌倦。进行宣讲时,宣讲人员应当做到内容熟悉、前后贯通、胸有成竹。

2. 分工明确

团队中的主讲一定要对整个项目了如指掌,避免对同一个事情相互争抢讲解或者相互推诿。必要的时候,不同的成员可以分别讲解不同的内容,但是要过渡自然、相互兼容,不能搞个人英雄主义,投资人不会因为某一个人表现优秀或某一内容十分诱人而进行投资,投资人是否投资取决于他们对项目的综合判断。

3. 仪表端庄

宣讲人的仪表包括举止、服装、精神面貌都要适当。动作要大方而不失内敛、内敛而不拘谨;声音要洪亮而不失音准,语速要适中而且流利;穿着打扮不能过分妖艳和奇特,也不能邋里邋遢;精神上要自信而不自负、谦虚而不自卑。

4. 表达精准

商业计划书的宣讲主要通过口头语言表达并附之以展示PPT文件的形式进行,因而需要通俗易懂、专业到位,并尽可能做到亲和、顺畅,重点的地方要重点宣讲、一般的地方可以一带而过。

5. 共识少说

对大家都熟悉的内容，尽可能少讲，比如节能减排、绿色环保等方面的社会发展要求和重大意义等。

6. 图表清晰

宏观和微观相结合，清晰并突出重点。拍照时要尽可能借鉴广告摄影技巧；工艺流程图之类最好自己绘制，不要剪切图片。

(二) 实物展示

如果项目已经有试制产品，可以将产品出示给大家。实物展示可以通过展台进行展示，也可以进行现场展示。

通过展台展示双创项目的试制品或样品时，要尽可能选取其容易引起人们关注的特征，此外，展台要高低适中、展示的角度应当方便他人观看或操作。同时，还应注意展台展示的安全，防止出现展台漏电、展品损坏等问题，必要时还要配备相应的灯光并安排工作人员。

双创项目的试制品或样品在进行现场展示时需要注意：

(1) 分工明确。团队成员中谁负责讲解、谁负责实物展示一定要事先有所安排，避免现场秩序杂乱、实物演示不当或操作生僻等。

(2) 仪表大方。负责实物展示的团队成员要穿着得体、举止有度、解说到位，要避免搪塞或内容烦琐。

商业计划书的形成始末

(3) 把握时机。对于到底什么时间进行实物展示要伺机而动、听从安排，不能影响商业计划书的讲解。商业计划书的讲解是"主"，实物展示是"次"。

(4) 突出亮点。双创项目在进行现场实物展示时，应当重点展示产品独到的设计、奇特的功能等。

第四节　商业计划书的应用实例

课程案例中，河南华康健身科技有限公司是由大学生创新创业团队发起的模拟创业公司，经过集体构思和市场调研，决定以"趣味健身自行车"作为创业项目。为了展现该项目的战略规划和行动方案，吸引人才、资金、合作伙伴，得到政府支持，编制一份包含目标、预期成本、营销计划和退出机制的商业计划书是十分必要的。这里结合该公司实际情况给出商业计划书的写作要点。

一、公司与项目简介

河南华康健身科技有限公司是一家以健身器材研发、生产、销售为主的公司，兼营健身器材的租赁和维护、保养维修等业务。该公司注册资本为人民币×××万元，法人代表×××，注册地址在高新技术产业开发区大学科技园区××号楼×××室。

该公司首推的创业产品为"趣味健身自行车",已获得国家专利证书,研发出的试制样机通过了相关测试,具备量产的技术要求。

二、产品原理与使用场景

"趣味健身自行车"由健身自行车、竞速小车、专用轨道和手机 APP 组成。其工作原理是在健身自行车上安装速度传感器和力矩传感器,将骑行参数实时发送给竞速小车,使竞速小车沿轨道行驶速度与健身自行车骑行速度呈正比;竞速小车安装坡度传感器,将轨道坡度数据实时传送给健身自行车,通过自动力矩调节控制自行车踩踏力度。手机 APP 实时计算速度、时间、力度、运动量、热量消耗等数据,并根据使用者具体情况推荐运动方案。该产品解决了传统健身自行车运动形式单一、枯燥乏味、难以坚持的"痛点"。

该产品创意新颖、生产工艺简单,一期产品配置有单车单轨(A 型)、双车双轨(B 型)和三车三轨(C 型)三种型号,适合单人健身或速度训练、多人健身或趣味竞速;适合放置于私人住宅、健身房、训练中心,也可放置于公园、候车室、商场、医院等公共场所,供人们休闲娱乐。

三、核心技术与团队

该产品的核心技术是基于嵌入式系统原理,通过 WiFi 技术实现了运动信息的同步传输与显示,与同类健身产品相比体现了运动的趣味性;该产品也可以将两辆以上的竞技小车置于同一轨道上进行比赛。项目团队成员构成为:

团队成员甲:男,信息工程学院电子科学与技术学科在读硕士研究生,具有深厚的理论知识与实践经验。在本科阶段就有创业的愿望,曾参加过全国创新创业大赛并获得银奖;本科毕业后就职于某上市公司的技术研发部门,主要的研究方向是物流自动配送系统。之后进入该校信息工程学院攻读硕士学位。

团队成员乙:男,信息工程学院计算机科学与技术学科在读硕士研究生,本科阶段主修机械设计与制造专业、辅修金融学专业,本科毕业后曾在某机械制造公司任技术员,之后进入该校计算机科学与技术专业攻读硕士学位。该生的特点是知识面广泛、社会经验丰富,善于沟通和合作。

团队成员丙:女,商学院会计学专业大四学生,曾担任院学生会女生部部长,参加过全国大学生英语演讲比赛和创新创业大赛。特点是善于进取和接受新知识,处理事情细腻,具有较好的社会经验和团队精神,善于沟通与协调。

团队指导教师丁:男,博士,现任该校信息工程学院副教授、硕士生导师,兼任省通信学会秘书长和某上市公司独立董事,曾先后在某信息技术公司任售后经理和技术总监,在行业内具有较好的人脉和声望。

四、市场与前期工作

随着社会经济的发展,人们追求美好生活及对健康产业的要求不断提高。健身器材产业也在不断发展,尤其是利用高科技手段辅助于健身器械,一方面可以提升健身的趣味性,另一方面可以避免过度锻炼。

根据初步调查，××市及周边县市共有大型健身房 200 余座、休闲公园 120 余处、动植物园 18 处、客运火车站 5 座、民用机场 2 座，另有大型公共娱乐设施 6 处、大型商场和医院 26 处。这些都是"趣味健身自行车"的潜在市场。

项目团队通过组织在校学生对上述潜在市场进行现场抽样调查，共计调查了 200 家潜在客户，涵盖大型健身房、动植物园、火车站和飞机场等公共场所，以及部分教师家庭。其中有 15% 的客户表明如果价格适当，愿意购买；有 40% 的客户愿意租赁；有 42% 的客户目前尚不接受该产品，但愿意免费提供场地供创业团队使用；其余客户的答卷为无效。

根据团队前期对该产品的宣传和视频演示，重点客户，包括 15% 购买意向户和 40% 租赁意向户，其反馈资料汇总表如表 8-4 所示。

表 8-4 重点客户反馈资料汇总表

经营方式	购买/(元/台)			租赁/[元/(台·年)]		
价格/元	3 800	6 000	8 600	800	1 300	2 000
A 型	4 户			24 户		
B 型		10 户			20 户	
C 型			16 户			36 户

五、营销方式与策略

通过市场调查，本产品可以针对不同的客户分别采用以下三种营销方式。

(1) 销售方式下由客户在签订销售合同时支付货款的 30%，10 个工作日后交货并由本项目团队提供安装和调试服务，安装调试后再支付货款的 60%，剩余 10% 货款作为质保金，于产品交付半年后支付，后期维修和维护另行计费。

(2) 租赁方式下由客户选择产品款式并选定安装位置，由项目团队提供免费安装、调试和后期的维修维护服务，客户于产品交付使用后预付首笔租金，以后按年于年初支付本年度产品租金，日常运行由客户负责。

(3) 自营方式下由客户免费提供空间，本项目团队提供产品及其安装、调试、维护和维修服务，消费者通过扫码支付方式自助服务，营业款直接由本项目公司通过网络收取，客户只负有保全设备的义务。

营销策略包括：① 现金折扣：一次全额付款 0.5% 折扣。② 批量折扣：订货 2~5 台的，给予总价 0.3% 的优惠；订货 6~9 台的，给予总价 0.5% 的优惠；订货 10 台及以上的，另行约定。③ 租赁转为购买给予价款 0.5% 的优惠。

六、产品生产与维护

项目启动第一年，采用委托加工的方式进行生产。经与相关生产企业初步商定，由本公司项目团队提供零配件，生产企业只负责组装和包装。本产品的 A 款组装包装费大致为 500~800 元；B 款组装包装费大致为 900~1 200 元；C 款组装包装费大致为 1 000~1 300 元。加工费的具体水平要根据工装环境、喷涂要求、包装材料等进一步确定。

根据实验性能和设计要求,该产品应每年进行一次维护。每年例行性维护由本公司委派专业人士免费进行。

七、财务规划

"趣味健身自行车"项目是河南华康健身科技有限公司的首个商业性项目。因此,本公司的资金筹集、财务营运与核算、盈利及其分配等事项,实际上都是该项目的事项。本财务规划,既是公司的财务规划,也是"趣味健身自行车"项目的财务规划。该规划的主要内容包括:① 财务控制与投资者权益保障制度;② 资本金的需求与筹集;③ 临时资金需求的来源;④ 闲置资金的使用;⑤ 未来三年的营业状况预计;⑥ 未来三年财务状况的预计;⑦ 公司盈利的处置。

八、风险预警与控制

该项目的风险主要表现为:

(1) 产品风险。包括产品质量风险和产品使用风险。其中,产品质量风险是由于产品设计和生产加工过程中出现的缺陷而导致的。本公司项目团队指派乙专门负责跟踪监控产品质量,遇有设计问题由乙联系指导老师丁及时解决;生产加工中的质量控制由受托加工企业负责。产品使用风险是指由于产品在使用过程中所发生的停止运行、信号中断、数据缺失等现象。产品使用过程中出现该类问题时,由购买方或租入方及时向公司项目团队反馈,本公司实行"首问负责制",即首个接到客户产品质量或使用问题反馈的人员,必须负责到底、直到问题得以解决。

(2) 财务风险。财务风险是指公司财务结构不合理、融资不当使公司可能丧失偿债能力而导致投资者预期收益下降的风险。财务风险的表现形式多种多样,对于本公司和项目而言,首先应重视偿债风险,防止公司因支付能力不足而陷入债务困境;其次应重视坏账风险,要尽量减少赊销、明确责任、增加回款;再次要不断提升资金使用效率和效果,防止资金浪费。为了防范财务风险,公司及项目团队应召开每周一次的财务情况分析会议,财务人员要及时进行财务风险预警,遇有特别情况应及时向主管报告。

(3) 技术风险。技术进步有可能会使得本项目产品被淘汰,或者质量更好或者生产成本更低。本公司项目团队要紧密关注与本产品有关的技术,包括新材料、新工艺及新的控制元器件等。同时在本项目指导老师丁教授的引领下,积极开发新材料、新工艺和新技术。

(4) 市场风险。市场风险是本项目最为常见的风险,包括客户经营内容、消费者偏好等方面的变化、新的健身器材的出现等都会对本项目产品的市场产生冲击。本项目团队不单单生产销售"趣味健身自行车",还要善于借以了解、理解客户和消费者,不断地洞察客户和消费者的新需求,以此不断地推陈出新,不断研发新产品,不断满足客户和消费者的新需求。

九、风险资本的退出

风险资本本身就是为了实现资本增值。当这一目标已经实现或无法实现时,风险资本可以采用以下方式退出（具体内容略）：① 股份上市交易；② 协议出让；③ 项目团队收购；④ 公司清算等。

本 章 小 结

　　本章概述了商业计划书的概念、基本内容、撰写技巧及展示的基本要求等。在内容上，商业计划书应当具有严谨的结构和逻辑关系，其前后各部分应当具有合理而自然的传承关系，在市场容量、营销手段和措施、可分享客户及项目的预计营业状况等方面应当具有很强的关联关系。同时，本章还强调了商业计划书作为一种商业文件，它应当间接地向读者传输的其他信息，比如创新创业团队的专业能力和敬业精神、团队成员结构的合理性和自信心，市场容量、价格和利率等相关指标的水平应当具有合理性等。

思 考 题

1. 创新创业团队编制商业计划书的目的有哪些？
2. 商业计划书能不能代替出资协议、公司章程等？为什么？
3. 有的商业计划书在开头就有个"执行总结"之类的描述，你怎么看待这个内容？
4. 假如你是一个风险投资者，你最关心商业计划书中的哪些内容？为什么？

第九章 创业法律基础

 学习目标

1. 了解不同企业组织形式之间的区别,能根据自己的创业需求,选择适合的企业组织形式。
2. 熟悉普通合伙企业、有限合伙企业和有限责任公司的设立、运营管理等基本法律规则。
3. 了解初创企业涉及的基本法律常识,较为全面地了解到创业路上可能存在的各种法律风险,懂得如何运用法律武器保障自己的合法权益,不侵犯他人权益。
4. 了解税法原理、税收种类、税收优惠措施,了解不同企业组织的纳税差异。
5. 了解知识产权的类型及常用保护方法,掌握知识产权申报流程。

 导入案例

"学智APP"是一款用于课后复习的软件,由在校大学生小王和小刘两人合作共同设计开发。为了推广和后期维护,两人决定成立创业企业,好友小赵和小张也有意加入共同创业。但他们在公司成立和运营过程中却遇到了下列法律问题:

(1) 初创企业应该选择什么组织形式。他们查阅了相关法律文件,认为从初创企业规模上看,可以选择普通合伙企业、有限合伙企业或有限责任公司,但究竟选择哪一种企业组织形式更合适,他们感到极为困惑,难以抉择。

(2) 如果选择成立普通合伙企业,他们四人作为学生对于合伙企业的经营管理职责应该如何分工?如果选择成立有限责任公司,那么他们四人对公司的经营管理职责又有什么不同要求?

(3) 企业成立后校园业务推广效果不错,但用户激增致使网络卡顿,该软件不断收到投诉,用户要求赔偿损失。一些用户投诉个人信息被泄露,要求采取措施并给予补偿,用户的这些要求是否合理?附近高校也设计出了具备类似功能的软件,这是否构成不正当竞争?

(4) 企业成立后遇到了不少知识产权问题,例如其他学校要求签订"学智APP"软件使用许可合同。小刘和小王对是否同他人签订使用许可合同产生了争议,小刘不同意,小王则坚持许可。您认为许可使用合同是否可以签订?而在"学智APP"软件首页界面上使用的商标"有你真好"也被随意使用在其他选课表上和网络文化用品上,初创企业是否有权阻止他人使用?

(5) 初创企业的投资人小张业余时间自行设计了一款"多功能书包",欲申请专利,但对于申请材料的准备以及申报流程不是很清楚,而且由于经济原因,小张想让企业缴纳申请费和年费,这是否会影响专利权利归属问题?

第一节　创业企业组织形式的选择

关于企业的组织形式,我国《民法典》做了系统的规定:从事经营活动的民事主体有自然人、企业法人和非法人组织。自然人包括个体工商户和农村承包户,企业法人包括有限责任公司、股份有限责任公司和其他企业法人,非法人组织包括个人独资企业、合伙企业和不具有法人资格的专业服务机构。对此《公司法》《合伙企业法》《个人独资企业法》分别作了具体的规定,企业只有依据相关法定条件并依法申请设立登记,经市场监督管理部门注册公告,获得营业执照,才具备经营活动的合法资格。

一、企业的组织形式及其设立

(一) 个人独资企业

个人独资企业,是指依照《个人独资企业法》在中国境内设立,由一个自然人投资,财产为投资人个人所有,投资人以其个人财产对企业债务承担无限责任的经营实体。

依照《个人独资企业法》的规定,个人独资企业的设立应当具备以下条件:① 投资人为一个自然人;② 有合法的企业名称;③ 有投资人申报的出资;④ 有固定的生产经营场所和必要的生产经营条件;⑤ 有必要的从业人员。申请设立个人独资企业,应当由投资人或者其委托的代理人向个人独资企业所在地的登记机关提交设立申请书、投资人身份证明、生产经营场所使用证明等文件。登记机关在收到设立申请之日起十五日内,对符合规定条件的,予以登记,发给营业执照,营业执照的签发日期为个人独资企业成立日期。

可见,个人独资企业因由一个自然人投资,具有结构简单、创立容易的优点。但这个优点也决定了个人独资企业规模较小,不能从外部获得资金;企业年限受投资人年龄限制难以延续发展;而且投资人对企业的债务承担无限责任。

(二) 普通合伙企业

普通合伙企业是指两个或者两个以上自然人或其他组织基于合伙协议,共同出资、共同经营、共享收益,全体合伙人对合伙企业的债务承担连带无限责任的企业。

设立普通合伙企业,应当具备下列条件:① 有两个以上合伙人。合伙人为自然人的,应当具有完全民事行为能力。② 有全体合伙人共同签订的用于调整其相互之间权利义务关系的合伙协议。③ 有合伙人认缴或者实际缴付的出资。合伙人可以用货币、实物、知识产权、土地使用权或者其他财产权利出资,也可以用劳务出资。④ 有合伙企业的名称和生产经营场所,合伙企业名称中应当标明"普通合伙"字样。⑤ 法律、行政法规规定的其他条件。

具备这些条件的,由全体合伙人指定的代表或者他们共同委托的代理人负责向企业登记机关提交登记申请书、合伙协议书、合伙人身份证明等文件,申请设立登记,能当场登记的,应当场登记,发给营业执照。对于其他情形,应当自受理申请之日起 20 日内,作出是否登记的决定。营业执照签发日期为合伙企业成立日期。

普通合伙企业与个人独资企业相比,最大的不同在于其是基于合伙协议而成立的企业,全体合伙人对合伙企业的债务承担无限连带责任。

(三) 有限合伙企业

有限合伙企业是指由有限合伙人和普通合伙人共同组成的企业,普通合伙人对合伙企业债务承担无限连带责任,有限合伙人以其认缴的出资额为限对合伙企业债务承担责任。

依照《合伙企业法》的规定,有限合伙企业在保留了普通合伙企业的基本特征的情况下,为便于吸收外部风险投资,允许仅以其认缴的出资额为限对合伙企业的债务承担责任的有限合伙人加入,但为保证交易安全,合伙企业法规定,有限合伙企业中的合伙人应当为 2 人以上 50 人以下,并且至少应当有一个普通合伙人,有限合伙人对外不代表企业,不得以劳务出资。其设立程序与普通合伙企业相同。

(四) 有限责任公司

有限责任公司是指由符合法定人数的股东组成,股东以其认缴的出资额为限对公司承担责任,公司以其全部财产对公司的债务承担责任的企业法人。

根据我国《公司法》的规定,设立有限责任公司应当具备下列五个条件:① 股东符合法定人数。设立有限责任公司的法定人数分两种情况:一是通常情况下,法定股东人数须是 50 人以下。二是特殊情况下,国家授权投资的机构或国家授权的部门可以单独设立国有独资的有限责任公司。② 有符合公司章程规定的全体股东认缴的出资额。有限责任公司的注册资本为在公司登记机关登记的全体股东认缴的出资额。法律、行政法规以及国务院决定对有限责任公司注册资本实缴、注册资本最低限额另有规定的,从其规定。③ 股东共同制定章程。公司章程是关于公司组织及其活动的基本规章。④ 有公司名称,建立符合有限责任公司要求的组织机构。公司作为独立的企业法人,必须有自己的名称。有限责任公司的组织机构是指股东会、董事会或执行董事、监事会或监事。⑤ 有固定的生产经营场所和必要的生产经营条件。生产经营场所可以是公司的住所,也可以是其他经营场地。生产经营条件是指与公司经营范围相适应的条件。它们都是公司从事经营活动的物质基础,是设立公司的基本要求。

二、初创企业组织形式选择应考虑的因素

了解了法律对上述不同类型企业组织形式的设立条件和设立程序的不同要求后,再来看看初创企业投资者选择企业组织形式究竟要考虑哪些因素? 通常来说,以下这些因素需要重点考虑:

(1) 合作或是单干。这不仅仅是个人喜好问题,往往还关系到创业企业的命运。所以,在创业之初,必须认真考虑这个问题,如果有合作意向,一定要对合作创业的可行性、

默契程度等进行客观、充分的评估。依据评估的结果进行选择。一般来说，如果投资人没有合作投资的意愿，可以选择不具有法人资格的一人独资企业或具有法人资格一人独资公司。如果投资人具有合作投资意愿，投资人均掌握了相关业务的技能，愿意参加企业的经营管理，而且合作投资各方可信度高，不存在道德风险，投资规模较小，投资期限较短，并且各方均愿意承担一定的投资风险，可以选择成立普通合伙企业。导入案例中如果除了小刘、小王、小张和小赵四人，还有人只愿意做有限合伙人投资，就可以选择有限合伙企业。合伙企业设立门槛低，设立手续简便，企业成立后相关费用较少，也没有企业所得税问题。如果投资各方均不愿意承担投资风险，就只有选择成立有限责任公司了，但有限责任公司作为企业法人，设立门槛相对高些，设立手续也复杂些，而且有限责任公司成立后，还有相关企业所得税缴纳。

（2）拟投资的行业。一般情况下，行业对企业组织形式没有限制，投资人可以自由选择法律规定的企业组织形式。但一些特殊行业，国家为了保障交易安全、规范交易秩序、强化市场监管，法律规定只能采用特殊的组织形式，如银行、保险等行业只能采用公司组织形式。近来非常热门的私募股权基金，法律规定只允许选择公司形式和有限合伙形式，越来越多的私募股权基金选择了有限合伙制的组织形式。就案例中涉及的行业来看，法律对初创企业的组织形式并没有特别要求。

（3）投资者的风险承担能力。企业组织形式与创业者日后承担的风险息息相关。创业之初合理评价自身创业项目的风险是很重要的。如果是风险较大的项目，建议选择有限责任公司，投资者仅以投资为限对公司债务承担责任。如果是风险较小的项目，建议选择普通合伙企业或有限合伙企业的组织形式，投资者对企业的债务承担无限连带责任。

（4）企业的税务因素。按照国家税法的相关规定，企业组织形式不同所缴纳的税也不同，因此选择企业组织形式必须考虑税负问题。比如，企业所得税是以企业法人作为界定标准的，有限责任公司、股份有限公司等所有具备法人资格的企业法人都应该缴纳企业所得税，同时投资者从公司得到的工薪和分红还要缴纳个人所得税；个人独资企业、普通合伙企业、有限合伙企业等不具有法人资格的企业，不缴纳企业所得税，仅仅由投资者缴纳个人所得税。

（5）未来融资需要。如果创业者资金充足，拟投资的事业日后所需资金需求也不大，则采用普通合伙企业、有限合伙企业或有限责任公司的组织形式均可；如果日后发展业务所需资金规模非常大，建议采取股份有限公司组织形式。

（6）经营期限的考量。相对来说，个人独资企业、普通合伙企业和有限合伙企业，由于其信誉与其投资人的信誉具有严重的依赖关系，其寿命往往受投资人或合伙人退出或死亡的影响。但有限责任公司和股份有限公司则不受股东退出或死亡的影响，原则上可以永远存在。

当然，除了上述因素之外，还可以从投资权益、经营管理、创业者自身情况等多个方面进行分析比较，进而稳妥选择最合适的组织形式。对于拥有投资管理能力或者技术研发能力，尤其是拥有专利技术的创业者来说，急需创业资金，而风险投资者拥有大量资金，却不愿意参与企业经营，在这种情况下，选择有限合伙的组织形式是最佳结合。对于导入案例中的大学生初创企业而言，首选有限合伙企业首先四位同学无家无业，志愿创业，彼此

对无限连带责任制度的再思考

了解信任,合伙企业成立容易,税负轻,又便于吸引风险投资,如果能够找到一位风险投资者作有限合伙人,成立有限合伙企业的条件就具备了;其次是选择有限责任公司,责任有限,但税负较重。

第二节 创业企业的组织机构

企业组织形式不同,法律对其组织机构的要求也不同。这不仅是保障公司利益最大化问题的需要,也是保证投资者、经营者和债权人利益平衡问题的需要。创业者只有按照法律规定建立企业的组织机构并按照法律规定赋予其相应的职责,才能够保障企业的合法运营和交易安全。

一、个人独资企业的组织机构

《个人独资企业法》对个人独资企业的组织机构没作要求,投资人可以自行管理企业事务,也可以委托他人负责管理企业事务。如果投资人委托他人管理企业事务,投资人对受托人职权的限制,不得对抗不知情的善意第三人。

二、普通合伙企业的组织机构

普通合伙企业最大的特征是合伙人共同出资、共同经营、共担风险、共享收益,这一特征决定了每一个合伙人都享有平等的合伙企业事务的执行权,合伙人之间是互为代理互为监督关系。企业不设立组织机构,对需要决议的事项召开全体合伙人会议作出决议。

(一) 普通合伙企业事务的执行

普通合伙内部事务的执行有三种情况:① 全体合伙人为执行人;② 约定由几名合伙人为执行人;③ 推荐能力强的合伙人为负责人,负责执行合伙事务。

普通合伙外部事务的执行按照合伙协议的约定或者经全体合伙人决定,可以委托一个或者数个合伙人对外代表合伙企业,执行合伙事务。作为合伙人的法人、其他组织执行合伙事务的,由其委派的代表执行。合伙人也可以聘任合伙人以外的人为经营管理人员,管理合伙企业内部事务或对外代表合伙企业,其法律后果由合伙企业承担。

(二) 合伙事务执行人的权利与义务

合伙事务执行人的权利主要包括:① 报酬请求权。如约定有报酬的,合伙事务执行人有权请求合伙组织支付报酬。② 因执行合伙事务垫付必要费用,或者由不可归责于自己的原因使自己受到损害的,合伙事务执行人有权请求合伙企业偿还必要费用,赔偿损失。

合伙事务执行人的义务主要包括:① 报告义务。由一个或者数个合伙人执行合伙事务的,执行事务合伙人应当定期向其他合伙人报告事务执行情况以及合伙企业的经营和财务状况。② 竞业禁止与交易禁止义务。合伙人不得从事损害本合伙企业利益的活动。任何合伙人不得自营或者同他人合作经营与本合伙企业相竞争的业务。除合伙协议另有约定或者经全体合伙人一致同意外,合伙人不得同本合伙企业进行交易。合伙人违反规定或者合伙协议的约定,从事与本合伙企业相竞争的业务或者与本合伙企业进行交易的,该收益归合伙企业所有;给合伙企业或者其他合伙人造成损失的,依法承担赔偿责任。③ 注意义务。合伙事务执行人在执行合伙事务时,应当施以与处理自己事务相同的注意,否则,给合伙企业造成损失的,应当承担损害赔偿责任。④ 忠实处理合伙事务的义务。合伙事务执行人应当亲自处理合伙事务。合伙人怠于履行其合伙事务给合伙组织造成损害的,应当承担赔偿责任。

(三) 合伙事务执行的监督

(1) 合伙事务执行的异议。由一个或者数个合伙人执行合伙事务的,不执行合伙事务的合伙人有权监督执行合伙事务的合伙人执行合伙事务的情况。合伙人分别执行合伙事务的,执行事务合伙人可以对其他合伙人执行的事务提出异议。提出异议时,应当暂停该项事务的执行。

(2) 合伙事务执行的撤销。受委托执行合伙事务的合伙人不按照合伙协议或者全体合伙人的决议执行合伙事务,其他合伙人可以决定撤销该委托。委托撤销后,该合伙人不得继续执行合伙事务。

(四) 合伙决议的表决权

合伙人对合伙企业有关事项作出决议,按照合伙协议约定的表决办法办理。合伙协议未约定或者约定不明确的,实行合伙人一人一票并经全体合伙人过半数通过的表决办法。但是除合伙协议另有约定外,合伙企业的下列事项应当经全体合伙人一致同意:① 改变合伙企业的名称;② 改变合伙企业的经营范围、主要经营场所的地点;③ 处分合伙企业的不动产;④ 转让或者处分合伙企业的知识产权和其他财产权利;⑤ 以合伙企业名义为他人提供担保;⑥ 聘任合伙人以外的人担任合伙企业的经营管理人员。

(五) 普通合伙企业与第三人关系

(1) 善意第三人的保护。合伙企业对合伙人执行合伙事务以及对外代表合伙企业权利的限制,不得对抗善意第三人。除法律另有规定外,合伙人在合伙企业清算前,不得请求分割合伙企业的财产。合伙人在合伙企业清算前私自转移或者处分合伙企业财产的,合伙企业不得以此对抗善意第三人。

(2) 合伙企业债务的清偿。首先,合伙企业对其债务,应当先以其全部财产进行清偿;不能清偿到期债务的,由合伙人承担无限连带责任;合伙人承担的清偿数额超过其应当承担的数额的,有权向其他合伙人进行追偿。其次,合伙人的自有财产不足清偿其与合伙企业无关的债务的,债权人也可以依法请求人民法院强制执行该合伙人在合伙企业中的财产份额用于清偿,人民法院强制执行合伙人的财产份额时,应当通知全体合伙人,其他合伙人有优先购买权;其他合伙人未购买,又不同意将该财产份额转让给他人的,应当为该合伙人办理退伙结算,或者办理削减该合伙人相应财产份额的结算。

(3) 当合伙债务与合伙人个人债务同时处于资不抵债时,合伙企业的财产优先清偿合伙的债务,合伙人个人的财产优先清偿合伙人个人的债务。

三、有限合伙企业事务的执行

如前所述,有限合伙企业有普通合伙人和有限合伙人组成。按照法律的相关规定,合伙事务由普通合伙人执行,执行合伙事务的合伙人可以要求在合伙协议中确定执行事务的报酬及报酬的提取方式。有限合伙人不得执行合伙事务,不得对外代表有限合伙企业,这是权利风险相一致原则的体现。但如果第三人有理由相信有限合伙人为普通合伙人并与其交易的,该有限合伙人对该笔交易承担与普通合伙人同样的责任。有限合伙人未经授权以有限合伙企业名义与他人进行交易,给有限合伙企业或者其他合伙人造成损失的,该有限合伙人应当承担损害赔偿责任。

有限合伙人有下列行为的,不视为执行合伙事务:① 参与决定普通合伙人入伙、退伙;② 对企业的经营管理提出建议;③ 参与选择承办有限合伙企业审计业务的会计师事务所;④ 获取经审计的有限合伙企业财务会计报告;⑤ 对涉及自身利益的情况,查阅有限合伙企业财务会计账簿等财务资料;⑥ 在有限合伙企业中的利益受到侵害时,向有责任的合伙人主张权利或者提起诉讼;⑦ 执行事务合伙人怠于行使权力时,督促其行使权力或者为了本企业的利益以自己的名义提起诉讼;⑧ 依法为本企业提供担保。

有限合伙人的权利。主要包括:① 利润分配请求权。有限合伙企业不得将全部利润分配给部分合伙人,但合伙协议另有约定除外,这是由有限合伙的特点决定的。有限合伙投资风险周期长,较长时间内没有收益,普通合伙人执行合伙事务一般都有执行事务的报酬,因此,合伙协议可以约定,当有利润可以分配时,在若干年内可以全部分配给有限合伙人。② 质押权和转让财产份额权。有限合伙人可以将其在有限合伙企业中的财产份额出资;但是,全体合伙人可以在合伙协议中对此加以限制。有限合伙人可以按照合伙协议的约定向合伙人以外的人转让其在有限合伙企业中的财产份额,但应当提前30日通知其他合伙人。③ 有限合伙人可以同本有限合伙企业进行交易;但是,合伙协议另有约定的除外。有限合伙人可以自营或者与他人合作经营与本有限合伙企业相竞争的业务;但是,合伙协议另有约定的除外。

有限合伙人与普通合伙人的相互转变。除合伙协议另有约定外,普通合伙人转变为有限合伙人,或者有限合伙人转变为普通合伙人,应当经全体合伙人一致同意。有限合伙企业仅剩有限合伙人的,应当解散;有限合伙企业仅剩普通合伙人的,转为普通合伙企业。有限合伙人转变为普通合伙人的,对其作为有限合伙人期间有限合伙企业发生的债务承担无限连带责任。普通合伙人转变为有限合伙人的,对其作为普通合伙人期间合伙企业发生的债务承担无限连带责任。

四、有限责任公司的组织机构

有限责任公司的组织机构由股东会、董事会、监事会组成,股东会是公司的最高权力机构,董事会是公司的业务执行机构,监事会则是公司的业务监督机构,形成公司的权力制衡机制。

(一) 股东会

有限责任公司的股东会是由全体股东组成的公司权力机构。公司是由股东投资成立的,公司股东是公司剩余财产的索取者,因此公司的权力来源于股东,由全体股东组成股东会,作为公司的最高决策机构。除一人有限公司和国有独资公司、外商投资公司外,有限责任公司的股东都要组成股东会,股东通过股东会行使股东权利。

《公司法》明确规定股东会有以下职权：决定公司的经营方针和投资计划；选举和更换非由职工代表担任的董事、监事，决定有关董事、监事的报酬事项；审议批准董事会的报告；审议批准监事会或者监事的报告；审议批准公司的年度财务预算方案、决算方案；审议批准公司的利润分配方案和弥补亏损方案；对公司增加或者减少注册资本作出决议；对发行公司债券作出决议；对公司合并、分立、解散、清算或者变更公司形式作出决议；修改公司章程；公司章程规定的其他职权。

股东会的职权以股东会会议的形式行使。股东会会议分为定期会议和临时会议。定期会议应当依照公司章程的规定按时召开，临时会议只有在代表 1/10 以上表决权的股东，1/3 以上的董事，监事会或者不设监事会的公司的监事提议时，才能召开。有限责任公司设立董事会的，股东会会议由董事会召集，董事长主持；有限责任公司不设董事会的，股东会会议由执行董事召集和主持。同时，在董事会或者执行董事不能履行或者不履行召集股东会会议职责时，监事会或者监事、代表 1/10 以上表决权的股东对股东会有召集和主持权。召开股东会会议，应当于会议召开 15 日前通知全体股东，但是，公司章程另有规定或者全体股东另有约定的除外。

股东会的决议分为特别决议和普通决议。修改公司章程、增加或者减少注册资本的决议，以及公司合并、分立、解散或者变更公司形式的决议，属于特别决议，必须经代表 2/3 以上表决权的股东通过。除特别决议之外的决议属于普通决议，经半数以上表决权的股东通过。

（二）有限责任公司的董事会

董事会是由全部董事组成的公司业务执行和经营决策机构，是公司法定的必设和常设机构，但股东人数较少或者规模较小的有限责任公司可以设一名执行董事，不设董事会的除外。董事会对股东会负责，执行股东会的决议，负责公司的经营决策和内部管理等。

董事会的组成。有限责任公司董事会由董事组成，其成员为 3～13 人。董事分为职工代表董事和非职工代表董事。其中，两个以上的国有企业或者两个以上的其他国有投资主体投资设立的有限责任公司以及国有独资公司，其董事会成员中必须有公司职工代表。而其他有限责任公司董事会成员中可以自行决定是否有公司职工代表。

董事会的职权。召集股东会会议，并向股东会报告工作；执行股东会的决议；决定公司的经营计划和投资方案；制订公司的年度财务预算方案、决算方案；制订公司的利润分配方案和弥补亏损方案；制订公司增加或者减少注册资本以及发行公司债券的方案；制订公司合并、分立、解散或者变更公司形式的方案；决定公司内部管理机构的设置；决定聘任或者解聘公司经理及其报酬事项，并根据经理的提名决定聘任或者解聘公司副经理、财务负责人及其报酬事项；制定公司的基本管理制度；公司章程规定的其他职权。

董事会的召集和召开。董事会会议由董事长召集和主持；董事长不能履行职务或者不履行职务时，由副董事长召集和主持；副董事长不能履行职务或者不履行职务的，则由半数以上董事共同推举一名董事召集和主持。

董事会的决议。董事会的议事方式和表决程序，公司法另有规定的除外，由公司章程规定；董事会应当对所议事项做成记录，出席会议的董事应当在会议记录上签名；董事会决议的表决，实行一人一票。这是为鼓励有限责任公司采取适合自己的董事会议事方式和表决程序而专门做出的规定,比如,出席会议的人数、议案通过的票数,以及特别事项的表决程序等,都可以在章程中规定。此外,会议签名是对决议后果负责的依据。

(三)有限责任公司的监事会

监事会的组成。监事会是根据权力制衡原理设计的对公司财务和经营进行监督的机构。有限责任公司设监事会,其成员不得少于3人。股东人数较少或者规模较小的有限责任公司,可以设1~3名监事,不设监事会;国有独资公司监事会成员不得少于5人。监事会应当包括股东代表和适当比例的公司职工代表,但董事、高级管理人员不得兼任监事。

监事会和监事的职权。监事会、不设监事会的公司的监事行使下列职权:检查公司财务;对董事、高级管理人员执行公司职务的行为进行监督,对违反法律、行政法规、公司章程或者股东会决议的董事、高级管理人员提出罢免的建议;当董事、高级管理人员的行为损害公司的利益时,要求董事、高级管理人员予以纠正;提议召开临时股东会会议,在董事会不履行本法规定的召集和主持股东会会议职责时召集和主持股东会会议;向股东会会议提出提案;对董事、高级管理人员提起诉讼;公司章程规定的其他职权。此外,监事可以列席董事会会议,并对董事会决议事项提出质询或者建议。监事会、不设监事会的公司的监事发现公司经营情况异常,可以进行调查;必要时,可以聘请会计师事务所等协助其工作,费用由公司承担。

监事会会议。监事会会议是监事会行使职权的重要方式,监事会设主席1人,负责召集和主持监事会会议;监事会主席由全体监事过半数选举产生。国有独资公司的监事会主席由国有资产监督管理机构从监事会成员中指定。监事会主席不能履行职务或者不履行职务的,则由半数以上监事共同推举1名监事召集和主持监事会会议。监事会会议分为定期会议和临时会议。有限责任公司监事会每年度至少召开一次会议,监事可以提议召开临时监事会会议。监事会的议事方式和表决程序,除公司法有规定的外,由公司章程规定。监事会决议应当经半数以上监事通过。

由此可见,导入案例中的四位同学如果选择成立了普通合伙企业,按照合伙企业法的规定,他们是作为大学生的四位合伙人,对于成立的合伙企业享有平等的经营管理权。如果选择成立有限责任公司,按照公司法的规定,他们作为有限责任公司成立前的四位发起人和成立后的股东,应该召开股东会议,选举产生董事和监事。股东董事和职工代表董事组成董事会,由于该公司规模较小,也可以仅设1名执行董事,不设董事会。股东监事和职工代表监事组成监事会,该公司也可以仅设1名监事,不设监事会。董事会和监事会应当按照公司法规定职责,对公司行使经营管理权和监督权。

公司与合伙企业的区别

第三节 创业企业的合法经营

市场经济就是法制经济。国家为规范企业经营活动,保障交易安全,保护消费者权益,维护社会主义市场竞争秩序,先后颁布了《合同法》《产品质量法》《消费者权益保障法》《反不正当竞争法》等一系列法律，要求经营者从事经营活动必须遵循相关的交易规则。

一、合同法

导入案例中提到的"学智 APP"软件授权使用许可合同应如何签订，如应当具备什么内容，遵守哪些交易规则，如何避免合同道德风险和法律风险等问题，对此合同法都作了明确的规定。实质上，任何企业开展生产经营活动都必定要同他人签订各种合同，比如租赁合同、买卖合同、借贷合同等。因此，创业者了解合同法的规定尤为重要。

1999 年颁布生效的《合同法》以 428 条的篇幅，对合同的订立、效力、履行、保全、变更、转让、终止、违约责任，以及 15 种典型合同、合同涉及的交易规则都作出了全面的规定。2020 年 5 月 28 日通过的《民法典·合同编》分为通则、典型合同、准合同三个分编共计 29 章 526 条的篇幅，对合同法进行了全方位的修订完善。现就《民法典·合同编》的主要内容以及合同签订和履行应注意的事项进行简要介绍，供初创企业的经营者了解和掌握。

（一）《民法典·合同编》的主要内容

第一分编《通则》共 8 章 132 条。首先明确了合同的定义和合同法的适用范围："合同是民事主体之间设立、变更、终止民事法律关系的协议。婚姻、收养、监护等有关身份关系的协议、使用有关该身份关系的法律规定；没有规定的，可以根据其性质参照适用本编规定。"其次，明确了合同的法律约束力："依法成立的合同，受法律保护。"接着对合同订立、合同效力、合同履行、合同保全、合同变更和转让、合同权利义务关系终止和违约责任等内容进行了明确规定。

第二分编《典型合同》共 19 章 384 条。分别对买卖合同、供用电水气热力合同、赠与合同、借款合同、保证合同、租赁合同、融资租赁合同、保理合同、承揽合同、建设工程合同、运输合同、技术合同、保管合同、仓储合同、委托合同、物业服务合同、行纪合同、中介合同、合伙合同等 19 种典型合同作出规定。

第三分编《准合同》共 1 章 6 条。分别对"无因管理"和"不当得利"两种准合同行为作出规定。

经营活动中，如果所签订的合同属于《民法典·合同编》中列举的合同或其他法律明文规定的合同，就应遵守相应的规则，比如保险合同、旅游服务合同、劳动合同等分别适用《保险法》《旅游法》《劳动法》的规定。如果不属于《民法典·合同编》中列举的或其他法律明文规定的合同，那么就适用《民法典·合同编》第一分编通则的规定，并可以参照适用与《民法典·合同编》或者其他法律最相类似的合同，比如，信用卡合同，《民法典·合同编》没有规定，相关法律也没有明文规定，那么就可以参照适用第一分编通则的规定，并可参照适用第二分编中的借款合同和 1992 年国务院《储蓄管理条例》的相关规定。

导入案例中的"学智 APP"软件使用许可合同，首先要遵守《计算机软件著作权保护条例》和《著作权法》的规定，没有规定的，应符合《民法典·合同编》第一分编通则的规定。

（二）合同签订和履行应注意的事项

大学生初创企业在经营活动中，为避免道德风险和合同风险，必须强化合同管理，严格按照合同法规定签订和履行合同,主要应注意以下几个方面:一是合同签订要规范,为避免道德风险,参与谈判的负责人不得独自一人与对方谈判合同,并且必须持有企业的委托书,合同形式除即时清结者外,一律采用公司指定的合同文本。二是合同内容要具体完整,合同的部首、正文和结尾完整,比如,部首要注意写明双方的全称、签约时间和签约地点,结尾要使用合同专用章,正式签订前必须上报领导对合同的合法性、严密性和可行性审查批准等。三是合同履行要诚实信用,公司经理、财务部及有关部门负责人应随时关注和掌握合同的履行情况,发现问题及时处理或汇报,妥善处理合同变更,或适时采取合同保全措施,否则,造成合同不能履行、不能完全履行的,也要追究有关人员的责任。四是合同纠纷要妥善处理,尽量争取双方协商解决。不可互相推诿、指责、埋怨,应统一意见,统一行动,一致对外。涉及仲裁或诉讼的,应在法定时效期内进行,纠纷处理或执行完毕的,应及时通知有关单位,并将有关资料汇总、归档,以备日后查询使用。

二、产品质量法

初创企业的产品在市场上进行销售,究竟应当符合什么标准,《产品质量法》对此作出明确的规定,即"经过加工、制作,用于销售的产品",生产者和销售者应当承担产品质量保证的责任和义务。

生产者的产品质量保证责任体现在三个方面:一要符合安全标准,不存在危及人身、财产安全的危险,如果有保障人体健康和人身、财产安全的国家标准或行业标准,则应当符合该标准;二要符合通用标准,即产品应当具备通常的使用性能,如果存在使用性能的瑕疵,应当明确作出说明;三要质量标示真实,即产品质量应该符合在产品或者其包装上注明采用的产品标准,符合以产品说明、实物样品等方式表明的质量状况。销售者必须建立并执行进货检查验收制度,并采取措施,保持销售产品的质量。这些规定使产品质量从生产到销售的各个环节得到保证,并且生产者和销售者的责任分明。

生产者和销售者的质量保证义务是:不得销售国家明令淘汰并停止销售的产品和失效、变质的产品;不得伪造产地,不得伪造或者冒用他人的厂名、厂址;不得伪造或者冒用认证标志等质量标志;不得掺杂、掺假,不得以假充真、以次充好,不得以不合格产品冒充合格产品。如果违反这些规定给消费者造成损害,应当承担连带赔偿责任。市场监督管理部门建立了严格的产品质量监管制度,对违法者将给予相应的处罚。

导入案例中的"学智APP"软件属于初创企业向用户提供的产品,软件卡顿有网络原因,也有软件自身的原因。如果属于软件自身的原因,就要考虑产品通常的使用性能问题。按照《产品质量法》的规定,该产品应当具备通常的使用性能,如果存在使用性能的瑕疵,应当明确作出说明。因此,应当妥善对待用户反映的问题,同时应当在质量条款中对类似问题加以充分说明,使用户在明知软件使用性能的前提下接受产品,从而减少或避免法律风险。当然,企业必须改进产品,用户的满意度是企业发展的前提。

三、消费者权益保障法

初创企业与用户之间的关系属于经营者与消费者之间的关系,处理好这个关系必须遵守《消费者权益保护法》(2014年修订)的规定。

《消费者权益保护法》以保护消费者权益为宗旨,明确规定消费者购买商品或接受服务享有安全保障权、知悉真情权、自由选择权、公平交易权、获取赔偿权、结社权、获取知识权、受尊重权、批评监督权、个人信息保护权和有限后悔权等十一项权利,要求经营者为消费者提供其生产、销售的商品或者服务时,应当恪守社会公德,诚信经营,保障消费者的合法权益,不得设定不公平、不合理的交易条件,不得强制交易。

导入案例中的个人信息保护纠纷问题,《民法典》和《消费者权益保护法》都有相关规定,但后者为专门法,应该首先适用专门法的规定,《消费者权益保护法》不仅规定了民事责任还规定了行政责任。该法第50条规定,经营者应当停止侵害、恢复名誉、消除影响、赔礼道歉,并赔偿损失。第56条规定,有关行政部门应责令其改正,可以根据情节单处或者并处警告、没收违法所得、处以违法所得一倍以上十倍以下的罚款,没有违法所得的,处以五十万元以下的罚款;情节严重的,责令停业整顿、吊销营业执照。因此,初创企业接到用户的反映,应高度重视,尽量协商解决,避免用户向有关部门投诉。为避免法律风险,初创企业应该加大研发力度,做好产品测试,保证信息安全。

四、反不正当竞争法

初创企业从事经营活动,不仅要尊重消费者权益,同时也要处理好与竞争者之间的关系,为此,《反不正当竞争法》(2019年修订)对经营者应遵守的行为规范作了界定,并明确列举了禁止从事的不正当竞争行为。

《反不正当竞争法》规定:经营者在生产经营活动中,应当遵循自愿、平等、公平、诚信的原则,遵守法律和商业道德。经营者从事经营活动,不得实施下列不正当竞争行为:① 足以引人误认为是他人商品或者与他人存在特定联系的混淆行为;② 商业贿赂行为;③ 虚假宣传行为;④ 侵犯商业秘密行为;⑤ 不当奖售行为;⑥ 商业诽谤行为;⑦ 妨碍和破坏其他经营者合法提供的网络产品或者服务正常运行的行为。监督检查部门对涉嫌不正当竞争的行为,有权依法进行调查和处理,经营者构成不正当竞争并给他人造成损害的,应当依法承担民事责任,对涉嫌不正当竞争行为,任何单位和个人有权向监督检查部门举报。

导入案例中竞争者在广告中声称自己的APP软件"彻底解决了目前市场上同类软件的卡顿等问题,并且功能更强大",这种广告行为是否构成不正当竞争行为,则取决于该广告行为是否构成《反不正当竞争法》中的商业诋毁行为。依据《反不正当竞争法》第十一条的规定,商业诋毁行为是指经营者编造、传播虚假信息或者误导性信息,损害竞争对手的商业信誉、商品声誉的行为。由此可见,该广告行为符合商业诋毁行为的构成要件:① 竞争者广告中的APP软件与初创公司的"学智APP"软件属于同类学习软件,具有市场竞争关系,该广告的发布者是从事交易活动的经营者;② 该广告的发布者明知该广告会削弱"学智APP"软件的市场竞争力而故意为之;③ 该广告行为客观上表现为传播误导性信息,给初创公司造成或可能造成一定的损害后果;④ 该广告行为侵犯初创公司"学智APP"软件的商品声誉。因而该广告行为构成不正当竞争行为。

五、税法

(一) 税法的性质和特征

税法是国家制定的用以调整国家与纳税人之间在征纳税方面的权利与义务关系的法律规范的总称。其特征主要表现在三个方面：一是强制性，主要是指国家以社会管理者的身份，用法律、法规等形式对征收捐税加以规定，并依照法律强制征税。二是无偿性，主要指国家征税后，税款即成为财政收入，不再归还纳税人，也不支付任何报酬。三是固定性，主要指在征税之前，以法的形式预先规定了课税对象、课税额度和课税方法等。因此，税收就是国家按照税法的规定强制性、无偿性、固定性地参与社会产品和国民收入分配的法律行为。

(二) 税法的体系

我国现行税法体系由税收实体法和税收征收管理法构成。

(1) 税收实体法。按征税对象不同，大致分为以下五类：① 商品(货物)和劳务税类。包括增值税、消费税、营业税和关税，主要在生产、流通或者服务业中发挥调节作用。② 所得税类。包括企业所得税、个人所得税，主要是在国民收入形成后，对生产经营者的利润和个人的纯收入发挥调节作用。③ 财产和行为税类。包括房产税、车船税、印花税、契税，主要是对某些财产和行为发挥调节作用。④ 资源税类。包括资源税、土地增值税和城镇土地使用税，主要是对因开发和利用自然资源差异而形成的级差收入发挥调节作用。⑤ 特定目的税类。包括城市维护建设税、车辆购置税、耕地占用税、船舶吨税和烟叶税，主要是为了达到特定目的，对特定对象和特定行为发挥调节作用。上述税种一共有18个，其中的关税和船舶吨税由海关负责征收管理，其他税种由税务机关负责征收管理。现行税种中，除企业所得税、个人所得税、车船税是以国家法律的形式发布实施外，其他各税种都是经全国人民代表大会授权立法，由国务院以暂行条例的形式发布实施。这些法律法规共同组成了我国的税收实体法体系。

(2) 税收程序法。税收程序法是指税务管理方面的法律，主要包括税收管理法、纳税程序法、发票管理法、税务机关组织法、税务争议处理法等。我国对税收征收管理适用的法律制度，是按照税收管理机关的不同而分别规定的：① 由税务机关负责征收的税种的征收管理，按照全国人大常委会发布实施的《税收征收管理法》及各实体税法中的征管规定执行。② 由海关机关负责征收的税种的征收管理，按照《海关法》及《进出口关税条例》等有关规定执行。

(三) 合伙企业与有限责任公司纳税义务的区别

上述五大种类税中，合伙企业和有限责任公司纳税义务的区别主要是所得税的不同。具体来说合伙企业的营利分配是先分配给职工和投资人，然后由职工和投资人按照税法规定缴纳个人所得税，合伙企业在法律上由于不具备法人资格，没有独立于合伙人的自有财产，因而不需要缴纳企业所得税。有限责任公司拥有股东投资形成的财产权，在法律上具有独立法人资格，因而其盈利所得，应当首先按照税法的规定缴纳企业所得税，然后再分配工资和股利，最后再按照个人所得税法缴纳个人所得税，因此，有限责任公司与其他法人企业一样，其盈利要缴纳双重所得税。

(四) 关于税收优惠问题

国务院印发的《关于加快科技服务业发展的若干意见》指出,完善高新技术企业认定管理办法,对认定为高新技术企业的科技服务企业,减按 15％的税率征收企业所得税。企业经认定为《高新技术企业》,可以减按 15％的税率征收企业所得税。企业开发投入可以进行研发费用确认享受所得税加计扣除优惠。企业经过技术合同登记的技术开发、技术转让和技术咨询合同可以享受免征营业税优惠。此外,企业所在地政府,也有当地的税收优惠政策。

导入案例中的"学智 APP"软件属于计算机软件,该软件在企业投资前,若按照软件著作权条例的规定进行了登记,就可以享受一定的税收优惠。

(五) 关于税务风险的预防问题

有的税种与经营收入有直接关系,有的税种则与经营收入没有直接关系,所以要区分情况确定是否缴纳税款。

凡与经营收入有直接关系的税费缴纳事项(如增值税、个人所得税、城建税、教育费附加等)一般以一个月为一个纳税期限,规定在月份终了后 10 天内申报纳税,并且不管当月是否取得应税收入均应办理纳税申报。即使在应税收入为零的情况下,也要向主管税务机关办理"零申报",以明确纳税方面的法律责任。

凡与经营收入没有直接关系的纳税事项(如印花税、房产税、车船使用税、土地使用税等),则根据税法或当地具体规定的纳税期限办理纳税申报。属于行为税的印花税一般在建立、订立和领受相关纳税凭证时,即应申报纳税。

虚假改装

第四节 创业企业的知识产权保护

当今世界,知识产权是创新创业核心竞争力,华为公司正是在 5G 领域拥有独特的知识产权,才在世界上有了竞争的话语权。知识产权具有侵权容易、维权难的特点,因此,只有不断创新并将创新成果转化为知识产权,保护好自己的知识产权,同时不侵犯他人知识产权,创业企业才能把握竞争的话语权,避免知识产权风险。

一、知识产权的类型和特征

知识产权对于创业企业如此重要,那么什么是知识产权?我国《民法典》规定:知识产权是权利人依法就作品、发明、实用新型、外观设计、商标、地理标志、商业秘密、集成电路布图设计、植物新品种,以及法律规定的其他客体享有的专有权利。依据这个定义,知识产权具有以下特征。

权利产生的法定性。专利权源于申请授权,商标权和地理标志权经申请注册产生。集成电路布图设计权和植物新品种权等均为授权制,著作权由著作权法确认产生,即作品无论是否发表,著作权人依法享有著作权。因此,没有法律的授权或确认,就没有知识产权的产生。

权利客体的无形性。知识产权的客体则是基于智力活动形成的创新成果,该创新成果具有无形性特性,这种无形性特性决定了权利人无法通过"占有"控制其权利;侵权人的侵权行为也不是侵夺或毁损,而是剽窃、假冒、篡改或擅自使用。因此权利人只有通过诉讼等方式主张权利时,才能体现出权利人对知识产权的专有控制权利。

权利归属的专有性。知识产权与所有权一样具有排他性和绝对性的特点,但知识产权的专有性有特定的内涵:① 知识产权的专有性不是绝对的,不仅有时间、地域限制,还受到物权限制;② 同一知识产品上不允许两个或两个以上同一属性的知识产权并存;③ 知识产权排除侵害的形式表现为假冒、仿制或剽窃,而不是非法侵占、妨害或毁损。

权利存续的期限性。知识产权法所确认的某项智力成果权利只能在法定期限内有效,超过时效的则不再受法律保护。相关智力成果进入公有领域,任何人都可以自由使用。这是世界各国为了促进科学文化发展、鼓励智力成果公开所普遍采用的原则。

权利保护的地域性。知识产权的地域性是指按照一国法律获得确认和保护的知识产权只在该国具有法律效力,不能在该国法域外自动产生权利,如欲在该国法域外取得权利,必须符合相应国家法律规定的条件,并在该国家办理法定手续,进而得到认可。比如我国商标在域外被抢注就是利用了知识产权地域性这一特点。

二、著作权

导入案例中,小刘和小王对是否同他人签订使用许可合同产生了争议,这个争议所涉及的法律问题,主要是著作权法关于作品的概念、类型、著作权的归属和著作权的行使问题。由于作品是著作权的客体,因此下面首先从著作权的概念说起。

(一)著作权的概念

著作权又称版权,是文学、艺术和科学作品的作者及其相关主体依法对作品享有的人身权利和财产权利的总称。要准确把握著作权的概念,必须清楚作品的概念和类型、著作权内容和著作权的归属。

1. 作品的概念和类型

作品是文学、艺术和科学领域内具有独创性并能以某种有形形式复制的智力成果。作品的构成要件:① 作品是作者思想情感的表达。这里的表达是指对于思想观念的各种形式或方式的表述,如文字的、音符的、数字的、线条的、色彩的、形体动作的表述或传达等。② 作品具有独创性。独创性是指一件作品是该作者自己的选择、取舍、安排、设计、综合的结果,既不是依已有的形式复制而来,也不是以既定的程序推演而来。③ 作品能够以有形形式复制。要求作品具有可复制性(但口头作品例外)不仅便于确定著作权,避免权益争议,也便于作品的传播。

著作权法所称的作品,包括文学、艺术和科学领域内的作品:① 文字作品;② 口述作品;③ 音乐、戏剧、曲艺、舞蹈、杂技艺术作品;④ 美术、建筑作品;⑤ 摄影作品,即以独特的审美眼光和艺术视角、独特的曝光、编辑加工技巧拍摄的作品;⑥ 电影作品和以类似摄制电影的方法创作的作品,指拍摄完成的电影,而不是具体的电影剧本、音乐、插曲、美术设计等;⑦ 工程设计图、产品设计图、地图、示意图等图形作品和模型作品;⑧ 计算机软件;⑨ 法律、行政法规规定的其他作品。

但著作权法也规定了不受著作权法保护的作品:① 依法禁止出版、传播的作品。② 法律、法规及官方文件。国家机关的决议、决定、命令和其他具有立法、行政、司法性质的文件,及其官方正式译文。③ 时事新闻。④ 历法、通用数表、通用表格和公式。

2. 著作权的内容

《著作权法》第十条明确规定了十七项著作权的内容,包括:发表权、署名权、修改权、保护作品完整权、复制权、发行权、出租权、展览权、表演权、放映权、广播权、信息网络传播权、摄制权、改编权、翻译权、汇编权和应当由著作权人享有的其他权利。其中,前四项属于著作人身权,不能转让给他人。后十三项属于财产性权利,可以许可或转让给他人使用,并获得报酬。

《计算机软件著作权保护条例》规定,软件著作权人享有发表权、署名权、修改权、复制权、发行权、出租权、信息网络传播权、翻译权等权利。

3. 著作权的主体

《著作权法》明确规定:著作权属于作者,本法另有规定的除外。对作者的认定有三种情况:① 创作作品的公民是作者。② 由法人或者其他组织主持,代表法人或者其他组织意志创作,并由法人或者其他组织承担责任的作品,法人或者其他组织视为作者。③ 如无相反证明,在作品上署名的公民、法人或者其他组织为作者。

著作权法还专门对合作作品、职务作品、委托作品、演绎作品、影视作品等作品著作权的归属做了明确规定。① 合作作品著作权属于合作创作者共同所有。② 职务作品是公民为完成法人或者其他组织工作任务所创作的作品,原则上著作权由作者享有,法人或者其他组织有权在其业务范围内优先使用。但主要是利用法人或者其他组织的物质技术条件创作,并由法人或者其他组织承担责任的工程设计图、产品设计图、地图、计算机软件等职务作品,作者享有署名权,著作权的其他权利由法人或者其他组织享有,法人或者其他组织可以给予作者奖励。③ 委托作品著作权的归属由委托人和受托人通过合同约定,合同未作明确约定或者没有订立合同的,著作权属于受托人。④ 影视作品著作权由制片者享有,但编剧、导演、摄影、作词、作曲等作者享有署名权,并有权按照与制片者签订的合同获得报酬。

(二) 著作权的取得和保护

依据著作权法的规定,著作权自作品创作完成之日起产生,作者的署名权、修改权、保护作品完整权的保护期不受限制。但著作权发表权和财产权的保护受时间限制:自然人作品的著作财产权和发表权的保护期为有生之年加死后第 50 年的 12 月 31 日,法人作品的著作财产权,其保护期自首次发表之日起至第 50 年的 12 月 31 日。

在著作权的保护期内,他人未经许可,且没有法律上的依据,擅自对著作权作品进行利用或行使上述专有著作权权利的行为,即构成对著作权的侵权。

比如,未经老师同意,把老师交给你学习用的教案,上传到百度文库之类的网络空间,不仅侵犯了老师的发表权,也侵犯了老师的信息网络传播权。再比如,导入案例中提到的"学智 APP",依据《著作权法》第 48 条的规定,如果他人未经许可,故意避开或者破坏保护该软件著作权的技术措施,也侵犯了该软件的著作权。

【延伸阅读】 "学智 APP"中的著作权归属

"学智 APP"软件由小王和小刘合作开发,其著作权的归属问题,《计算机软件著作权保护条例》第 10 条有专门规定,按照专门法优于一般法的原理,应当首先适用该专门法规定:由两个以上的自然人、法人或者其他组织合作开发的软件,其著作权的归属由合作开发者签订书面合同约定。无书面合同或者合同未作明确约定,合作开发的软件可以分割使用的,开发者对各自开发的部分可以单独享有著作权;但是,行使著作权时,不得扩展到合作开发软件整体的著作权。合作开发的软件不能分割使用的,其著作权由各合作开发者共同享有,通过协商一致行使;不能协商一致,又无正当理由的,任何一方不得阻止他方行使除转让权以外的其他权利,但所得收益应当合理分配给所有合作开发者。因此,案例中没有提到小王和小刘有书面约定,只能推定无书面约定;案例中也没有说明软件是否能分割使用,只能按不能分割使用,共同使用共同享有著作权;案例中小王和小刘协商不成,任何一方无正当理由不得阻止他方签订许可使用合同,因此小王可以单独与被许可方签订使用许可合同;最后小王获得的收益应当和小刘合理分配。

但该案中判断该软件著作权的许可使用,还要考虑小王与小刘是否以专有许可使用形式对初创企业共同出资。如果是以专有使用许可形式出资,那么小王、小刘和初创企业都不能再许可他人使用;如果小王、小刘是以普通使用许可的形式出资,那么小刘才可以按照上述规定发布许可使用,但以不违反竞业禁止义务为前提。

三、商标权

我国《商标法》采取自愿注册制,注册商标享有商标专用权,未注册商标则不享有专用权,未注册商标只有在经过使用并产生一定影响时,才享有抗辩权。因此,从注册商标专用权的取得与保护,以及未注册商标的抗辩权两个角度对商标权进行分析,更容易掌握两者保护的区别,从而,对商标注册与否有更清晰的把握和选择。

(一)注册商标专用权的取得与保护

1. 商标的概念

商标俗称为"牌子",是能够把某一经营者的商品与服务同其他经营者的商品与服务区别开来,符合法定要求的标志或标志的组合。商标从表面上看虽然仅是一种标志,一种符号,但其实质反映的却是商标商品经营者的状况,代表和象征着该企业所拥有的生产技术、管理水平、经营特色和市场信誉。因而商标被视为企业的无形资产和宝贵财富,成为各国知识产权法的重要保护对象。

2. 商标专用权的取得

依据商标法的规定,商标权的取得实行注册申请制,申请注册商标应当具备以下条件:

申请人应具备的条件。依据《商标法》第四条的规定,商标注册申请人:① 必须是

商标申请审核流程图

从事或将要从事商品生产、制造、加工、拣选或者经销的自然人、法人或其他组织，或者是提供或将要提供服务项目的自然人、法人或其他组织。② 必须具有使用该商标的意图，即必须在生产、制造、加工、拣选、经销的商品或者提供的服务项目上使用或准备使用。③ 禁止恶意注册。禁止越权注册他人的商标，禁止注册虚假地理标志为商标。

注册商标构成要素应具备的条件。① 显著性。显著性又称为识别性或区别性，指商标所具有的就一种商品或服务将某个提供者与其他提供者相区分的功能，其构成要素包括文字、图形、字母、数字、三维标志、颜色组合和声音等，以及上述要素的组合。② 非禁止性。这主要是商标法第10条规定的绝对禁用标志。③ 非冲突性。申请注册的商标，不得同他人在同一种商品或者类似商品上已经注册的或者初步审定的商标相同或者近似，也不得与他人在先取得的著作权、外观设计专利权、商号权、地理标志权、姓名权、肖像权、知名商品特有包装或者装潢使用权等合法权利相冲突。④ 非功能性。以三维标志申请注册商标的，仅由商品自身的性质产生的形状、为获得技术效果而需有的商品形状或者使商品具有实质性价值的形状，不得注册。

注册申请的提交与核准公告。① 申请的原则。自愿申请制，但法律要求强制注册的例外；在先申请制，两人以上同一天就相同或相近似的商标在相同或相类似商品上提出注册申请的，初步审定和公告使用在先的商标。② 注册申请书的填写与提交。申请人可以自己办理也可以委托代理人办理。自己办理的，按照要求填写并提交《商标注册申请书》，同时提交相关证明文件和拟注册商标的图样。商标注册的申请日期，以商标局收到申请文件的日期为准。③ 商标局核准公告。商标局首先对申请资料是否具备形式上的要件进行审查，然后再对商标注册申请是否符合商标注册的实质要件进行审查，经过实质审查，认为其符合法定注册要件的，作出予以初步核准的决定。对初步审定的商标，自公告之日起3个月内，任何人均可以提出异议。公告期满无异议的，予以核准注册，发给商标注册证，并予公告。申请人自公告之日起享有商标专用权。

3. 商标权的保护

注册商标的有效期为十年，自核准注册之日起计算。注册商标有效期满，需要继续使用的，商标注册人应当在期满前十二个月内按照规定办理续展手续；在此期间未能办理的，可以给予六个月的宽展期。每次续展注册的有效期为十年，自该商标上一届有效期满次日起计算。

《商标法》第五十六条规定了商标专用权的范围，核准注册的商标以核定使用的商品为限。《商标法》第57条规定，有下列行为之一的，均属侵犯注册商标专用权：① 未经商标注册人许可，在同一种商品上使用与其注册商标相同商标的；② 未经商标注册人许可，在同一种商品上使用与其注册商标近似的商标，或者在类似商品上使用与其注册商标相同或者近似的商标，容易导致混淆的；③ 销售侵犯注册商标专用权商品的；④ 伪造、擅自制造他人注册商标标识或者销售伪造、擅自制造注册商标标识的；⑤ 未经商标注册人同意，更换其注册商标并将该更换商标的商品又投入市场的；⑥ 故意为侵犯他人商标专用权行为提供便利条件，帮助他人实施侵犯商标专用权行为的；⑦ 给他人的注册商标专用权造成其他损害的。

(二) 未注册商标的抗辩权

1. 未注册商标抗辩权的获得

依据商标法有关规定,未注册商标抗辩权的获得,必须具备两个条件:

一是构成要素符合法律的规定。主要包括非禁止性和非冲突性。非冲突性的要求与注册商标相同。非禁止性主要是指《商标法》第十条的规定:① 同中华人民共和国的国家名称、国旗、国徽、军旗、勋章相同或者近似的,以及同中央国家机关所在地特定地点的名称或者标志性建筑物的名称、图形相同的标志;② 同外国的国家名称、国旗、国徽、军旗相同或者近似的,但该国政府同意的除外;③ 同政府间国际组织的名称、旗帜、徽记相同或者近似的,但经该组织同意或者不易误导公众的除外;④ 与表明实施控制、予以保证的官方标志、检验印记相同或者近似的,但经授权的除外;⑤ 同"红十字""红新月"的名称、标志相同或者近似的;⑥ 带有民族歧视性的;⑦ 夸大宣传并带有欺骗性的;⑧ 有害于社会主义道德风尚或者有其他不良影响的;另外,县级以上行政区划的地名或者公众知晓的外国地名,不得作为商标。但是,地名具有其他含义或者作为集体商标、证明商标组成部分的除外;已经注册的使用地名的商标继续有效。

二是该商标已经使用并产生了一定影响。依据商标法第48条规定,商标的使用是指将商标用于商品、商品包装或者容器以及商品交易文书上,或者将商标用于广告宣传、展览以及其他商业活动中,用于识别商品来源的行为。对于何为一定影响,商标法没有界定,司法实践中,对于影响的范围通常是指一定区域内的相关公众对该商标都有了解并有较好的商誉。

2. 未注册商标抗辩权的范围

商标法对未注册商标抗辩权范围的规定散见以下各条文中:① 未注册驰名商标的不予使用并禁止注册权(第十三条);② 初步审定公告的商标是未注册商标在先使用人已经使用并有一定影响的商标,该未注册商标在先使用人享有异议权(第三十三条);③ 核准注册公告的商标是未注册商标在先使用人已经使用并有一定影响的商标,该未注册商标在先使用人自注册公告日起5年内,享有无效宣告请求权(第四十五条);④ 在先使用抗辩权,即未注册商标在先使用人在同一种商品或者类似商品上先于商标注册人使用与注册商标相同或者近似并有一定影响的商标的,对于注册商标专用权人的侵权诉讼享有在原使用范围内继续使用该商标抗辩权(第五十九条)。

【延伸阅读】 "学智APP"的未注册商标抗辩权

导入案例中,他人未经许可擅自在其他选课表上和网络文化用品上使用"学智APP"首页界面上的未注册商标"有你真好",小王和小刘的初创企业无权阻止。首先,未注册商标不享有商标专用权,即无权禁止他人在相同或相类似商品上使用。其次,被使用人也属于未注册使用行为,即没有向商标局提出注册申请,因而也不具备未注册商标抗辩权的行使条件。因此小王和小刘等最好立即向商标局提出注册申请,获得注册商标专用权之后,再进行依据注册商标保护的相关规定启动维权程序。为避免类似情况发生,商标启动使用之前应向商标局提出注册申请。

四、专利权

（一）专利权的实质条件

专利权是指经国务院专利行政部门依照《专利法》规定的程序审查,认定为符合专利条件的发明创造。专利法规定了三类专利：发明专利、实用新型专利和外观设计专利。通常,"专利"是专利权、专利文献、专利证书、专利技术的简称。专利权是公民、法人或者其他组织对其发明创造在一定期限和地域范围内依法享有的专有权。

1. 发明实用新型专利权的实质条件

（1）新颖性。是指该发明或者实用新型不属于现有技术；也没有任何单位或者个人就同样的发明或者实用新型在申请日以前向国务院专利行政部门提出过申请,并记载在申请日以后公布的专利申请文件或者公告的专利文件中。现有技术是指申请日以前在国内外为公众所知的技术。

（2）创造性。同申请日以前公众已知的现有技术相比,对于发明专利,应具有突出的实质性特点和显著的进步；对于实用新型专利,应具有实质性特点和进步。创造性强调的是技术难度,即非显而易见性或创造高度。

（3）实用性。是指该发明或者实用新型能够制造或者使用,并且能够产生积极效果。

2. 外观设计专利权的实质条件

授予专利权的外观设计,应当不属于现有设计；也没有任何单位或者个人就同样的外观设计在申请日以前向国务院专利行政部门提出过申请,并记载在申请日以后公告的专利文件中。

授予专利权的外观设计与现有设计或者现有设计特征的组合相比,应当具有明显区别。

授予专利权的外观设计不得与他人在申请日以前已经取得的合法权利相冲突。

（二）专利的申请和授权

1. 申请原则

先申请原则。同样的发明创造只能授予一项专利权。但是,同一申请人同日对同样的发明创造既申请实用新型专利又申请发明专利,先获得的实用新型专利权尚未终止,且申请人声明放弃该实用新型专利权的,可以授予发明专利权。

两个以上的申请人分别就同样的发明创造申请专利的,专利权授予最先申请的人。同一日申请的,由申请人协商。国务院专利行政部门收到专利申请文件之日为申请日。如果申请文件是邮寄的,以寄出的邮戳日为申请日。

优先权原则。包括外国优先权和本国优先权。外国优先权是指申请人自发明或者实用新型在外国第一次提出专利申请之日起 12 个月内,或者自外观设计在外国第一次提出专利申请之日起六个月内,又在中国就相同主题提出专利申请的,依照该外国同中国签订的协议或者共同参加的国际条约,或者依照相互承认优先权的原则,可以享有优先权。本国优先权是指申请人自发明或者实用新型在中国第一次提出专利申请之日起 12 个月内,又向国务院专利行政部门就相同主题提出专利申请的,可以享有优先权。要求优先权的应当提出书面声明,并在 3 个月内提交副本(应当经原受理机构证明,电子交换等途径获得的除外），要求本国优先权的，在申请书中写明在先申请的申请日和申请号的视为提交，否则视为未要求优先权。

单一性原则。一件发明或者实用新型专利申请应当限于一项发明或者实用新型。属于一个总的发明构思的两项以上的发明或者实用新型，可以作为一件申请提出。一件外观设计专利申请应当限于一项外观设计。同一产品两项以上的相似外观设计，或者用于同一类别并且成套出售或者使用的产品的两项以上外观设计，可以作为一件申请提出。

充分公开原则。"充分公开"是相对于"技术人员"而言的，它不取决于申请人或者代理人的主观看法，因此，凡是"技术人员"实施发明或者实用新型所需的一切必要内容，都必须在说明书（及其附图）中以清楚、准确和简洁的语言给出。申请人不得以"技术秘密"为借口，将属于应当公开的内容保密起来。

2. 申请文件

申请发明或者实用新型专利的，应当提交请求书、说明书及其摘要和权利要求书等文件。依赖遗传资源完成的发明创造，申请人应当在专利申请文件中说明该遗传资源的直接来源和原始来源；申请人无法说明原始来源的，应当陈述理由。

申请外观设计专利的，应当提交请求书、该外观设计的图片或者照片以及对该外观设计的简要说明等文件。申请人提交的有关图片或者照片应当清楚地显示要求专利保护的产品外观设计。

3. 专利申请的审查与批准

《专利法》对发明专利申请审批实行"早期公开、延迟审查"制，对实用新型和外观设计专利申请的审批实行形式审查制。

专利申请审批流程图

发明专利的审查程序包括专利局受理申请，并对申请材料进行初步审查后，自申请日起满18个月即行公开，自申请日起3年内申请人可以请求专利局进行实质审查，实质审查通过后，专利局即作出授权决定，并发布授权公告，专利权自发布授权公告之日起生效。

实用新型和外观设计专利的审查程序包括专利局受理申请，并对申请材料进行初步审查，符合授权条件的，专利局即作出授权决定，并发布授权公告，专利权自发布授权公告之日起生效。

任何单位或者个人将在中国完成的发明或者实用新型向外国申请专利的，应当事先报经国务院专利行政部门进行保密审查。保密审查的程序、期限等按照国务院的规定执行。专利申请人对国务院专利行政部门驳回申请的决定不服的，自收到驳回通知之日起3个月内，可以按照一定的格式向专利复审委员会提出复审请求，专利复审委员会应当受理复审请求，作出复审决定。专利申请人对专利复审委员会的复审决定不服的，可向人民法院提起诉讼。

（三）专利权的归属

了解专利权的归属，必须明确发明人或设计人、申请人、专利权人这几个概念，并清楚专利法对专利权归属的特殊规定。

1. 发明人或设计人、申请人、专利权人

发明人或设计人是指对发明创造的实质性特点作出了创造性贡献的人。① 发明人或者设计人是自然人，且不受行为能力的限制。② 发明人或设计人是对发明创造的实质性特点作出创造性贡献的人。下列人员除外：仅提出设想、构思或启发性意见的人；仅负责组织领导工作的人；仅为物质条件的利用提供方便或者从事其他辅助工作的人，如资料员、实验员等。

申请人是指对某项发明创造依法享有专利申请权的自然人、法人和其他组织。一般情况下，发明人就是申请人，但也有不一致的情况，如通过合同约定取得申请权、通过继承取得申请权、依照法律的直接规定取得申请权等。

专利权人包括原始专利权人和继受专利权人。前者是向专利行政主管部门递交专利申请，并经审核通过被授予专利权的人；后者则是通过合同受让取得专利权的人和通过继承取得专利权的人。专利权人可以是发明人、也可以是专利权的继受人。

2. 职务发明创造、合作完成发明创造、委托完成发明创造

职务发明创造是指执行本单位的任务或者主要是利用本单位的物质技术条件所完成的发明创造，包括在退休、离休和调动工作后 1 年内完成本职工作和本单位委派的任务所完成的发明创造。执行本单位的任务所完成的发明创造包括执行本职工作和本单位委派的本职工作之外的任务所完成的发明创造。本职工作即发明人或设计人的职务范围，属日常工作职责的范围，本职工作之外的任务是指工作人员根据本单位的安排承担的短期或临时的任务。主要是利用单位的物质技术条件是指在发明创造过程中，全部或者大部分利用了单位的资金、设备、零部件、原材料及不对外公开的技术资料。如果这种利用对发明创造而言是必不可少的、起决定性作用的条件，则发明创造应属于职务发明创造。如果发明人或设计人仅少量利用本单位的物质技术条件，而且这种利用对完成发明创造的关系不大或者没有起到决定性的作用，则该发明创造不认为是职务发明创造。职务发明创造申请专利的权利属于该单位；申请被批准后，该单位为专利权人。主要是利用本单位的物质技术条件所完成的发明创造，单位与发明人或者设计人订有合同，申请专利的权利和专利权的归属作出约定的，从其约定。

合作完成的发明创造是指两个以上单位或者个人合作完成的发明创造。合作完成的发明创造除另有协议的外，申请专利的权利属于完成或者共同完成的单位或者个人，申请被批准后，申请的单位或者个人为专利权人。依据《专利法》第十五条的规定，专利申请权或者专利权的共有人对权利的行使有约定的，从其约定。没有约定的，共有人可以单独实施或者以普通许可方式许可他人实施该专利；许可他人实施该专利的，收取的使用费应当在共有人之间合理分配。共有人如果以其他方式行使共有的专利申请权或者专利权应当取得全体共有人的同意。

委托完成的发明创造，是指一个单位或者个人接受其他单位或者个人委托所完成的发明创造。除另有协议的以外，申请专利的权利属于完成或者共同完成的单位或者个人；申请被批准后，申请的单位或者个人为专利权人。

(四) 专利权的保护

1. 专利权的保护期

保护期分别为发明专利 20 年、实用新型专利 10 年、外观设计专利 10 年。

2. 专利权的保护范围

发明或者实用新型专利权的保护范围以其权利要求的内容为准，说明书及附图可以

用于解释权利要求的内容。外观设计专利权的保护范围以表示在图片或者照片中的该产品的外观设计为准,简要说明可以用于解释图片或者照片所表示的该产品的外观设计。

3. 专利侵权的构成要件

《专利法》第十一条规定:发明和实用新型专利权被授予后,除本法另有规定的以外,任何单位或者个人未经专利权人许可,都不得实施其专利,即不得为生产经营目的制造、使用、许诺销售、销售、进口其专利产品,或者使用其专利方法以及使用、许诺销售、销售、进口依照该专利方法直接获得的产品。外观设计专利权被授予后,任何单位或者个人未经专利权人许可,都不得实施其专利,即不得为生产经营目的制造、许诺销售、销售、进口其外观设计专利产品。

依据专利法的上述规定,导入案例中的第一个问题,即小张就自行设计的"多功能书包"申请专利涉及的申报材料和申报流程,正文中已经详述。第二个问题的答案是影响专利权利的归属:首先,小张自行设计的"多功能书包"属于非职务发明创造,小张作为发明创造人,享有专利申请权;其次,依据专利法规定,专利申请权可以转让,因此,小张可以自主决定全部或部分转让专利申请权给其所在初创企业,并约定由该初创企业作为受让人缴纳申请费,并在该申请获得授权后履行缴纳专利年费的义务。再次,小张如果将其申请权全部转让给初创企业,则该初创企业为申请人,申请被批准后,该初创企业为专利权人;如果部分转让申请权,则小张与该初创企业作为共同申请人,申请被批准后,小张和初创企业是共有专利权人。但无论如何,小张作为发明创造人的身份都不受影响。

专利权利要求书

第五节 创业法律的应用实例

围绕"趣味健身自行车"实用新型成果的开发运用、产品转化和市场推广等创业活动,依照相关法律的规定,应该注意和遵守以下几个方面的法律规范和交易准则:

首先,依照专利法的规定,将该实用新型成果转化为专利,向国家知识产权局递交专利申请书,获得专利权,使该专利权成为创业企业的核心竞争力。

其次,依照法律规定成立创业企业,获得合法经营的市场主体资格。作为产品生产型企业,企业组织形式的选择,应该首选"有限责任公司"这一组织形式,主要理由如下:① 产品生产型企业要求企业的经营具有相对稳定性,不受投资人变动的影响,合伙企业则会因投资人的退伙而解散,因而不具备这个要求;② 产品生产型企业要求资金规模较大,选择有限责任公司的组织形式,更有利于吸收市场投资;③ 相对于合伙企业而言,公司具有法人资格,其经营管理更加规范,责权利更加清晰,更有利于聘任职业经营管理人才管理好创业企业;④ 相对于合伙企业而言,公司并不要求投资人或股东参与企业的经营活动,作为投资人的大学生无论完成学业或从事科研创新的都有更多的灵活选择。

再次,公司产品投产之前,一定要先为新产品注册一个商标,为防止他人抢注,严禁使用未注册商标。商标作为识别商品来源的法定标志,便于产品的推广和广告宣传,为创业企业迎来客户奠定基础。

最后,产品检验合格上市之前,产品说明书、产品三包以及售后服务说明等内容都是产品质量的重要组成部分,都要请专业人员严格认真校对,避免市场竞争和消费者权益保护方面的法律风险。

本 章 小 结

本章围绕初创企业所涉及的基本法律问题展开。主要包括创新创业组织形式的选择、组织机构的建立及其职责、合同签订及其应适用的法律、产品或服务质量的标准、消费者权益保护、市场竞争规则的遵守、纳税义务的履行和高新技术的税收优惠待遇、著作权的保护、注册商标专用权的取得和保护、未注册商标抗辩权的取得和行使、专利权的取得与保护等法律基础知识。通过导入案例的解读,期望读者对于上述法律基础能够理解和领会,做到掌握交易准则不出错,防范交易风险不受骗,严格规范经营不越界,依法维护权利不被动。

思 考 题

1. 简述普通合伙企业和有限合伙企业的区别。
2. 简述有限合伙企业与有限责任公司的区别。
3. 试述有限责任公司的组织机构及其职责。
4. 简述合同法律风险和道德风险的防范措施。
5. 简述经营者和销售者的产品质量责任。
6. 试述消费者的权利及其保护措施。
7. 试述经营者不正当竞争行为的类型。
8. 试述著作权的归属原则。
9. 试述注册商标专用权取得要件和程序。
10. 试述未注册商标抗辩权形式的要件和类型。
11. 简述专利申请权和专利权的归属原则。
12. 简述专利的申请和审批流程

第十章 创业财务基础

学习目标

1. 了解初创公司或创新创业项目的发起人应认识到财务问题的必要性和重要性。
2. 掌握初创公司或项目资金的预算、资金筹集方式及其特点及筹资后的资金运用。
3. 掌握初创公司日常财务营运、财务核算和财务管理的基本要求。
4. 了解财务决算并明确项目公司所应考虑的税费问题,理解公司或项目利润的形成及其分配。

导入案例

王丽管财务

王丽是"徒步黄河APP"开发团队的一员,主管项目的财务预算和后期运行。王丽提议:我们需要组建一个公司作为"徒步黄河APP"的载体,否则无法通过APP开展未来的商业活动,包括收费发票的取得、银行户头的开设、银行印鉴的取得、商业合同的签订等。大家达成一致意见之后,王丽便开始了公司筹办的相关事宜。

公司注册资本10万元,由开发团队的四人共同出资,其中王丽出资4万元,其余三人出资各2万元,且都以人民币现金出资。公司完成出资后,王丽觉得公司运行实际上不需要过多的货币资金,于是她就在完成公司注册之后将原始出资按出资比例退给了原有出资人、公司只留了1万元的现金。

公司开始经营之后,通过"徒步黄河APP"接受的第一个商业单子便是面向高校学生的广告衫业务:某培训公司愿意出资0.5万元。该公司利用这笔业务收入,一方面用以补偿APP的前期开发费用,另一方面用以制作一部分印有该培训公司标识的广告衫。公司在收到该笔款项后开具了发票。时过不久,培训公司的工作人员称发票丢失,王丽重新为其开具了一张与原来金额相同的发票。王丽原本打算在培训公司支付的0.5万元中拿出0.4万元用以补偿APP的前期开发费用,剩余的0.1万元用以支付50件广告衫的制作费用。但在支付了0.4万元的前期垫付费用之后,王丽认为50件广告衫每件20元足够了。

这单业务进行完了之后,王丽发现公司仍然没有实现盈亏平衡。经过反思,王丽发现自己在进行公司业务规划的时候,忽略了包括房租、办公耗材等非付现成本费用。此外经与他人讨论王丽才知道重复开具发票、随意转出原始投资等也是不应该的。王丽这才深深地体会到：无论是实施创业项目还是开办公司，不认真考虑财务问题是万万不可的。

第一节　创业财务问题概述

　　财务问题是经济社会条件下普遍存在的问题，无论对于一个国家或地区，还是对于一个家庭或个人无不存在财务问题，创新创业项目也是如此。其中，创新项目的宗旨在于创新，但最终它总是需要在财务方面实现项目的自我循环，项目可以通过创新技术或创新产品直接获得财务方面的回报和增值，也可以通过转让技术等间接地获得财务方面的补偿和回报，甚至可以获得增值和盈余，也只有这样创新项目才有可能具有可持续性。创业项目的宗旨十分明确，就是要通过创业活动寻求创业者自我发展的道路，并在财务方面追求事先的投入能够有所增值和盈余，只有这样创业项目才能进入可持续发展的轨道。

　　创新创业项目最常见特征就是创新或创业人员大部分都是初涉财务领域、很少具有专业财务背景。因此创新创业项目的规划、设计和实施过程也是创新创业人员对财务知识和技能的一个学习的过程。

一、创新创业项目的财务意义

　　创新创业，简称双创，开始于2014年我国倡导的"大众创业，万众创新"活动。双创活动是近年来各级政府、学校和学生等诸多方面都十分重视的一种普遍性的活动。通过开展创新创业活动：

　　（一）增加社会资本供给总量

　　创新创业活动势必需要资金的投入，但从创新创业活动的资金来源看，包括了创业或创新人员及其合作伙伴的个人投入。这些个人投入的资金从来源和性质上看属于消费基金，如果创新创业人员将其投入创新创业项目，就使得这些资金转化成了投资基金，由此便能够增加社会资本供给总量，从而缓解社会资本供给不足问题。

　　（二）调整社会经济结构

　　创新创业项目总是立足于社会供应的短板进行投资，从而自发调整社会经济结构。创业项目往往会选择人们未能满足的需求领域，而创新项目则不仅关注人们未能满足需求的领域，而且往往还需要进行技术创新、产品创新、工艺创新或者商业模式创新等。通过创新创业活动的开展，不断补足社会商品或服务供应的短板，逐渐实现社会供给和需求的均衡。

　　（三）盘活社会闲散资金

　　社会资金是个泛指的概念，它包括居民储蓄等多种表现形式。这些不同形式的社会资金中，有很大一部分长期处于闲置状态，人们可以用以满足生活需求，也可以用以进行投资。但是,在公众财富不断增长、社会保险体系尚未完善的情况下,居民储蓄的基本功能主要是用以避险,且长期处于闲置状态。通过创新创业活动,可以盘活这部分闲散资金,发挥其拉动经济发展的功能。

(四) 提供更多的税收来源

创新创业活动是一种经济活动,它要么以创立公司的形式实施,要么通过原有公司专门立项实施。无论以何种形式实施,它都会参与和增加社会经济活动。按照我国的税制,参与社会经济活动都应当依法向政府税务机构缴纳相应的税金,固然各级政府对创新创业活动都实施了税收优惠,但人们实施创新创业活动向政府提供的税收总比人们将相应资金用于储蓄时所提供的税收要多。

(五) 提升人们的理财观念

俗话说:今天你不理财,明天财不理你。这句俗话起码包括了以下几种含义:其一,理财行为已经成为社会的一种客观需求;其二,通过理财行为可以实现个人财富的增长;其三,当前的理财行为是未来财富增长的前提。通过创新创业活动并借助资本市场,人们可以更新理财观念、激活公众理财活动,实现个人财富的增长。

二、财务问题和会计问题的区别和联系

日常生活中,人们往往将财务问题和会计问题混为一谈。但是,财务问题和会计问题是既有联系又有区别的。

(一) 财务问题

财务问题一般涉及项目的资金筹集、资金调度和使用、日常资金的规范化管理、企业的盈利性和利润处置等方面。它包括以下内容:

1. 资金筹集问题

所谓资金是指财产物资等经济资源的货币表现形式。如果资金服务于人们的消费,例如住房、汽车等,就表现为消费基金,它能够为人们的生活提供物质基础,承担的风险较小,但它却无法实现增值,相反它会随着人们的消费而发生减损。人们要从事生产经营活动、要实现财富的增长,势必需要首先将消费基金转换为投资基金,进行直接投资举办企业,或通过购买他人的股权进行间接投资等。当人们将消费基金转换为投资基金后,它为人们财富的增长提供了可能,但也增加了人们拥有这些投资基金的风险。

2. 资金的调度和使用问题

资金筹集所筹集的大部分都是货币资金。公司企业要进行生产经营活动,必须通过资产购买等活动将货币资金转换成生产经营所需要的实物资产形态,比如机器设备、原材料等。尤其是企业开始生产经营活动之后,各种资金形态可能同时具备,例如货币资金、应收债权、原材料、在产品、半成品、产成品,以及表现为房屋、建筑物、运输车辆等形式的固定资产,有的企业还会有专利权、版权等形式的无形资产;同时,随着企业生产经营活动的开展,企业还可能负债,比如赊购原材料、欠付员工薪酬和政府税费等。这就需要企业做好资金的调度和使用,以避免有限的资金出现积压浪费现象或因负债过多而遭受支付风险和信用风险,甚至出现资金链断裂、难以正常运转的情形。在企业的经营过程中,可能会由于本企业的业态老化、市场萎缩等因素,也可能因为社会技术进步、本企业的扩张

等原因,企业很可能需要将自身的资金投资到其他企业中去,并因此获得被投资企业的股权,进而分享被投资企业的红利,甚至取得被投资企业的控制权,由此也使得本企业的资金调度和使用问题更加复杂。

3. 日常资金的规范化管理问题

财务问题涉及企业的方方面面,而且是一个十分敏感的问题,因此企业必须做好日常资金的规范化管理,包括各种形态资金的安全性管理、日常财务收支的合法性合规性管理等。无论是作为一个创新创业项目,还是作为一个依法运行的公司企业,财务方面都应指定专人负责,建立相关的财务管理的制度,制定和规范财务收支相关的业务流程,明确相关人员的财务管理责任。

4. 企业的盈利性和利润处置问题

市场化企业的基本目标就是要取得经济方面的盈利。通过盈利,一方面为企业投资者提供经济方面的回报,另一方面企业可以获得进一步的发展。从企业投资者的角度看,任何一个理性的投资者都要追求资本投资方面的回报,否则其投资就失去意义。从企业自身发展的角度看,企业要发展壮大势必需要企业自身具备"造血"功能,只有这样企业才能实现内生增长。因而,在市场经济条件下,企业不单单需要追求盈利,而且还需要科学地进行利润分配,企业已经获得的盈利既不能不分配,也不适宜全部分配。

作为一个企业,除了上述问题外,还可能由于企业经营规模的扩大、组织结构的复杂化等原因而导致企业经营的集团化,进而在财务方面就会产生分散管理和集中控制、财务机构的设置及其功能等方面问题。

(二) 会计问题

会计是以货币为主要计量单位,运用专门的方法,对企业、机关单位等特定主体的经济活动进行连续、系统、全面地反映和监督的一项经济管理活动。日常生活中,会计作为一个经济管理手段和提供管理信息的一种基本方式,包括财务会计和管理会计两个方面,有以下内容:

1. 核算主体

会计是立足于特定主体进行经济核算的一种方法和手段。这里的特定主体是对会计核算空间范围的一种界定,它可能是公司企业,也可能是政府机关和事业单位,还可能是特定的项目。而且,人们在进行会计核算时是以该特定主体能够持续经营为假定前提,分期组织实施的。只有以持续经营为假定前提,才能合理地确定资本性支出和收益性支出,才能科学地界定收入和成本费用等;只有分期组织会计核算,才能满足利益相关者对特定主体相关财务状况和经营成果等信息的及时性要求。管理会计的主体比较灵活,它可以是一个公司或企业,也可以是一个项目、一个专门性的活动。

2. 核算方法和手段

财务会计核算运用了专门的方法。按照国际惯例和我国相关法律法规的要求,现代企业会计核算都要运用借贷复式记账法。从会计核算的计量手段看,企业会计核算普遍使用货币计量手段,同时为兼顾管理的需要还可能会使用实物计量手段和劳动计量手段;从会计核算的技术手段看,传统的会计核算大多是运用手工手段进行的,现代会计核算已经普遍使用了计算机、专业软件、互联网或局域网和大数据等方面的技术手段,甚至将企业的日常经营活动、筹资投资活动和管理活动有机地集约到一个系统中进行核算。从会计核算信息的表现手段看,它包括会计凭证、会计账户和账簿、会计报表等形式,在现代电算化背景下,这些会计凭证、会计账户和账簿、会计报表等也都有可能是电子化的形式。管理会计核算所运用的方法和手段比较多样化且具有灵活性的特征。

3. 核算内容

企业会计核算包括财务会计和管理会计两大领域,而日常生活中所提到的会计大部分都属于财务会计。财务会计所核算的内容主要包括企业的筹资、投资、日常营运等活动以及由于这些活动所产生的财务成果和财务成果的分配等,并运用财务报表等形式向企业的利益相关者进行报告和披露,它属于对外报告会计;管理会计则是最近半个世纪以来才产生并用以服务于企业内部的财务规划和控制、短期经营决策、长期投资决策、内部责任制管理等方面的一种会计核算形式,它属于对内报告会计。

4. 核算秩序

财务会计核算属于对外报告会计,其基本目的是要形成对外报告的财务会计报表等相关资料,因此它必须执行统一的会计法律和法规。在我国,企业进行财务会计核算应当遵守《中华人民共和国会计法》和相关的企业会计准则等,在财务会计核算中应当体现客观性、历史成本、一贯性、权责发生制、实质重于形式、及时性等相关会计核算原则,财务会计报表等应当按照规定的时间对外报告;而管理会计则需要按照企业内部经营和管理的需要、以科学性和实用性为基本的指导原则,对企业及其内部的相关活动进行核算和分析,以便为企业的经营决策和管理决策提供相关依据。

三、初创公司财务的特点

近年来,创新创业已经上升为国家战略,双创项目受到普遍关注。要实施创新创业项目必须了解财务方面的以下特点:

(一)创新创业是平台,财务问题是焦点

双创项目的财务问题既受到了双创人员的关注,也受到外部投资者的关注。无论是创新项目,还是创业项目,都应当最终以社会和市场需求为导向,要么通过技术创新、产品创新、渠道创新或模式创新等弥补现有技术、产品或商业模式的不足,要么通过自主创业,构建创业人员自己设计的商业平台。在实际的操作过程中,创新和创业经常会相互融合,创新项目只有融入创业项目才能实现其社会价值和商业价值,创业项目只有具备创新的内涵才会具有更强的市场竞争力。

创新创业项目中的财务问题是不可回避的一个焦点问题。它涉及启动资金由谁投入、如何管理和控制、后期的财务收益是否具有吸引力、项目是否具有可持续性发展等方面。其中任何一个环节出现问题,都可能使得创新创业项目难以实施和维持。

(二)财务结构相对简单,但贯穿于整个项目

双创项目的财务问题都是一些基本的财务问题,比如筹资问题、资金使用及其规范问题、项目的盈利预测问题等,它一般不会涉及更加高端的财务问题,比如最佳资本结构问题、企业并购问题等。但是,它却会影响到双创项目的方方面面,这就要求每一个项目参与者都要具有财务意识,项目参与者的职责可能不涉及筹资、投资,也可能不涉及市场和

营收,但不可能没有费用发生。作为一个创新创业项目,应当是一个持续的过程,它不可能一蹴而就,因而伴随着项目的推进,其财务问题也会越来越突出、越来越复杂。

(三) 财务数据要有依据,且要符合法律法规的要求和商业惯例

双创项目也是一个从无到有的过程。在双创项目规划、设计的初期,项目的主创人员一般都需要对项目的技术先进性、市场可行性和经济盈利性等方面进行调研和论证。只有经过严格的前期调研和论证并且具有投资价值和市场前景,才有可能吸引外来投资者的关注。因而,在双创项目前期论证过程中所涉及的财务问题,大都具有一定的预计性质。这就要求双创项目的主创人员在取得和使用相关财务和非财务数据时,需要在国家和政府的相关法律法规规范框架下,依据从市场调查等途径获得的现实情况,并考虑相关的商业惯例等进行财务方面的预计和测算,不能依靠主观臆断和想象。比如预计的营业收入应当与市场调查的预计销售量和预计销售价格相联系、银行贴现利率等要符合当前实际情况等,不能随意编造。

(四) 双创项目初期,容易忽视财务问题

在开展双创项目的初期,团队成员主观上往往将工作重点放在技术创新、产品创新和市场开发等方面,容易忽视财务及财务核算工作;客观上团队的财务核算能力有限,甚至缺乏具有财务方面知识的成员,导致项目公司的财务核算和管理水平低下。初创企业在财务管理方面容易出现资金收支程序不确定、规则不一致,甚至出现审批不严格、随意性太强等不足;在会计核算方面,容易出现核算人员不专业、账户设置不完整、核算流程和核算内容不规范等。这样长期下去就会导致项目公司的管理基础薄弱、财务核算能力不足,甚至导致项目运行秩序混乱。

(五) 双创项目一般都与公司实体一体化运作

双创项目一般都会与公司实体一体化运作。通过公司的独立实体运作,可以保证双创项目在资金、研发、市场销售、人员及管理方面具有独立性,也便于享受来自政府和金融机构等方面的优惠政策。因此,双创项目大多以公司的形式出现,既可以作为一个公司进行前期规划,也可以作为一个项目进行单独论证。但是,无论是作为公司,还是作为一个项目,其投资价值都要通过财务数据来体现。作为一个项目,其投资回收期、投资净现值和内涵报酬率等指标直接反映项目的投资效果;作为一个公司,它的预计利润表、预计资产负债表、预计现金流量表等,直接反映公司未来的财务状况和经营成果,间接反映公司的可持续发展能力。

四、初创公司需要考虑的几个财务问题

作为双创项目,它到底能不能实施?有没有吸引力?能不能吸引外来投资?因而必须向投资者说明以下几个财务问题:

(一) 项目的资金需求

人们从事任何一项经济活动,都应当明确该项目的资金需求,初创公司或双创项目也是如此。双创项目的资金需求包括资金需求总量和需求结构,无论外来投资者需要不需要知晓,双创团队中的每一个成员都应了解。

【延伸阅读】 "残疾人辅助行走训练器"项目的资金需求

某大学由学生张三发起"残疾人辅助行走训练器"项目:这个项目如果委托他人生产和加工,则初步规划资金总的需求量是10万元,创业团队只需要购置少量的设备和材料用于进行产品的研发和试制;如果准备自己组织生产,一是需要机器设备的投资,会增加项目的资金需求,二是分散项目团队专注于研发和市场营销的精力,三是非专业化自行生产的产品质量不好控制。若该项目选择委托他人加工,则编制的"残疾人辅助行走训练器"项目的资金需求明细如表10-1所示。

表10-1 "残疾人辅助行走训练器"项目资金需求明细表

类别(项)	明细(目)	数量	单价/元	金额/元	备注
固定资产	房屋、建筑物				经营、办公和租赁
	机器设备	2套		17 300	试制使用
	办公桌椅	5套	600	3 000	经营使用
	电脑	5台	6 500	32 500	办公使用
	打印机	5台	600	3 000	
	饮水机	2台	450	900	
	文件柜	5套	600	3 000	
	小计			59 700	
无形资产	专利权	1项	30 000	30 000	产品使用
流动资产	原材料			5 000	包括外购配件等
	电脑耗材	1批		800	打印纸、墨盒等
	办公用品	1批		200	稿纸、信封等
	备用现金			4 300	人民币现金
	小计			10 300	
合计				100 000	

(二) 项目的资金来源

社会风险投资者是通过遴选好的投资项目,来谋求未来股权的价格增长和项目投资收益。而双创项目更多的是向双创团队之外的投资者来募集资金。作为初创公司,出资人、出资方式、出资总额及资金来源的结构等,都是需要事先考虑的问题。

【延伸阅读】 "残疾人辅助行走训练器"项目的资金来源

"残疾人辅助行走训练器"项目,若由张三发起之后,又有李四、王五、赵六加入组成了创业团队,并准备选择委托他人生产和加工的方式。创业团队中,张三以自己拥有的专利权出资,协议作价3万元,另外准备现金出资1万元;另外三人都以现金出资1万元;资金缺口有3万元,准备吸收外部风险投资者投入,借以满足项目10万元的资金基本需求。假如某医疗器械公司十分看重这一项目,愿意投入3万元现金。从财务管理上,就可形成"残疾人辅助行走训练器"项目的资金来源明细表,如表10-2所示。

表10-2 "残疾人辅助行走训练器"项目资金来源明细表

类别	明细	出资方式	金额/元	比例	备注
创业团队出资	创业团队四人出资,其中四人各出资1万元,其中一人还以专利权出资、协议作价3万元	李四现金出资	10 000	10%	人民币
		王五现金出资	10 000	10%	人民币
		赵六现金出资	10 000	10%	人民币
		张三现金出资	10 000	40%	人民币
		张三专利出资	30 000		协议作价
	小计		70 000	70%	
医疗器械公司投资		现金出资	30 000	30%	人民币
合计			100 000	100%	

(三)财务的日常运营

随着项目的开始运营,财务方面也会产生相应变化。一般情况下,双创项目公司的资金都会遵循着"货币资金—储备资金—生产资金—产品资金—货币资金"的循环过程,在资金的循环和周转过程中回收前期的成本投入并形成公司的盈利。同时,也会伴随着资金的循环和周转过程而产生以下问题:

(1)资产形态的不断变化及其变化中发生资金滞留或积压。

(2)经营过程中由于产品赊销而产生应收债权、由于赊购而产生应付债务。

(3)自有资金不足时,很可能因为向金融机构贷款而产生负债。

(4)出于经营的需要和一般惯例而产生应付职工的薪酬。

(5)其他方面的财务问题,比如因为营业收入的取得、日常费用的发生等而产生的现金管理等问题。

其中,项目公司管理团队应当关注内部的资金循环和流转、资产与负债的适配性、财务风险的识别、分析、预警和规避等方面的问题,公司的资金循环和周转如图10-1所示。又如"趣味健身自行车"项目,如果采取委托生产的方式,则需要选择生产厂家、签订合同、委托生产、支付费用、然后验货并进行销售。这中间的任何一个环节出现梗阻、流动不畅,则生产经营和财务活动就会受到影响。

(四)日常的财务核算

按照法律法规的要求及项目管理的需要,双创项目一般都需要运用会计手段对筹资、

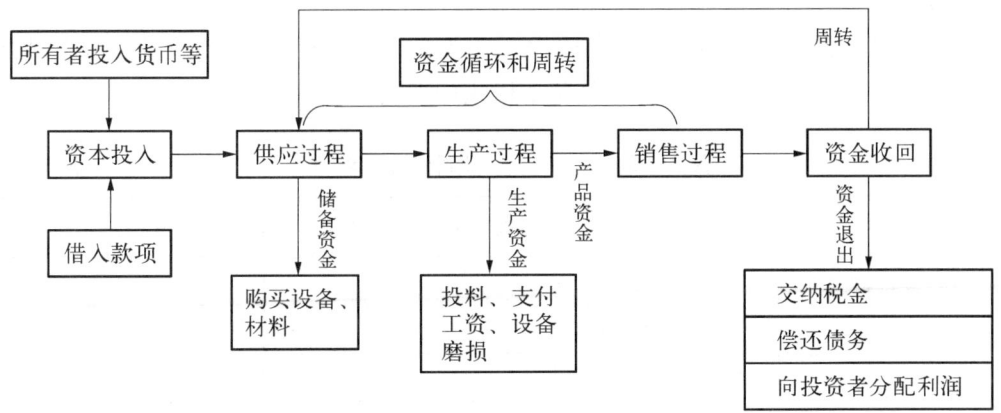

图 10－1　公司的资金循环和周转

投资、日常经营活动等，进行记录和反映。会计是专门对公司的资产、负债及由于经营活动所引起的资金活动和经营成果进行记录和核算的一种工具，同时也是一种管理的手段和方法。当然，在目前科学技术不断发展的今天，计算机、软件和互联网、局域网等先进技术已经运用到了会计核算领域，无论是日常会计核算还是会计信息的披露，都已更加快捷和精准，且可以实现远程核算。

（五）税费和利润的核算

项目运行过程中，难免会发生各种应税事项，因而公司还需要考虑税收问题并及时进行利润核算，以履行项目公司的法定义务并定期反映公司的财务成果。

第二节　初创公司的筹资

筹资是筹集资金的简称，也称融资。筹资问题是双创项目的基本问题，也是首要的问题。如果没有筹资环节，或者筹资失败，项目就难以开展，公司就难以运行。

资金筹集渠道最基本的有两种：一是权益融资；二是债务融资。

一、公司初创时的资金预算

资金预算是对资金需求和来源的一种事先规划。作为双创项目同样需要进行事先的资金需求和来源的规划。但是，资金预算并非孤立的，它必须和项目的属性、规模大小、人员多少、未来经营方式、法律法规的相关要求等方面相联系，按照项目的资金需求确定资金的来源。资金的需求属性和规模直接影响资金来源的渠道和数额。长期资金需求一般需要长期的和稳定的资金来源作保障，而临时资金需求一般通过临时的、短期的资金来源来满足，否则容易出现财务风险和资金浪费。

作为双创项目，其资金预算相对简单，在考虑国家和政府相关法律法规的要求的基础上，主要考虑：

(一)资金需求预算

双创项目的资金需求预算应能说服投资者各方进行投资,并指导项目的未来财务活动,它一般涵盖类、项、目三个层级。其基本格式如表10-3所示。

表10-3　　　　　项目资金需求预算　　　　　单位:元

类	项	目	数　量	单　价	金　额	备　注
资产购置	办公设备	电脑				
		打印机				
		……				
		小计				
	办公家具	文件柜				
		办公桌				
		办公椅				
		……				
		小计				
	……	……				
	合计					
资金耗费	人员薪酬	张三				
		李四				
		……				
		小计				
	办公费	办公用品				
		电脑耗材				
		……				
		小计				
	……	……				
	合计					
总计						

(二)资金来源预算

资金来源是指双创项目所能够获得的所有物质支持的货币表现形式,包括货币资金、实物资产和无形资产等形式。资金来源预算是指双创人员对项目启动后所能够获得物质支持的事先考虑,换句话说就是项目主创人员首先要弄清谁为项目投资、以何种方式投资、分别都能投资多少、能否满足项目启动的基本资金需求等等。

双创项目在启动之前,通过项目主创人员与项目团队成员、政府或学校等相关机构进行事先商讨和沟通,在达成初步的出资意向之后可以编制项目资金来源预算。项目资金来源预算也可以按照类、项、目三个层级编制,且在数额方面应当与资金需求预算相符合。其基本格式如表 10-4 所示。

表 10-4 _____ 项目资金来源预算　　　　　　单位:元

类	项	目	数量	单价	金额	备注
团队出资	货币出资	王五				
		赵六				
		……				
		小计				
	房屋	王五				
	材料	钱七				
	……	……				
		小计				
	专利权出资	王五				
		……				
		小计				
	合计					
学校出资	货币出资					
政府出资	货币出资					
风险投资	货币出资					
		……				
		小计				
	合计					
总计						

二、公司初创时资金筹集的方式

资金筹集,即融资,最常见的有权益融资和债务融资两种方式。

(一) 权益融资

权益融资,是通过转让项目或者公司的权益来进行融资的一种方式,它也是最基本的一种融资方式。它只能满足项目或公司最基本的资金需求,也是项目公司用以防范各种风险的最后一道防线。因此,一个公司或项目如果权益融资规模过小,容易使得项目公司的发展空间受限、参与市场竞争的能力变弱;但是,如果权益融资规模过大,则会增加项目公司管理层的责任和压力。因此,项目公司通过权益融资方式的融资额度,应综合考虑公司最基本的资金需求和未来市场竞争的需要,同时兼顾我国公司法的要求,科学恰当地规划和设计权益融资规模。在进行权益融资的时候,需要考虑下面的事项:

1. 签订出资协议

出资协议一般由项目所有发起人召集,会同所有投资人共同协商、约定并签订,是用以规范每个出资人的出资金额和比例、出资形式、出资时间等行为的一种合同。协议要由所有发起人、出资人签字认同。出资人如果以货币出资的,应当明确出资币种、汇率等相关事项;出资人如果以实物出资,其出资应当符合项目公司生产或经营需要,同时还应明确所用实物出资的产权转移方式和时间等;出资人如果以专利权、版权等无形资产出资的,其出资也应符合项目公司生产经营的需要,且要明确权属的转移方式和时间等。

2. 起草公司章程

公司章程是用以规范公司出资人、公司组织框架和公司未来生产和经营行为,及公司财务会计和利润分配等相关事项的重要依据。其中包括公司的名称和出资人、出资结构等。公司章程也是用以规范公司组织框架、运行秩序、财务会计核算和信息披露等相关事项的基本依据,既是对公司股东行为和管理层行为的一种约束,也是对股东和管理层权益的一种保障。公司章程的制定和修订需要履行相应的法律程序。

3. 开设银行账户

银行账户是指经济单位在相关的商业银行开设的用于存储货币资金、办理结算等用途的户头,银行账户应当具有开户银行名称、经济单位名称、银行账户账号等相关的要素。经济单位在银行开户应当预留相关单位和负责人的印鉴,以此办理存取款项和结算业务。银行账户包括基本账户、专用账户、临时账户等不同的类别,但只有基本账户可以办理存取现金业务、转账结算业务等,一个经济单位经核准只能开设一个基本账户。

项目公司为了筹集资金,需要根据政府部门核准的项目公司的名称,依据相关文件到比较方便的银行,开设银行基本账户用以接受出资人投入项目公司的资本金。项目公司在筹集资金时一般不能接受投资人投入的现钞货币。

4. 定时定量地到位资金

项目公司出资人应当按照出资协议规定的时间、方式、金额等,将相应的资金存入或转入指定的银行账户并取得相应的入账证明;如果是实物出资或无形资产出资的,要进行实物转移并按照约定办理相应的财产转移手续。只有取得了出资人的资金入账证明或财产转移证明,项目公司才能认为收到了出资人的出资。同时,还应当明确:出资人如果是以外币形式出资,则出资额一般按实际出资额和约定汇率认定;出资人如果以实物资产或无形资产形式出资,则出资额需要按照出资者各方认定的公允价值认定,必要时还需要对实物资产或无形资产进行评估,并以评价价值为基础进行价值认定。

5. 筹资后的资金管理

项目公司的出资人完成出资,也就是项目公司完成筹资之后,公司对所收到的出资应当进行严格的管理。鉴于出资人大部分都属于货币形式出资,因而需要项目公司指定专人负责银行账户管理,并且要定期与银行对账;如果是出资人以实物资产和无形资产出资的,则应做好实物资产和无形资产的管理。同时,项目公司应当设立相应的会计账户,并以资金入账证明和财产物资的价值认定凭证为依据,进行相应的会计核算,保证账款相符和账实相符。

6. 出资人的权益

项目公司按照出资协议所出资金属于权益性出资,正是因为出资人按照约定完成了出资过程,出资人才拥有项目公司的股东身份。对于项目公司而言,一方面增加了公司所拥有的资产,另一方面增加了公司的股本。如果遇有出资人实际出资额超出股本部分的,超出部分一般作为资本公积金对待。这部分资金既不还本也不付息,但股东具有重大事项的表决权和分红权。这里的重大事项表决权包括选举公司董事会和监事会成员或选聘执行董事和监事、选聘高级管理人员、公司的重大投资决策、修订公司章程等。

7. 权益融资额度的确定

项目公司通过权益融资所筹集的资金,一般只用以满足公司的长期资金需求和基本的流动性需求。但是,项目公司实际开展生产经营活动时,其资金需求量并非一个恒定的数额,它会随着季节的变化、公司经营规模的变化等而发生变化。对于因各种原因所引起的、超出预期的、基本的资金需求的部分,一般需要通过债务融资的办法来满足。

作为双创项目公司的出资人并非完全是那些仅仅有能力出资的人员或机构,项目公司的出资人最好是双创团队成员,或者是能够为双创项目提供长期技术咨询的人员。前者出资能够向社会出资者发出项目自信、可持续发展的信号;后者出资可以解除外界对双创项目技术及其持续发展的顾虑。同时必须明确:公司通过权益融资所筹集的资金既不还本也不付息,但它与公司的经营情况、经营成果直接关联,它是通过税后利润的分红获得投资收益或者通过转让股权获得投资收益的。股东不能利用自身在公司中的特殊地位直接或间接地随意抽出这部分投资。

随着公司生产经营业务的变化,通过公司的股东大会可以变更公司的注册资本、公司名称等相关事项。

(二) 债务融资

债务融资是指公司通过举债的方式筹集资金的行为。公司在日常经营过程中,因经营业务量和季节等因素的变化而导致公司对资金的总需求量总是处于变化之中。对于公司长期、基本的资金需求部分,比如固定资产投资、基本的流动性需求等,一般可以通过权益融资的方式筹集;而对于临时性的、短期的资金需求部分,则一般通过债务融资的方式来满足。

债务融资的方式多种多样,一般包括向金融机构借款、发行公司债券、向供应商赊购或向购买方预收部分货款、实施融资租赁等。双创项目常用的债务融资方式包括向金融机构借款、向供应方赊购和向购买方预收款等。其中,向金融机构的借款既包括信用借款,也包括担保借款,还包括抵押借款等;向供应商赊购是通过与公司的供应商签订供货合同,由供应商提前先将合同约定的商品等提供给公司使用,然后再按照约定结算货款的行为,这种赊购行为可以暂时满足公司资金的不足、缓解资金压力,但需要公司与供应商之间具有良好的合作关系;向购买方预收货款是指公司在向购买方提供产品或劳务之前,首先由购买方按照约定提前支付部分款项的行为,这种方式既可以对购买方的购买行为进行有效约束,又可以缓解公司的资金压力。由此可以看出,债务融资的方式灵活,但有特殊的条件和要求。

考虑到双创项目公司的实际情况和债务融资的特殊性,这里特别强调:

(1) 债务融资一般都是为了满足项目临时的和短期的资金需求,主要用于周转性的资金需求,如公司临时购进用于产品加工的零件和配件、季节性的购入原材料等,这些临时的资金需求会随着公司的经营和资金周转而逐渐减少。因此,双创项目公司的债务融资的期限一般都在一年之内,要避免出现"短借长用"现象,比如将短期借款用于构建固定资产等。

(2) 常见的债务融资形式主要包括借款和赊购。其中,借款是由公司作为债务人与银行或其他债权人共同协商并签订借款合同,继而由银行或其他债权人向公司提供资金的一种行为。借款按照借款期限分为短期借款和长期借款,短期借款的还款期限一般在一年之内,且一般用于公司的临时性资金需求,长期借款的还款期限一般都长于一年,且一般用于公司较长时间的资金需求。赊购是由公司向供货方赊购原材料等,其还款期限一般不会太长。

(3) 借款一般是指向银行借款,但是项目实施时间短、公司信用尚未建立,向银行借款不太现实;即使可行,银行借款也需要定期还本并支付利息。双创公司也可以向个人或非银行机构借款,但必须就借款本金、利息率、还款期限等相关事宜进行充分协商并签订借款合同,确保公司向个人或非银行机构的借款行为的合法合规性。

(4) 赊购主要是向供应方赊购材料等,赊购的材料价值与因此而发生的负债是相等的。赊购也是项目筹集资金的一种方式,但一般不需要支付利息。赊购行为同时也是一种交易行为,因此它也需要公司与供应商进行协商并签订相应的合同,就赊购内容、数量、结算方式和期限、违约责任等事项进行约定。

(5) 无论是借款还是赊购,都需要定期偿还,否则就会影响项目公司的商业信誉。定期归还本金是借款和赊购的共同特征,且都以企业的商业信誉为基础。如果公司到期不能履行偿还债务本金和利息的义务,就会直接影响公司的商业信誉,也会间接影响公司再融资的能力,这对公司进一步扩大规模和市场影响力不利。

(6) 债务融资对项目公司的信用要求较高,且一般都是用以满足企业的流动性、临时性的资金需求。因而,要求项目公司必须做好日常财务管理的规划,尤其是要做好资金方面的计划。公司资金的需求与业务经营紧密联系,当业务量较大时往往需要较多的资金支持。但是,这种流动性的和临时性的资金需求在额度上往往具有不确定性,在资金供应时间上具有紧迫性,因而要求项目公司的财务人员要依据业务经营情况,提前实施债务融资。

【延伸阅读】 "残疾人辅助行走训练器"项目的融资

仍以前述"残疾人辅助行走训练器"项目为例,由张三发起的创业团队及某医疗器械公司假定在××××年3月12日完成了出资,并注册了"益康公司"。各方完成出资后便可以形成资产负债表,如表10-5所示。

表10-5 资产负债表

编制单位:益康公司　　　　　　××××年3月12日　　　　　　单位:元

项　目	金　额	项　目	金　额
货币资金	70 000	短期借款	0
无形资产	30 000	股本	100 000
资产总计	100 000	负债和所有者权益总计	100 000

张三团队和医疗器械公司对益康公司的上述出资属于资本投资,从益康公司的角度看实际上属于权益融资,其总股本10万元,其中张三个人占有40%,医疗器械公司

占有30%，李四、王五和赵六各占有10%的股份。这一股本构成比例也就是未来益康公司权力分配和风险承担的比例。

益康公司开始经营之后，公司为了采购物料用品，该月28日向开户银行借入了一年期的流动资金5万元、款项已经到账，并由出资方之一——某医疗器械公司垫付材料款1.2万元。此时益康公司便因为这两笔业务而产生了负债，一方面是对开户银行的负债5万元，另一方面是对某医疗器械公司的负债1.2万元。这两笔负债业务的发生，实际上是益康公司实施了债务融资，它可以弥补公司临时的资金不足问题。此时，益康公司的资产负债表（表10-6）便发生了变化。

表10-6 资产负债表

编制单位：益康公司　　　　　××××年3月28日　　　　　　　　单位：元

项　目	金　额	项　目	金　额
货币资金	120 000	短期借款	50 000
存货	12 000	应付账款	12 000
无形资产	30 000	股本	100 000
资产总计	162 000	负债和所有者权益总计	162 000

第三节　初创公司的资金运用

无论是一个项目或者一个公司，其初始融资一般都是权益融资，且筹集到的大部分都是货币资金，一般表现为人民币。然而如果仅凭货币形式资金，就什么事情都难以推进。因此，当项目公司完成了资金筹集之后，必须根据事先的规划，考虑如何使用所筹集的资金。只有将项目所筹集的资金进行合理使用，才能为项目的进一步实施提供物质基础。这里的资金使用有时也被称为广义投资。

一、资金运用的含义

资金运用是指资金的占用形态，它不仅包括货币资金本身，还包括公司内部的其他流动资金占用、长期资产资金占用、公司的对外投资，以及公司日常运行中所发生的各项耗费等。作为初创公司，尤其是创新创业类公司，其根本的目的是在于通过设立公司进行创新或创业活动，进而体现其核心能力。

流动资金占用主要包括公司留用的货币资金、用于生产经营耗费的原材料、应收债权等占用形式；长期资金占用主要包括公司为了生产经营的长期需要所购买的房屋建筑物、机器设备、办公机具等占用形式；公司的日常耗费主要包括公司在日常运行过程中所发生的租金、人员薪酬和津贴、差旅费、办公用品费、招待费、会议费等支付或应当支付的事项。

对外投资是指公司以其货币资金或其他资产向被投资公司投资，以此获得被投资公司股权或债权的行为。一般情况下,公司对外投资都是为了获得比自身的资金收益率更高的资金收益,也有的对外投资是为了参股被投资公司,甚至是为了控制或共同控制被投资公司。创新创业项目公司开办和运营都是为了实施自身的创新或创业项目,其中包含了创新创业团队的非经济方面的追求,因而双创项目公司一般不会进行对外投资。相反,由于双创项目具有创新性和独创性以及资金缺乏等特点,它还需要吸引其他投资者对自身的项目公司进行投资。

二、初创公司资金运用的主要去向

双创项目公司的资金用途主要是购买自身经营所需要的各项资产和日常耗费。

（一）购买资产

购买资产是指项目公司利用货币资金购买公司日常经营所需要的各种必需的物料用品和装备的行为。双创项目公司在开办之初一般都需要购买必要的办公设备和家具,比如电脑、办公桌椅等;如果需要,还要购买生产设备、工具器具以及购买专利等。此外,公司还应根据生产经营的需要购买原材料、零配件、办公用品等日常消耗性的实物资产。

公司购买资产的行为,要么导致货币资金减少,要么导致公司的负债增加。公司购买资产及其导致的货币资金减少或负债增加是同时、等额发生的。

【延伸阅读】 "残疾人辅助行走训练器"项目的资产购置

仍然结合前面益康公司的"残疾人辅助行走训练器"项目,公司在完成了资本金的筹集并向银行借款以及由某医疗器械公司垫付材料款之后,还应进行相应的资产购置活动,以便为公司的正常运行创造基本的条件。如前所述,项目团队在进行资金预算时,已经对益康公司的资产购置业务进行了预算:包括实验用机器装备、办公桌椅、办公用电脑、打印机等固定资产共计5.97万元,还包括原材料、电脑耗材、办公用品等消耗性流动资产共计0.6万元。其中,固定资产是指公司拥有或控制的、使用时间长、单体价值相对较高的实物资产;流动资产一般都是在未来一年之内将会被耗用或被出售的资产。益康公司于××××年4月5日完成这些资产的购置活动,且都是通过现金形式全额支付。则益康公司完成这些资产的购置活动之后的资产负债表如表10-7所示。

表10-7 资产负债表

编制单位:益康公司　　　　　××××年4月5日　　　　　　　　单位:元

项　目	金　额	项　目	金　额
货币资金	54 300	短期借款	50 000
存货	18 000	应付账款	12 000
固定资产	59 700	股本	100 000
无形资产	30 000		
资产总计	162 000	负债和所有者权益总计	162 000

（二）日常耗费

项目或公司的耗费可能表现为物料用品的消耗，也可能表现为货币资金的支付等。所有这些都是由实物资产或货币资金的形式变化为相关的费用。其中，用于生产的增加生产费用，用于经营的增加经营费用，用于管理的增加管理费用。在财务会计核算上，需要按照费用的用途分类进行核算和反映。作为双创项目公司的初期费用主要是房屋租赁费用、人员费用、办公耗材、差旅费用等。

公司的日常耗费要么导致货币资金同时、等额减少，要么导致负债同时、等额增加。

还需要说明的是，项目或公司在进行购买资产和日常耗费的过程中，都应当保持一定数额的货币资金，以便应付日常临时之用。

三、初创公司资金运用需要注意的若干问题

无论是项目的筹资活动，还是项目的投资或资产购买活动，都应遵守国家相应的法律法规，都应进行相应的财务核算。因而，双创项目公司的财务核算应注意如下问题：

（1）双创项目公司在完成筹资过程之后，需要根据筹资方式和筹资中所收到的资产形式，依据相关的凭证进行相关的财务核算。如果是权益融资，一方面会增加公司的"股本"，另一方面根据公司收到的资产形式会增加相应的资产。

（2）公司在购买资产的财务核算中要坚持实际成本原则，即所购置的资产要按照实际支付或应当支付的货币资金等对价为基础进行核算和记录。

（3）公司购入有形的、长期使用的，如电脑、生产设备等长期资产，会减少货币资金，增加"固定资产"，两者一减一增，金额相同；若购入无形的、长期使用的，如专利、版权之类等无形资产，同样是货币资金的减少和无形资产的增加同时发生且金额相同。

（4）公司购买生产用的原材料、配件等，一方面是原材料增加，另一方面是货币资金减少，两者增减的金额也相同。

（5）日常耗费要有审批制度和牵制制度，不能由一个人说了算，而且要按照用途分别作为"制造费用""管理费用""营业费用"对待。一般情况下，与公司生产行为有关的直接费用，比如原材料耗费、人工耗费、动力费用等都作为产品生产的直接成本；与生产行为有关、但是属于间接耗费的生产费用，比如固定资产折旧费用、维修费用、照明费用、生产管理人员工资等，都作为"制造费用"；公司的行政管理费用，比如股东大会、董事会、经理层等方面的开支，都作为"管理费用"；公司产品的销售费用、广告费用等作为"营业费用"。

（6）无论是购买资产，还是日常耗费都要有相应的票据或凭证，并实行专人审批制度。这些票据一定是正规的发票或收据，防止白条列支。同时，公司自身的发票、转账支票和现金支票等都属于重要的空白票据，要专人保管，领用登记，遗失要追责。

（7）要注意财务收支的规范。这里的规范包括几个方面的含义：一是合法合规性，即项目的财务收支一定要符合国家相关的财务法律法规的规定；二是公司内部一定要有相应的财务规章制度，包括规范的财务流程和严格的审批制度；三是要坚持经

济性原则,尽可能节约各项开支,无论是资产购置还是日常耗费都要本着严格、高效的原则。

(8) 项目公司的财务核算应当满足公司内部管理和对外提供财务信息的需要。因此,一方面需要按照国家统一的财务会计制度进行核算,另一方面在进行总分类核算的同时还应当进行明细分类核算。前面所提到的"股本""原材料""固定资产""无形资产"以及"管理费用"和"营业费用"等都属于总分类核算项目。为了满足项目公司管理的需要,还应当在这些总分类核算项目下设立各自的明细项目进行核算。

四、资金运用后的资产负债表和利润表

资产负债表是运用规范的格式反映特定主体在特定时点财务状况的一张表格,它涵盖了资产、负债和所有者权益等方面的内容。双创项目公司在刚完成筹资时,其资产负债表一般都很简单。但随着项目公司投资业务的发生,公司的资产就会由一部分货币资金变为存货资产、固定资产或无形资产,同时也有可能会发生一些费用。前述益康公司刚完成资产购置活动时的资产负债表如表 10-7 所示。需要特别说明的是,公司在创办初期势必也会发生前文提及的日常耗费,包括人员薪酬、差旅费等。这些费用一方面会减少货币资金,另一方面会增加公司费用。在公司尚未取得收入的情况下这些费用是分类计入公司的利润表对应的费用项目的,其中主要是管理费用,在不考虑其他因素的情况下这些费用也是公司当期发生的亏损金额。这一亏损金额既是利润表的最终结果,同时也构成了资产负债表中"未分配利润"——以负数反映,实质上是未弥补亏损。

【延伸阅读】 益康公司的资产负债表和利润表

以益康公司 4 月份的会计核算为例。该公司 4 月份共计发生了团队成员薪酬费用 0.8 万元、差旅费 0.2 万元,且都是以现金方式支付的。则益康公司在××××年 4 月 30 日编制的资产负债表和利润表如表 10-8 和表 10-9 所示。

表 10-8 资产负债表

编制单位:益康公司　　　　　　××××年 4 月 30 日　　　　　　单位:元

项目	金额	项目	金额
货币资金	44 300	短期借款	50 000
存货	18 000	应付账款	12 000
固定资产	59 700		
无形资产	30 000	股本	100 000
		未分配利润	−10 000
资产总计	152 000	负债和所有者权益总计	152 000

表 10-9 利润表

编制单位：益康公司　　　　　　　××××年4月　　　　　　　单位：元

项　目	本月发生	本年累计
一、营业收入	0	0
减：营业成本	0	0
税金及附加	0	0
管理费用	10 000	10 000
销售费用	0	0
财务费用	0	0
加：投资收益	0	0
二、营业利润（亏损以"—"号填列）	−10 000	−10 000
加：营业外收入	0	0
减：营业外支出	0	0
三、利润总额（亏损总额以"—"号填列）	−10 000	−10 000
减：所得税	0	0
四、净利润（净亏损以"—"号填列）	−10 000	−10 000

第四节　初创公司的财务营运

相对于筹资和资金运用而言，双创项目所遇到的更多的财务问题是项目公司的日常财务营运问题。对于一个公司而言，财务的营运问题是个更加复杂、更加长期和持续的事情。而且随着公司规模的不断扩大，经营范围的不断拓展，其对应的财务问题也越来越受到人们的关注。

作为项目的管理团队，可以伴随着双创项目公司的不断成长而不断地提升自身的财务管理水平，不断地强化各相关职能机构或人员之间的财务协调性。这就要求双创项目管理团队在项目的运行初期就要在关注项目生产和经营状况的同时，还必须紧密关注项目的财务动态变化，并及时采取相应的措施。从而使得项目管理团队逐渐成长为一个学习型的组织。否则，就有可能使项目公司陷入财务困境，甚至发生财务风险。

一、初创期经济活动对公司财务状况的影响

双创项目的筹资和资金运用都会涉及公司的财务状况。归结起来，双创项目公司的财务状况在项目运行初期会经常发生如下变化：

（一）资产及其结构的变化

资产的形态多种多样，它可以是货币资金、应收债权、原材料和产成品等，也可以是房屋建筑物、机器设备和办公机具等固定资产，还可能是专利权、商标权或版权之类的无形资产。而作为双创项目公司在经历了项目资金的运用之后，资产的形态就会发生变化，有的会由货币资金形态转变为原材料，有的会由货币资金转变为固定资产或无形资产等。如果单从资产变化的角度看，由于资产购置过程遵从实际成本原则，所以资产总额不会变化，但其内部结构则会发生变化，资产形态将会呈现出多样化特征。无论购置何种资产，无论资产结构发生怎样的变化，它都影响着资产负债表中的各资产项目。

同时，在项目开始运行之后，除了要购置各种非货币性资产外，项目公司还会发生一些不可避免的费用，这种情况下就会有部分货币资金演变为费用，包括生产费用、营业费用、管理费用等。当公司发生各项费用时，就会涉及公司的利润和利润表。其中，生产费用并非真正的耗费，它对应的是在产品或半成品，它仍然属于资产负债表中存货项目反映的"在产品"或"半成品"，因而生产费用的发生只是对资产结构产生影响。而营业费用、管理费用等才是真正的耗费，这些费用涉及利润和利润表项目。如果不考虑收入等因素，则这些费用在利润表中表现为费用的增加，进而表现为公司的亏损。这一亏损进一步会增加资产负债表中的所有者权益项目中的"未分配利润"，但它是以负数列示，即亏损的发生是对所有者权益的抵减。从金额上看，如果不考虑其他因素，则由于货币资金等资产被耗费为营业费用和管理费用等所导致的货币资金的减少数额，与利润表中形成的亏损数额进而表现为所有者权益的减少数额，两者的数额应当是相等的，且因此而导致公司总资产和总权益同时等额减少。

随着双创项目的进展，项目公司出于各种各样的目的，比如与其他公司联合发展等，很可能还会利用自身的资产对其他公司进行投资。当双创项目公司对其他公司投资的时候，就会使得项目公司资产负债表上用作投资的资产形态减少，同时增加长期或短期的投资资产。进而可能在利润表上出现投资收益等内容。

（二）负债的产生及其变化

负债也称债务，它是公司融资的一种方式，但它不是首选的融资方式。因为作为初创阶段的双创项目公司在融资时，一般无法通过债务筹集项目所需资金。但是，当项目公司开始运行之后，随着经营活动的开展，债务融资就成为需要和可能。

根据双创项目的特殊性，公司在经营活动的初期可能发生或可能实施的债务融资主要包括以下几种情况：

（1）欠发员工薪酬。欠发员工薪酬是指公司已经接受了员工提供的劳务，应当发放但尚未发放的薪酬部分。因此，这里的欠发薪酬是制度性的欠发，并非公司恶意欠发。在日常管理工作中，经常会遇到员工薪酬与业绩考核挂钩等现象，这种薪酬制度决定了员工的部分薪酬需要等到业绩考核结束之后才能发放，公司因此而欠发员工的薪酬构成了公司的一种负债，相应的支付业务滞后于公司的受益时间。

（2）应付政府税费。公司在经营过程中势必会发生税费。不同的税费有不同的完税时间限制。当公司的应税事项发生的时候，公司并非立即缴纳相应的税款或规费，实际缴纳税费的时间往往会滞后于应缴的时间。这种税费实际上是公司临时占用了政府的资金,也是公司的一项负债。

(3) 赊购材料或设备等物资。赊购在日常经济生活中经常发生,包括公司向供应方赊购原材料、赊购设备等。赊购往往会同时增加公司的负债,它可以暂时延缓公司对外支付货币的时间,因而它可以暂时缓解公司的支付压力,实际上也构成了一种融资的渠道。公司向供应方赊购的物资越多,越能够节约公司的资金。但是,赊购往往是公司具有一定的商业信誉之后才有可能利用的一种融资渠道,因而在市场经济条件下公司应当不断地提升自身的商业信誉。

(4) 租赁设备。租赁是公司融资的一个渠道,包括临时租赁和长期租赁。临时租赁也称为经营租赁,它租赁的时间较短,与租赁资产相关的收益和风险一般归租出方,形式比较灵活,但一般只能借以"融物";长期租赁也称资本租赁,它的租赁时间长,在融资的同时通过融物保持所融资金的既定用途,可以减少出租方的风险。因而融资租赁的首要意义在于融资,公司通过支付租赁款的方式逐期偿还融资租赁款。

(5) 向金融机构举借债务。公司向金融机构举借债务是很常见的一种债务融资渠道,它首先由公司向银行提出借款申请,受理银行审核之后向公司提供长短期借款。短期借款的偿还期限一般在一年之内,长期借款的偿还期限一般在一年以上。无论是短期借款还是长期借款,公司都需要按照约定偿还本金并支付利息。

(6) 其他负债。除了上述负债,公司还有可能发生其他负债,如发行债券。

(三) 项目运行成本的发生及其种类

随着经营活动的开展,公司势必会发生各种各样的成本和费用。公司成本费用的发生一般同时导致资产减少,或者负债增加。其中主要包括采购成本、生产成本和期间费用。

(1) 采购成本。采购成本是指企业对外采购原材料等物料用品时所发生的成本,它一般包括原材料的买价、装卸费、运杂费、途中保险费、入库前的整理费用等。

(2) 生产成本。如果公司从事生产经营活动就自然会发生生产成本。生产成本是指公司在产品生产过程中发生的直接材料费用、直接燃料和动力费用、直接人工费用和间接制造费用等。如果公司的产品是委托他人生产的,则公司只需要按照约定支付加工费即可,无须核算生产成本。无论公司自己组织产品生产,还是委托他人生产,产品成本都属于资产负债表中的存货成本;只有当产品销售出去之后,所销售的产品成本才计入利润表的营业成本。

(3) 期间费用。期间费用也称期间成本,它是指公司在一定期间发生的管理费用、销售费用和财务费用。其中管理费用主要是公司董事会和高管层所发生的行政管理费用;销售费用也称营业费用,它是指公司为了销售自身的产品而发生的广告费、包装费、产品展览费等;财务费用是指公司为了筹集生产经营所需要的资金而发生的利息费用、合同费用等。这三项费用一般与公司的存续期间有关,应当按类归集,于期末全额计入当期的利润表。

(四) 营业收入的发生

营业收入是指公司正常的生产经营活动带来的经济利益的总流入,一般包括主营业务收入和附营业务收入。由于营业收入按照权责发生制进行确认,从而导致了营业收入确认的同时,还会发生公司货币资金增加或应收账款增加,也有可能是负债的减少。由此可以看出,公司营业收入的发生会同时影响资产负债表和利润表。

(五)收入和成本费用对现金流的影响

公司收入和成本费用的确认都是基于权责发生制原则,即收入和成本费用无论款项是否收到和支付,只要是应当收到和支付的款项都要确认收入和成本费用。因此,在财务上有可能出现根据收入和成本费用计算的当期利润较高,而当期的现金流入却很少,或者出现相反的现象。由此就要求公司在日常经营过程中,一方面要关注收入和成本费用的发生情况,另一方面还必须关注与之相联系的现金流状况。否则,有可能出现利润很高,但财务仍然困难的窘境。

另外,双创项目在运行的初期就会产生社会责任问题,它包括公司应当善待员工、注意劳动保护,以及在经济能力允许的情况下积极参与社会公益、减灾扶贫活动等。社会责任属于一种道义责任,是公司应尽的社会义务。公司履行社会责任也会导致其财务状况发生变化。

二、公司初创期容易发生的财务问题

双创项目运行初期往往具有项目新、团队新等特点,项目和公司从无到有,团队成员也往往缺乏市场经验和合作经历,因而也常常遭遇各种各样的财务问题。

(一)资金流动不畅

双创项目公司在运行的初期一般都会遭遇资金紧张问题,同时有限的资金还会发生流动不畅的现象,其表现往往是资金滞留或积压在生产经营过程中的某一个环节。比如公司过度采购,导致货币支付过多和原材料库存占用过多;再比如生产工艺不成熟,大量的资金滞留在生产过程,有材料和人工的投入却生产不出合格的产品;还比如产品库存过度,销售不畅,或者赊销过多导致货币资金回收困难,等等。资金流动不畅的直接后果就是支付能力下降,甚至资金链断裂,因此应当引起双创团队密切关注。

(二)自有资金不足且举债困难

双创项目公司在初创时期自有资金有限,但却要面临技术研究、产品开发、市场营销等方面的费用开支。同时,公司尚未或刚刚开始经营活动,社会交往面狭窄,公司信誉尚未建立,向供应商赊购物资或向商业银行借款一般都比较困难。因而,双创项目公司经常会遭遇资金不足的问题。

(三)费用开支无计划或控制缺位

双创项目一般是由志同道合的成员构成初创团队,成员之间的关系一般首先依靠原有的友情关系进行维系。双创项目公司创立伊始,各项规章制度不甚健全,各成员之间本着相互信任的关系,而非在制度约束下开展各项费用开支活动。这种非制度性约束下的关系很容易造成:一是费用开支无计划,二是费用开支控制缺位。

(四)财务核算不专业

财务核算也是一种专门的知识和技能。双创团队在项目运行的初期一般不会将工作重点放在财务核算方面,从而导致财务核算不系统、不专业、不规范,甚至缺乏财务核算,如此日积月累会导致项目公司的管理基础薄弱、财务账目不清,甚至引发内部矛盾,进而影响创业团队和外部投资者对项目的信心,导致创业团队中途瓦解,不欢而散。

(五)财务信息沟通不及时,责任不明晰

财务信息是项目各成员之间以及项目团队内部和外部投资者进行沟通的重要内容,通过财务信息沟通可以有效地消除项目团队成员及外部投资者对项目运行的疑虑,增强相关人员对项目的信心。同时,向团队成员及外部投资者进行必要的财务信息沟通也是满足投资者知情权的一个重要渠道。但是,由于项目初始运行阶段人们重点关注项目的技术、产品和市场等,往往会忽略财务信息的沟通,造成财务信息沟通不及时、不完整,甚至出现财务信息披露责任不明确的现象。因而公司在财务核算和信息沟通方面应当制定相应的制度和规范,明确岗位责任和管理责任,凡是不能及时、如实、规范地进行财务核算或信息披露的,应当追究核算人员和管理人员的经济责任,因此给公司造成损失的应当进行相应的经济处罚。

三、公司初创期财务问题的应对措施

(一)疏通经营过程

公司经营的各环节分工明确、衔接有序、过程流畅,是公司管理者的基本职责。只有公司经营各环节保持流畅,才有可能保持公司财务的正常、规范运行。因此,项目公司在运行过程中,应当经常关注项目经营各环节的畅通性,包括物料采购、生产技术、市场销售及设备状况等,以避免任何一个环节发生梗阻导致财务方面出现资金积压。当公司的资金总量一定时,一个环节上的资金积压和其他环节上的资金紧张往往会同时发生。因而,管理团队必须分工明确、各负其责,共同保持项目资金的流动有序、高效。

(二)严格财务审批手续

严格财务审批手续是保持双创项目公司财务运行规范、有序的基本要求。要规范和完善公司的财务审批手续,一是要制定财务审批制度,凡是涉及财务收支方面的事项都要事先制定相应的制度;二是要明确财务审批的岗位职责,不能谁都可以审批,也不能随意审批,应当统一把关、统一控制;三是要明确财务收支流程,而且应当坚持"不相容职务分工"原则,例如申请、审批、实施、验收等环节应当分别由不同的员工实施,做到相互衔接、相互牵制。

(三)岗位协作的同时明确责任

即便双创项目公司在营运之初经营规模小、人数少、分工有限,但也需要在各双创团队成员之间形成各有侧重、分工协作、各负其责的格局。双创项目管理团队应当根据各成员的专业背景和经历、个人爱好和专长等因素,按照项目公司的业务经营内容和管理的要求,明确划分不同的岗位,各岗位之间应当职责分工明确、协作关系清楚。

(四)任用专业的财务人员

双创项目公司初始运行时期财务核算和管理的薄弱应当是暂时的。随着公司业务经营的正常化和规模化,无论是业务分工,还是业务流程等都应逐步走向正规化、规范化。这种情况下项目公司势必要逐步强化财务核算和管理的功能,应当设置专门的财务核算岗位、聘用专业的财务管理人员。只有这样才能在项目公司内部规范财务行为和流程,才能对外进行定期的财务信息披露,才能逐步实现财务管理的规范化和有序化。

会计确认、会计计量和实际成本原则

（五）定期的会议制度

双创项目公司开始运行的初期，应当制定定期的会议制度，遇有特殊事项还应当进行不定期的会议。通过定期和不定期的会议，一方面沟通相关的信息，另一方面及时进行经营环节的协调。尤其是通过定期会议制度，可以在双创项目团队各成员之间互通信息，交流情况，做到彼此心中有数。

第五节　初创公司的财务核算

公司的生产和经营活动以及与之相联系的财务活动都处于不断变化的过程中。公司必须有效地利用财务核算手段进行及时的、真实的记录和反映，只有这样，才能满足管理团队日常经营决策的需要，同时也实现对项目和公司日常经济活动的系统记录。因此，有必要谈谈双创项目所涉及的相关财务核算问题。

财务核算是对双创项目整体的运行，从资金的角度运用特定的手段进行完整、系统、连续地记录和反映的过程，通过这一过程最终核算项目的盈利或亏损，并反映项目的现金流量。双创项目涉及的财务核算问题相对比较简单，但它需要规范、连续、全面、系统。归结起来，大致有以下几个方面的内容需要了解：

一、进行财务核算需要设立账簿和账户

设立账簿和账户、实施财务核算是我国会计法律法规的要求，也是项目规范、有序管理的要求。开展双创活动，项目公司一般需要设置和使用的账户包括：

（一）资产类账户

资产是在过去的交易或事项中形成的，由项目公司拥有或控制的，能够以货币方式进行计量，且预计能给公司带来经济利益的资源。资产包括有形资产和无形资产，其中有形资产又包括流动资产和非流动资产。诸如库存现金、银行存款、应收账款、预付账款、原材料、在产品和半成品、产成品等都属于流动资产；诸如房屋建筑物、机器设备、运输机械等都属于固定资产，固定资产和无形资产都属于非流动资产。为了核算和反映项目公司的资产及其占用形式，在进行财务核算时，需要设置和运用库存现金和银行存款、应收账款、预付账款、原材料、生产成本、产成品、固定资产和累计折旧、无形资产等资产类账户。

（二）负债类账户

负债是过去的交易或事项中形成的，由项目公司负担且预期会导致未来经济利益流出的一种现时义务。负债包括流动负债和长期负债。其中流动负债也称短期负债，其偿还期限一般不会超过一年，诸如短期借款、应付账款、预收账款、应付职工薪酬、应交税费等都属于流动负债；长期负债属于非流动负债，其偿还期限一般超过一年，包括长期借款和长期应付款等。公司负债中有的负债需要负担利息费用，有的负债没有利息费用。双创项目管理团队应当对负债进行有效的管理。

负债是公司筹集资金的一个渠道，但是当前的负债意味着未来的经济利益流出。因

此，公司应当有效地利用负债并同时注意负债的规模和结构，过多的负债和偿还期过于集中的负债有可能使公司陷入债务危机，甚至出现资金链断裂。为了完整、科学地核算和反映公司的负债，便于进行债务管理，一般需要设置和运用短期借款、应付账款、预收账款、应付职工薪酬、应交税费、长期借款和长期应付款等负债类账户。

（三）所有者权益类账户

所有者权益是项目公司的投资者对公司净资产的所有权，从其数额看，它等于公司的总资产额扣除负债后的余额，因此所有者权益属于剩余权益；从正面看，项目公司的所有者权益包括实收资本、资本公积、盈余公积和未分配利润。其中，实收资本也称股本，它既是公司的资本金，不还本也不付息，同时也是股东行使相关权利和界定公司产权的经济依据；资本公积也是公司的资本金，不还本也不付息，但它被公司全部所有者共同拥有，不能作为股东行使权力和界定公司产权的经济依据。盈余公积和未分配利润同属公司的留存收益，但盈余公积属于公司依法进行的积累，而未分配利润则属于以往积累的未分配盈余或未弥补亏损。由此可见，公司所有者权益的不同构成项目的来源、属性及其在公司治理中的作用等都有所差异，因而需要分别核算和反映。为此，在财务核算中，一般都需要设置和运用实收资本、资本公积、盈余公积、本年利润和利润分配等所有者权益类账户。

（四）损益类账户

定期计算损益并披露公司的经营成果是公司财务核算的一个基本功能。双创公司的管理团队也应定期地通过财务核算，计算公司的盈利或亏损状况，并按时向双创公司的投资者披露公司的经营成果。定期地了解被投资双创公司的经营情况和经营成果既是一个理性投资者的合理诉求，也是公司投资者的一种权利。双创公司要核算自身的经营情况和经营成果，就需要设置和运用相关的损益类账户，包括营业收入、营业成本（也称销售成本）、税金及附加、管理费用、销售费用、财务费用、营业外收入和营业外支出、所得税费用等账户。

（五）其他相关账户

双创公司实施财务核算，需要设置和运用的账户应当全面、科学并符合公司的具体情况。因此，双创公司在进行财务核算时，既要考虑国家和政府相关法律法规的统一要求，又要符合公司业务经营的实际情况。比如，如果双创公司从事生产活动，就还应当设置和使用生产成本账户和制造费用账户等，借以进行产品成本核算；如果公司采用委托生产的方式，则只需要按照约定支付加工费用即可，无须进行产品成本核算。

另外还需要说明：项目或公司管理所需要的主要是分类信息，所以前面所提到的都是分类账户，而且都是总分类账户，公司还要根据管理的需要设置相应的明细分类账户；有些经济事项十分重视动态信息，比如库存现金和银行存款，因而在设置和运用分类账户的同时，还需要设置和使用日记账，日记账提供的信息是流水信息。

二、建立严格的凭证制度和审批制度

任何经济活动都要取得或填制凭证，依据凭证进行财务会计核算，而且要坚持牵制原则和履行审批手续。

（一）严格凭证制度

凭证是用以证明经济业务发生或完成情况、明确相关的经济责任和实施财务核算的基本依据。财务核算中的凭证涉及两类，一类是严格控制的重要的凭证，比如公司开具给别人的、以及公司向别人索取的发票、支票之类，这类凭证要按规定购买和使用，不得遗失和外借；另一类是公司内部自用的凭证，比如入库单、出库单、工资表等，是自制的、只在公司内部使用的凭证，这类凭证可以自己设计，也可以根据需要购买。

（二）及时填制或取得凭证

凭证需要反映经济活动发生的时间、金额、经手人等相关信息。因此，无论是取得还是填制相关的凭证，都应当及时并真实地反映经济活动相关的信息，不能拖延也不能提前，更不能虚假。双创公司应当按照经济业务的内容、根据内部的职责分工及时地填制或取得相关的凭证，并及时进行相关业务的财务核算。

（三）明确核算责任

进行相关财务核算需要经手人填制、审批人审核签字后才能入账，以此明确相关人员的责任。财务会计核算应当有专人负责，要么设置专门的财务人员，要么委托代理记账。公司的业务经营规模扩大以后，还有必要设置专门的财务核算机构。但是，无论是自己核算还是委托代理记账，财务核算和出纳都应分离，应当坚持"不相容职务分工"的原则。财务核算应当真实、科学。真实性是财务信息的生命。按照我国相关法规的基本精神，公司的财务核算应当真实，并贯彻应计制原则、历史成本原则等。"真实"是指如实反映，不虚、不假；应计制原则也称权责发生制原则，它是指收入和费用要按照是否应当取得或发生进行确认，而不是按照与之对应的现金是否收到或支付；历史成本原则也叫账面成本原则，它是指经济业务要按它实际发生时的金额进行核算。

（四）定期结账

定期结账是指公司需要定期结束财务核算，并将与资产负债表相关的账户结转入下期，作为下期期初余额，将与利润表有关的账户予以结清，进而完成核算当期损益。为了达到定期结账和核算损益的目的，在一个特定会计期间的期末一般都应当计提固定资产折旧、核算应付职工薪酬、进行无形资产摊销等，进而科学地核算当期损益。这里所说的期末可以是月末也可以是年末，它是一个一般性的概念，常用于年末。

三、定期编制财务报表

财务报表是由公司定期编制的用以反映项目公司截至某一特定日期的财务状况、某一特定时期内的经营成果和现金流量的规范性表格。双创项目涉及的财务报表一般包括：

（一）资产负债表或预计资产负债表

资产负债表是特定的主体编制的、用以反映该主体特定日期的财务状况的一张财务报表，它涵盖和反映了特定主体截至该日期的资产、负债和所有者权益之间的关系及其构成情况，是一张最为基本的财务报表。前面已经对资产负债表的基本格式进行了举例。如果双创项目公司尚未建立，双创团队可以根据公司的规划、业务发生预计等相关资料编制若干年度的预计资产负债表。

（二）利润表或预计利润表

利润表是一张用以反映特定主体一定时期内经营收入和相关成本费用及最终财务成

果的一张财务报表,前面的相关内容已经对利润表的基本格式进行了举例。作为双创项目公司的管理团队应当定期地向公司的投资者编制利润表,以此反映公司的业务经营情况及最终的经营成果。如果是规划中的双创项目公司,则应当根据公司的业务规划和预计情况编制预计利润表。

(三)现金流量表或预计现金流量表

现金流量是用以反映特定主体在一定时期内的现金流入和现金流出,以及现金净流量的一张财务报表,它弥补了资产负债表和利润表所采用的应计制的不足。如果双创项目公司尚处于前期准备阶段,则可以根据公司的业务经营情况、财务政策、经营政策等编制预计现金流量表。

会计要素、会计科目和会计账户

第六节 公司初创期的税费与利润

税收和利润既是公司生产经营活动的财务后果,也是公司投资人十分关心的问题。创新创业的项目公司应当正确、及时地履行相关的纳税义务,并科学而真实地核算公司利润,这也是双创团队创新和创业、经营和管理能力的一种体现。管理团队应当考虑项目公司的税收、利润的形成过程和构成内容,它涉及公司的合法合规运行,及投资者们所关心的经营成果问题。

一、公司初创期的税费

税费是税收和规费的通称和简称,它是指政府税务等相关部门依法向纳税人征收、由纳税人依法缴纳的各种税金及相关政府规费。双创项目中,税费是项目公司应当依法履行的一种义务,作为双创项目团队应当了解相关的税法规定。就双创项目的税费整体而言,创新创业团队应当明确两个方面的问题:一是政府及相关部门关于双创的税收优惠政策;二是项目公司应当考虑哪些税费问题。

(一)双创项目的税收优惠

为了鼓励创新创业活动,各级人民政府,以及学校和金融机构等都给予了各种各样的优惠政策,在场地租用、工商注册、税务登记等方面都提供了相应的便利或优惠。所有这些都需要双创项目团队成员积极保持与学校、当地政府部门等相关机构的联系,充分了解和尽可能多地享受各地方的优惠政策和奖励措施。

从税收的角度看,双创项目团队要参考国家税务总局发布的《"大众创业 万众创新"税收优惠政策指引》,要充分运用国家税务机关给予的税收优惠政策。

(二)税收优惠的主要形式

国家为了鼓励创新创业,采取了不同形式的税收优惠。主要包括:

(1)税收减免,即降低或免除双创项目公司应当缴纳的相关税款,主要表现在增值税和公司所得税方面。

(2)即征即退,是指对按税法规定缴纳的税款,由税务机关在征税时部分或全部退还纳税人的一种税收优惠，主要表现在增值税方面。

（3）税收延期，是指允许纳税人将其应纳税款延迟缴纳或分期缴纳。这种方法可适用于各种税收，特别是数额较大的税收。对于双创项目而言，主要表现在公司所得税和个人所得税方面。

（4）增加扣除，是指纳税人在计算缴纳相关税金的基数时通过增加扣除项目或增加扣除幅度等方式减轻纳税人税收负担的一种方法。比如允许公司固定资产的加速折旧数额计入税前扣除等。增加扣除主要表现在公司所得税和个人所得税的计算方面。

（5）加计扣除，是指纳税人在计算缴纳相关税金时，可以按照实际发生费用再上浮一定百分比进行税前扣除的税收优惠。这项优惠主要针对公司研发新产品的研发费用等。

还需要说明以下几点：

（1）双创项目涉及方方面面，针对不同的情形国家有不同的税收优惠。比如大学生创新创业、退伍军人创业、随军家属创业、吸收残疾人就业等不同情形。

（2）不同的税收优惠形式，对企业的影响有所不同，有的是直接减免税收，有的是增加成本费用和税前扣除项目，有的是延期征收相应税款。

（3）不同地方对创新创业活动还可能有其他优惠和鼓励措施。因而，双创团队应与当地的政府税务部门、大学生创业园区、金融机构等保持密切的联系。

（三）相关税费的财务处理

根据不同税费的属性及其对公司利润的影响，其财务处理大致包括以下几种情形：

（1）计入成本费用的税收。设立账簿、签订合同等需要计算缴纳的印花税税金都要计入公司的管理费用。

（2）价外抵扣的增值税。增值税分为进项税和销项税，当期销项税减去当期进项税，就是当期应当缴纳的增值税，由于增值税实行的是价外抵扣制，因而它不影响项目公司的损益计算，也不会在利润表中显示。

（3）公司所得税，也称所得税费用。它以财务核算的利润总额为基础，考虑财务口径和纳税口径的差异进行调整，进而形成应纳税所得额，并运用适应税率计算得出。它在公司利润表中表现为扣除项目。

（4）教育费附加等规费。属于政府规费，视同税金进行计算和缴纳，在利润表中包含在"税金及附加"项目中，也是利润表的扣除项目。

（5）代扣代缴个人所得税等。双创项目的初期一般不会涉及代扣代缴个人所得税的问题，而且不影响公司利润的形成，不会在利润表中体现出来。

二、公司初创期的利润

（一）公司初创期利润的形成

利润是公司一定期间生产经营的最终财务成果，它包括营业利润、营业外收支净额和所得税等几个构成部分。其中，营业利润是公司一定期间内营业收入与同一期间的成本费用进行配比的结果；营业外收支净额是公司一定期间内营业外收入抵减营业外支出后的余额。营业外收入和营业外支出通常与正常的生产经营活动无关，没有规律性，因而不具有可预计性，它们是公司利润的增加和减少。

日常生活中,利润往往还存在毛利、利润总额、净利润等不同层次的概念。毛利是指公司一定时期内的营业收入扣除营业成本之后的余额。营业成本也叫销售成本,它指的是已经销售的产品的生产成本。毛利扣除税金及附加费、管理费用、销售费用和财务费用等项目之后的余额就是营业利润。公司的营业利润加上营业外收入,减去营业外支出后的结果称为利润总额,也称为税前利润。公司依据税前利润,考虑财务口径和纳税口径的差异,进行纳税调整得出应纳税所得额并考虑所得税税率,计算缴纳所得税。公司计算缴纳所得税之后的利润称为税后利润,也称为净利润。日常生活中所说的利润分配是针对税后利润进行的分配。

(二) 公司初创期利润的分配

在我国现有法律法规框架下,公司利润的分配并非完全按照公司股东自身的意愿来进行,它首先必须考虑国家财务法规的规定,然后才能依据股东大会的决议进行分配,而且应当综合考虑实施利润分配对公司的长期发展是否更加有利。

(1) 按照我国的财务会计法规的规定,公司的税后利润应当首先计提10%的法定盈余公积金和5%的公益金。公司计提的法定盈余公积金和公益金,是公司的法定积累,但它也是属于股东权益的一个构成部分。公司计提法定盈余公积金和公益金之后,剩余的税后利润就是本期积累的未分配利润。

(2) 剩余利润的分配。可以通过股东会决议的形式向股东分配利润。但是,双创项目的初期,一般都是进行资本积累的时期,项目的盈利除了按照国家财务法规的规定计提公积金外,一般不进行现金股利的分配。

(3) 项目公司的税后利润,扣除计提的法定盈余公积金、公益金及向股东分配的利润之后,剩余的部分作为"未分配利润",形成了资产负债表中所有者权益的积累。

(4) 项目公司的经营情况反映在利润表中,它反映了公司的盈利是怎么取得的。在经历了利润分配过程之后,最终的未分配利润又回到了资产负债表,构成了对所有者权益的一种影响。由此便完成了一个财务循环。

还有必要说明,财务问题是一个十分专业的问题。随着项目公司的发展,有许多问题可能都会接踵而来。比如最佳资本结构问题、资本成本最优问题、利润分配政策问题、企业并购或重组问题、股权激励问题、集团公司财务问题、跨国公司财务问题等等,这些都只能留待以后学习和讨论了。

创业的"坎"

第七节 创业财务的应用实例

一、应用实例背景

河南华康健身科技有限公司是一家旨在开发和销售"趣味健身自行车"的模拟创业公司。其注册地在大学生科技园,法人代表为学生甲。首推的"趣味健身自行车"是将体育锻炼和趣味竞技融为一体的创意产品,目前,该项目已经获得专利证书。项目运行初期,拟采用委托生产的方式,委托专业厂家进行生产,该公司只负责产品研发及市场销售,并考虑租赁的形式进行经营。

二、产品盈利能力测算

该项目团队经过初步的市场调查和研究,发现市场上还没有相同或类似产品,周边邻近地市的公园、动物园、购物中心等场所对该产品有较好的需求,并已签订了部分产品购销意向书。经测算,该项目具有较好的盈利性。"趣味健身自行车"项目的盈利测算如表10-10所示。

表10-10 自行车的损益情况

编制单位:河南华康健身科技有限公司

项 目	数 量	备 注
单台销售价格/元	8 600	
单台变动成本/元	3 600	材料、配件和委托加工费用等
单台边际贡献/元	5 000	
每月固定成本/元	10 000	折旧费、租金和三项期间费用
月保本销售量/元	2	
月保本销售额/元	17 200	

三、公司的筹资情况

河南华康健身科技有限公司根据业务规划的需要,计划筹集资本金25万元人民币,分别由创业团队成员、学校支助和外部风险投资方出资。

(一)启动资金需求测算

公司管理团队经过讨论,确定项目的资金需求如表10-11所示。

表10-11 "趣味健身自行车"项目资金需求明细表　　　金额单位:元

类别(项)	明细(目)	数 量	单 价	金 额	备 注
固定资产	房屋、建筑物				经营和办公
	机器设备	2套		117 300	试制使用
	办公桌椅	10套	600	6 000	经营使用
	电脑	10台	3 500	35 000	办公使用
	打印机	4台	600	2 400	
	饮水机	2台	450	900	
	文件柜	4套	600	2 400	
	小计			164 000	
无形资产	专利权	1项	50 000	50 000	生产使用

续 表

类别(项)	明细(目)	数量	单价	金额	备注
流动资产	原材料	5吨	4 000	20 000	包括外购配件等
	电脑耗材	1批		800	打印纸、墨盒等
	办公用品	1批		200	稿纸、信封等
	备用现金			15 000	人民币现金
	小计			36 000	
合计				250 000	

(二) 公司的权益融资

针对该项目资金需求,经过双创团队的协商初步确定,以现金和专利权两种形式筹资。其中现金部分,预计可融资金额为 20 万元人民币;专利权部分,可协议作价 5 万元人民币。这两种形式的融资共计筹集资金 25 万元,全部作为投资人的初始投资。初始融资到位后,出资人的出资情况如表 10-12。

表 10-12 "趣味健身自行车"项目资金来源明细表　　金额单位:元

类别	明细	出资方式	金额	比例	备注
创业团队出资	创业团队四人出资,其中三人各出资1万元,一人以专利权出资、协议作价5万元	现金出资	10 000	4%	人民币
		现金出资	10 000	4%	人民币
		现金出资	10 000	4%	人民币
		专利出资	50 000	20%	协议作价
	小计		80 000	32%	
政府、学校等		现金注入	20 000	8%	人民币
拟吸收风险投资		现金出资	150 000	60%	人民币
合计			250 000	100%	

公司完成初始融资后的资产负债如表 10-13 所示(其中日期应当为公司成立的日期)。

表 10-13　资产负债表

编制单位:河南华康健身科技有限公司　　　年　月　日　　　　　　　　　单位:元

项　目	金　额	项　目	金　额
货币资金	200 000	短期借款	0
无形资产	50 000	股本	250 000
资产总计	250 000	负债和所有者权益总计	250 000

(三) 公司的债务融资

假如河南华康健身科技有限公司在完成初始融资后，考虑到经营需要，还需要而且能够向零配件供应商赊购价值 6 万元健身自行车的零配件，则这一赊购既属于商业融资，也属于债务融资，它可以在短期内解决项目公司购买零配件的自有资金不足问题。假如这一赊购交易完成，则公司的资产负债表便会发生变化，如表 10-14 所示。

表 10-14　资产负债表

编制单位：河南华康健身科技有限公司　　　　年　月　日　　　　　　　　单位：元

项目	金额	项目	金额
货币资金	200 000	短期借款	0
存货	60 000	应付账款	60 000
无形资产	50 000	股本	250 000
资产总计	310 000	负债和所有者权益总计	310 000

(四) 公司融资过程的启示

由河南华康健身科技有限公司的融资计划和经历可以看出：

(1) 不同的融资方式，出资人所享有的权益不同。一般情况下，如果是权益融资，项目公司获得的是长期的、稳定的自有资金，而且是资本金，不还本不付息；从出资人的角度看，出资人通过投资，获得的是公司股权和股东的身份。这个项目中的出资人，无论是团队成员出资，还是政府、学校和风险投资者的投资，所投入公司的共计 25 万元资本金是既不退还本金也不支付利息，包括以专利形式出资的 5 万元，也是不能退还的；这些出资人也正因为完成了出资义务，才享有了华康公司股东的身份和权利。而通过债务融资方式，获得的是临时性的资金来源，承担定期还本甚至付息的义务，出资人即债权人；债权人在公司总资产中只拥有有限索偿权，即仅仅局限于债权本金和利息。在该项目中，通过赊购自行车零配件而获得了 6 万元的资金来源，但是这 6 万元的赊购款构成了一种负债，公司并因此而承担了 6 万元的债务，需要按照约定期限偿还债权人。

(2) 不同的融资方式，发生于不同的时间节点。其中，权益融资是在项目启动的时候由创业团队和外部投资者投入资金的，它用以满足项目的基本资金需求；该"趣味健身自行车"项目的初始权益融资就是如此。而债务融资则一般只能在项目运转起来以后才能实施。

(3) 不同的融资方式，可融资金额有所不同。其中权益融资的数额是在项目启动之初就已经确定，之后一般不会发生频繁的变化。华康公司为了举办"趣味健身自行车"项目而融入权益资本 25 万元，是在项目公司设立之初已经确定了的，且在短时间内不会发生频繁的变化；而债务融资一般是在项目运行过程中根据需要和可能去确定其发生数额的。

四、公司筹资后的资金运用

公司为了生产经营的需要购置了机器设备 2 套、办公桌椅和电脑各 10 套、打印机和文件柜各 4 套等,共计 164 000 元,这些都是公司生产经营所需要的长期资产,具有一定的实物形态,在财务上叫固定资产。而公司进行生产经营活动购买的专利权等资产,表面并无形状,但对公司的存续和生产经营活动却能发挥长期的作用,甚至必不可少,这类长期资产称为无形资产。

华康公司为了满足日常营运的需要,还需要购置原材料、电脑耗材、办公用品等日常消耗性的资产共计 36 000 元,最后还持有 25 000 元的货币资金,以便满足公司的日常零星开支。所有这些,在财务上都统称为流动资产。

河南华康健身科技有限公司在进行资产购置时,部分物资采用了分期付款的方式,其中现金支付 17 5000 元,其余 25 000 元有待将来付款。

河南华康健身科技有限公司进行资产购置后的资产负债表如表 10 - 15 所示。

表 10 - 15 资产负债表

编制单位:河南华康健身科技有限公司　　　××××年×月8日　　　　　　　　单位:元

资　产	金　额	权　益	金　额
货币资金	25 000	短期借款	0
存货	96 000	应付账款	85 000
固定资产	164 000	股本	250 000
无形资产	50 000		
资产总计	335 000	负债和所有者权益总计	335 000

五、公司经营活动对财务的影响

公司管理团队认为,投资的经济价值主要体现为财务上的盈利;而业务经营与公司的财务表现又具有密不可分的关系。公司经营活动对财务的具体影响如下:

(1) 项目伴随着各种活动的开展和实施,往往都会涉及或表现为:由货币资金到购买材料,再由原材料到生产加工,继而形成和销售产品,只有销售了产品才能换回增量的货币资金或形成增量的应收账款。这样一个由货币资金出发又回归到货币资金状态的过程就是资金循环,不断的资金循环就形成了资金周转。"趣味健身自行车"公司进行产品设计,并进行试制,形成产品样品,然后委托专业厂家生产,公司收货并形成产品库存;只有销售才能形成营业收入和相应的货币资金或应收账款。这样一个生产经营过程也同时表现为财务上的资金运动和循环。

(2) 资金周转的速度越快,项目创造的效益就会越高。通过测算,说明"趣味健身自行车"具有较好的盈利性。只有加快生产和销售的速度,并同时考虑整个公司的营运情况,才能形成公司层面更多的营业收入和利润。公司开始经营活动的 6 月份就完成了销售 4 台的业绩。其利润如表 10 - 16 所示。

表 10-16 利润表

编制单位：河南华康健身科技有限公司　　××××年6月　　　　　　　　　　　　单位：元

项　　目	本月发生	本年累计
一、营业收入	34 400	34 400
减：销售成本	16 600	16 600
税金及附加	560	560
管理费用	10 800	10 800
销售费用	5 400	5 400
财务费用	−100	−100
二、利润总额	1 140	1 140
减：所得税	0	0
三、净利润	1 140	1 140

六、公司提升经营能力和盈利能力采取的措施

公司为提升经营能力和盈利能力采取的具体措施如下：

(1) 要力求恰当采购，避免过量的材料采购。因为过量采购很可能导致公司有限的资金被存货占用或者公司负债大量增加。对公司而言，有限的资金积压在原材料上，不利于提升经营效率。因此，在项目运行过程中，需要综合考虑各种因素，制定科学的原材料经济库存数量，以避免材料库存过多而导致的资金沉淀和浪费。相反，如果因为资金供应不足而导致原材料库存不足，则会导致产能利用不足，同样会导致公司经营效率下降。

(2) 保持生产经营过程的流畅。生产经营过程的流畅是财务安全、有序运行的基础。因此，要避免生产经营过程中发生"梗阻"现象，比如设备出现故障、技术不成熟、工艺不稳定、材料供应不足、产品因销售不畅而出现积压、赊销款不能及时收回等。这就要求项目在生产和经营的组织上，注意技术的稳定性、质量监控的持续性、生产经营各环节的衔接有序性，而这些，也正是项目公司各负责人的基本职责。

(3) 要制定科学的销售政策、避免无原则的赊销。尤其是公司经营困难、销售额下降的时候最容易出现随意赊销现象，进而导致坏账损失发生的机会增大。公司在经营过程中，可以通过一定的批量折扣政策，鼓励客户更多地购买，以增加公司的销售收入；也可以通过一定的现金折扣政策，鼓励客户尽早结算货款，规避坏账风险。仍然以"趣味健身自行车"为例，如果采用委托加工的方式进行生产，则团队的主要任务就是要做好研发和产品的升级换代，实施市场销售，并通过项目管理使得各个环节衔接有序。其中，在市场销售过程中，不能为了扩大市场份额和增加公司的营业收入而随意赊销，尤其对于初创公司而言很容易遭受坏账风险。如果出现大量的坏账损失，则更加得不偿失。

(4) 在资金周转过程中，难免因为赊购别人的材料等而形成应付账款，也难免因为将产品赊销给购买方而产生应收账款，这些都属于经营性的债务和债权。从财务的角度看，

这些经营性的债务要按期偿还,否则就会影响项目公司的信誉;经营性的债权要及时催收,否则就有可能形成坏账损失。

（5）项目进行过程中,一定会形成各种成本。按照规范的要求：成本包括生产成本和期间成本。其中,生产成本包括生产过程中发生的材料费用、生产人工费用、燃料和动力费用,以及各种间接消耗的制造费用(例如折旧费、修理费等);期间成本包括管理费用、销售费用和财务费用等。

（6）生产成本与成品存货紧密联系;期间成本则与公司的存续紧密关联。因此,生产成本一般以在产品和存货的形式反映为资产,只有进行了销售,带来了营业收入,才能计入营业收入的扣除项目;而期间成本则需要按项目,全部计入当期损益,与存货无关。

（7）财务营运过程中,财务负责人要及时关注：一是资金流转是否顺畅,财务方面的梗阻势必会影响到项目的正常运行;二是资金结构是否合理,长短期负债与资产结构是否存在内在的对应关系,是否会因此导致偿债风险;三是负债是否过多,一般资产负债率不要超过70%。负债虽然是公司取得资金来源的一个重要渠道,但是应当有所节制,否则可能会因为负债过多,而使公司遭受偿债风险。

至此,河南华康健身科技有限公司已经完成了筹资、创立并走上了发展的道路。

本 章 小 结

本章明确了财务问题在创新创业活动中的重要性,同时介绍了双创活动中财务问题的内涵和内容。其中,筹资重点介绍了双创项目权益融资和债务融资及由此产生的投资人在项目公司中的权益差异问题;投资重点介绍了双创项目公司在完成筹资后所需要进行的资产购置和日常耗费问题,借以体现了投资所导致的项目公司财务状况变化、资金变化中的平衡关系等;日常营运重点突出了伴随着项目公司的经营活动出现的公司财务状况的变化及有可能因此引发的经营风险和财务风险问题,同时也间接地体现了财务问题的重要性和敏感性;财务核算强调了规范化、制度化及其对项目公司未来发展的基础性影响;税务部分重点说明了国家和政府对创新创业活动的税收优惠及项目公司一般应当考虑的税收问题;而利润部分则重点介绍了利润的形成和分配问题。

思 考 题

1. 为什么说财务问题是创新创业项目中最为重要和敏感的问题之一?
2. 你如果是项目主创人员,最为关心的是哪些财务问题?为什么?
3. 你如果是创新创业项目的风险投资者,最为关心的是哪些财务问题?为什么?
4. 你如果是风险投资者,依次关心双创项目哪些方面的问题?请分别说明原因。

第十一章 创业营销基础

 学习目标

1. 能够从战略分析、战略选择、战略实施三个角度进行市场营销战略管理。
2. 能够理解4P理论,能够根据创业项目的不同进行产品策略、价格策略、渠道策略和促销策略的策划与实施。
3. 能够运用病毒营销、关系营销等新型营销模式进行产品推广。

 导入案例

差异化+多样性,小度化冰冷为温暖

差异化营销战略加上多样性营销战术,小度智能音箱打破冰冷的机器人形象,化身陪伴你我的暖心小伙伴。

百度的人工智能助手小度采取差异化营销战略,在AI技术独特性、目标客户精准性、应用场景开放性、内容服务容纳性等方面展示出独特的个性。技术创新上,小度音箱得益于百度的整体技术赋能,搭载全球领先的全双工免唤醒功能,首创家庭信息流能力、家庭通信与通知能力、智能音箱DLNA投屏能力,拥有语言交互、人脸识别、手势控制、眼神唤醒等多种交互模式,对用户指令听懂率超过90%,拥有海量有声资源、百科查询、陪聊服务、童脸识别、语音控制家电等诸多功能,成为用户的贴心小助手;客户精准性上,小度智能音箱Play内置"00后"黑话和爱豆声线,精准对标"00后",小度在家智能屏X8"能陪娃能聊天能看片",打造温馨家庭,小度教育智能屏"能学习能提分能互动",主打儿童教育;应用场景上,小度音箱不再局限于家庭场景,而是深入到教育、医疗、酒店等各类场景,打造"无处不在"的小度助手;内容服务上,与抖音、快手、蜻蜓FM、懒人听书等内容平台合作,提高智能音箱的容纳性,产品生态越来越广。

配合差异化营销战略,小度的营销战术也是千变万化。综艺营销上,小度联手综艺《向往的生活》和《亲爱的客栈》,化身"蘑菇屋小管家"和"智能员工";跨界营销上,与故宫文化联合推出小度在家1S故宫文化限定版,成为"故宫中国节AI大使";社交媒体中,小度联合百家品牌发起"一年一度 众里寻Ta"微博抽奖活动,五天时间参与人数突破百万;家庭营销上,通过互动问答式广告,深度渗透家庭场景;"玩梗"营销上,从"彩虹P梗"到"请假梗",挖掘用户共情点,激发全民参与,甚至创作出很多优秀的用户原创内容(user generated content，UGC），实现品牌营销动作与触发点由"品牌—用户"向"用户—品牌—用户"的转变。

2019年中国智能音箱出货量达5 200万台，占全球总出货量的64%。百炼成钢的高手营销，助力小度以19.1%的市场份额位居全球第三，仅次于亚马逊和谷歌，成为中国第一。

产品和市场之间隔着一条大河，产品在这头，市场在那头，而营销便是那过河的桥。桥该在哪里修，又该如何修，这就需要明确营销战略与战术。

第一节 营销战略的确定

市场营销战略是根据市场外部环境和企业内部条件设定营销目标，进行科学的谋划，选择合适的发展战略，依靠企业能力将其付诸实施，并在实施过程中进行控制的一个动态管理过程，具体包括营销战略分析、营销战略选择、营销战略实施三个阶段。

一、营销战略分析

营销战略分析是市场营销人员分析外部环境潜藏的机会和威胁以及企业存在的优势和劣势，以期扬长避短，抓住机会，规避威胁，实现营销战略目标。

（一）外部环境分析

企业总是存在于一定的环境当中，这个外部环境包括宏观环境和产业环境。宏观环境包括政治-法律、经济、技术和社会-人文等因素，产业环境包含着现有竞争者之间的竞争、行业新加入者的竞争、替代品的竞争、供应商讨价还价的能力和购买商讨价还价的能力。通过对宏观环境和产业环境的分析，可以找出企业面临的发展机会和潜在的发展威胁，这是制定企业营销战略目标和相应战略选择的出发点。

1. 宏观环境分析

宏观环境分析的意义在于确定和评价政治-法律、经济、技术和社会-人文等宏观因素对企业营销战略目标和战略选择的影响。

（1）政治-法律因素。政治-法律因素是指对企业营销活动产生现存和潜在作用与影响的政治力量和法律法规。其中，政治因素分析主要包括国家和企业所在地区的政局稳定状况和相关的产业、税收、补贴等政策及这些政策的连续性和稳定性，法律环境分析主要是考察对知识产权保护法、经济合同法、商标法等与企业经营息息相关的法律是否真正做到了有法可依、有法必依、执法必严、违法必究。创业团队在进行创业项目选择时，尽可能选择国家产业政策支持的行业，这些行业国家通常会在税收、贷款、补贴等方面有一些优惠政策，也会制定相关的法律予以保护和规范。

（2）经济因素。首先，要分析宏观经济的总体状况，这可以从国内生产总值增长率来看，较高的增长率表明国民经济整体向好，将会给企业更多的发展机会。其次，还要考虑中央银行的利率水平，较低的利率会使企业使用资金的成本降低。再次，要分析消费者的收入和消费水平及结构,从而找出新的创业机会。最后,要分析劳动力的供给与质量、价格指数的变化等要素。

(3) 技术因素。当今科技变革一日千里,大数据、云计算、物联网等新技术的发展,给创业者带来了新的发展机会,也在一定程度上考验着企业的存活时间。创业者一定要关注科技的变革,既要有敏锐的市场观察力,充分利用新技术带来的新机遇,也要提防新技术对现有行业的颠覆,避免发出"我打败了所有对手,却输给了这个时代"的感叹。

(4) 社会—人文因素。社会—人文因素包括社会文化、社会习俗、劳动力的价值观和工作态度、人口数量和结构等。市场由消费者、可支付购买力及消费欲望三个要素组成,社会—人文因素影响着消费者的思维习惯、消费方式和购买偏好等,人口数量和结构的变化也会带来新的创业机会。

2. 产业环境分析

一个企业在所处的产业环境中,不仅要与行业内现有的企业进行竞争,还要与行业的新加入者、替代品、供应商和购买商进行竞争。这五种竞争力的强度,影响着企业的生存和发展。

(1) 现有竞争者之间的竞争。现有竞争者之间经常采用的竞争手段包括价格战、质量战、服务战、渠道战、产品战等。创业型企业要分析自己在行业中的地位,了解行业内主要竞争对手的实力,剖析自己和竞争对手的优势和劣势,知己知彼,制定自己的竞争策略。

(2) 行业新加入者的威胁。行业的新加入者会加大市场的供给,加剧市场的竞争。面对新加入者的竞争,企业要加强核心竞争力的凝聚,在规模经济、产品差异化、渠道稳定等方面提高进入障碍,避免遭受新加入者强有力的攻击。

(3) 替代品的威胁。替代品是指那些与本行业产品有同样功能的其他产品。替代品的价格降低,会导致本行业产品的需求减少。而替代品的质量性能更好,也会导致消费者转向替代品的购买。替代品的出现,常常不是只对行业内的某些企业产生影响,甚至会颠覆整个行业。因此,企业要高度重视替代品的出现和发展。

(4) 供应商的威胁。供应商对企业的威胁主要体现在提高原材料的价格或降低原材料的质量上,更有甚者,会拒绝对企业的供货,直接导致企业生产成本的增加甚至"巧妇难为无米之炊"。面对供应商的威胁,企业要做大做强,力争成为供应商的大客户,同时要增加供应商的数量,还可以采取后向一体化战略,实现原材料的自给自足。

(5) 购买商的威胁。购买商的威胁主要体现在要求降低价格或是提供更好的质量和服务,这会挤压企业的经营利润。面对购买商的威胁,企业应加强差异化产品的供给,从而提高客户的忠诚度,此外还可以采取前向一体化战略,建立自己的销售网络,降低购买商的讨价还价能力。

(二) 企业内部条件分析

知人者智,知己者明。企业在制定营销战略目标和战略选择时,要对企业资源进行分析,在此基础上分析企业的营销能力,找出优势和劣势。

1. 企业资源分析

企业资源按其形态分为有形资源和无形资源。有形资源包括财务资源、实体资源、人力资源和组织资源,无形资源包括技术资源和商誉等。企业在营销战略分析时,要充分了解营销活动可支配的资金数量、可使用的相关设备、营销人员的数量和质量以及营销部门组织架构等有形资源,还要了解本企业的营销技术和商誉。

2. 营销能力分析

(1) 销售组织分析。了解销售组织机构、销售队伍结构、销售人员素养、顾客关系管理系统等。

(2) 销售绩效分析。包括对销售计划完成率、销售额增长率、销售毛利率、欠款回收率、新客户开发率等指标的分析。

(3) 销售渠道分析。分析企业直接销售和间接销售的各种形式,计算不同销售渠道的贡献率,分析现有渠道的合理性。

(4) 促销活动分析。分析促销经费占销售额的比例是否适度,促销活动是否合理,促销对提高企业知名度及扩大销售的贡献率。

通过对企业营销能力的分析,找出企业营销的优势和劣势,充分发挥营销优势,对营销能力不足的地方予以弥补,并与竞争对手进行对比,制定合理有效的营销战略目标,选择契合营销能力的营销战略。

(三) SWOT 分析矩阵

SWOT 分析矩阵是战略分析的常用工具之一,它是进行企业外部环境和内部条件分析,从而找出二者最佳可行战略组合的一种分析工具。其中,S 代表 strengths(优势),W 代表 weaknesses(劣势),优势和劣势分析主要用于对企业内部条件的分析;O 代表 opportunities(机会),T 代表 threats(威胁),机会和威胁主要用于对企业外部环境的分析。将调查得出的各种因素根据轻重缓急进行排序,就构造了 SWOT 分析矩阵,如表 11-1 所示。

表 11-1 SWOT 分析矩阵

项 目	企业内部优势(S)	企业内部劣势(W)
企业外部机会(O)	SO 战略 依靠内部优势 利用外部机会	WO 战略 利用外部机会 克服内部劣势
企业外部威胁(T)	ST 战略 利用内部优势 回避外部威胁	WT 战略 减少内部劣势 回避外部威胁

根据 SWOT 分析矩阵,我们可以得出四种组合,第一种是 SO 组合,这是一种最理想的组合,市场给予企业机会,而企业也有足够的优势,此时企业可以凭借优势最大限度地利用市场机会,力求长足发展;第二种是 ST 组合,企业有较强的竞争优势,但外部环境存在着一定的威胁,在这种情况下,企业需要把优势发挥到极致,尽量化解威胁;第三种是 WO 组合,外部环境给予企业一定的发展机会,但是企业在市场竞争中却处于劣势,这时可以通过引入外援的方式弥补企业劣势,尽量抓住市场机会;第四种是 WT 组合,外部环境威胁着企业的生存与发展,同时企业也存在着诸多的劣势,这是最悲催的一种状态,此时生存是企业的第一要务。

二、营销战略选择

制定市场营销战略的第二个步骤是战略选择。著名的竞争战略家迈克尔·波特提出,企业可以遵循的制胜战略有三种。

(一) 成本领先战略

成本领先战略实例

成本领先战略是企业通过采购、生产、销售等一系列措施全面降低成本,使企业成本低于竞争对手,从而获得竞争优势的一种战略。实施成本领先战略的关键在于实现相对于竞争对手的可持续性成本优势,避免竞争对手"师夷长技以制夷"。

实施成本领先战略,可以抵御现有竞争者的对抗,提高新进入者的进入壁垒,增强对抗购买商讨价还价的能力,当供应商抬高原材料价格时会有更大的灵活性,与替代品竞争时也会处于更有利的地位。

但企业在追求成本领先战略时,如果注意力过分集中在价格上,会容易丧失对市场变化的敏锐洞察力。另外,采取成本领先战略的企业,通常会挑起价格战,而过度降价会导致利润率的下降。这些都是企业需要规避的。

(二) 差异化战略

差异化战略是指企业提供标新立异、独具特色的产品或服务,以树立客户对品牌的忠诚度,从而建立起独特竞争优势的一种战略。这种战略的核心是取得某种对客户有价值的独特性。

差异化战略可以使企业凭借客户较高的忠诚度取得行业竞争优势,也可以形成强有力的进入壁垒,加大新加入者进入行业的难度,提高企业面对供应商和购买商的讨价还价能力,同时降低替代品对企业的冲击。

但企业在实施差异化战略时也要避免无价值的过度的差异化,以及对差异化产品或服务过高的定价,否则会导致对客户的吸引力下降,降低客户的品牌忠诚度。

【延伸阅读】 拼多多的社交电商之路

> 社交电商基于人际关系网络,利用在线社交平台,进行商品的宣传和销售。
> 在拼多多出现之前,社交电商更多的是一个一对多的发散性的营销活动,营销的中心是 KOL(key opinion leader,关键意见领袖),由一位 KOL 担负起向众多粉丝用户推销货品的责任。而拼多多发起的社交电商,则完全去中心化,每一个人都可能成为 KOL,发起拼团活动。为了凑够指定成团人数,用户会把消息分享给自己的朋友。基于熟人社交,人们对于这种拼团模式的信任度更高,参与度和活跃度也更强。最初的拼团模式之后,拼多多又出了很多社交新玩法,包括邀请微信好友为自己想要的商品砍价、帮好友开红包拿现金等。拼多多就是通过这种差异化战略,以不同于其他电商的社交电商新模式,获取了大量的用户流量,实现了在中国电商市场上的病毒式扩张。在阿里和京东形成的固若金汤的市场格局中,短短三年就迅速崛起,于 2018 年 7 月 26 日在美国纳斯达克市场成功上市。

（三）集中化战略

集中化战略是指主攻某个特定的顾客群或者某个特定地区的市场，从而可以更高的效率、更好的效果为某一狭窄的战略对象服务来建立竞争优势的一种战略。

对于一些实力不足以对抗大公司的中小企业来说，集中化战略可以避其锋芒，使企业游刃有余地在某个特定市场生存和发展。

但实施集中化战略的企业也要注意避免市场过分狭窄的风险，如果强有力的竞争对手进入企业选定的细分市场，那么企业就岌岌可危了。同时，如果这个特定的市场提供的产品与大市场相差无几时，对客户的吸引力将会大大下降，也会导致企业经营处于困顿之中。

集中化战略实例

三、营销战略实施

市场营销战略的第三个步骤是战略实施。良好的战略还有赖于强大的执行力，否则只能是纸上谈兵，空耗时间和精力。

营销战略实施涉及大量的资源配置和资金调度，上到公司高管，下到基层员工，都要参与战略的实施。营销战略的实施，需要高管强有力的领导力、适于企业发展的组织架构变革以及各个职能部门的通力合作。

第二节 营销战术的确立

4P 即 product(产品)、price(价格)、place(渠道)、promotion(促销)，4P 理论由杰瑞·麦卡锡提出，营销战术可以围绕这四个方面统筹规划。

一、产品策略

产品策略是企业以满足顾客需求为中心提供给目标市场的货物及服务的集合，主要包括产品的整体概念、产品组合策略及产品的生命周期运用策略。

（一）产品的整体概念

一个优秀的产品要能抓住客户的心，吸引客户的眼球，让顾客有物超所值的欣喜，这里体现的就是产品的整体概念。产品的整体概念包括核心产品、形式产品和附加产品三个层次（图 11-1）。

核心产品是能够满足消费者的基本需求和利益的产品，即产品的功能和效用，是消费者真正要购买的利益和服务。如入住宾馆是为了休息与睡眠，企业在做产品宣传时可强调宁静的环境和舒适的房间等特色，从而抓住顾客的心。

形式产品是核心产品借以实现的形式，包括产品品牌、质量、包装、造型等等，它是消费者可以直接观察和感受到

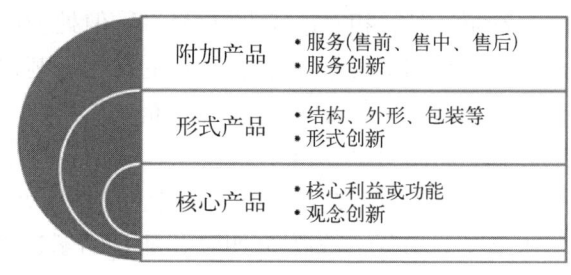

图 11-1 产品的整体概念

的部分。产品的形式设计要有很强的冲击力,能够吸引顾客的眼球,例如希尔顿五星级酒店的高端定位,乡村民居的清新可人,对出门在外的游子都有很好的吸引力。

附加产品是顾客购买有形产品时所获得的附加服务和利益。游子入住宾馆如果享受到扑面而来的热情、鲜花的迎送、免费的水果这些额外服务,一定会有意外的惊喜,焉能不成为忠实客户呢。

美国著名的管理学家李维特曾经说过:"新的竞争不在于工厂里制造出来的产品,而在于工厂外能够给产品加上包装、服务、广告、咨询、融资、送货或顾客认为有价值的其他东西。"现代企业产品外延的不断拓展缘于消费者需求的复杂化和竞争的白热化,企业只有认识到产品的整体概念,以消费者需求为中心,在满足消费者基本需求的基础上,设计出质量过硬、包装独特、造型新颖的产品,创立企业品牌,并深入挖掘消费者的潜在需求,不断延展产品的附加值,最终提供给消费者认为物超所值的产品,才能在竞争中立于不败之地。

(二)产品组合策略

产品组合策略是指有助于实现企业可持续性发展的产品组合,这从波士顿矩阵看得很清楚,如图 11-2 所示。

在波士顿矩阵中,横轴以"相对市场占有率"表示,反映的是该产品目前的竞争实力;纵轴以"市场增长率"表示,反映的是该产品的未来发展潜力。

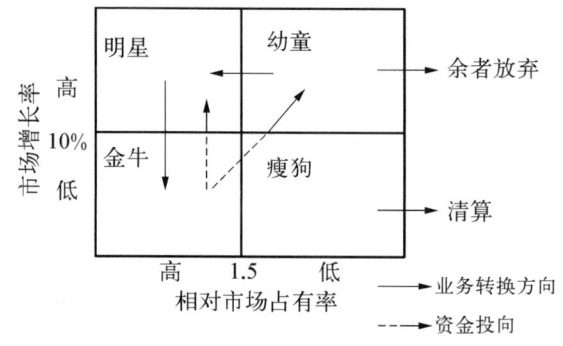

图 11-2 波士顿矩阵

$$相对市场占有率 = \frac{该产品本企业当年的销售额(量)}{主要竞争对手当年的销售额(量)} \times 100\%$$

$$= \frac{该产品本企业的绝对市场占有率}{主要竞争对手的绝对市场占有率} \times 100\%$$

$$市场增长率 = \frac{当年市场需求 - 去年市场需求}{去年市场需求} \times 100\%$$

相对市场占有率和市场增长率分别以 1.5 和 10% 为分界点,就有了波士顿矩阵中的四个象限,分别以金牛、明星、幼童和瘦狗代表四类产品。

其中明星产品的市场增长率和相对市场占有率都较高,它是企业的当家花旦,既处于快速增长的市场中又是行业翘楚,对于这类产品,企业需要进行必要的投资,以保持其与市场同步增长甚至快于行业增长率。

幼童产品的相对市场占有率较低,但处于市场增长率较高的行业中,它有可能成为企业未来的利润增长点,但目前占有的市场份额很小,竞争力有限,对于符合企业战略目标、能够增强核心竞争力的幼童产品,企业需要加大投入,以便乘势而起,超越竞争对手,冀望成为企业新的明星。

金牛产品有较高的市场占有率,但市场增长率较低,它是企业的"元老",能够给企业带来丰厚的现金流,为发展明星和哺育幼童提供充足的资金支持。但由于市场已经步入成熟期,未来的增长前景有限,因此企业不需要对这类产品进行大的投资,而是可以采取维护战略或收缩战略,保持金牛产品的市场份额,获得更多的现金流,为明星产品的壮大和幼童产品的快速成长铺平道路。

瘦狗产品的相对市场占有率和市场增长率都是偏低的,它的发展潜力有限,而且目前的竞争实力较弱。对于这种产品,应尽早鉴别出来,采取清算战略或放弃战略,从企业的产品组合中剥离出去。

对于企业来说,良好的产品结构要包括金牛产品、明星产品和幼童产品,而且随着时代的变迁,原有的金牛产品会慢慢地淡出历史舞台,但幼童产品会成长为新的明星,明星产品转化为新的金牛,继续为新的明星和幼童鞠躬尽瘁。正是有了这种良好的产品组合,并在不断地产品迭代更新中,企业才得以基业长青。

(三) 产品生命周期

产品生命周期是指产品从投入市场到最终退出市场的全过程,一般包括产品的导入期、成长期、成熟期和衰退期四个阶段。在产品生命周期的不同阶段,产品的销售额和利润额大有不同,销售策略也迥然不同(图 11-3)。

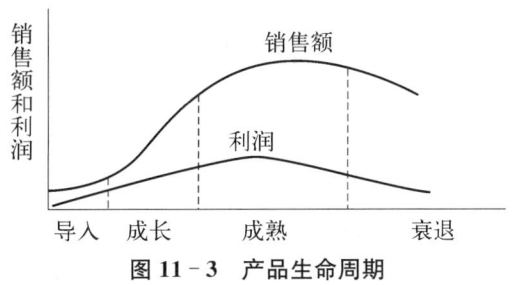

图 11-3 产品生命周期

在产品的导入期,由于产品前期的研发和推广费用巨大,同时消费者对产品认知较少,销售增长缓慢,故而利润额多为负数。此时可以采取的营销策略包括:快速撇脂,即高价高促销策略,对于产品不为世人熟知,但愿意购买的消费者多为收入丰厚或追求时尚的人士,可采取此种策略;缓慢撇脂,即高价低促销,对于大部分消费者已经了解了产品,但由于竞争不激烈,依然愿意高价购买的产品,可采取此种策略;快速渗透,即低价高促销策略,适用于消费者不够了解,但对价格比较敏感的产品;缓慢渗透,即低价低促销,适用于竞争较为激烈,顾客有所了解,对价格比较敏感的产品。

在产品的成长期,产品被市场迅速接受,销售量大增,利润由负变正并迅速上升,而竞争者不断加入,市场竞争加剧。此时企业为提高市场占有率,可采取以下策略,包括改进和完善产品,进入新的细分市场,改变广告宣传的重点,适时降价等。

在产品的成熟期,产品销量趋于稳定,利润增长处于停滞甚至下滑。企业的营销策略应重在产品改良和市场改良,即通过提高产品质量,增加产品使用功能,改进产品款式,提供新的服务等策略改进产品,同时通过开发产品的新用途,寻找新客户,增加人均使用量等策略改进市场,以便尽量延长产品的使用期。

在产品的衰退期,由于市场的饱和及替代品的出现,产品的销量大幅下滑,利润不断下降。此时,如果产品尚有生存空间,企业可选择维持策略;如果生存空间大幅萎缩,可采取收缩策略;如果替代品已有较强的竞争力,可采取转移策略;如果产品有被替代品完全替代的趋势,则要果断采取放弃策略。

二、价格策略

价格的高低直接影响着顾客的需求数量,也决定着企业的利润水平,因此产品的定价是市场营销策略中一个极其重要的因素。影响定价的因素主要包括定价目标、产品成本和定价方法。

（一）定价目标

定价目标是企业产品定价时首先要考虑的因素。常见的定价目标主要有以下几种：

（1）生存目标。当企业遇到竞争惨烈、资金短缺、产品过剩或是经济危机时，生存成为他们的第一要务，这时候企业定价将不图利润，而是能够补偿一定的成本即可。

（2）利润最大化目标。利润最大化目标不代表定价要最高，因为价格偏高，会使消费者难以接受，反而引起销售不畅，导致不能达到预期利润，因此需要企业测算不同价格对应的需求和成本，然后选择可以产生最大预期利润的价格。

（3）市场占有率目标。企业为了获得较高的市场占有率，通常会将价格定得偏低，在赢得市场占有率，甚至成为市场的领导者之后，再通过提高质量或提供差异化产品引领行业发展。

（4）产品质量最优化目标。企业如果将产品质量最优化作为定价目标，那么定价就会偏高，只有这样才能弥补研发高质量产品带来的高成本。

（二）产品成本

产品成本包括可变成本和固定成本。可变成本是随着生产水平的变化而直接发生变化的成本，如产品原材料、配件、包装等；固定成本是不随生产或销售收入的变化而变化的成本，如长期租金、利息、行政人员的薪资、渠道管理费等；总成本是一定水平的生产所需的固定成本和变动成本的总和。

创业团队在计算产品成本时，通常比较关注可变成本，而忽略固定成本，但在实际生产过程中，固定成本的费用通常会与可变成本持平甚至高于可变成本。

市场营销理论认为，产品的最高价格取决于产品的市场需求，产品的最低价格取决于该产品的成本费用。在最高价格和最低价格的幅度内，企业能把产品价格定多高，则取决于竞争者同种产品的价格水平。

（三）定价方法

常用的定价方法主要有以下几种：

（1）成本导向定价法，即企业以产品成本为基础制定价格的一种方法，具体包括成本加成定价法和目标利润定价法。成本加成定价法是按照单位成本加上一定比例的毛利来制定销售价格的方法，其计算公式为：

$$单价 = 单位成本 \times (1 + 商品的加成率)$$

目标利润定价法是根据总成本和预计销量来制定价格的一种方法，其计算公式为：

$$单价 = 总成本 \times (1 + 目标利润率) / 预计销量$$

（2）竞争导向定价法，即通过研究竞争对手的价格水平及自身的竞争实力，参考成本和供求状况来确定产品价格的一种方法，包括通行价格定价法和密封投标定价法。通行价格定价法是指定价主要基于竞争者的价格，很少注意自己的成本或需求；密封投标定价法是指定价的基点取决于预期的竞争者将制定怎样的价格,要赢得合同就要定出比竞争者低的价格,但不能低于成本。

(3)需求导向定价法,即根据市场需求状况及消费者对产品的认知差异来确定价格的一种方法,具体包括认知价值定价法和反向定价法。认知价值定价法是根据消费者对产品的认知价值进行定价;反向定价法是企业根据消费者能够接受的最终销售价格,计算经营的成本和利润后,逆向推算出产品的批发价和零售价。

三、渠道策略

企业的营销渠道是指商品从生产者送到消费者手中所经过的全过程及相应设置的市场销售机构,具体包括直销和中间商两大类。

(一)直销

直销是商品从生产者转移到消费者不经过任何中间环节的一种方式,如奶制品企业销售人员直接在学校向学生推销牛奶就是直销。直销渠道销售及时,中间费用少,便于控制价格,及时了解市场,有利于提高服务质量。一般而言,市场集中,企业自身营销技术及管理能力较强的产品适合直销渠道。

(二)中间商

中间商是帮助企业将产品出售给最终消费者的中间组织或个人,如奶制品企业通过超市销售牛奶,超市就是中间商。由于有中间商的加入,企业可以利用中间商的知识、经验和关系,从而简化交易,缩短交易时间,迅速提高销售量,进而达到可以集中精力发展生产的作用。这种销售渠道适用于市场分散、销售范围广的大部分消费品,或自身缺乏市场营销技术和经验、管理能力较差、财力薄弱的企业。

除常见的直销和中间商,目前网络的加速和各种社交软件的蓬勃发展,微信、微博、QQ群、网上社区等也成为强大的销售媒介。

四、促销策略

促销策略是指企业通过广告、公共关系、营销推广等各种促销手段,向消费者传递产品信息,引起他们的注意和兴趣,激发其购买欲望和购买行为,以达到扩大销售的目的。

(一)促销设计

如今是"酒香也怕巷子深"的时代,促销是企业进行市场推广的一大利器。设计有效的促销方案以确定目标受众为起点,分析传播目标,设计有效的促销信息,包括信息内容、信息结构、信息形式和信息源等。信息确定完毕,需要选择传播渠道,包括线上的网站、朋友圈等,线下的电视、广播、报刊等。

(二)促销策略

具体的促销策略包括:雪中送炭型,即千方百计满足消费者的需求;投其所好型,即针对消费者的兴趣爱好组织生产和销售;补其所缺型,即满足消费者的潜在需求;释其所疑型,即通过提高质量和树立品牌消除消费者的疑心;出其不意型,即提供超出消费者心理需求的产品或服务;振其所欲型,即不断刺激消费者的消费欲望。

4C营销理论和4I营销理论

第三节　新型营销模式

随着时代的发展,涌现出了众多的新型营销模式,如病毒营销、关系营销等。

一、病毒营销

(一) 病毒营销的含义

病毒营销(viral marketing)是指通过用户的社交网络,使营销信息像病毒一样传播和扩散,利用快速复制的方式传向数以千计、数以百万计的受众,实现"营销杠杆"的作用。病毒营销已经成为网络营销最为独特的手段,为越来越多的商家和网站所用。

【延伸阅读】 "中国锦鲤"的病毒营销

> 2018年9月29日,支付宝借势国庆长假,在微博发起"中国锦鲤"抽奖活动,于10月7日抽取一位幸运用户,送上超级大礼包。此条营销信息以自带传播性概念的中国锦鲤作为核心文案,以涵盖鞋包服饰类、化妆品类、餐饮类、电器类等九大门类产品制作超长礼品清单,以动动手转发就有可能获得超级大礼包为吸睛点,有效撬动了消费者、品牌商、各类媒体的参与热情。据微博官方数据显示,该推文在19:50分转发量即破百万,评论量达25万,点赞量超过10万。10月7日开奖前,转发量已经超过310万,评论量超过80万,点赞量超过31万,成功完成了一次病毒营销。

(二) 病毒营销的特点

1. 有吸引力的病原体

病毒营销能够实现快速传播和扩散,首先要制造一个有吸引力的病原体,这样才能吸引目标消费者的参与热情,才能使目标消费者受商家的信息刺激自愿参与到后续的传播过程中。

2. 几何倍数的传播速度

大众媒体发布广告的营销方式是"一点对多点"的辐射状传播,而病毒式营销通过群体传播的模式传播到众多的个体,而每一个个体又通过博客、朋友圈、公众号等自媒体传播给自己的亲朋好友,这些无数个参与的"转发大军"就构成了成几何倍数传播的主力。

3. 高效率的接收

大众对普通媒体投放的信息通常会有戒备心理,这导致信息的传播中断,更谈不上由受众者继续传播,同时在信息化时代,纷繁复杂的信息也会强烈干扰受众的接受程度。而病毒营销中那些可爱的"病毒",是受众从熟悉的人那里获得甚至主动搜索来的,在接受过程中自然会有积极的心态消化吸收,甚至会主动发起新的传播。

4. 更新速度快

网络产品有自己独特的生命周期,一般都是来得快去得也快,病毒营销的传播过程通常是呈 S 形曲线的,即在开始时很慢,当其扩大至受众的一半时速度加快,而接近最大饱和点时又慢下来。针对病毒式营销传播力的衰减,一定要在受众对信息产生免疫力之前,将传播力转化为购买力,方可达到最佳的销售效果。

(三) 病毒营销的技巧

成功的病毒营销需要"两巧一测":一是巧做"病原体"。以"中国锦鲤"的病毒营销为例,一条具有快速扩散功能的营销信息通常要体现 4I 原则,即趣味原则(interesting),"锦鲤"是当年最火爆的社交新词;利益原则(interests),"中国锦鲤"奖品网友估值超百万,轻轻一点,中奖百万的梦想促使众多网友参与进来;互动原则(interaction),转发微博的互动性拉近了网友和支付宝的距离;个性原则(individuality),低投入超高产出的个性产品引发诸多网友,包括各位大 V 的关注与转发。二是巧发"病原体"。"病原体"的发布,要选择恰当的时机、合适的载体和发布人,国庆长假是人们休闲购物的美好时光,此时免单和中奖最能带来意想不到的惊喜。三是监测"病原体"。"病原体"上可以嵌入代码或网址,通过观察后台数据,看到"病原体"的传播效果并据此调整策略。支付宝当时下午 2 点在官微发送推文,一小时后制作礼品清单长图;在持续造势阶段,以"300 万分之一的概率"为主题,联合微博"大 V"发布系列海报;活动结束后,中奖者"信小呆"的微博再次制造强势话题。"中国锦鲤"活动的策划者根据微博官方数据监测活动效果,一次次新的话题助力活动高潮频出。

二、关系营销

(一) 关系营销的含义

关系营销是从系统、整体的观点出发,对企业生产经营中涉及的各种关系加以识别、建立、整合和利用,构建一个和谐的关系网,并以此为基础展开营销活动。关系营销的概念最早由学者 Berry 于 1983 年提出,他将其界定为"吸引、保持以及加强客户关系",1996 年又进一步把关系营销定义为"通过满足客户的想法和需求进而赢得客户的偏爱和忠诚"。这一概念的提出促使企业纷纷从简单的交易性营销转向关系营销,即在企业与客户和其他利益相关者之间建立、保持并稳固一种长远的关系,进而实现信息及其他价值的相互交换。

小米的"米粉文化"

(二) 关系营销的特点

1. 营销的核心是关系

传统营销的核心是产品的交易,营销人员最关心的是如何吸引顾客,达成交易。关系营销的核心是与顾客的关系,强调的是如何保持与客户的友好关系,提高顾客的忠诚度。

2. 营销的对象多元化

传统营销的对象比较单一,主要是顾客。关系营销的对象则是多元化的,包括顾客、供应商、员工等与企业利益相关的多种主体。

3. 营销的多部门协调化

传统的营销主要由营销部门负责和完成,其他部门很少直接参与企业的营销活动。

关系营销强调营销任务不仅由营销部门完成，而且需要诸多部门共同参与并与各方建立良好关系，此时的营销部门成了关系营销的协调中心。

(三) 关系营销的层次

1. 财务层次

财务层次是指企业通过价格优惠或其他财务上的价值让渡刺激顾客购买更多的产品或服务，其典型方法是推行频繁市场营销计划和顾客满意度计划。频繁市场营销计划是指给予那些频繁购买以及按稳定数量购买的顾客一定财务奖励的营销计划，如某航空公司实行的以里程兑换机票或增值服务活动。顾客满意度计划是指企业设立较高的顾客满意目标，如果产品或服务达不到目标，将会给予顾客合理的价格赔偿，如某餐饮公司承诺的半小时不上菜免单服务。财务层次是关系营销的最低层次，容易被竞争对手模仿。

2. 社交层次

社交层次是指企业在向顾客提供财务利益的同时，与顾客建立良好的社交关系从而增强顾客黏性，其主要表现形式是建立无形或有形的顾客组织。无形的顾客组织是指企业利用数据库建立顾客档案，通过更具针对性的个性化服务保持与顾客的长久联系。例如，某网站根据顾客的购买记录建立数据库，向他们推荐所感兴趣的商品或服务，从而提高顾客的购买频次。有形的顾客组织是指企业通过建立各种正式或非正式的顾客俱乐部，在与消费者的零距离接触中了解顾客的真实想法，进而更好地满足顾客的个性化需求。例如，某公司建立会员俱乐部，每月的第一个星期日举办活动邀请会员参加，使会员享受特有的尊贵权益和亲情服务，提高顾客的忠诚度。

3. 结构层次

结构层次是指企业在向顾客提供财务利益或社会利益的基础上，与顾客建立合作伙伴关系，实现稳定的结构纽带联系。例如，某电脑公司利用自己的专业知识，为企业培训相关技术人员，帮助企业提高管理水平，从而与客户建立更深层次的合作关系。结构层次是关系营销的最高层次，在提升顾客满意度的同时，设置了较高的转换壁垒，稳定了企业与客户之间的关系，从而增强企业的竞争实力。

第四节　创业营销的应用实例

以"校园蹭课APP"为例，讨论其营销战略与战术。"校园蹭课APP"的产品定位是"基于蹭课内容，助力大学生职业规划"，也就是在为大学生免费提供蹭课服务的基础上获得大量活跃客户，并通过大数据分析，了解学生的职业发展可能，精准推送与其职业发展相关的学习内容、从业证书、相关培训等信息，继而和相关机构进行战略合作，一方面机构可以进驻平台做宣传，另一方面学生通过平台去相关机构接受职业培训、考研学习时培训费可以打折，前期企业的盈利点在于机构宣传费用的收取及介绍学生参加培训的提成等方面，后期随着提供服务的项目增加，盈利点也会增多。

一、营销战略确定

确定"校园蹭课 APP"的营销战略之前,先通过 SWOT 矩阵进行战略分析。

就"校园蹭课 APP"来说,外部环境的机会在于:一是政策支持,目前"稳就业"居"六稳"(稳就业、稳金融、稳外贸、稳外资、稳投资、稳预期)之首,职业规划课程已经成为贯穿大学四年的必修课程,蹭课 APP 的市场定位是"基于蹭课内容的大学生职业规划",与国家政策相契合,恰逢其时;二是意识增强,随着大学生自我提升意识的增强,培训、考证,已经成为很多学生完善职业规划的选择;三是资源丰富,该大学文理工医农五大门类齐全,本科生五万余人,潜在市场巨大,教师队伍人才济济,是大学生职业规划的坚强后盾,学校周边各种培训机构林立,合作机会很多;四是技术成熟,目前蹭课 APP 的制作技术已经比较成熟。外部环境的威胁主要体现在两个方面:一是学生认识度低,作为刚刚开发出来的一款软件,很多学生还不知道;二是培训机构的合作意愿还不高,主要源于学生下载量有限。

"校园蹭课 APP"创业团队的优势主要有三点:一是技术过硬,团队成员来自一流大学,自身素质优秀,又有雄厚的师资力量做后盾,技术开发及后期维护不成问题;二是产品独特性,目前市场上的蹭课 APP 主要有三种类型:与培训机构联办针对想充电人士的蹭课 APP、基于蹭课构建大学生社交平台的超级课程表、集蹭课、读书、交流为一体的高校蹭课联盟。而本次创业团队所做的"校园蹭课 APP",是将蹭课与大学生的职业规划结合在一起,具有一定的独特性;三是资源整合优势,团队内负责外联的同学沟通能力强,与教务处、培训机构等关系融洽,与各年级、各专业的学生和老师沟通顺畅。团队的劣势有两点:一是营销人才匮乏,团队成员基本来自工科学院,缺少营销、财务等方面的人才;二是目前产品知名度较低。

根据外部环境和内部条件的分析,可以做出"校园蹭课 APP"的 SWOT 矩阵,如表 11-2 所示。这里把"校园蹭课 APP"面临的机会和威胁以及创业团队的优势和劣势罗列出来,并提出了相关的对策建议。

表 11-2 "校园蹭课 APP"SWOT 分析矩阵

内部条件和外部环境	优势(S) ① 技术过硬 ② 产品独特性 ③ 资源整合优势	劣势(W) ① 营销人才匮乏 ② 产品知名度低
机会(O) ① 政策支持 ② 意识增强 ③ 资源丰富 ④ 技术成熟	SO 组合 稳定蹭课 APP 的性能,选择学生认可的培训机构,与愿意提供学生职业规划指导的老师建立联系,充分把握外部机会	WO 组合 引进商学院的学生从事营销、财务管理等工作,加大宣传力度,通过抓住当前机遇积极推广
威胁(T) ① 学生认识度低 ② 机构合作意愿不高	ST 组合 利用技术优势,美化界面,简化操作步骤,吸引更多的学生下载使用,以强大的用户基础争取机构的合作	WT 组合 利用商学院学生营销知识丰富和实践能力强的优势,通过网络营销、关系营销、体验营销等策划提高知名度

根据以上分析可以看出,"校园蹭课 APP"在产品初入市场时期,受制于知名度低、产品稳定性有待检验、各种资源需要大力整合等因素,可采取集中化战略,即专注于学校本科生的蹭课平台构建,并在此基础上与学生普遍认可的机构进行合作。在学生下载量达到一定基数,与机构合作顺畅,也有了一批可为学生进行职业规划的师资力量以后,可以凭借产品的独特性,采取差异化战略,将产品的应用扩展到其他院校。

为了能够将"校园蹭课 APP"的营销战略落到实处,需要四个方面的全力配合:一是界面清晰、操作简便、性能稳定的产品;二是乐于指导学生职业规划的师资队伍;三是学生认可的培训机构;四是强有力的结构合理的团队。

二、营销战术确定

(一)产品策略

(1)产品的整体概念。就产品的整体概念而言,"校园蹭课 APP"的核心产品是基于蹭课需求的大学生职业规划,形式产品是方便下载的端口、赏心悦目的界面、简单便捷的操作和内容有效的推送等,附加产品是可以联合机构对学生报考考研班、培训班给予优惠等。

(2)产品组合策略。"校园蹭课 APP"目前仅以蹭课为基础,为大学生推送和蹭课内容相关的知识和信息,后期随着学生的需求增加,可以和相关机构联合做培训项目,等学生的黏度进一步增强后,可以嵌入二手交易、社团活动等新的功能,实现产品的迭代发展。

(3)产品生命周期。由于刚刚投放校园,产品目前属于生命周期的第一个阶段,即导入期。鉴于大部分 APP 都是供客户免费下载使用,因此宜采用快速渗透策略,即免费供学生下载,并且制作精美的广告,通过新生入校时机及院系微信群或 QQ 群进行大量宣传,迅速提高学生的下载量。

(二)价格策略

"校园蹭课 APP"的盈利点是以大规模的学生用户为基础,因此学生下载蹭课 APP 是免费的,此时的价格策略主要体现在平台与机构的谈判上,即平台应该收取的宣传费及学生通过平台参加培训的提成比例。创业团队所在高校本科生有五万余人的规模,而且随着毕业生的离去,会有新的学生加入,因而蹭课 APP 如果宣传到位,需求量将会很多,而且生源会源源不断地增加。同时该产品在校园内具有独特性,目前没有竞争者,所以创业团队可以采用需求导向定价法,去和合作机构进行宣传费和提成比例的谈判。

(三)渠道策略

"校园蹭课 APP"的第一批用户设定为本校的本科生,各个专业、各个年级都有自己的微信群、QQ 群,学校内部还有很多社团,可以通过这些渠道进行产品推广。

(四)促销策略

"校园蹭课 APP"在校园里的普及,从学生层面来说,可以利用微信群、QQ 群等社交媒体进行传播,还可以通过社团等组织进行宣传,从学校层面来说,可以借助教务处、学生处、就业创业指导中心等职能部门的力量进行推广。同时要提供超乎学生心理需求的产品和服务,达到良好的促销效果。

三、新型营销模式

（一）病毒营销

"校园蹭课 APP"在应用病毒营销时，可以借鉴支付宝的成功案例，设计个性十足、充满趣味的营销信息，通过平台报名的学生在参加培训时学费可以打折的利益化吸引同学们积极下载使用软件，并通过转发、线上讨论、线下讲座等方式实现互动，从而巧做"病原体"；在巧发"病原体"时，可以利用新生入学的时间节点，发动各个院系新生接待人员推荐蹭课 APP，并与各班班长联系好，通过他们进行微信群、QQ 群的渗透，从而实现软件的快速传播；另外就是通过后台数据监测"病原体"的传播效果，进行适时调整。

（二）关系营销

"校园蹭课 APP"的关系营销有着得天独厚的优势，创业团队和目标客户同处一所高校，同学关系、老乡关系、朋友关系，都可以让我们的团队有更多倾听客户心声的机会，因此，放下姿态，真正了解同学们学习和职业规划中的困惑，多让同学们参与软件的设计，开辟线上论坛和线下讨论会，提供契合用户需求的产品，增强用户黏性，是创业成功的关键。

本 章 小 结

本章主要包括三个内容，一是从战略分析、战略选择、战略实施三个衔接有序的工作分析如何进行营销战略的确立，二是借助 4P 理论，即从产品、价格、渠道、促销四个方面分析了营销战术，三是介绍了一些新型营销模式，包括病毒营销、关系营销等。

思 考 题

1. 就"校园蹭课 APP"，你认为合适的营销战略是什么？请说出你的理由。
2. 请简要介绍一下市场营销的 4P 理论。
3. 请利用新生开学的时机，为"校园蹭课 APP"做一个病毒营销策划。
4. 为"校园蹭课 APP"做一个关系营销策划。

第十二章 工程项目设计
（嵌入式系统）

 学习目标

1. 熟悉嵌入式系统开发的基本流程。
2. 明确需求分析的主要步骤，掌握总体设计和软硬件详细设计的基本内容。
3. 了解 EMC 设计和可靠性设计的基本方法。
4. 熟悉硬件调试和软件测试的主要方法。

 导入案例

近几年，共享单车在国内得到了广泛应用，扫码开锁，骑行自由，上锁付款，使用非常方便。其实，共享单车的电子锁，就是一个典型的嵌入式系统，涉及图像识别、无线通信、定位导航和远程控制等技术。扫码为什么能开锁？如何知道骑行了多远？电子锁是如何供电的？每一个问题的背后，都包含着丰富的嵌入式系统设计知识。本章的内容，就是要给出一个完整的嵌入式系统设计流程和规范，使设计出的产品达到技术标准，满足客户需求。

嵌入式系统是以应用为中心，以计算机技术为基础，软硬件可裁剪，适用于对功能、可靠性、成本、体积、功耗有严格要求的专用计算机系统。嵌入式系统一般由嵌入式微处理器、外围硬件设备、嵌入式操作系统以及用户应用程序等四个部分组成，用于实现对其他设备的控制、监视或管理等功能，在工业控制、交通管理、信息家电、智能家居、航空航天等领域有广泛应用。嵌入式系统的支撑技术包括电路设计技术、传感与检测技术、嵌入式操作系统和实时操作系统技术、通信技术、低功耗技术、特定应用领域的数据分析、信号处理和控制优化技术等。

嵌入式系统开发流程

第一节 需求分析

需求分析解决的是"做什么""做成什么样"的问题，通过提炼顾客需求，得到产品的规格说明,作为具体设计的依据和验证的标准。

一、功能性需求

功能性需求是需求分析的主体内容。在确定功能性需求时,应对产品每一个功能、接口和使用流程仔细推敲,确保功能合理,并和顾客需求或市场调研的结果一一对照检查,不能有遗漏。

二、非功能性需求

对于嵌入式系统的产品,非功能需求包含的内容很多,实现这些需求是产品质量的保证。非功能需求包含以下几个方面:

（1）可靠性需求。说明要达到的不发生故障的概率,平均无故障时间,使用寿命等。

（2）环境防护需求。产品故障与其工作环境有很大关系,如产品使用是在室内还是室外,在南方还是北方,是车载还是静止,都会对产品提出较大差异的设计要求。环境防护设计包括温度防护设计,防潮、防霉、防盐雾的"三防"设计,防冲击和振动,防风沙和防污染,防电磁干扰和静电防护等。要根据产品的实际工作环境,提出合理的环境防护需求。

（3）其他需求,包括产品尺寸、重量、功耗及便携性等要求。

三、约束条件

在逐步细化产品功能时,要明确设计上的人员、资金、技能、时间、环境、供应商等约束条件,分析他们是否满足需求,剔除不合理部分,增加需要部分,最后综合得到系统的解决方案。

四、规格说明

规格说明将客户的描述转化为系统设计者的描述,起到客户和设计者之间合同的作用。规格说明应简洁明了,准确细致地描述产品要实现哪些功能,能够反映顾客需求,有别于竞争产品,并且在技术上和经济上具有可行性。

五、需求评审

需求评审是对需求的正确性、完整性和清晰性给予评价,及时识别并解决遗漏、自相矛盾和不可行等问题。

产品概念

第二节　总 体 设 计

嵌入式系统的总体设计,也称为体系结构设计,主要内容是描述如何实现功能需求和非功能需求。具体包括划分系统模块、描述外部接口、选择技术路线、指出技术难点、安排时间进度和制定研制预算六个模块。

一、划分系统模块

嵌入式系统主要包括传感器模块、信号处理模块、数据采集模块、处理器模块、时钟复位模块、存储器模块、通信模块和其他输入输出模块。

二、描述外部接口

主要包括供电、传感器、人机交互和通信等接口。供电接口应满足一定的电压电流要求；对于传感器接口，应明确系统中所使用的温湿度、压力、加速度、位置等传感器是数字接口或模拟接口及具体的信号形式和范围。人机交互接口，包括按键、语音、手势、LED灯、数码管、显示屏等。通信接口有无线和有线之分，包括 RS232、RS485、USB、PCIe、网口、WiFi、蓝牙等。

三、选择技术路线

对于嵌入式系统技术路线的选择，主要是处理器的选择、软件开发环境的选择和算法的设计。处理器可以从单片机、ARM、DSP、FPGA、SOC 等类型中选择，单片机适合简单的控制应用，ARM 适合多任务管理，DSP 适合语音视频等数字信号处理任务密集的应用，FPGA 适合实时性和并行性要求较高的场合，SOC 的任务管理能力和计算能力都很强，并且功耗较低，是处理器发展的新趋势。选择处理器时要结合实际需求和技术人员的熟悉程度，并不是性能越强越好。软件开发部分要确定是否需要操作系统，选择何种开发语言等。算法设计是嵌入式系统的核心，要结合具体应用，充分考虑实用性和实时性，选择合适的处理算法。

四、指出技术难点

在总体设计阶段，指出技术难点，明确应对措施，对保证项目进度具有重要意义。针对不同的技术难点，可以采用不同的措施，如提供多个备用方案、实现重点突破和适当简化难度等。

五、安排时间进度

以明确的需求任务与设计方案为前提，以周或天为单位，确定团队成员中每个人的进度计划，注意不同任务间的串行、并行和耦合关系，并应预留缓冲时间。

产品开发的时间和金钱

六、制定研制预算

在产品研制阶段，预算支出主要是人工成本、材料成本和管理成本等。

第三节 硬件设计

硬件设计是依据总体设计阶段的硬件体系结构，对每个模块完成的功能进行具体的设计和描述。硬件设计包括原理图设计和 PCB 设计，要使用 Altium Designer、Cadence 等专门的 EDA 工具。

一、电路原理图设计

电路原理图设计要在掌握常用电路的基本原理和设计方法基础上，认真查阅芯片手册，熟悉参考电路，根据具体需求和指标进行设计。具体包括处理器选型、最小系统设计、存储电路设计、传感器选型与使用、信号调理电路设计、数据采集电路设计、控制电路设计、通信接口电路设计、电源电路设计、程序下载及调试电路设计、加密电路设计和升级电路设计等。

电路原理图设计是嵌入式系统硬件设计的重要内容，要能够支撑系统的主要功能、技术指标、产品可靠性和电磁兼容性能。电路原理图设计完成后，在 PCB 图设计前，应对原理图设计进行评审，评估是否完整满足设计需求，并全面了解关键器件的价格、采购和供货情况。

二、印刷电路板设计

PCB 设计对电路的稳定性和可靠性至关重要，除了常规的布局布线及优化外，对高速嵌入式系统，还应重点关注信号完整性、电源完整性和电磁兼容问题。

当电路中信号能以要求的时序、持续时间和电压幅度到达接收芯片管脚时，该电路就有很好的信号完整性。当信号不能正常响应，或者信号质量不能使系统长期稳定工作时，就出现了信号完整性问题。一般认为，当系统工作在 50 MHz 时，就会产生信号完整性问题，而随着系统和器件频率的不断攀升，信号完整性的问题也就愈发突出。元器件和 PCB 板的参数、元器件在 PCB 板上的布局、高速信号的布线等都会引起信号完整性问题，导致系统工作不稳定，甚至完全不能正常工作。信号完整性主要表现在延迟、反射、串扰、振荡等几个方面。

电源完整性，是指系统供电电源在经过一定的传输网络后，在目的端的电压及电流是否符合需求。良好的电源完整性可以减小共模阻抗耦合与共模开关噪声，减小或者消除与供电系统相关的信号完整性问题。在电路板层面的电源完整性要达到以下三个需求：使芯片引脚的电压纹波比规格要小一些；控制接地反弹；降低电磁干扰并且维持电磁兼容性。要借助电源完整性工具来设计一个稳定的电源分配系统。

三、电磁兼容设计

（一）电磁兼容的概念

电磁兼容(electromagnetic compatibility，EMC)，是指电子、电气设备在其所处的电磁环境中，按设计要求正常工作的能力。电磁兼容包括两个方面的含义：

一方面是"我不干扰你"，即电磁干扰(electromagnetic interference，EMI)符合标准要求，设备产生的电磁能量在规定限值之内。一个设备产生的电磁干扰，会引起另一个设备中电压或电流的不必要变化。按照干扰路径的不同，电磁干扰有传导干扰和辐射干扰两种基本形式。传导干扰的干扰路径是电源线、信号线和控制线等，辐射干扰则是电磁波通过空间传播。

另一方面是"你干扰不了我",即电磁敏感度(electromagnetic susceptibility,EMS)符合标准要求,设备能够承受标准规定范围内的电磁能量干扰。电磁敏感度或抗扰度,指敏感设备所遭受的伤害效应,包括电磁干扰、静电放电等方面的伤害。

进行电磁兼容设计的基本目标,就是要保证所设计的产品在预定的电磁环境下能够正确可靠地操作和运行。产品必须满足一定的标准要求,电磁兼容标准是产品进行电磁兼容设计的指导性文件,如果不理解基本的设计理念,会导致产品功能方面的隐患和不能通过产品认证。

(二)电磁兼容的主要措施

1. 接地

接地是电磁兼容设计的重要内容,良好的接地设计,不仅可以保证电路的稳定可靠工作,还可以减小电路的电磁辐射和电磁敏感度。

在电子产品设计中,根据功能将地线分为两种,安全地和信号地。安全地用于保证设备电气安全,一般与大地相连。信号地是电位参考点,可以不与大地连接。

地线导致电磁干扰问题的原因包括两个方面:一是地线电流的存在,导致实际电路的地线上电位有差异而不是固定不变的;二是地线设计不当,导致电路中存在较大面积的信号回路,从而产生较强的电磁辐射,增加电路之间的电感耦合,也会增加电路对外界电磁场的敏感性。

解决地环路干扰问题的方法有:① 选择合适的接地方式。单点接地,适用于电路工作频率在 1 MHz 以下的场合;多点接地,电路工作频率大于 10 MHz 时,各电路单元应就近接地,以使地线最短;也可以利用电阻电容等器件在不同频率下具有不同阻抗的特性,实现混合接地。② 隔离,用隔离变压器或光耦隔离器连接两个设备,差模信号通过磁场或光传送,地线产生的共模干扰则被切断。③ 使用共模扼流圈,增加地环路阻抗,从而减小地环路电流的影响。

2. 电磁屏蔽

电磁屏蔽,是通过切断电磁能量的耦合路径,从而达到消除电磁干扰的目的。除低频磁场外,大部分金属材料可以提供 100 dB 以上的屏蔽效能。但在实际应用中,孔洞泄漏和穿过屏蔽体的导体会严重影响屏蔽效能。

在低频时,屏蔽体的屏蔽效能主要由屏蔽材料决定,而在高频时的屏蔽效能主要由孔洞和缝隙决定。在设计时,孔洞和缝隙应远离线路板、电缆和变压器等电流载体。尽量降低缝隙的阻抗,包括减小接触电阻和增加电容,才能减小缝隙的泄露,实际应用中的具体方法有:增加接触面的平整度,增加紧固件的密度,使用电磁密封衬垫等。

3. 滤波

电磁干扰滤波器通常为低通滤波器,对顺利通过电磁兼容试验和提高产品稳定性具有重要作用,在设计中分为电源线干扰滤波器和信号线干扰滤波器。除了对电磁干扰的抑制作用外,电源线滤波器还要注意满足安全要求和电路中的电感不能发生饱和,信号滤波器还要考虑滤波器不能造成工作信号的失真。电源线滤波器在电路设计上同时实现了对共模干扰和差模干扰的抑制作用,信号线滤波器以共模滤波为主。

(三) 典型器件

电路合适位置使用参数合理的 EMC 器件是提高 EMC 性能的重要手段。主要的 EMC 器件有滤波器件、隔离器件和防护器件。

1. 滤波器件

滤波器件主要包括电源滤波器、扼流圈和磁珠。

电源滤波器是由电容、电感和电阻组成的滤波电路，又名 EMI 电源滤波器，是一种无源双向网络，它的一端是电源，另一端是负载。电源滤波器要抑制的噪声可分为两种：共模噪声，是在两条或多条电源线都相同的噪声，可视为电源线对地的噪声；差模噪声，是电源线和电源线之间的噪声。电源滤波器的主要参数包括额定电压、额定电流和工作频率等。

扼流圈分为共模扼流圈(共模电感)和差模扼流圈(差模电感)。

共模电感是一种用于抑制共模干扰的滤波电感。骚扰电磁场在线—地之间产生共模电流，共模电流在负载上产生差模电压，引起干扰，这就是共模的地环路干扰。共模电感是绕在同一铁氧体磁芯上的圈数相等、导线直径相等、绕向相反的两组线圈，形成一个四端器件，对于共模信号呈现出大电感具有抑制作用，而对于差模信号呈现出很小的漏电感几乎不起作用。

差模电感是一种抑制差模干扰的滤波电感。骚扰电磁场在线—线之间产生差模电流，在负载上引起干扰，这就是差模干扰。差模电感是在一个铁芯上绕制一个线圈，有两个引脚，应用在大电流的场合。

磁珠有很高的电阻率和磁导率，等效于电阻和电感串联，但电阻值和电感值都随频率变化。磁珠在低频端几乎没有任何阻抗，在高频时能在相当宽的频率范围内保持较高的阻抗，所以比普通的电感有更好的高频滤波特性。电感是储能元件，而磁珠是能量转换(消耗)器件。电感多用于电源滤波回路，侧重于抑止传导性干扰；磁珠多用于信号回路，主要用于 EMI 方面。磁珠用来吸收超高频信号，而电感是一种储能元件，其应用频率范围很少超过 50 MHz。

2. 隔离器件

隔离器件主要有隔离变压器和光电耦合器。隔离变压器是无源器件，结构简单，但性能不及光耦合器。光耦合器的输入和输出回路间是在密闭条件下进行光耦合，不受外界光线干扰，因此具有很强的抗干扰能力。

3. 防护器件

防护器件主要有瞬态抑制二极管和漏电保护器。

瞬态抑制二极管(transient voltage suppressor，TVS)，是一种具有浪涌吸收能力的半导体器件，响应时间极快，达到亚纳秒级。当瞬态抑制管两端经受瞬间的高能量冲击时，它能以极高的速度使其阻抗骤然降低，同时吸收一个大电流，将其两端间的电压箝位在一个预定的数值上，从而确保后面的电路元件免受瞬态高能量的冲击而损坏。因此这种二极管非常适用于对静电放电(electro-static discharge，ESD)敏感的电路以及过压电路。

漏电保护器，又称漏电断路器，主要是用来在设备发生漏电故障时以及对有致命危险的人身触电保护，具有过载和短路保护功能；可以用来保护线路或电动机的过载和短路，也可以在正常情况下作为线路的不频繁转换启动之用;一般可分为漏电保护继电器、漏电保护开关和漏电保护插座。

四、可靠性设计

可靠性是指产品在规定的条件下和规定的时间内完成规定功能的能力,产品的可靠性与实验、设计和产品的维护有着极大的关系。衡量可靠性的指标主要有可靠度、平均维修时间和失效率。可靠度,是指产品在规定条件下、规定时间内完成规定功能的概率,亦称平均无故障时间(MTBF)。平均维修时间(MTTR),是指产品从发现故障到恢复规定功能所需要的时间。失效率,是指产品在规定的使用条件下使用一定时间后,产品失效的概率。

在电子产品中,常采用的可靠性设计技术包括元器件的降额设计、热设计、维修性设计、可测性设计、安全性设计、电磁兼容设计、容错设计和软件的可靠性设计等。

(一) 降额设计

降额设计,是使元器件工作在比额定值低的状态下的一种设计技术,以提高元器件的使用可靠性,延长产品的使用周期。

降额的措施与元器件类型有关,如电阻降额是降低其使用功率与额定功率之比,电容降额是使工作电压低于额定电压,半导体分立器件降额是使功耗低于额定值,接触元件则是降低张力、扭力和温度。电子元器件的降额,通常有一个最佳的降额范围,应根据元器件的具体应用情况来确定适当的降额水平。

(二) 热设计

热环境是影响电子元器件失效率的关键因素,对某些电路,可靠性几乎完全取决于热环境。"10℃法则"指出,环境温度每提高10℃,元器件寿命约降低1/2。

热设计的主要目的,是通过合理的散热设计降低产品的工作温度,避免因温度超标而导致故障,从而提高产品可靠性。热设计的主要方法包括:传导散热、对流散热、辐射散热和耐热设计。

(三) 维修性设计

维修性设计,是指产品设计时,保证产品故障易发现、易定位、易检修、易安装,即可维修度要高。维修度是产品固有可靠性的指标之一,维修度的高低直接影响产品的维修工时、维修费用,影响产品的利用率。

维修性设计中应考虑的主要问题有可达性设计、零部件的标准化和互换性、模块化、防差错措施及识别标志等方面。可达性设计包括视觉可达、实体可达和适合的操作空间,合理的结构设计是提高产品可达性的途径。标准化是减少元器件与零部件的种类和型号,以利于生产、供应和维修。设计时考虑互换性,有利于简化维修过程,节约备件费用,提高维修性水平。模块化设计是实现部件快速更换的有效途径。防差错设计是指从设计入手,保证使用或维修过程中,不会发生如接口插错位置或极性接反等错误。

(四) 可测试性设计

可测试性设计,是指系统和设备能及时准确地确定其工作状态(可工作、不可工作、工作性能下降)并隔离其内部故障的一种设计特性。

从实现效果看,可测试性设计就是实现产品全生命周期(开发过程调试、测试、生产测试和维护)各阶段的测试需求,在产品设计的同时规划测试策略,设计相应的内置测试支持手段和工具,从而达到提高各阶段测试质量和测试效率,快速稳定产品和降低产品综合成本。

可测试性设计的关键是能对内部状态提供可控制的观察能力。为解决测试问题,增加一些针对测试的设计,可以带来简化测试过程、减少测试费用、缩短产品上市时间和提升产品质量等优势,同时也会导致软硬件工作量、产品设计复杂度和硬件成本的增加。

可测试性需要系统性设计,在芯片级、板级、子系统级和系统级的每一层都要有好的可测性设计。可测性需求要分层分配,综合权衡,才能真正支撑应用,取得最佳设计效果,避免过设计和漏设计。

(五) 安全性设计

产品安全涉及产品设计、制造、使用和保障等各个方面,安全性是产品的首要设计要求。设计人员应重视安全性设计,贯彻安全性设计准则,进行系统安全性分析,消除产品中的潜在危险,从而确保产品的安全性水平。

电子产品的安全性能,在很大的使用范围内关系到使用者的人身安全及其周围的环境安全。因此,在设计电路时,不仅要考虑电路的正确性,还要考虑产品的整体结构及安全性能。

电子产品安全设计的一般原则如下:在正常工作或单一故障条件下,不得对使用人员以及周围的环境造成危险;在预期的各种环境应力条件下,不会由于受外界影响而变得不安全。

电子产品的安全要求包括防电击、防能量危险、防着火、防高温、防机械危险和防辐射等。实际应用中应根据具体情况采取绝缘处理、漏电保护、散热、阻燃和严格执行辐射标准等措施。

【延伸阅读】　三种常见的硬件电路设计软件

硬件设计工作最终要通过合适的电路设计软件来完成,目前国内使用较多的硬件电路设计软件有三种:Altium Designer、Mentor PADS 和 Cadence Allegro。

1. Altium Designer

Altium Designer 是 Altium 公司推出的一体化板级电子设计系统。这套软件融合了原理图设计、电路仿真、PCB 绘制编辑、拓扑逻辑自动布线、信号完整性分析和设计输出等技术,熟练使用该软件使电路设计的质量和效率大大提高。Altium Designer 适合用来绘制六层以内的电路板,是简单易学的入门级硬件设计软件,也是不少 PCB 工程师接触的第一款 PCB 设计软件。

2. Mentor PADS

PADS 软件是 MentorGraphics 公司的电路原理图和 PCB 设计工具软件,以其强大的交互式布局布线功能和易学易用等特点,在通信、半导体、消费电子、医疗电子等工业领域得到了广泛的应用。PADS 支持完整的 PCB 设计流程,涵盖了从原理图网表导入,规则驱动下的交互式布局布线,DRC/DFT/DFM 校验与分析,直到最后的生产文件（Gerber）、装配文件及物料清单（BOM）输出等全方位的功能需求，确保PCB工程师高效率地完成设计任务，是国内主要使用的电路设计软件之一。

3. Cadence Allegro

Allegro是Cadence推出的先进PCB设计布线工具。Allegro提供了交互的工作接口和强大完善的功能，为当前高速、高密度、多层的复杂PCB设计布线提供了最完美解决方案，在多人合作上比其他PCB软件也更具优势。

第四节 软 件 设 计

嵌入式软件设计包括需求分析、总体设计、模块划分、模块设计、软件编码、调试测试等步骤。需要注意的是，嵌入式软件的设计与硬件密切相关，必须在熟悉硬件电路工作原理和时序的基础上进行。

在实际的嵌入式软件设计中，应根据系统对不同事件的响应时间要求、处理器的速度和其他处理需求，选择合适的软件体系结构。常见的嵌入式软件体系结构有四种：轮转结构、带有中断的轮转结构、函数队列结构和实时操作系统结构。

轮转结构中，主循环依次检查每个I/O设备，并且为需要服务的设备提供服务，不使用中断，是最简单的一种嵌入式软件体系结构。该结构程序简单，执行效率高，但缺少优先级，不能及时处理紧急事务。

带有中断的轮转结构中，由中断程序处理紧急需求并设置标志位，主循环轮询这些标志位并进行相应处理。该结构可以通过中断对紧急任务快速响应，但结构有一定的复杂度，而且优先级机制不完善。

函数队列结构中，中断程序在一个函数指针队列中添加函数指针，主程序只需从队列中读取相应的指针并调用相关的函数。该结构提供了任务优先级，可以使需要快速响应的任务及时执行。该结构程序较为复杂，较低优先级的任务可能一直不能执行。

实时操作系统结构中，中断程序与任务代码之间的信号发送由操作系统处理，任务代码函数的运行由操作系统决定，任务的优先级由操作系统控制。实时操作系统不仅能控制任务代码的响应时间，还可以控制中断程序的响应时间。该结构的响应时间是相对稳定的，但实时操作系统本身需要一定的处理时间。

常用的软件抗干扰技术

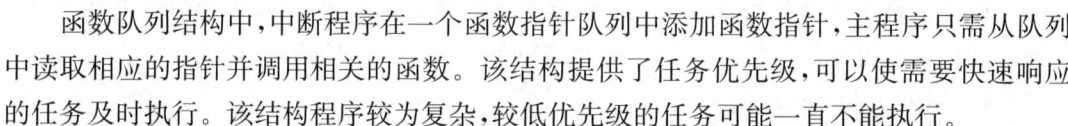

第五节 硬 件 调 试

电路设计、PCB板制作和焊接完成之后，要进行硬件电路调试，目标是使电路指标如信号的幅值、波形形状、相位关系和增益等满足设计要求。硬件调试是一个排错的过程,调试过程中要借助万用表、信号源、示波器等仪器,基于事实和原理进行分析和判断,未经验证不能凭感觉下结论。

一、硬件调试的基本步骤

(一)通电前检测

电路板焊接完后,在检查电路板是否可以正常工作时,通常不直接给电路板供电,而是首先进行下面几种检测:观察是否有焊接短路的情况;用万用表检查各路电源对地是否存在短路;检查元器件安装情况,尤其是检查有极性元器件和芯片等的管脚是否对应;等等。

(二)通电检测

通电检测包括通电观察、静态调试和动态调试。

通电后首先要观察电路有无异常现象,如有无冒烟现象、有无异常气味,手摸芯片外封装是否发烫等。如果出现异常现象,应立即关断电源,待排除故障后再通电。

静态调试一般是指在不加输入信号,或只加固定的电平信号的条件下,所进行的直流测试。可以用万用表测出电路中关键测试点的电位,与理论分析值比较,判断电路直流工作状态是否正常,及时发现电路中工作状态异常的元器件。通过更换器件或调整电路参数,使电路直流工作状态符合设计要求。

动态调试是在静态调试的基础上进行的,在电路的输入端加入合适的信号,按信号的流向,顺序检测各测试点的输出信号,若发现不正常现象,应分析原因,排除故障,再进行调试,直到满足要求。

二、硬件调试的典型方法

实际调试时,寻找故障原因的方法很多,可根据实际情况灵活掌握。对于简单的故障用一种方法即可,对于较复杂的故障,则需采取多种方法互相补充、互相配合。硬件调试的典型方法如下:

(1)信号寻迹法。对于较复杂的电路,接入标准信号进行逐级测试。例如对于多级放大器,可在输入端接入一个一定幅值和频率的信号,用示波器由前级到后级,逐级观察波形及幅值的变化情况,哪一级异常,则故障就在哪一级。

(2)对比法。怀疑某一电路存在问题时,可将此电路的电压波形等参数和相同的正常电路的参数进行一一对比,从中找出电路中的不正常情况,进而分析故障原因,判断故障点。

(3)部件替换法。有时故障比较隐蔽,不能一眼看出,此时可以替换电路中的部件、元器件、插件板,以便于缩小故障范围,进一步查找故障。

(4)短路法。就是临时性短接一部分电路来寻找故障的方法。短路法对检查断路性故障最有效,但要注意对电源电路是不能采用短路法的。

(5)断路法。断路法是一种使故障怀疑点范围逐步缩小的方法,用于检查短路故障最有效。

调试过程中，不但要认真观察、测量和分析，还要有完善的调试记录。记录的内容包括实验条件、调试步骤、电路现象、测量数据和信号波形等。只有充分利用大量可靠的实验记录并与理论结果加以比较，才能发现电路设计上的问题，以进一步完善设计方案。

【延伸阅读】 硬件电路的常见错误和测试仪器

> 电路的常见错误有原理错误、电源错误、虚焊、短路、引脚序号错误、模块间接口错误和布线问题等。电路调试要尽快尽可能缩小可疑故障范围，锁定故障点，然后分析并解决问题。
>
> 硬件调试过程中，离不开合适的测试仪器，常用的测试仪器有万用表、示波器、频谱分析仪、信号发生器、网络分析仪等。
>
> 万用表是一种多功能、多量程的测量仪表，可以测量直流电压、直流电流、交流电压和电阻等，有的还可以测量交流电流、电容量、电感量等。
>
> 示波器主要用于观察信号幅度随时间变化的波形曲线，也可以用于测量电压、电流、频率、相位差、调幅度等。
>
> 频谱分析仪的主要功能是在频域里显示输入信号的频谱特性，用于信号失真度、调制度、谱纯度、频率稳定度和交调失真等信号参数的测量。
>
> 信号发生器，是一种提供不同波形、频率、幅度电信号的设备，在测量系统、设备或元器件的特性与参数时，用作测试的信号源或激励源。
>
> 网络分析仪用于测量网络参数，以扫频方式给出双口和单口网络各散射参数的幅度、相位频率特性，并可换算出其他几十种网络参数。

第六节 软件测试

嵌入式系统的开发过程是一个软硬件互相协调、互相反馈和互相测试的过程。基于嵌入式软件对硬件的依赖性，软件测试时必须最大限度地模拟被测软件的实际运行环境，以保证测试的可靠性。

一、嵌入式软件的特点

嵌入式软件具有专用性和实时性两个重要特点。

(1) 专用性。嵌入式软件和硬件联系密切，是以一定的目标硬件平台为基础，面向固定任务进行的，因此，一旦被加载到目标系统上，功能必须完全确定。

(2) 实时性。嵌入式软件的执行要满足一定的时间约束，一般要在规定的时间内完成处理功能，有严格的处理时序要求。

二、软件测试方法

软件测试方法主要有黑盒测试和白盒测试。黑盒测试也称功能测试或数据驱动测试,主要测试内容有超限测试、边界测试、异常测试、随机测试和性能测试等。白盒测试也称结构测试或逻辑驱动测试,主要内容有语句测试、分支覆盖、条件覆盖等。每种测试方法并不是孤立的,为了经济有效地达到测试的目的,各种测试方法往往是互相嵌套的。

在软件测试中,测试代码的覆盖率逐渐成为软件测试的统一标准,因此不管采用何种测试方法,都应尽可能地提高软件测试中的代码覆盖率。

三、软件测试流程

对于嵌入式软件,完整的测试流程包括平台测试、模块测试、集成测试、系统测试和测试结果分析。

平台测试包括硬件电路测试、操作系统及底层驱动程序测试等。硬件电路测试需要用专门的测试工具进行测试。操作系统和底层驱动程序的测试主要测试操作系统的任务调度、实时性能、通信端口的数据传输率等。

编码完成后,把各个模块集成起来前,必须对单个模块进行测试。此阶段主要是进行白盒测试,尽可能地测试每一个函数、每一个条件分支、每一个程序语句,提高代码测试的覆盖率。模块测试阶段,测试用例的构造不但要测试系统正常的运行情况,还要进行边界测试。

单个软件模块测试正确之后,将所有模块集成起来进行测试,找出各模块之间数据传递和系统组成后的逻辑结构错误。要在宿主机上采用黑盒与白盒相结合的方法进行测试,最大限度地模拟实际运行环境。

集成测试完成后,退出宿主机测试环境,把系统移植到目标机上,在应用的现场环境中,从用户的角度对系统进行黑盒测试,以验证每一项具体的功能。系统测试阶段应该进行意外测试和破坏性测试,进一步验证系统性能。

测试结果分析是一个对测试结果和理论结果进行分析、比较和定位错误的过程,是一次测试的最后环节,分析时应该考虑软件的运行环境与实际运行环境的差异,以及各种外界因素的影响。测试结果分析可以指导程序员修改代码,指出进一步测试的方向。

【延伸阅读】 常用的软件测试工具

在集成开发环境中,合理使用软件测试工具可以很好地提高开发效率。

源码级调试器:一般提供单步调试、多步调试、断点设置、内存检测、变量查看等功能,是嵌入式调试最根本有效的调试方法。

打印显示工具:最灵活简单的调试工具,通过打印变量可以知道代码执行的情况。

ICE 调试器：是用来仿真 CPU 核心，可以在不干扰运算器的正常运行情况下，实时的检测 CPU 的内部工作情况。

JTAG 仿真器：是通过处理器芯片的 JTAG 边界扫描口进行调试的设备，使用集成开发环境配合 JTAG 仿真器进行开发是采用最多的一种调试方式。

ROM 监视器：使用一个通信端口和少量的内存空间，提供代码下载、运行控制、断点、单步步进、观察或修改寄存器和内存等功能。

Data 监视器：在不停止 CPU 运行的情况下，显示指定变量内容，收集并以图形形式显示各个变量的变化过程。

OS 监视器：操作系统监视器可以显示诸如任务切换、信号量收发、中断等事件。

性能分析工具：profiler 工具可以给出系统的瓶颈位置、CPU 的使用率以及需要优化的地方。

内存测试工具：可以找到如内存泄漏、内存碎片、内存崩溃等内存使用的问题所在。

运行跟踪器：可以给出函数执行、函数调用和参数传递等情况，主要用于测试代码逻辑。

覆盖工具：可以显示代码执行情况，给出未被执行的代码分支，有助于提高代码质量。

自制工具：在嵌入式应用中，有时需要自行编写工具来达到特定的测试目的。

第七节 嵌入式系统开发的应用实例

以"趣味健身自行车"为例，简要说明项目的需求分析、硬件设计和软件设计等流程和内容。

一、需求分析

"趣味健身自行车"的基本功能是，在室内健身自行车上安装测速传感器，实现由自行车的骑行速度控制联动小车在竞速轨道上的运动速度，提高健身的趣味性和娱乐感。根据小组的创意，明确功能需求和非功能性需求，结果如下：

(1) 名称：趣味健身自行车

(2) 目的：提高自行车健身时的趣味性和娱乐性

(3) 输入：自行车运行速度

(4) 输出：小车运行速度，小车运行圈数

(5) 功能：由自行车的骑行速度控制联动小车在轨道上的运动速度

(6) 性能：小车速度与自行车速度有直观的对应关系，误差不超过5%

(7) 成本：不超过1 000元/每套

(8) 功耗：不超过200 mW

(9) 温度：0℃～40℃

(10) 湿度：≤85%

(11) 尺寸：自行车长95 cm，宽55 cm，高120 cm，允许误差±5%，跑道可定制

(12) 质量：自行车不超过20 kg，小车不超过1 kg

二、硬件设计

趣味健身自行车的电路设计包括两个部分，自行车测速模块和竞速小车，如图12-1所示。

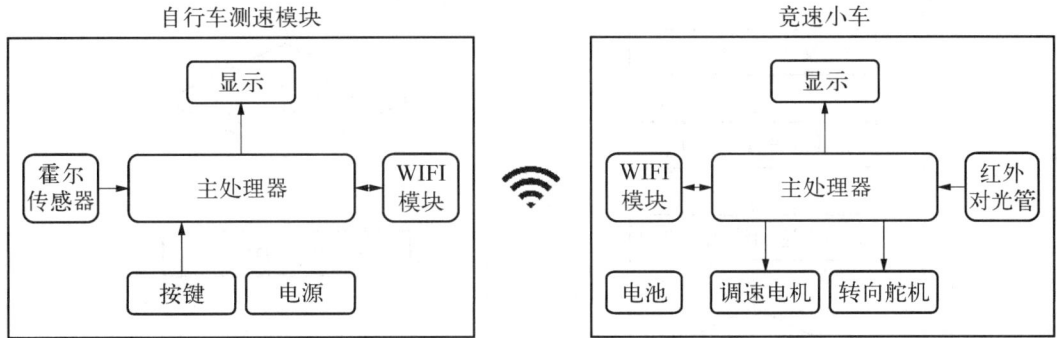

图 12-1 趣味健身自行车总体设计

自行车测速模块安装在自行车上，通过霍尔传感器和安装在自行车轮子上的磁铁测得速度信息并显示，同时通过WiFi将速度信息发送给竞速小车。自行车测速模块根据测得的速度信息和骑行时间，可以计算消耗的热量(以卡路里为单位)数据并显示，供骑手了解健身效果。按键用于切换独立模式和竞速模式，在竞速模式下，测速模块接收同场竞技的另一辆自行车速度信息并显示在屏幕上。

竞速小车通过WiFi接收自行车的速度信息，然后根据速度信息控制电机，实现小车的行驶速度与自行车的速度成比例变化。红外对管用于计算小车在轨道上的行驶圈数。显示模块用于显示电池电量和小车行驶圈数。

三、软件设计

自行车测速模块流程图和竞速小车软件流程图分别如图12-2和图12-3所示。自行车测速模块主要包括速度测量、速度信息的WiFi发送、卡路里计算和显示和速度信息显示等功能单元。竞速小车主要包括速度信息的WiFi接收、小车行驶速度控制、小车行驶圈数计算、电量和圈数显示等模块。

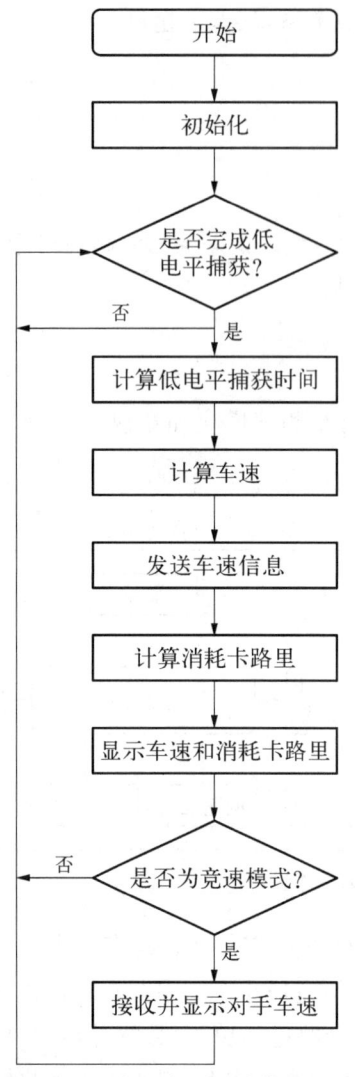

图 12-2 自行车测速模块流程图

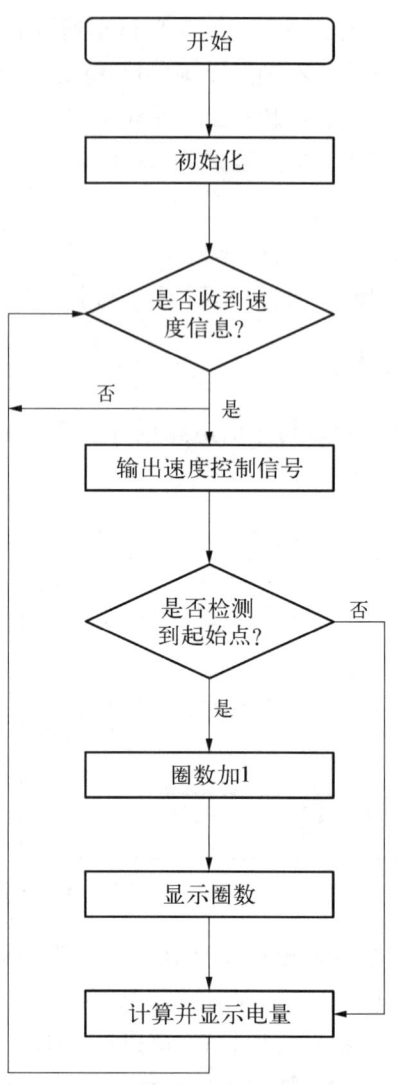

图 12-3 竞速小车软件流程图

 本 章 小 结

  本章针对嵌入式系统的开发过程,介绍了嵌入式系统的需求分析步骤,给出了总体设计的主要内容,说明了硬件设计和软件设计的关键环节,指出了 EMC 设计和可靠性设计的基本方法,分享了部分软硬件调试经验,最后简要说明了趣味健身自行车项目的主要设计内容。

思 考 题

1. 电路图设计工具主要有哪些？说明各自的用途和特点。
2. 典型的嵌入式处理器主要有哪几种？实际应用中如何选择一个具体型号的处理器？
3. 产品为什么要做 EMC 认证？EMC 认证的主要内容有哪些？
4. 你使用过哪些硬件抗干扰方法和软件抗干扰方法？使用效果如何？

第十三章　工程项目设计
（软件系统）

学习目标

1. 掌握软件设计与开发流程、软件开发模型等基本概念,了解流程中各阶段的任务目标。
2. 掌握两类最常用的 UML 图形和面向对象开发模型的设计与开发流程。
3. 通过应用实例,熟练掌握面向对象开发模型的工程项目软件系统设计与开发。

导入案例

"软 件 危 机"

1960 年代中期,软件项目开始频繁爆发各类问题,包括拖延工期几个月甚至几年、投资一再追加、软件产品质量无法保证和软件产品难以维护等。其中,最经典的案例之一是 1964 年 IBM 公司开发的 OS/360 系统,系统共有 4 000 多个模块,约 100 万条指令,投入 5 000 人年,耗资数亿美元,结果还是延期交付。而且,在交付使用后的系统中仍发现大量（2 000 个以上）的错误。1968 年北大西洋公约组织（NATO）在联邦德国的国际学术会议创造了"软件危机（software crisis）"一词,并在 1968、1969 年连续召开两次著名的 NATO 会议,提出了软件工程的概念。

第一节　软件系统的设计与开发

一、软件系统的设计与开发流程

一个软件从开始计划起,到废弃不用为止,称为软件的生命周期。软件生命周期包括计划、开发与运行三个时期。计划时期的任务是调查用户需求、分析新系统的主要目标和分析开发该系统的可行性;开发时期的任务是进行系统分析、设计和实现;运行时期的任务是做好软件维护,使软件在整个生命周期内保证满足用户的需求和延长使用寿命。每一时期又可细分为若干更小的阶段。把整个生命周期划分为较小的阶段,给每个阶段赋予确定而有限的任务,可以简化每一步的工作内容,使因为软件规模增大而增加的软件复杂性变得较易控制和管理。图 13-1 给出了软件设计与开发的流程,图中右侧给出了典型的软件生命周期的阶段细分。典型的流程包括问题定义(系统需求)、可行性研究、需求分析(软件需求)、软件设计(概要设计、详细设计)、编码、测试和运行维护七个步骤。

软件设计与开发最简流程

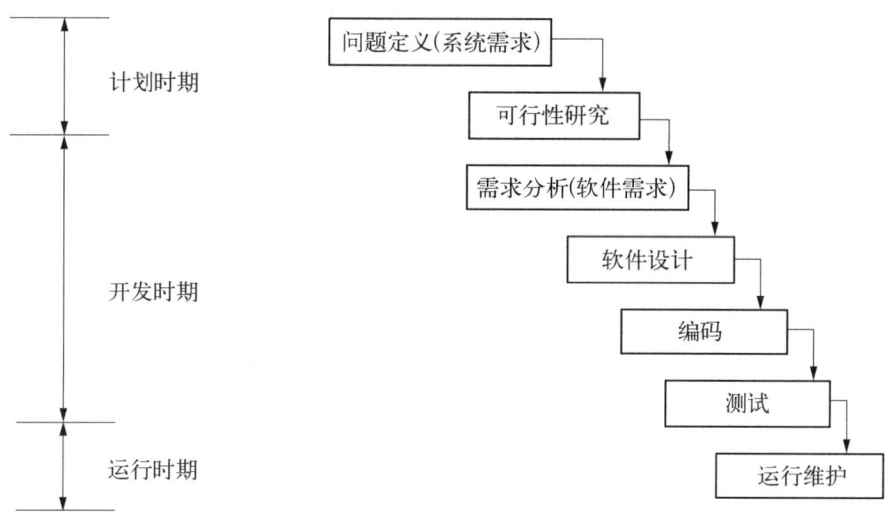

图 13-1 软件系统的设计与开发流程

二、流程各阶段任务目标

(一) 问题定义(系统需求)

系统需求就是弄清"用户需要计算机解决什么问题"。由系统分析员根据对问题的理解,提出关于"系统与范围的说明",交由用户审查和认可。最终目的是找出需要解决的问题,计划所需的资源和经费。

(二) 可行性研究

对问题的解决给出在技术上可行,且在经济上有较高效益的可操作解决方案,并写出"可行性论证报告"。核心目标是用最小的代价、尽可能短的时间确定问题是否有解及是否值得求解。

(三) 需求分析(软件需求)

弄清用户对软件系统的全部需求,并用"需求规格说明书"表达出来。软件需求分析的过程就是系统分析员、需求工程师与用户共同协商,明确系统的全部功能、性能及运行规格,并且使用软件开发人员与用户具有一致理解的语言准确表达出来。

(四) 软件设计

将需求转变为软件的表示形式,确定软件的总体结构、数据结构、用户界面和算法细节。根据用信息域表示的软件需求,以及功能和性能需求,进行数据设计、系统结构设计、接口设计和过程设计。

(1) 数据设计,即将分析时创建的信息域模型变换成实现软件所需要的数据结构。

(2) 系统结构设计,即定义软件系统各主要成分之间的关系。

(3) 接口设计,即描述软件内部、软件和接口系统之间以及软件与人之间是如何通信的(包括数据流和控制流)。

(4) 过程设计,即把结构成分转换成软件的过程性描述。在编写代码阶段,根据这种过程性描述,生成源程序代码,然后通过测试最终得到完整有效的软件。

从工程管理的角度来看,软件设计又可以划分成概要设计和详细设计两个步骤。

(1) 概要设计。将软件需求转化为数据结构和软件的系统结构,得到"概要设计说明书"。

(2) 详细设计。通过对结构表示进行细化,得到软件的详细的数据结构和算法。得到"详细设计说明书"。

(五) 编码

把详细阶段的设计用某种程序语言转换成计算机能识别的程序。为程序中的每一个模块编写代码,使其出现详细设计应有的结果。从提高软件的质量和可维护性角度来看,编码阶段所要解决的主要问题是:程序设计语言的选择、程序设计风格、软件代码审查。

(六) 测试

从用户的角度出发,希望通过软件测试暴露软件中隐藏的错误和缺陷,以考虑是否可接受该产品。从软件开发者的角度出发,则希望测试成为表明软件产品中不存在错误的过程,验证该软件已正确地实现了用户的要求,确立人们对软件质量的信心。软件测试方法可分为黑盒测试和白盒测试。黑盒测试中软件测试员只需要知道软件要做什么,而无法看到盒子里的软件是如何运行的。白盒测试中软件测试员可以访问程序员的代码,并通过检查代码的线索来协助测试——可以看到盒子里面。

(七) 运行维护

运行维护是指在软件运行阶段对软件产品进行的修改。维护的类型有四种:

(1) 改正性维护。为了识别和纠正软件错误、改正软件性能上的缺陷、排除实施中的误使用,应当进行的诊断和改正错误的过程就叫作改正性维护。

(2) 适应性维护。为使软件适应外部环境(新的硬、软件配置)或数据环境(数据库、数据格式、数据输入/输出方式、数据存储介质)的变化,而去修改软件的过程就叫作适应性维护。

(3) 完善性维护。为了满足用户提出的新的功能与性能要求,需要修改或再开发软件,以扩充软件功能、增强软件性能,称作完善性维护。

(4) 预防性维护。预防性维护是为了提高软件的可维护性、可靠性等,为以后进一步改进软件打下良好基础。即采用先进的软件工程方法对需要维护的软件或软件中的某一部分(重新)进行设计、编制和测试。

三、软件开发模型

(一) 软件开发模型的概念

软件开发过程中包含了很多不同的开发活动,根据软件生存周期为各项开发活动的流程确定一个合理的框架,称为软件开发模型。不同的软件开发策略形成了各种不同的软件开发模型。如传统模型、演化模型和面向对象模型等。不同的软件开发模型分别适用于不同特征的软件项目。各个不同的软件开发模型都包含计划、开发、维护三类基本活动。在不同的软件开发模型中,活动可顺序展开,也可反复循环,所用的方法与工具可随所用的模型而异。

(二) 软件开发模型分类

常见的软件开发模型包括：瀑布模型、快速原型模型、增量模型、螺旋模型、面向对象开发模型、转换模型、净室模型等。

下面依次介绍初创公司中常用的三种主流模型：瀑布模型、快速原型模型和面向对象开发模型。

(三) 瀑布模型

该模型是 1970 年 W. Royce 提出的最具代表性的传统软件开发模型。在这种模型中,各个阶段的工作顺序展开,恰如奔腾不息逐级而下的瀑布,总是从上面的台阶依次流向下面的台阶。

瀑布模型的特点：

(1) 阶段的顺序性和依赖性。顺序性指只有等前一阶段的工作完成以后,后一阶段的工作才能开始；依赖性是指希望在后阶段获得正确的结果,必须在前阶段有正确的输出。因此,如果在生存期某一阶段出现了问题,往往要追溯到在它之前的一些阶段,必要时还要修改前面已经完成的文档。

(2) 实现的观点。过早考虑程序的实现,常常导致大量返工,容易给开发带来灾难性的后果,因此把逻辑设计与物理设计清楚地划分开来,尽可能推迟程序的物理实现。

(3) 质量保证的观点。每一阶段都要完成规定的文档,是文档驱动的模型。每一阶段都要对已完成的文档进行复审,以便尽早发现问题,消除隐患。及时复审是保证软件质量、降低开发成本的重要措施。

瀑布模型的缺点：不适合需求模糊或需求经常变动的系统；由于开销的逐步升级问题,它不希望存在早期阶段的反馈；用户可能需要较长等待时间来获得一个可供使用的系统,也许会给用户的信任程度带来影响和打击；最终产品往往反映用户的初始需求而不是最终需求等。

(四) 快速原型模型

快速原型模型认为：在开发初期,要想得到一个完整准确的规格说明不是一件容易的事。用户往往对系统只有一个模糊的想法,很难完全准确地表达对系统的全面要求。软件开发者对于所要解决的应用问题认识更是模糊不清。随着开发工作向前推进,用户可能会产生新的要求,或因环境变化,要求系统也能随之变化。开发者又可能在设计与实现的过程中遇到些没有预料到的实际困难,需要以改变需求来解脱困境。

因此,规格说明难以完善、需求的变更,以及通信中的模糊和误解,都会成为软件开发顺利推进的障碍。为了解决这些问题,逐渐形成了软件系统的快速原型的概念。

快速原型模型的优点是：

增进软件开发者和用户对系统服务需求的理解,使比较含糊的具有不确定性的软件需求(主要是功能)明确化。软件原型化方法提供了一种有力的学习手段。使用原型化方法,可以容易地确定系统的性能,确认各项主要系统服务的可应用性,确认系统设计的可行性,确认系统作为产品的结果。

快速原型模型的主要问题是原型产品是临时可运行版本,非最终版本。在这个过程中为了加快开发速度,开发人员往往有一些折中处理,可能使得原型和用户最终目标产生较大偏差。

(五)面向对象开发模型

Coad 和 Yourdon 认为,在软件开发过程中采用对象、类、继承、消息这四种概念进行开发的软件系统可以认为是面向对象的。

$$面向对象 = 对象 + 类 + 继承 + 消息通信$$

其中,对象(object)是客观世界中的个体或事物的抽象表示,是它的属性和相关操作的统一封装体;类(class)是相同属性和行为的对象的抽象;继承(inheritance)是子类直接继承父类的数据和操作消息;(message)是对象间的交互手段,对象可以向其他对象发送消息以请求服务,也可以响应其他对象传来的消息完成固有的某些操作,从而服务于其他对象。

系统开发的焦油坑

目前初创公司中采用的代码开发语言,如 Java、C++ 和 C# 都是面向对象开发语言。而相对于其他模型而言,面向对象开发模型的一个重要特点是:从模型设计到程序开发的转化更为方便快捷。因此,初创公司的软件设计与开发流程大多采用 OO 模型。第二节中着重讲授 OO 开发模型,第三节给出了一个基于 OO 开发模型的应用实例。

第二节 面向对象开发模型

一、统一建模语言简介

统一建模语言(unified modeling language,UML)是一种为面向对象系统的产品进行说明、可视化和编制文档的一种标准语言。作为一种建模语言,UML 有严格的语法和语义规范。UML 建立在元模型理论基础上,包括 4 层元模型结构,分别是基元模型、元模型、模型和用户对象。4 层结构层层抽象,下一层是上一层的实例。UML 中的所有概念和要素均有严格的语义规范。UML 采用一组图形符号来描述软件模型,这些图形符号具有简单、直观和规范的特点,开发人员学习和掌握起来比较简单。所描述的软件模型,可以直观地理解和阅读,由于具有规范性,所以能够保证模型的准确、一致。UML 图形,包括用例图、协作图、活动图、序列图、部署图、构件图、类图和状态图等。本节介绍其中两种最常用的 UML 图的概念及表述示例。

(一)类图

类图用来反映类的结构以及类之间的关系。

图 13-2 给出了一个账户类的类图。类图中明确地描述了类名称,类属性以及类方法。当描述类的属性和方法的时候,描述要完整。例如,类的属性 balance 的类型是 double,缺省值是 1;方法 Deposit 的参数只有一个,是 double 类型的 amout,返回值是 int 类型。

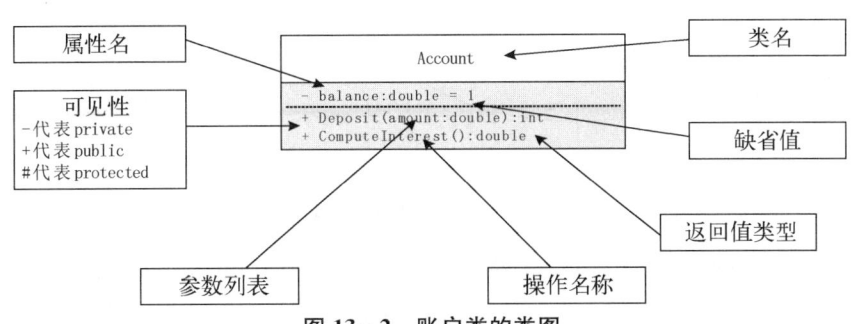

图 13-2　账户类的类图

图 13-3 给出了图形编辑器的类图。这个类图展示了四个类,用来介绍类之间的主要关系。第一个关系是泛化关系,图中用空心三角形代表,这个泛化关系用来说明线段类 Line,矩形类 Rectangle 和组合图形类 GroupGraphics 都是图形类 Graphics 的子类。第二个关系是组合关系,图中以实心菱形表示,这个组合关系表明了组合图形是可以由各种图形组合而来,这些图形可以是线段、矩形,当然也可以是组合图形。这种组合图形又作为新组合图形的成员,可以将任意复杂的现实世界的逻辑关系映射到计算机中的类模型。

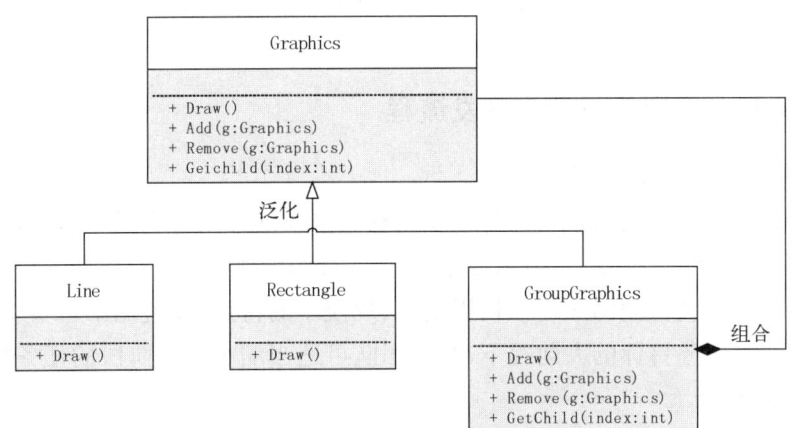

图 13-3　图形编辑器的类图

类图是软件设计的重要的成果。拥有了类图之后,处于整个程序员金字塔的底部的基础程序员的工作,就是"按图填空",填写的内容就是每个方法体中的实现代码。

(二) 顺序图

顺序图用来表示业务行为及其先后次序。

一个顺序图示例如图 13-4 所示,图中给出了三类图形,包括产生新订单任务的用例图、顺序图和类图。其中,带缺口的椭圆包裹的是顺序图,描述了产生订单的动作序列(或称为消息序列)。这个动作的来源是订单办事员在系统中做了产生订单的动作(可能是点击了"产生订单"按钮),该动作会给"订单类"发出一个"产生订单"的消息,而"订单类"需要向"客户类"发送"验证客户"消息。

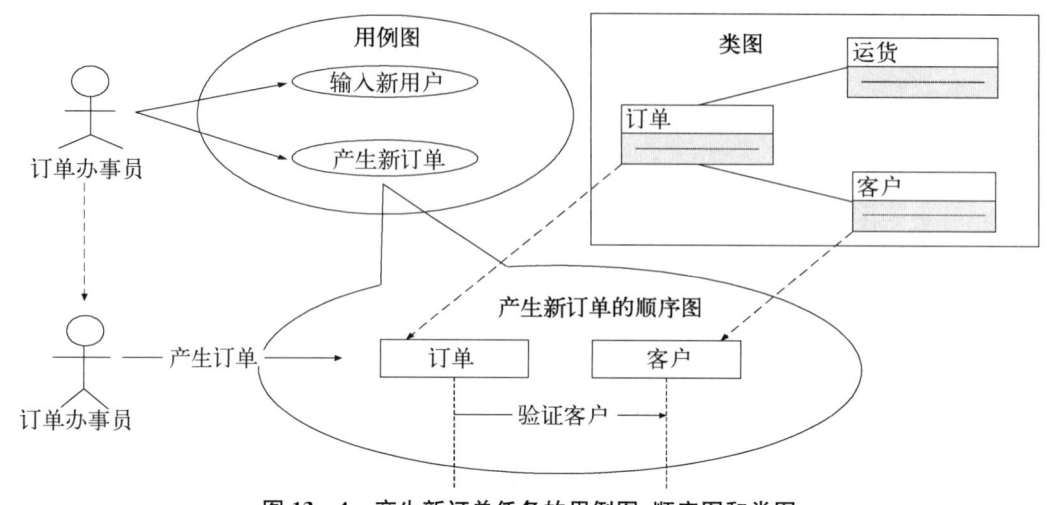

图 13-4　产生新订单任务的用例图、顺序图和类图

左上角椭圆包裹的是用例图,它是产生顺序图的来源(实际上设计顺序图的蓝本是用例文本而不是用例图);右上角矩形框包含的是类图,它是顺序图的产品。某种程度上,可以认为绘制顺序图的最终目的不是得到顺序图,而是用来逐步得出并充实类图。

实际项目开发中,基于 UML 的设计过程为:从用例(用例图和用例文本)导出顺序图和类图,最终指导初级程序员进行代码填空(类图的作用)和高级程序员进行代码整合(顺序图的作用)。

二、面向对象开发模型的设计与开发流程

(一) 面向对象设计与开发流程

不同的项目团队对面向对象设计与开发流程的阶段划分略有不同。这里推荐初创团队将整个流程分为:可行性分析、需求分析、概要设计、详细设计、系统开发/测试/联调/交付五个阶段。考虑到初创团队的项目周期短,规模小的特点,在遵循第一节中软件设计与开发流程各阶段任务目标的大前提下,初创团队可适当缩小各个阶段的任务规模。

1. 可行性分析阶段

进行简略的技术、时间和业务的可行性讨论。技术上的核心是考虑核心算法的可行性和系统的并发性要求。核心算法的可行性要考虑系统运行时的空间和时间要求,多用户情况下也要仔细考虑和处理系统的并发性要求。

2. 需求分析

需将其明确划分为两个部分,第一部分是面向用户的需求分析,第二部分是面向开发人员的需求分析。需求分析时需要完成两个面向不同对象的、内容相似的、但描述方法明显不同的任务。面向用户的需求分析是要与用户充分交流达成一致,采用自然语言或用户领域的业务术语描述,从而清晰地描绘出软件系统的最终应用场合和操作逻辑;面向开发人员的需求分析是要方便与设计人员充分沟通,采用计算机习惯的描述方式,如 UML 图

形,告知设计人员软件系统开发中的业务和注意事项。需求分析的主要产品有四个,业务流程、用例图(功能列表)、界面原型和用例文本。前三者用于和用户交流,后三者用于和设计人员交流。其中,界面原型和用例文本是两个最为核心的部分。界面原型可以用于直观明晰业务,并为后期的系统集成提供指导。而用例文本是需求当中最重要的部分,用来指导整个系统设计。需求分析阶段的指导思想是,搞明白用户要什么,而不是展示我们会什么。

3. 概要设计阶段

该阶段主要包含三个部分:系统结构设计、技术选型和功能模块图。系统结构设计包括体系结构、网络拓扑和业务分层逻辑结构。技术选型包括软件程序的类别选型(用于嵌入式系统或桌面系统的 Application 应用程序、用于网站的 Web 程序等)、开发语言选型(C、Java 等)、数据库选型(MySql、Oracle 等)、框架选型(None、SSM 等)等。这部分任务在实际项目中一般交由系统架构师来做顶层设计。

4. 详细设计

详细设计的前提是已经得到了描述清晰的用例文本。通过用例文本,交互的设计顺序图和类图,通过多次迭代后可以得到四个主要产品:顺序图(描述业务逻辑算法)、类图(系统中所需的类及其属性和方法)、E-R 图(如果采用数据库进行数据存储)和核心算法流程图(如果核心算法难度高或者相对复杂)。详细设计阶段是一个多次迭代的过程,要做好反复修改(3~5 遍,甚至十几遍)的心理准备。

5. 系统开发、测试、联调和交付

(1) 系统开发指代码编写过程,包括代码编辑、编译和链接三个阶段。

(2) 系统测试。软件测试的基本目标是"发现软件缺陷",更高目标是"尽可能早地找出软件缺陷",终极目标是"尽可能早地找出软件缺陷,并确保其得到修复"。

(3) 系统联调。对系统的各子系统或模块进行联调,看相互之间是否产生意想不到的影响,模块之间结合是否良好,系统的整体性能是否达到要求。

(4) 系统交付。将系统交付给用户使用,除了软件产品本身,还应交付的文档有:系统需求说明书、数据库数据结构说明书和系统运维说明书等。

初创公司的创业初期,第五阶段的主要精力多集中于系统开发环节。但在创业达到一定规模时,要充分认识到第五阶段的其他三个环节是产品成功推广的必要条件。

【延伸阅读】 面向对象和面向过程

> 在面向过程程序设计中,问题被看作一系列需要完成的任务,函数则用于完成这些任务,解决问题的焦点集中于函数。而面向对象程序设计中,是以对象为基本程序结构单位,对象是程序运行时刻的基本成分。从分析设计到代码编写转换时,面向对象方法贯穿于软件生命周期的分析、设计及编码中,是一种平滑过程,从分析到设计再到编码是采用一致性的模型表示,即实现的是一种无缝连接。而面向过程方法强调分析、设计及编码之间按规则进行转换贯穿于软件生命周期的分析、设计及编码中,实现的是一种有缝的连接。

第三节 软件系统设计的应用实例

一、系统介绍

"校园蹭课 APP"面向在校本科生,提供蹭课课程查询、蹭课时间匹配和蹭课课程评价等功能。系统主要包括两类用户:教务管理员和本科生。教务管理员的业务包括学校本科专业导入、本科生信息导入(专业、班级、学号、密码)、学校本科课程课程表导入、蹭课课程评价管理、蹭课课程统计等;本科生的业务包括各专业课程表查看、个人基础课程表管理、蹭课专业选择、可蹭课程查询、个人蹭课课程表管理、评价可蹭课程等。

由于篇幅有限,本书只给出了面向对象模型设计与开发流程中的重点内容——从用例文本到类图顺序图。

二、需求分析

需求分析文档中的系统用例图如图 13-5 所示,"蹭课课程查询"用例文本如表 13-1 所示。可以看到,系统有两类用户:教务管理员和本科生。

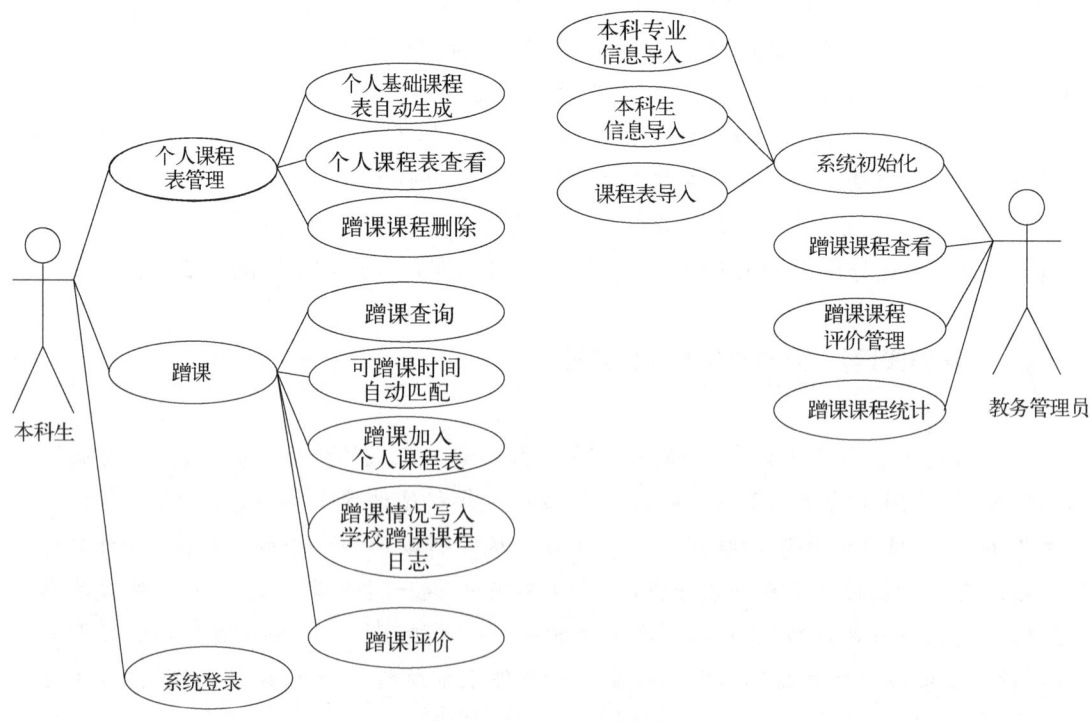

图 13-5 系统用例图

表 13-1 "蹭课课程查询"用例文本

用例1	蹭课课程查询
参与者	学生(挂科生、跨专业考研生、兴趣生)
描述	学生查询并添加蹭课课程
前置条件	1. 学生已登录 2. 点击"蹭课课程查询"
后置条件	显示该生本学期已选择的蹭课课程信息
基本流程	1. 进入蹭课课程查询界面。显示全部课程的本科课程表信息(仅显示课程名称,上课地点,课程专业,课程教师)。 2. 点击"查询蹭课专业"下拉框,显示全部专业列表(专业名称),选中某一个专业,点击"确认"按钮,显示该专业的课程的本科课程表信息(仅显示课程名称,上课地点,课程专业,课程教师)。 3. 在文本框输入"蹭课课程名"点击"搜索"按钮,显示该课程的本科课程表信息(仅显示课程名称,上课地点,课程专业,课程教师)。 4. 选中某一个(不允许多个)课程,点击"查看详情"按钮,显示该课程的本科课程表信息(课程名称,上课地点,上课开始周,上课结束周,上课时间段1~n个(如,周一,1~2节,本时间段是否有单双周问题),课程专业,课程教师)。 5. 点击"添加蹭课课程",系统获取当前课程的上课开始周,上课结束周,上课时间段,判断该上课时间是否有冲突(调用用例"蹭课时间匹配");显示时间段是否可用,提示学生是否添加蹭课课程,如学生确认添加,添加该课程的课程表信息到用户个人课程表,设置该课程的课程类型为蹭课课程。 6. 显示该生本学期的用户个人课程表。
补充说明	

(一) 教务管理员的工作

(1) 系统初始化。本科专业信息导入,将全部本科专业的基本信息导入蹭课系统数据库;本科生信息导入,导入在校本科生的专业、班级、学号等个人信息;课程表导入,导入本科课表,包括上课时间、地点、教师等。

(2) 蹭课课程查看。可以按专业、按学生个人、按年级分别查看学生的蹭课情况。

(3) 蹭课课程统计。可以按时间、课程等统计蹭课人数,查看热点课程,并给出相应日报、月报、统计直方图、饼图等。

(4) 蹭课课程评价管理。查看学生对蹭课课程的评价,促进教学指导和督促。

(二) 本科生的功能

(1) 个人课程表管理。个人基础课程表自动生成:通过教务管理员导入的信息,可以生成学生每学期的基础课程表,在此基础上可以添加蹭课课程并得到新的课程表。个人课程表查看:查看个人课表信息。蹭课课程删除:删除不希望继续旁听的蹭课课程。

(2) 蹭课。蹭课查询:选择想旁听的课程名称,查看该课程信息。可蹭课时间自动匹配:查找预蹭课课程时间地点与个人课表中已安排课程的时间地点有无冲突。蹭课加入个人课程表:将蹭课纳入课程表,以方便管理。蹭课情况写入学校蹭课课程日志:匿名记录,方便学校统计分析。蹭课评价:匿名对旁听课程进行评价。

(3) 系统登录。登录系统后可以查找蹭课和管理个人课程表。

三、概要设计

（一）系统业务分层结构

"校园蹭课APP"系统采用分层结构，从上到下共分为5层，分别是用户交互层、业务逻辑层、系统通信层、应用服务层、数据库层。系统层次结构图如图13-6所示。

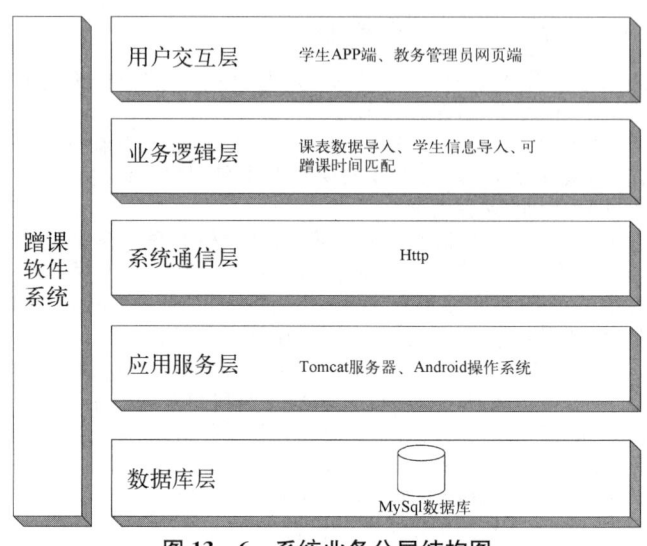

图13-6 系统业务分层结构图

各层次功能描述如下：

（1）数据库层。数据库层的MySql数据库提供本系统数据存储支撑。

（2）应用服务层。应用服务层主要包含Tomcat服务器和搭载Android操作系统的Android设备，其中Tomcat为系统Web端和Web server接口提供支撑服务，Android设备为系统客户端运行提供支撑环境。

（3）系统通信层。系统通信层采用Http传输协议，运行在客户端和Web服务器的数据交互中，客户端通过Http协议访问服务器的内容。

（4）业务逻辑层。业务逻辑层主要包括课表数据导入、学生信息导入和可蹭课时间匹配等具体业务功能。

（5）用户交互层。用户交互层含有学生APP端和教务管理员网页端。其中教务管理员网页端主要用于教务管理员导入基础数据，导出蹭课结果并统计分析。学生APP端方便学生随时随地查看、选择和管理蹭课。

（二）系统模块分解

"校园蹭课APP"系统的模块分解图如图13-7所示。

"校园蹭课APP"系统包括系统登录、系统初始化、课程表管理和蹭课管理四大模块。系统初始化模块中含有本科专业信息导入、本科生信息导入和课程表导入三个子模块；课程表管理模块中含有基础课程表管理、课程表查看和蹭课课程删除三个子模块；蹭课管理模块中含有蹭课查询、可蹭课时间自动匹配、蹭课评价、蹭课评价管理和蹭课课程统计五个子模块。

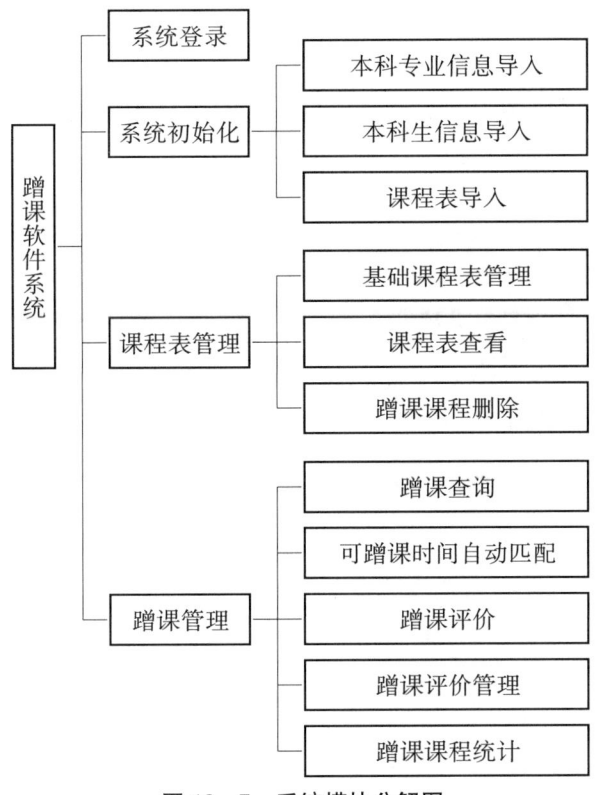

图 13-7 系统模块分解图

(三) 系统平台技术选型

(1) 系统结构：B/S。
(2) 服务器软件平台：Windows 操作系统、MySql 数据库和 Tomcat 服务器。
(3) 客户端软件平台：Android 系统。
(4) 开发语言：Java、Java Script、Html5 和 CSS。
(5) 系统结构：服务器端采用基本的 MVC 架构，客户端采用 APP 内嵌 Html5 网页的方式。

四、详细设计

(一) 详细设计的主要步骤

1. 名词和动词标注

在用例文本上标出名词和动词。然后把所有名词写到纸的右边，动词放到纸的左边。为了简化起见，本节只处理名词。名词处理方法是：

(1) 合并。例如，将多个课程名称合成一个。
(2) 删除。例如，删除界面、按钮等和业务无关的名词。
(3) 规范。例如，本科课程表信息和课程表信息表示一个意思，只保留一个。
(4) 分组。例如，课程名称、上课地点等相似名词可以分为一组，作为一个整体看待。
处理完的结果为：
(1) 课程表：课程名称，上课地点，课程专业，课程教师，上课开始周，上课结束周，上课时间段 1～n 个。

(2) 专业：专业名称。

上述体现的就是系统中数据类及其属性。之所以称为数据类,是因为这里只包括数据,不包括数据操作。数据类及其属性的 Java 代码如下:

```java
Class Timetable{        //课程表
    int timetableID;    //课程编号
    String course;      //课程名称
    String place;       //上课地点
    int major;          //课程专业
    ...                 //省略
}
Class Major{            //专业
    int majorID;        //专业编号
    String majorName;   //专业名称
}
```

2. 根据业务流程绘制顺序图和类图

逐句读用例文本中的业务流程,同时绘制顺序图和类图。

(1) 业务基本流程的第一句:进入蹭课课程查询界面。显示全部课程的本科课程表信息(仅显示课程名称、上课地点、课程专业、课程教师)。

这个事情得有个人,也就是面向对象思想中一个对象来做。谁来做?需要生成一个有显示全部课程的本科课程表信息能力的行为的业务类(负责数据操作)来负责。这里得到的是系统中的业务类(数据操作类),而业务类中往往会用到(组合)前面的数据类。例如,上面的业务类中会组合数据类 Timetable 作为它的成员。

(2) 业务基本流程的第二句:显示全部专业列表。这个事情又得有人做,谁来做?用现有的类还是开个新类?这里选择生成个新类,简单解释就是设计团队倾向人人各司其职,而不是身兼数职。稍复杂的解释是软件开发希望松耦合,再复杂点可以说是设计模式的要求。

(3) 重复上面的工作。用例文本"蹭课课程查询"的设计结果如图 13-8 和图 13-9 所示,其中图 13-8 是"蹭课课程查询"业务时序图,图 13-9 是"蹭课课程查询"业务类图。此处的类图只涉及该用例需要使用的事务类和 Model 类。

(4) 其他用例文本重复上述过程,就得到了系统的整体顺序图和类图。

每个用例文本会有自己的顺序图,但共用类图,也就是最终一般会有 n 个顺序图和 1 个类图。

对于该系统的分析,此处仅以四个主要业务(蹭课课程查询、蹭课时间匹配、学校本科课程课程表导入、本科生个人基础课程表管理)为例作为整个结果展示,分别给出各个用例的用例文本、时序图以及整合后的总类图。表 13-2 至表 13-5 为业务的用例文本;图 13-8 至图 13-11 为业务的时序图;图 13-12 为系统类图。

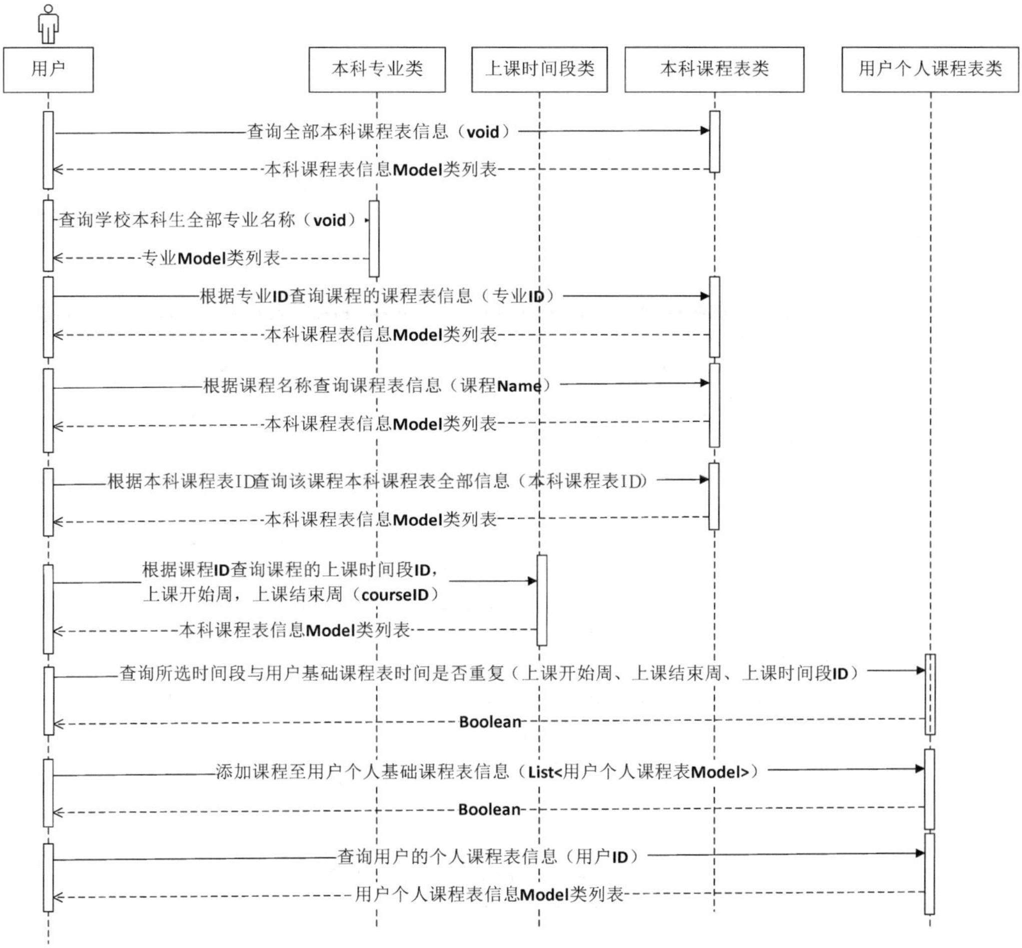

第十三章 工程项目设计(软件系统)

图 13-8 "蹭课课程查询"业务时序图

图 13-9 "蹭课课程查询"业务类图

227

表 13-2 "蹭课课程查询"业务用例文本

用例1	蹭课课程查询
参与者	学生(挂科生、跨专业考研生、兴趣生)
描述	学生查询并添加蹭课课程
前置条件	学生已登录 2. 点击"蹭课课程查询"
后置条件	显示该生本学期已选择的蹭课课程信息
基本流程	1. 进入蹭课课程查询界面。显示全部课程的本科课程表信息(仅显示课程名称,上课地点,课程专业,课程教师); 2. 点击"查询蹭课专业"下拉框,显示全部专业列表(专业名称),选中某一个专业,点击"确认"按钮,显示该专业的课程的本科课程表信息(仅显示课程名称,上课地点,课程专业,课程教师); 3. 在文本框输入"蹭课程名"点击"搜索"按钮,显示该课程的本科课程表信息(仅显示课程名称,上课地点,课程专业,课程教师); 4. 选中某一个(不允许多个)课程,点击"查看详情"按钮,显示该课程的本科课程表信息(课程名称,上课地点,上课开始周,上课结束周,上课时间段 1~n 个(如,周一,1~2节,本时间段是否有单双周问题),课程专业,课程教师); 5. 点击"添加蹭课课程",系统获取当前课程的上课开始周,上课结束周,上课时间段,判断该上课时间是否有冲突(调用用例"蹭课时间匹配"):显示时间段是否可用,提示学生是否添加蹭课课程如学生确认添加,添加该课程的课程表信息到用户个人课程表,设置该课程的课程类型为蹭课课程; 6. 显示该生本学期的用户个人课程表
补充说明	

表 13-3 "蹭课时间匹配"业务用例文本

用例2	蹭课时间匹配
参与者	学生(挂科生、跨专业考研生、兴趣生)
描述	匹配蹭课时间
前置条件	点击"添加蹭课课程"
后置条件	显示各个时间段是否可以蹭课
基本流程	1. 输入为上课时间段; 2. 查询用户个人课程表中该时间段是否有课程; 3. 如果有课,则提示冲突的课程及时间,如果没有课,则提示该时间可以使用; 4. 返回输入上课时间段是否可行的状态
补充说明	

表 13-4 "学校本科课程课程表导入"业务用例文本

用例3	学校本科课程课程表导入
参与者	管理员
描述	管理员导入学校全部本科课程课程表
前置条件	1. 管理员已登录; 2. 已有符合格式要求的 Excel 本科课程表; 3. 点击"学校本科课程课程表导入"

续　表

后置条件	按专业分页显示本学期学校本科全部课程的课程表信息
基本流程	1. 进入本科课程课程表导入界面； 2. 点击"选择文件路径"，显示用户电脑内的文件路径及可选择的文件列表； 3. 选择需要导入的本科课程课程表(Excel类型)，点击"确认"按钮； 4. 显示Excel类型课程表全部信息，可"全选"或"勾选每行前的选择框"； 5. 选中某一个或多个课程信息，点击"确定导入"，提示导入成功，将选中的课程表信息添加到本科课程表； 6. 按专业显示本科课程表信息(仅显示课程名称、上课地点、课程专业、课程教师)； 7. 选中某一个(不允许多个)课程，点击"查看详情"，显示该课程的本科课程表信息：课程名称、上课地点、上课开始周、上课结束周、上课时间段$1 \sim n$个(如,周一,$1 \sim 2$节,本时间段是否有单双周问题)、课程专业、课程教师
补充说明	

表13-5　"用户个人课程表管理"业务用例文本

用例4	用户个人课程表管理
参与者	学生(挂科生、跨专业考研生、兴趣生)
描述	学生管理个人基础课程表
前置条件	1. 学生已登录； 2. 点击"个人基础课程表管理"
后置条件	显示该生本学期基础课程表的课程信息
基本流程	1. 点击"导入基础课程表"，点击"专业"下拉框，显示学校本科专业信息列表，点击"年级"下拉框，显示学校本科年级信息列表，点击"班级"下拉框，显示学校本科班级信息列表，分别进行选择； 2. 选择完毕，点击"查询基础课程表"按钮，显示用户所选的本专业本年级的全部课程的本科课程表信息(仅显示课程名称、上课地点、课程专业、课程教师)； 3. 选中某一个(不允许多个)课程，点击"查看详情"，显示该课程的本科课程表信息：课程名称、上课地点、上课开始周、上课结束周、上课时间段$1 \sim n$个(如,周一,$1 \sim 2$节,本时间段是否有单双周问题)、课程专业、课程教师； 4. 点击"导入基础课程表"，将全部课程表信息添加到用户个人课程表。设置课程的课程类型为基础课课程。提示用户基础课程添加成功； 5. 点击"管理个人课程表"，显示用户个人课程表，包括基础课程和所选蹭课课程的全部课程表信息(仅显示课程名称、课程专业、课程教师、课程类型)； 6. 选中某一个(不允许多个)课程，点击"查看详情"按钮，显示该课程的本科课程表信息：课程名称、上课地点、上课开始周、上课结束周、上课时间段$1 \sim n$个(如,周一,$1 \sim 2$节,本时间段是否有单双周问题)、课程专业、课程教师； 7. 点击"删除课程"，将该课程信息从用户个人课程表删除，提示删除课程成功； 8. 显示该生本学期的用户个人课程表

第二步的结果就是得到系统中的业务类及其方法(使用了第一步得到的数据类及其属性)。

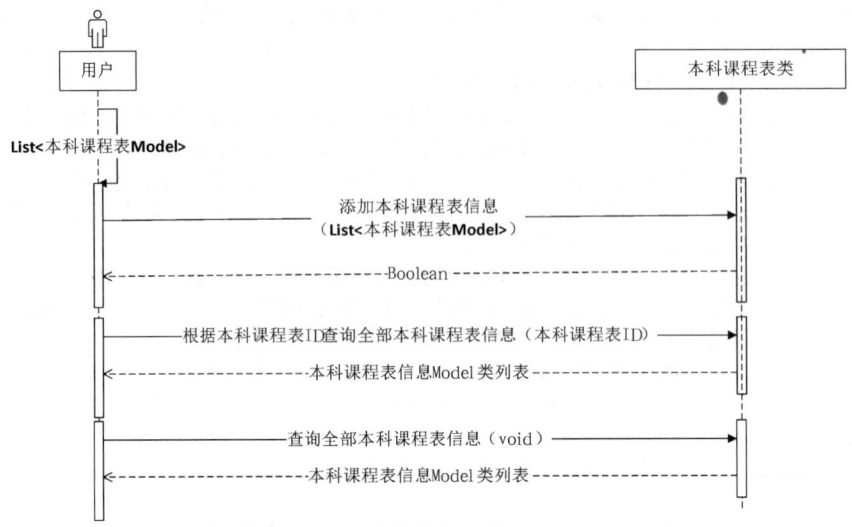

图 13-10 "学校本科课程课程表导入"业务时序图

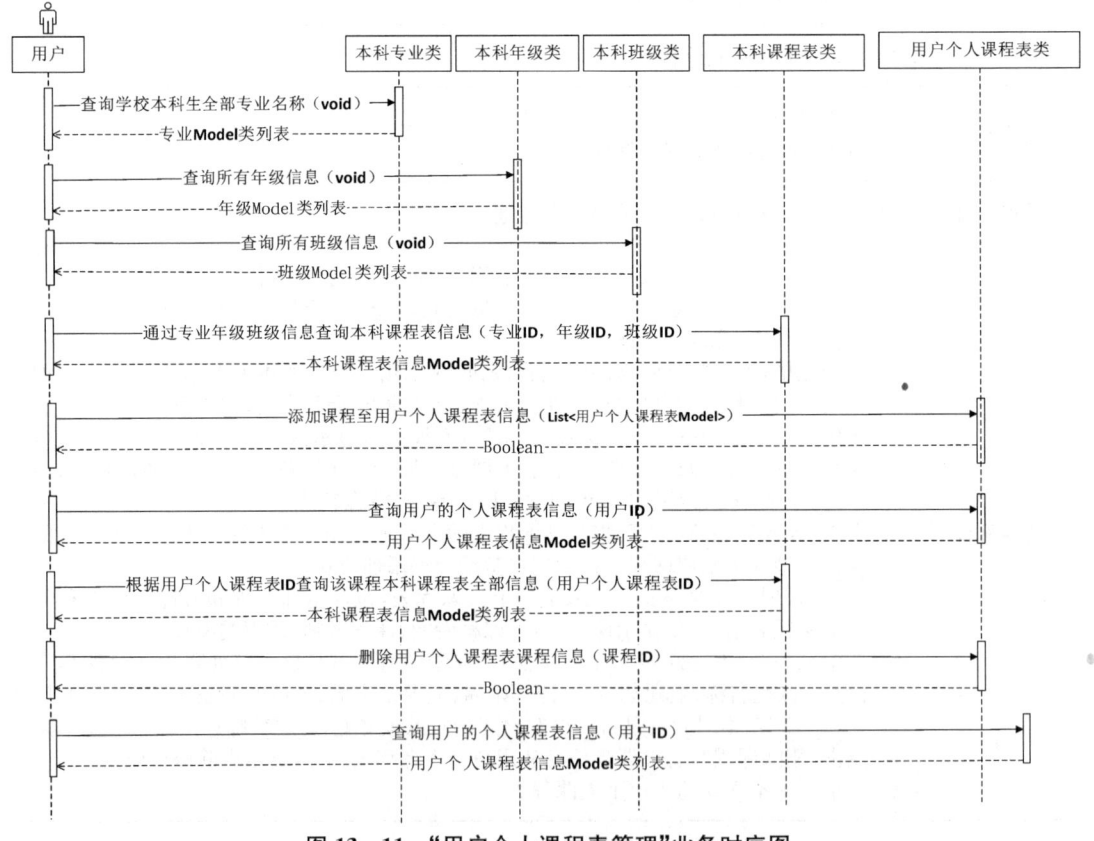

图 13-11 "用户个人课程表管理"业务时序图

本科课程表类
+查询全部本科课程表信息（void）：本科课程表信息Model类列表 +根据专业ID查询课程的课程表信息（专业ID）：本科课程表信息Model类列表 +根据课程名称查询课程表信息（课程Name）：本科课程表信息Model类列表 +根据本科课程表ID查询该课程本科课程表全部信息（本科课程表ID）：本科课程表信息Model类列表 +通过专业年级班级信息查询本科课程表信息（专业ID，年级ID，班级ID）：本科课程表信息Model类列表 +根据用户个人课程表ID查询该课程本科课程表全部信息（用户个人课程表ID）：本科课程表信息Model类列表 +添加本科课程表信息（List<本科课程表Model>）：Boolean

上课时间段类
+根据课程ID查询课程的上课时间段ID，上课开始周，上课结束周（courseID）：本科课程表信息Model类列表

用户个人课程表类
+查询所选时间段与用户基础课程表时间是否重复（上课开始周、上课结束周、上课时间段ID）：Boolean +添加课程至用户个人课程表信息（List<用户个人课程表Model>）：Boolean +查询用户的个人课程表信息（用户ID）：用户个人课程表信息Model类列表 +删除用户个人课程表课程信息（课程ID）：Boolean

本科专业类
+查询学校本科生全部专业信息（void）：专业Model类列表

本科年级类
+查询学校本科年级信息（void）：本科年级Model类列表

本科班级类
+查询学校本科班级信息（void）：本科班级Model类列表

图 13-12　系统类图

 本 章 小 结

　　本章首先简要介绍了软件系统设计与开发中的基本概念——软件设计与开发流程及各阶段的任务、软件开发模型，并扼要展示了瀑布模型、快速原型模型和面向对象模型的主要特征及优缺点；而后详细描述了基于OO开发模型的设计与开发流程，包括可行性分析、需求分析、概要设计、详细设计、系统开发/测试/联调/系统交付各个阶段的工作及其关联关系。最后，基于实际应用案例"校园蹭课APP"，展示了软件设计的核心任务：从用例文本到顺序图、类图的系统设计过程，并给出了最终的系统设计结果。

思 考 题

1. 什么是软件的生命周期?
2. 软件生命周期分哪几个阶段?各阶段的任务是什么?
3. 举例说明哪些项目的开发适用于瀑布模型和OO模型,哪些不适用于采用这两种模型。
4. 软件测试对系统成败有怎样的影响?
5. 类图和顺序图之外的其他UML图形通常用来描述软件设计过程中的哪些问题?

第十四章　产品标准

 学习目标

1. 了解标准与标准化的基本概念,认识标准化的作用与意义。
2. 了解标准的体系构成及分类,不同级别标准的优先等级和适用范围。
3. 熟悉与标准相关的法律法规,掌握产品标准的编制规范。
4. 能结合自己的产品特点,编制合格的产品标准。

 导入案例

和尚撞钟的启示

"做一天和尚撞一天钟"是尽人皆知的寓言故事,形容过一天算一天地混日子,也常常形容工作马马虎虎,敷衍了事。

为了规范庙里的工作,主持实行了目标管理,制定了岗位责任,落实到了每一个和尚头上,一切有条不紊地进行着。有一个小和尚担任了撞钟一职,除了每天准时早起、用力撞钟外,一日无事,倒也自在。一天主持突然调他到后院担水劈柴,原因是他不胜任撞钟一职。小和尚不服气地问:"难道我撞的钟不准时、不响亮?"主持耐心地告诉他:"你撞的钟很准时,也很响亮,但钟声空泛、疲软、没有感召力。钟声是要唤醒沉迷的众生,因此,撞出的钟声不仅要洪亮,而且要圆润、浑厚、深沉、悠远。"

主持为什么调换他的工作?小和尚为什么不服气?谁的问题?

主持犯了一个常识性的错误,只落实责任,没制定标准。如果小和尚接受任务之前就明白撞钟的标准和重要性,也不会因此而被调换。缺乏标准往往导致员工的努力方向与公司整体发展方向不统一,缺乏参照物,容易形成员工自以为做得很好而领导不认可,导致工作懈怠。标准的重要性由此可见一斑。

第一节　产品标准概述

开发产品目的是上市销售,产生社会效益和经济效益,而销售的前提是产品必须符合相关标准,并得到管理部门认可。有些小企业产品开发出来了,因不符合相关标准而延误销售。因此,为了有效组织生产、保证产品质量、获得市场准入,产品标准的制订、实施就显得至关重要。同时,树立标准化意识能够规范管理、提高效率、避免浪费,确保企业可持续发展。

本章针对初创公司面对的实际问题,介绍标准的作用、标准化的意义和各级标准的应用;讲解产品标准的相关规定、编制规范及方法;结合实际案例详细叙述产品标准的编制思路及编制过程。

一、标准的基本概念

(一)标准

标准是以科学、技术和实践经验的综合成果为基础,经协商一致制定并由公认机构批准,以特定形式发布,作为共同遵守的准则和依据。

(二)标准化

标准化是指在一定范围内获得最佳秩序,对实际的或潜在的问题制定共同和重复使用的规则的活动,包括制定、发布及实施标准的过程。也就是说,标准化是过程,标准是结果。"标准"实质上就是"规则",是大家做事必须遵循的"同一""明确"的准则和依据。

二、标准的作用

(一)降低成本

标准代表了最好、最容易、最安全的作业方式和方法,必然提高生产效率,减低消耗,减少浪费,也就间接降低了成本。

(二)保证质量

标准就是通过规范人们的工作方法,减少人为因素,保持产品的一致性,提高成品率。出了问题后能让我们更简单地确定问题的原因,是标准制定不合理还是生产流程中哪道工序未严格按标准操作,快速做出对策,改进工作。

(三)通用性

如鞋子、衣服尺码的标准使得大多数人不必记住具体尺寸,按尺码购买即可,也使得批量生产成为可能,人们可以享受到物美价廉的产品。

(四)技术传承

如某个员工找到了最佳工作方法和技术,却不能共享,那么这项技术就会随着员工的流失而消失。通过及时修订标准,就可得以流传,技术也得以不断积累。

标准的作用是具体的,标准化的意义是深远的,有必要深入了解。

三、标准化的意义

(一)标准化与人类文明息息相关

法律是人们行为准则,文字是人类沟通交流标准。吃符合卫生标准的食品才健康,住符合相关标准要求的房屋才踏实,乘坐符合安全标准的交通工具才放心等等。标准化促进了社会进步,文明发展。

(二)标准化是企业生存发展的重要技术基础

产品竞争力是企业的生命,而产品的品种、质量、价格、交货期的四大竞争要素都与标准化密切相关,标准化是企业生产、经营、检验产品的行为准则,是生存发展的前提保障。如果说质量是企业的生命,标准化就是企业的灵魂。

(三)有利于企业技术进步

产品标准是根据生产力发展水平不断提升的,企业现行生产技术无法满足高水平产品标准要求时,唯一的出路就是科技创新,用先进技术改造或提升传统产业。因此,标准化是推动企业技术进步的杠杆。

(四)建立现代化制度的重要技术依托

标准化涉及社会生活的各个方面,从产品、服务到管理无所不包。管理标准更是无数管理专家经验的结晶,依据管理标准建立现代化的管理体系,无疑会达到事半功倍的效果。

ISO9001是大家熟知的质量管理体系标准,它吸收了国际上先进的管理理念,采用的是PDCA循环的质量哲学思想。PDCA循环是将质量管理分为四个阶段,即计划(plan)、执行(do)、检查(check)和处理(action),在质量管理活动中,要求把各项工作按照作出计划、计划实施、检查实施效果,然后将成功的纳入标准,不成功的留待下一循环去解决。多个国家建立国际质量认证体系,形成世界范围内的贯标和"认证"热。中国已有几十万家企业通过ISO国际质量体系认证,在国际贸易中发挥了巨大作用。

(五)政府宏观调控经济的重要技术手段

政府通过标准控制产品的市场准入,创造一个公平、公正、公开的市场竞争环境。法律法规中标准起着技术规则和管理规则的重要作用,如合同法、食品卫生法、环境保护法、质量监督法等都对采用标准做了明确规定。市场出现质量纠纷时,标准是仲裁依据。

我们经常听说的国标、欧标、美标就是如此,我国出口美国的商品必须符合美国标准,出口欧盟的商品必须符合欧盟标准。反过来其他国家进入我国的商品,也必须符合我国的相关标准。因此,标准是维护消费者和企业合法权益的有力武器,是企业进入市场、参与国内外贸易竞争的通行证,更是国民经济稳定协调发展的保证。

标准化的作用

总之,没有标准必然导致混乱。就像交通堵塞一样,很多时候就是标准不明确,或没有红绿灯,或有红绿灯司机不遵守。而要解决这些问题的核心就是"标准化",让没有标准的有标准,让不执行标准的人通过制度让他执行,让不明确的标准明确起来,这就是标准化的意义。

第二节 标准体系简介

一、标准分类

表14-1从不同的角度列出了标准的分类。

表 14-1 标准分类

分类依据	具体标准
按适用范围	国际标准　国家标准　行业标准　地方标准　企业标准
按法律约束	强制性标准　推荐性标准　指导性技术文件
按标准性质	技术标准　管理标准　工作标准
按作用对象	基础标准　产品标准　方法标准　安全标准　卫生标准　环境保护标准

这里重点解释一下按法律约束分类。

(1) 强制性标准,是保障人体健康、人身财产安全的标准,通过法律及行政法规规定强制执行。简称强标,是必须遵守的,法律约束性最强。

(2) 推荐性标准,是指生产、交换、使用等方面,通过经济手段或市场调节而自愿采用的标准。但一经接受并采用,就成为各方必须共同遵守的技术依据,具有法律上的约束性。简称推标,即推荐采用的标准,不具有强制性,法律约束性次之。

(3) 指导性技术文件,是为仍处于技术发展过程中的标准化工作提供指南或信息,供科研、设计、生产和管理等有关人员参考使用而制定的标准文件。不具有强制力和法律上的约束性。

尽管分类方法不同、适用范围不同、适用对象不同,但目的都是一致的,即"为获得最佳秩序,促进最佳社会效益"。

二、标准体系

(一) 国际标准

国际标准是指国际标准化组织(ISO)、国际电工委员会(IEC)和国际电信联盟(ITU)制定的标准,以及国际标准化组织确认并公布的其他国际组织制定的标准。国际标准在世界范围内统一使用。

值得重视的是,由于国际贸易竞争越来越激烈,产品不仅有高的质量,还要有广泛的通用性、互换性。这就要求按照国际上统一的标准生产,如果标准不一致,就会给国际贸易带来障碍,因此,目前许多国家直接把国际标准作为该国标准使用或等效采用。

(二) 国家标准

许多国家都有自己的国家标准(简称国标),在本国范围内使用。

《中华人民共和国国家标准》由国家标准化管理委员会提出、组织起草、征求意见、技术审查、批准发布或授权发布。

国家标准分为强制性标准(GB)、推荐性标准(GB/T)、指导性技术文件(GB/Z)。

例如,《GB 9706.1—2007 医用电器设备 第1部分:安全通用要求》是强制性标准,其标准号含义如图14-1所示。

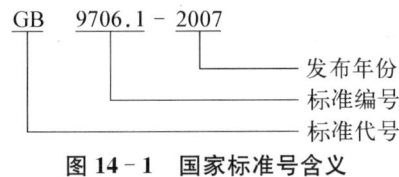

图 14-1 国家标准号含义

（三）行业标准

行业标准（简称行标）是对没有国家标准而又需要在全国某个行业范围内统一的技术要求所制定的标准，在全国某个行业范围内使用。行业标准分为强制性标准和推荐性标准。

行业标准不得与有关国家标准相抵触，在相应的国家标准实施后，即行废止。

例如，《YY 1139-2013 心电诊断设备》是原国家食品药品监督管理总局 2013 年发布的强制性标准，其标准号含义如图 14-2 所示。

图 14-2 行业标准号含义

（四）地方标准

地方标准（简称地标）是由地方（省、自治区、直辖市）标准化主管机构或专业主管部门组织、批准、发布，在某一地区范围内统一使用的标准。

需要注意的是：凡国家标准、行业标准已制定相应标准的，不能制定地方标准。

标准号由"DB（标准代号）"+"地区代码前两位"+"/"+"顺序号"+"年号"组成。

例如，《DB 11/ 1022-2013 简易自动喷水灭火系统设计规程》是北京市质量技术监督局 2013 年发布的 1022 号地方标准。其标准号含义如图 14-3 所示。

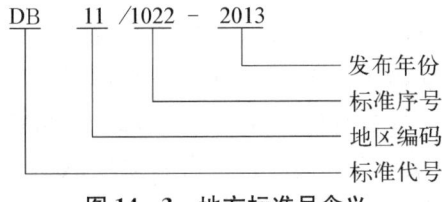

图 14-3 地方标准号含义

地区代码由国家颁布，如北京的是 11、天津的是 12。

（五）企业标准

企业标准（简称企标）是企业依据相关标准制定的企业内部标准，在企业内部使用。

企业生产的产品有下列情况之一的，需要制定企业标准：

(1) 没有国家标准、行业标准和地方标准的。

(2) 功能范围超出国家标准、行业标准和地方标准的。

(3) 指标高于国家标准、行业标准或地方标准的。

特别说明的是：

（1）对于初创公司的创意产品，其功能往往是跨界的，技术指标可能涉及多个国标准或行标，还有一些创新指标超出这些标准。需制定企业标准，遵守相应标准规定，补充自定条款。

（2）凡是产品性能指标在上级标准有规定的，企业标准对应条款必须不低于上级标准。也就是说企业之间的产品竞争，是性能指标严于国行标的竞争，这在产品投标时很重要。我们经常听推销人员说他们的产品符合国标，好像质量很高，实际上是利用人们缺乏标准知识的误导。国标是产品市场准入的门槛，换言之，低于国标不允许上市销售。

例如，《Q/KW 1-00.07.06-2018 电动气压止血仪》是康威集团公司2016年发布的企业标准。其标准号含义如图14-4所示。

图14-4 企业标准号含义

Q是国家规定的企业标准代号，KW是康威集团的拼音简称，1-00.07.06是企业自定的标准序号。

 **【延伸阅读】** 标准件、通用件与专用件

> 标准件：是指结构、尺寸和技术要求完全标准化，有国家或行业标准规定，并由专业厂生产的常用零(部)件，如螺栓螺母、弹簧轴承等。特点是不为某种用途而设计，可以大量生产，提高质量，降低成本。
>
> 通用件：实行了部分标准化的零部件，在不同厂家、不同类型或同类型不同规格的产品中可以互换使用，如手机充电器，国家规定输入电压交流100—240 V，频率50～60 Hz，输出USB接口，直流5 V。又如各种型号手机或数码产品世界范围内科通用。还有耳机插头已标准化，但听筒各有不同，插孔规格相同的设备就可使用。
>
> 专用件：为某一个或某一类产品而设计的零部件，如遥控器。后来有人设计了万能遥控器，使专用转化变成了通用。

非标准件

第三节　企业产品标准编制指南

一、标准格式与结构

分为封面、前言、正文、附录和编制说明，在国标《GB/T 1.1-2009 标准化工作导则

第 1 部分：标准的结构和编写》中有具体规定，称之为"写标准的标准"。部分行业主管部门根据行业产品特点会发布补充规定，请注意查阅，遵照执行。

二、封面

封面的要素是标准号、标准名称、发布时间、实施时间。

（一）标准号

企业标准的标准号由标准代号 Q、企业简称、标准序号和发布年份组成。

（二）产品标准

名称一般以产品名称为准，应查阅相关行业对于产品命名的规定。

（三）发布、实施日期

由企业自定，一般间隔不少于三个月，以便企业各部门有充裕的准备时间。

三、前言

（1）说明本标准与对应的国家标准、行业标准或国际标准的一致性程度，如等同采用、部分采用或参考制定。

（2）说明本标准与前版标准的关系（若之前已发布过本产品标准，即替代或修订情况，技术指标的增加、减少或修改）。

（3）说明本标准中的附录的性质，是规范性附录还是资料性附录。

（4）标准的提出、起草、起草人、审核单位信息。

四、正文

（一）范围

正文应明确界定标准化对象和所涉及的各个方面，指明标准的适用界限。必要时可指出标准不适用的界限。

（二）规范性引用文件

正文应包括引导语和规范性引用文件的一览表。

引导语一般采用规范用语，例如："下列文件对本文件的应用是必不可少的。凡是注日期的引用文件，仅注日期的版本适用于本文件。凡是不注日期的引用文件，其最新版本（包括所有的修改单）适用于本文件。"应注意最新版国家或行业标准的引导语变动。

引用文件是产品设计与标准编制过程中涉及的相关规定文件。列出一览表，排列顺序为国家标准、行业标准、地方标准及规范性文件，按标准号从小到大分别排列。

特别提示：

（1）列举的文件应保证其有效性，一旦有新标准发布，原标准即行废止。引用前一定要查询。

（2）列举的文件下文中一定要用到，下文中用到的这里一定要列举。

（三）术语和定义

正文有下列情况之一时，应对用到的术语进行定义。

(1) 当不对术语进行定义,其含义会引起误解或产生歧义。

(2) 上级标准尚未规定的术语。

(3) 不被人们熟知或不是众所周知的术语。

(4) 在不同语境中有不同解释的术语。

(四) 分类与型号命名

为满足生产检验、库存管理、售后服务的需要,在正文中应为产品(系列)建立一个分类、型号、产品代码或产品标记,可以包括规格、尺寸、基本参数等。

(五) 要求

应包括性能指标和功能指标。有国家标准、行业标准的产品,其指标不低于上述标准。没有国家标准、行业标准的,其指标应由企业根据产品预期应用情况确定,必须有相关依据。一般由下列部分组成:① 工作条件;② 外观;③ 尺寸;④ 功能、性能;⑤ 安全;⑥ 电磁兼容(电器产品适用);⑦ 环境适应性。

(六) 试验方法

试验方法与相应的性能指标相对应。应优先考虑采用公认的或已颁布的标准试验方法。试验方法的制定需保证具有可重现性和可操作性,需要时明确试验样品的制备方法,必要时可附相应图示进行说明,文本较大的可以附录形式提供。试验中使用的测试仪器、设备、工具等应有规定的精度等级。

(七) 检验规则

(1) 产品必须经技术检验部门进行检验,合格时方可提交验收,验收分为出厂检验和型式检验。请注意这里用的是"验收",也就是说验收是对技术检验部门检验合格的产品进行的。

(2) 出厂检验为主要技术指标检验,由企业内部的质量管理部门,或有合同要求的订货单位和第三方一起进行。包含以下项目:① 抽样方案;② 检验项目;③ 判定规则。

(3) 型式检验为全项检验,一般为产品注册或重新注册时提供的主要文件。在下列情况之一时进行:① 产品定型投产前(包括老产品转产);② 连续正常生产中,每年不少于一次;③ 在设计结构、工艺或原材料有较大变化时;④ 间隔一年以上,再恢复生产时;⑤ 国家质量监督机构提出型式检验要求时。

型式检验在出厂检验合格的产品进行,包括抽取方案、判定规则。

(八) 标志、标签、包装、运输、储存

应根据产品特点、使用要求规定标志、标签,应符合 GB/T 191 - 2000 中的有关规定。

应根据产品的特点及相关标准规定产品的包装要求、运输储存要求。随机文件是产品的一部分,应对随机文件作出规定。如说明书、保修单、装箱单等。

(九) 附录

标准中有些内容相对比较集中,篇幅较大,为了整体结构匀称,可以将这部分内容摘出来,单独编制附录附在正文后面。包含规范性附录和资料性附录。

规范性附录是标准条款的组成部分,属于标准的主体,是需要遵守的。

资料性附录是有助于标准的理解和使用的附加要素,所以是不需要遵守的。

(十) 终止线

实线居中,四分之一行宽,与正文间隔两行,表示标准的结束。

五、编制说明

包括产品概述、国家标准与行业标准引用情况、主要性能指标确定依据、与同类产品的对比情况等。

六、注意事项

(1) 产品名称过长时,可定义简称。
(2) 不能量化、不可检验的词语不能出现,如大小适宜、外形美观等。
(3) 单位、符号、尺寸应按规范书写。
(4) 企业产品标准的编制只关注产品外部组成结构和使用性能,不涉及内部技术。

产品的命名

第四节　产品标准的应用实例

以"趣味健身自行车"为例,介绍产品标准编制。

一、查阅相关国家或行业标准

经检索以下标准适用于该产品:
(1)《GB/T 191-2000　包装储运图示标志》
(2)《GB 3565-2005　自行车安全要求》
(3)《GB/T 19994-2005　自行车通用技术条件》
(4)《GB 17498.1-2008　固定式健身器材　第一部分:通用安全要求和试验方法》
(5)《GB 17498.10-2008　固定式健身器材　第一部分:带有固定轮或无飞轮的健身车附加的特殊安全要求和试验方法》

二、趣味健身自行车企业标准

(一) 封面

河南华康健身科技有限公司简称"HK",标准序号可加分类号,如趣味健身自行车的序号是01,本标准是2019年第26号标准,标准号及其如图14-5所示。

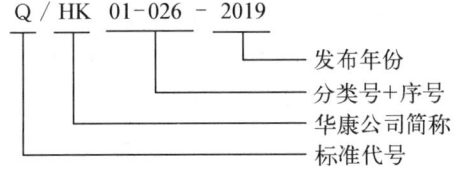

图14-5　河南华康健身科技有限公司企业标准号及其含义

其中，封面格式按 GB/T 1.1-2009 地方标准封面格式及行业的相关规定执行；标准名称为产品名称；发布、实施日期间隔三个月，满足相关部门贯标（即贯彻标准）时间要求。

（二）前言

前言的主要内容包括：说明制定本标准的原因和目的，贯彻的相关标准，规定附录的性质；声明由河南华康健身科技有限公司提出并起草；复核单位为主管技术监督部门；首次发布日期定为 2019 年 5 月 16 日。河南华康健身科技有限公司企业标准的前言如下：

河南华康健身科技有限公司企业标准封面

前　言

趣味健身自行车目前尚无国家标准或行业标准，为组织生产，保证产品质量，特制定本标准。

本标准全面贯彻了《GB 17498.1-2008　固定式健身器材　第一部分：通用安全要求和试验方法》和《GB 17498.10-2008　固定式健身器材　第一部分：带有固定轮或无飞轮的健身车附加的特殊安全要求和试验方法》，其要求内容列在附录 A 中。

本标准的附录 A 是规范性附录。

本标准的附录 B 是资料性附录。

本标准由河南华康科技有限公司提出并起草。

本标准主要起草人：王建要、李守珅。

本标准复核单位：河南省技术监督局。

本标准首次发布日期：2019 年 5 月 16 日。

（三）正文

（1）范围。声明本标准的规定与适用范围。为方便引用，产品简称定义为"健身单车"。

（2）规范性引用文件。采用 GB/T 1.1-2009 标准引导词：下列文件对本文件的应用是必不可少中的。凡是注日期的引用文件，仅注日期的版本适用于本文件。凡是不注日期的引用文件，其最新版本（包括所有的修改单）适用于本文件。引用文件按标准等级、标准号大小排列。

（3）术语。规定竞速、阻力矩、卡路里在本标准中定义，给出了具体解释，以免引起歧义。

（4）型号命名。产品型号主要包括以下内容：① 公司标识；② 产品系列，如 JZ 表示健身自行车；③ 设计序号，为可变部分，用于产品升级换代，如 01 为第一型。如果标准涵盖两种及以上的型号，应给出不同型号的产品组成和配置。

（5）要求。根据保障安全有效性考虑，规定工作条件、尺寸、阻力调节、小车/单车速度比、安全等指标等。由于安全指标条款较多，篇幅过大，以规范性附录的形式列出。

（6）试验方法。按照应采用"公认的或已颁布的标准试验方法"的规定，单车性能按 GB 3565-2005 和 GB/T 19994-2005 规定的方法检验，安全性能按 GB 17498.1-2008 和 GB 17498.10-2008 规定的方法检验。其他方法根据实际模拟或试验情况自定。小车/单车速度比指标，给出测量方法和计算公式。

（7）检验规则。出厂检验采用成批检验，抽样数量依据 GB/T 2828.1-2012 确定。为了降低检验成本，在保证质量的前提下，检验项目按主要性能指标选定。型式检验抽样数量、判定规则一般按质监部门规定执行，不能自行确定。

（8）标识、标签、包装、运输和储存。产品标签的格式及标志一般也有当地质监部门规定，应遵照执行。说明包装材料，应保证产品在运输贮存时不受损害。考虑到自行车的常规包装为瓦楞纸箱，跑道一般为塑料制品，也可用纸箱包装。为防尘防潮，应先套上塑料袋后放入纸箱。规定包装箱上的标志标示，"小心轻放""向上""怕湿"等字样和标志，应符合 GB/T 191-2000 中的有关规定。规定包装箱内的文件清单、合格证要求。规定存储条件，应保证按此条件存储，产品不受到损害。

河南华康健身科技有限公司企业标准的正文如下：

1 范围

本标准规定了趣味健身自行车的术语、分类与命名、要求、试验方法、检验规则、标志、标签、包装、贮存等。

本标准适用于趣味健身自行车（以下简称健身单车）。

2 规范性引用文件

下列文件对本文件的应用是必不可少的。凡是注日期的引用文件，仅注日期的版本适用于本文件。凡是不注日期的引用文件，其最新版本（包括所有的修改单）适用于本文件。

GB/T 191-2000　包装储运图示标志

GB 3565-2005　自行车安全要求

GB 17498.1-2008　固定式健身器材　第一部分：通用安全要求和试验方法

GB 17498.10-2008　固定式健身器材　第一部分：带有固定轮或无飞轮的健身车附加的特殊安全要求和试验方法

GB/T 19994-2005　自行车通用技术条件

3 术语

3.1 竞速

两人同时骑行控制两个小车运动时的速度竞赛。

3.2 阻力矩

骑行阻力，模拟小车赛道坡度。

3.3 卡路里

训练时消耗的卡路里。

4 型号命名

4.1 型号命名

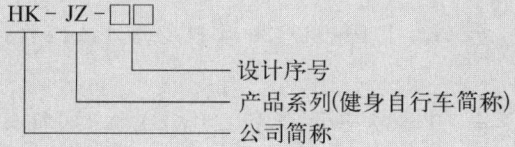

示例：HK-JZ-01型为华康公司生产的单车道趣味健身自行车。

4.2 结构组成

趣味健身自行车由健身自行车（以下简称单车）、联动小车（以下简称小车）和小车跑道（以下简称跑道）组成，配置见表1。

表1 趣味自行车配置

型号	配置数量		
	单车	小车	跑道
HK-JZ-01	1	1	1
HK-JZ-02	2	2	2

5 要求

5.1 正常工作条件

a) 环境温度：+5℃～+38℃；

b) 相对湿度：≤85%；

c) 电源

单车：AC 220 V±22 V，50 Hz±1 Hz；

小车：锂电池，2 000 mA，6 V±1 V。

5.2 单车

a) 外形尺寸：长 95 cm，宽 55 cm，高 120 cm，允差±5%。

b) 性能：应符合 GB 3565-2005 和 GB/T 19994-2005 的相关要求。

5.3 无线通信距离

单车与小车间通信距离≥10 m。

5.4 阻力调节

a) 手动：调节范围 20～200 N，分级可调，级差 20 N，允差±5%；

b) 联动：水平地面小车匀速前进时 20 N，爬坡时每度增加 5 N，允差±5%。

5.5 跑道

a) 最大外形尺寸：长 160 cm，宽 140 cm，高 50 cm，允差±5%；

b) 最大坡度：45０，允差±5%。

5.6 小车/单车速度比：1/100，允差±5%。

5.7 安全

应符合 GB 17498.1-2008 和 GB 17498.10-2008 的要求，见附录A。

6 试验方法

6.1 单车

按 GB 3565-2005 和 GB/T 19994-2005 规定的方法检验，应符合5.2的要求。

6.2 无线通信距离

将跑道放置于距单车 10 m 的地方，系统应能正常工作，符合5.3的要求。

6.3 阻力调节

a) 手动：分别设置5档、8档，用拉力计在脚蹬处测量，应符合5.4a)的要求；

b) 联动：将小车车头抬高，分别置于20°、40°倾角，用拉力计在脚蹬处测量，应符合5.4b)的要求。

6.4 跑道

a) 最大外形尺寸：用通用量具测量，应符合5.5a)的要求；

b) 最大坡度：用量角器测量，应符合5.5b)的要求。

6.5 小车/单车速度比

匀速踩踏单车，使速度表稳定在5 m/s，用秒表测量小车沿跑道一周所需时间，计算速度比，应符合5.6的要求。

速度比＝$c/t/v$

c——跑道周长

t——小车跑1周所用时间(s)

v——单车速度

6.6 安全

按GB 17498.1-2008和GB 17498.10-2008规定的方法检验，见附录A。

7 检验规则

7.1 趣味自行车经制造厂质量检验部门检验合格后，方可提交验收。

7.2 趣味自行车分为出厂检验和型式检验。

7.3 出厂检验

7.3.1 趣味自行车按生产批提交验收，抽样数量按表2的规定。

表2 抽样数量

交验数量/台	抽样数量占交验数量/%	备注
<100	10	不少于一台
100～200	7.5	
>200	5	

7.3.2 检验项目按表3的规定。

表3 检验项目

检验项目	检验内容
尺寸、外观	5.2a)、5.5
性能	5.2b)、5.4a)、5.6

7.3.3 尺寸在一台中有一项不符合本标准要求时，应抽取双倍数量的趣味自行车，按不合格的项目进行重复检验，若仍不符合要求，该批产品全部退回，重新分类整理；性能指标若一台中有一项不符合本标准要求，该批产品全部退回，重新分类整理。

7.3.4 分类整理后再提交验收时,按 7.3.1 的规定抽取双倍数量的趣味自行车进行检验,若仍不符合 7.3.3 的规定,则该批产品不予验收。

7.4 型式检验

7.4.1 有下列情形之一时,应进行型式检验:

a) 产品定型投产前(包括老产品转产);

b) 连续正常生产中,每年不少于一次;

c) 在设计、工艺或原材料有较大变化时;

d) 间隔一年以上,回复生产时;

e) 国家质量监督机构提出型式检验要求时。

7.4.2 从出厂检验合格的产品中随机抽取 3 台。

7.4.3 检验项目为"5 要求"中的全部项目。

7.4.4 若一台中有一项不符合本标准要求时,按 7.4.2 规定加倍抽样,对不合格项进行重复检验,如仍不符合要求,则判本次型式检验不合格。

8 标志、标签、包装、贮存

8.1 在单车、小车、跑道适当位置应有标签,标签上应有下列标志:

a) 公司名称、商标;

b) 产品名称、型号;

c) 电源电压;

d) 产品执行标准号、生产许可证号;

e) 产品编号、生产日期。

8.2 单车、小车、跑道分别防潮包装后装入瓦楞纸箱内,包装箱上应有下列标志:

a) 公司名称、地址、商标、联系方式;

b) 产品名称、型号;

c) 毛重、数量;

d) 体积(长×宽×高);

e) 产品编号、出厂日期;

f) "小心轻放""向上""怕湿"等字样和标志,应符合 GB/T 191-2000 中的有关规定;

g) 产品执行标准号、生产许可证号。

8.3 包装箱内应有下列文件:

a) 产品使用说明书;

b) 产品合格证;

c) 装箱清单。

8.4 产品使用说明书的编写应符合国家有关规定。

8.5 产品合格证上应有下列标志:

a) 公司名称、商标;

b) 产品名称、型号;

  c) 执行标准号；
  d) 检验员代号；
  e) 检验日期。
8.6 包装好的治疗仪应贮存在干燥、清洁,相对湿度不大于80%,无腐蚀性气体的库房内。

三、附录

  本标准的安全要求牵涉 GB 17498.1-2008 和 GB 17498.10-2008 两个标准,都是强制性标准。这两个准备所列的要求和试验方法,凡是与本产品有关的都必须采用。这里列为附录 A(规范性附录)。为了更好地理解和使用本标准,需要有关运动量与系消耗卡路里的相关知识,这里列为附录 B(资料性附录)。河南华康健身科技有限公司企业标准附录的具体格式如下：

附录 A
（规范性附录）
安全

（略）

附录 B
（资料性附录）
卡路里计算方法

（略）

四、编制说明

  标准编制说明是记录标准编制过程中需要分析论证和解释说明事项的文件,是标准内容的延伸和补充,为充分理解标准技术内容提供依据。河南华康健身科技有限公司企业标准的编制说明如下：

1. 产品概述

  趣味健身自行车是我公司在传统健身自行车基础上研制的健身器械,以其轨道小车的同步运动增加健身过程的趣味性,多人使用时可通过竞技比赛在激情中增加运动强度,起到积极主动锻炼的作用。
  本标准安全方面全面贯彻了 GB 17498.1-2008《固定式健身器材 第一部分：通用安全要求和试验方法》和 GB 17498.10-2008《固定式健身器材 第一部分：带有固定轮或无飞轮的健身车附加的特殊安全要求和试验方法》,将其列为附录 A(规范性附录)的形式。

本标准的标志、包装、运输、贮存按 GB/T 191-2000《包装储运图示标志》的规定编制。

本标准编写上遵循了 GB/T 1.1-2000《标准化工作导则 第1部分：标准的结构和编写规则》及 GB/T 1.2-2002《标准化工作导则 第2部分：标准中规范性技术要素内容的确定方法》的规定。

2. 主要技术指标确定依据

2.1 单车性能

根据 GB 3565-2005 和 GB/T 19994-2005 的相关要求确定。

2.2 无线通信距离

根据使用场景，骑行和跑道距离不大于 5 m，设定通信距离不小于 10 m 能满足要求。

2.3 阻力矩

根据健身训练强度要求制定。

2.4 跑道尺寸

跑道设计为椭圆形，a 为长轴半径，b 为短轴半径。

人正常骑行速度约 5 m/s，按骑行约 500 m 小车绕跑道一周计算，设 $a=0.8$ m，$b=0.7$ m。

跑道平面周长 $L=2\pi b+4(a-b)$，$L=2\times3.14\times0.7+4(0.8-0.7)=4.79$ m。

坡道高度 50 cm，水平投影长度 100 cm，计算得坡道长：141 cm。

跑道周长$=4.79+1.41-1=5.2$ m，确定跑道外形尺寸长 1.6 m，宽 1.4 m，高 0.5 m。

2.5 小车/单车速度比

速度比$=5/500=1/100$

3 产品自测报告

见附页（略）。

4 质量责任声明

河南华康健身科技有限公司声明对产品性能和测试结果的真实性负责，原承担相应法律责任。

本 章 小 结

本章从初创公司实用的角度出发，介绍了标准与标准化的定义、作用与意义，说明了加强标准化意识对初创公司的重要性。系统讲解了标准的分类、体系结构及适用范围。重点说明了企业产品标准的编制规范、步骤方法及注意事项。最后以"趣味健身自行车"产品为例，详细分析了如何针对实际产品确定技术指标，给出了"趣味健身自行车"企业产品标准应用实例，供学生编制产品标准时参考。

思 考 题

1. 标准化对初创企业稳定发展的作用。
2. 怎样认识各级标准之间的优先关系?
3. 什么情况下需要制定企业产品标准?
4. 企业产品标准中的"要求"与"试验方法"之间的关系是什么?
5. 简述"标准编制说明"在产品标准中的作用。

第十五章 技术文档写作

 学习目标

1. 了解技术文档的作用、分类,认识到写好技术文档的重要性。
2. 熟悉技术文档的编写流程,掌握资料收集与整理方法。
3. 深入理解技术文档编写规范,熟练掌握组织方式、逻辑内涵与编制要求。

 导入案例

一个项目经理的自述

我是一个初创公司的合伙人,负责项目开发。一个颇有前景的创业项目使大家近乎狂热,只要尽快开发出来推向市场,成功似乎触手可及。在效率优先思想主导下,边做需求边进行开发,什么统一规范、技术文档,等产品出来再补充吧。设计过程只有简单记录,大部分问题都是口头交流,每次讨论变来变去,大家都是凭自己的理解摸索,导致修改频繁。好不容易成型了,也测试通过了(无测试方案,只是走通而已),交用户试用时漏洞百出,只好草草收场。

经历了这次过程,真的感觉一个好的项目开发流程,一份好的详尽的项目设计文档,对于产品质量来说至关重要。规范的项目技术文档,使设计人员对方案负责,开发人员对技术负责,测试人员对缺陷负责,通过文档相互关联,相互制约。方案有共识,变动有记录,出了问题原因不查自明。有了技术文档,就有了项目边界,自然也就有可落实的项目进度和管理。对于公司来说就知道了项目能做多大,需要投入多少人力物力,就能对开发进度有合理预期。初创企业当然是效率优先的,这与规范化研发不矛盾,一开始并不追求全程文档,项目经理要从过程可控的角度,分清哪些文档在开发过程中必须产生,哪些后期可以补充,能简化尽量简化,不能省的一定不要省。每次交流讨论达成一致后同步技术文档,做好版本控制。这样才能在有限的人力资源、项目预算、时间周期内交付用户认可的产品。

我特羨慕世界各地的肯德基,居然能保证质量一样,管理水平实在了得。而这一切都是建立在规范操作的基础上,这些基础就是管理文档和技术文档。据说肯德基的一种烤鸡翅作业手册就达 20 多页,从原材料检验到制作流程等方面统统都细节量化,连操作动作都规范统一,确保了各地产品质量的一致。

我想告诉创业团队的一句话是："没有技术文档,等于废了产品,不管你有多么努力。"

第一节　技术文档概述

项目开发过程中的技术文档分为两类,一类指开发过程中用到的研发文档;另一类是产品发布以后给用户使用的用户文档。本章所述的技术文档仅限于研发文档,用户文档请参考其他资料。

一、技术文档的作用

(一) 项目成果的重要组成部分

技术文档是对开发过程及结果进行描述和报告的书面文件,是产品最系统最全面地反映,从某种意义上说技术文档是比产品更为重要的研发成果。由于文档不依赖于具体的实现方式,哪怕对应的产品不复存在,也能根据这些文档开发出同样的产品。因此,很多产品的源代码、电原理图可以免费提供,但相关的技术文档却是公司的技术机密和宝贵资产。

(二) 项目管理的重要工具

跟踪和控制项目主要通过面对面的交流与文档两种方式。面对面交流具有随机性、即时性与局限性的特点,而文档具有延续性、长期性与全面性的特点。技术文档便于方案的沟通与交流,在进行系统的论证时,看一份架构文档或系统设计文档就能对系统的组成及技术路线有全面的了解,从而发现问题,提出意见,而隐含在代码或电原理图中的技术却很难被人直接理解。特别是作为阶段成果提交形式,管理者通过对文档的论证、评估、反馈,把控项目质量,了解项目进度和资源使用情况。

(三) 团队协作的重要保障

一个系统的开发往往需要团队协作甚至团队间的协作才能完成,各开发阶段以技术文档作为前阶段工作成果的体现和后阶段工作的依据,通过文档才能统筹各部分之间的关系,使工作稳定有序进行。技术文档归档过程就是项目开发过程,是项目协调一致的保障,对于提高开发效率、降低开发成本、保证开发质量具有极其重要的作用。

(四) 技术传承的重要载体

一个完整的项目流程、规范和经验可以很容易地复制到另一个新项目中,这就是文档复用。正是由于文档把项目的整个过程记录在案,与人的去留无关,这样就能在另一个项目中得到很好的复用,这对于提高研发效率、促进技术传承和稳定发展至关重要。

(五) 产品维护与升级的技术支撑

规范的项目管理对产品缺陷的处理,一定是通过文档分析原因、处理问题与完善设计同步进行的,产品升级一定是通过文档进行的。由于产品如何使用在某种程度上要依赖技术文档进行说明,售后服务和技术支持人员是以文档为依据进行市场推广与服务的。

因此，准确的技术文档是产品缺陷处理、性能改进、产品升级和售后服务的重要技术支撑，也为产品的长期发展提供良好保障。

（六）提升个人工程能力的必由之路

编写文档的本质是设计问题的解决方案，统筹各部分之间的关系，这就需要设计者站在更高的层次上来看待问题。随着系统复杂程度的增加，一个功能不可避免地与另外一些功能产生隐性或显性关联，编写文档的过程会使自己考虑问题更全面、更系统，从而提高全局把控能力。

二、技术文档的认识误区

（1）编写和维护文档需要花费大量的时间和精力，并要配备相应的管理人员，这必然会增加公司的运营成本。从短期和单个项目来说确实是这样，但从长远和一系列项目来看，会带来降低成本、提高质量、提高项目管理水平、提高用户满意度、保障产品的持续发展等诸多好处。

（2）很多人认为写文档是一件苦差事，特别是研发人员，觉得写文档是一种浪费，和产品开发工作没有太大关系，更愿意把写文档的时间用来画图纸写代码。但是如果涉及多个问题或者几个系统模块，时间跨度是几个版本的时候，没有规范的技术文档是不可想象的。

（3）有些技术人员为了写文档而写文档，或者先根据自己的理解和经验设计产品，而后补充文档。以软件产品研发为例，有了设计思路而不编写文档，直接编写代码看似高效，但往往会关注局部而忽略整体关系，必然漏洞百出。特别在售后技术支持中凭经验的随意处理，眼前的问题看似解决了，但会带来更多的不可预知的其他错误。

这些认识误区常见于初创团队，一流的企业一流的产品对此都有严格规定及要求。我们必须认识到编写技术文档是最重要的开发任务之一，要在工作中坚持写文档，不论承担的任务工作量大小、是否重要，都要根据边界条件先设计文档后技术实现，养成一种工作习惯，写作水平越来越好，工程能力才会越来越高。

技术文档的重要性

第二节　编制规范与版本管理

一、文档分类

（一）项目管理文档

主要包括《项目开发计划》《项目进度报告》《项目开发总结报告》等。

（二）技术开发文档

主要包括《需求规格说明》《概要设计说明》《详细设计说明》《测试计划》《测试分析报告》等。

（三）用户文档

主要包括《用户操作手册》《用户技术手册》等。

二、编制要求

（1）版面格式规范，文风统一，应给人以严肃认真的第一感觉。

（2）针对性。文档应明确读者对象，按不同类型、不同层次的读者，决定怎样适应他们的需求。否则会造成作者明明白白，读者难以理解。

（3）精确性。文档对于事件的叙述应十分确切，不能出现歧义或含糊不清，同一项目的不同文档应协调一致，特别是定义和术语，所有文档必须统一。

（4）逻辑性。资料的组织应结构清晰、逻辑严谨、论述充分、结论明确，而不是一堆资料或名词的罗列，给人以混乱的感觉。

（5）完整性。每一个文档都是完整独立的，应该自成体系。不同的文档可能有些部分内容相同，这种重复是必要的。

（6）可追溯性。当某一部分发现问题时或进行改进时，可通过文档追溯到所有与之关联的部分，评估可能造成的影响，制定完善的修改方案，形成新的版本。这就要求每个文档自成体系，又相互联系，复杂系统牵一发而动全身，文档的可追溯性至关重要。

三、制度化规定

公司应以制度化的形式提供模板和样例，规定文档的结构、主要内容、模式要求等，使用者可根据实际情况删减或补充。

四、编制计划

公司应制订文档编制计划，包括以下内容：

（1）文档名称清单。按照项目管理要求确定文档种类，列出文档名称清单。

（2）进度计划。根据文档种类提出进度要求，明确与项目开发计划同步或滞后时间期限，流程及时间安排应考虑论证、反馈、整改、审批时间。

（3）编制负责人。根据文档涉及范围分配一人或多人编制，明确负责人。

（4）审批程序。确定审核、批准负责人，一般来说应安排部门负责人审核、总经理批准。文档体现公司形象和整体技术水平，需要层层把关，严格执行审核，可能得花更多的时间去沟通，常常需要数易其稿后才能达到要求。

（5）维护流程。开发周期内文档的维护和修改是不可避免的，应该规定管理流程，保留修改痕迹，保证关联到的文档同步更新。

五、文档编号和版本管理

（一）文档编号

一般由三个部分组成，分别表示文档性质、分类代号、文档序号。以 AA－BB－CCC 为例，编号规则如下：

（1）AA：两位文档性质，可用英文缩写或拼音字头表示。例 GL－管理文档，KF－开发文档，CP－产品文档。

（2）BB：两位分类代号，可用英文缩写或拼音字头表示。例 JH－开发计划，JD－进度报告,ZJ-总结报告。

(3) CCC:三位文档序号,用阿拉伯数字表示,代表同类文档的份数。例如,001 表示第一份文档;002 表示第一份文档。

(二) 版本管理

文档的版本管理是工程规范要求,一般由四个部分组成。版本号及其含义如图 15-1 所示。

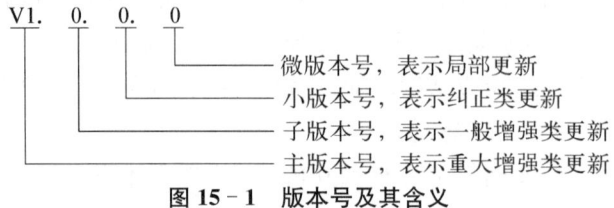

图 15-1 版本号及其含义

六、常见问题

(一) 文档过短而不精

一方面不知道写什么,为了完成任务不得不写。另一方面确实没做什么工作,或对项目不甚了解,真的无话可说。所以文档写作的前提是具有一定的专业技术水平和对过程的深入了解,而不是主观臆造和资料的堆砌。

(二) 重技术轻文档

花大量的时间专注技术,例如对代码的编制修改、再修改、优化、再优化,而对文档应付了事。对于在工作中接触到各种各样的文档,特别对于有效的逻辑表达以及优秀的排版视而不见,认为完全是资料整理人员的事。

(三) 忽视对项目管理的作用

也是不按规范开发产品的常见现象,会造成研发过程没有记录,设计文档变成了事后总结,要么空洞无物,要么与实际产品不符。这就导致当产品出现问题时凭记忆和经验处理,文档难以同步更新或无更新价值,一旦开发人员离职,产品无法持续。

(四) 审核人员不尽责

审核流于形式,无法保证文档的有效性,出现问题时把责任推给技术开发人员和文档整理人员。

【延伸阅读】 为什么程序员不愿意写文档

> 一提到文档,大家都知道大公司、正规公司是怎么重视文档的。三分之二时间用于写文档,三分之一时间才用来编程序,还要按照 ISO、CMM 标准写。而编写文档往往是程序员的软肋,一些称为高手的程序员可能是文档方面的低能儿。不管是在大公司还是小公司,有些程序员在内心深处都是不愿意写文档的,但却喜欢看别人的文档。即使写文档,程序员一般不会把所有功能都写进去,也不会写得很详细,却抱怨别人的文档中有的功能没有说清楚,内容不够详细。文档绝对是摆在程序员面前的一个矛

盾。那么程序员为什么不愿意写文档呢？其中主要的原因是程序员从入门之日起，就在心里埋藏了一颗编程的种子，认为程序员就是编程序的，程序就是程序员的全部。其他原因归纳如下。

（1）文档种类太多，越正规越多，一个变更就要涉及一系列的变更文档，一想到这些，程序员的头都要大了。

（2）文档写作有格式要求、内容要求，还需要画各种流程图、示意图、关系图、界面图和填写各种表格说明，以及要收集各种资料。花的时间比编程序多，而且也不一定能写好。

（3）当写了文档之后，就会不断有使用文档的人来询问细节，这些询问往往会让人崩溃。这是因为很难写出让每个人都提不出问题的文档。

（4）在很多情况下，程序员都处于一种"时间紧、任务重"状态，只要能把程序编出来就行了。很多程序员不写文档照样编出程序来，如果按文档编程序，那就要确保文档的正确性、不可更改性。而实际上，写文档不如编程快，编程不如变化快，不断变化的需求和代码让文档如同一张过时的废纸一样。尤其是项目投产后，几经升级，最初的文档早已和现实的情况对不上号了，文档更新和系统的一致性更是难于控制。

第三节　编写流程

一、了解需求

当接受了编写文档的任务后，首先要做的就是了解需求，包括读者需求和文档需求。读者即文档使用对象，只有了解了他们的工作岗位、技能水平和文档使用目的，才能站在读者的角度去思考和表述，确保你的读者能得到他们需要的所有信息。文档需求就是公司的文档编制规范、模板及样例，以及文档主题、与其他文档的关系、涉及的人员、工作场景、交付时间等。

根据读者需求和文档需求，拟定文档提纲，提纲是最简要的说明，是可以提出讨论的框架，如有条件最好征求意见后确定。例如需求分析报告的读者是用户和开发人员，用户用来确认产品功能、性能、操作及运行环境，开发人员用来搭建系统架构，进行概要设计和详细设计，显然他们的技术水平和使用目的是不一样的。该文档是在用户与开发人员双方对产品需求取得共同理解，并达成协议的条件下产生的，文档的编写就要在规范的前提下，采用自然语言，以双方都能理解的方式进行详细说明。拟定提纲的目的是对文档框架有一个大概的设计，在编写过程中根据具体情况细化。

二、收集资料

收集资料是非常关键的一步，需按拟定的文档提纲分类进行。收集到的资料是否真实完整直接决定产出文档的有效性,如项目分工牵涉到多个成员,起草人应对整个过程有清晰的了解,熟悉所对应的业务、技术,并收集各部分成员的过程资料及数据资料。或与成员个别沟通,了解他的工作情况,让他知道你需要什么,从而提供有用信息。也可提出资料提纲及内容要求,交由开发人员整理后提交。

三、资料梳理

资料梳理就是按编写规范的文档结构要求,对收集到的资料和信息进行详细归纳和分析,结合产品实际情况,筛选有效信息,按照一定的逻辑范畴将信息进行归类分组。归类分组要符合"互相独立,完全穷尽"原则,即收集信息要全面、冲突信息应化解、重复信息要合并。与其他文档产生关联的,一定要明确边界出入口条件、假设和定义。

四、文档编写

文档编写必须按照统一的排版格式和行文风格撰写相应内容。要简练易懂,使读者花较少的时间就能明白我们想要说明的问题。这就要注意两个编写原则,一是流程化,即先有什么、后有什么、结果是什么;二是精细化,即在内容组织、逻辑表达、版面美观上要精雕细刻。使用建模工具、项目管理系统、需求管理系统等会在很大程度上提高文档编写速度与质量。

五、文档检查

文档编写完成后,可以假设自己是读者多读几次,多问问自己还能更简洁点吗?文档中基于一定的假设是否交代清楚了?写的内容是否都在支持文档主题?大多数情况下自己阅读自己的文档并不能发现更多问题,因此,请同事或准文档对象阅读是一个不错的办法,看能不能看懂或造成误解,征求他们的意见进行优化。

六、审核交付

文档完成后,审核人员应站在读者角度认真审核,提出审核意见,必要时组织会议讨论、论证,形成书面意见,交由撰写人修改完善。由批准人签字后归档。定向开发时,提交需求方审议,交流讨论,达成一致时交付。

七、归档管理

对于技术文档来说分类保存、借阅登记与其他文档并无二致。值得强调的是文档的版本管理与开发过程密不可分,不断的迭代使得文档经常处于活动状态,稍有不慎就会造成混乱,影响开发进度和质量。因此,版本管理就显得特别重要。上一节给出了版本的命名及定义规则,这里谈谈版本管理应注意的事项。

(一)管理要求

版本管理的目的是标识、控制和追踪项目实施过程中产生的各种文档版本。归档管理必须制定流程并规范化,这样可以快速准确地找到任何版本,避免发生版本丢失或混淆,确保文档的完整性、一致性和安全性。

（二）归档标准

一般而言，项目生命周期中产生的文档形成版本，按规定审核批准后即可归档。但考虑到文档的重要程度以及实际情况的复杂性，不同性质的文档可以有不同的确认标准。文档一律采用书面形式的签字原件当面提交，不得通过捎带、电子邮件等其他形式提交。提交纸质文档的同时，需要提交版本一致的电子文档。所有接收文档需统一的文档控制编号，一般应体现接收日期信息，由管理人员编制，报公司批准后统一实施。

（三）借阅规定

借阅必须有一定权限和相关手续，包括不同权限接触的不同密级、借阅数量限制、是否允许单独使用、限期返还的规定等。文档管理人员有权督促相关人员及时提交、归还。

文档管理的重要性

第四节　文档写作指南

一篇吸引人的文档一定是以清晰美观为前提的，很难想象一篇格式不统一、杂乱无章的文档能引起读者兴趣。同样文档的内涵，包括逻辑梳理和表达，给读者以严谨简洁的阅读体验，更有助于理解你的文档。

一、标题

文档的标题结构是目录纲要，原则上存在六级。推荐使用三级，其余的使用列表项目进行组织。慎用四级标题，标题层级多了，给人以杂乱的感觉。标题的规范要求为：

（1）标题采用阿拉伯数字左对齐，与名称之间空一个汉字；

（2）避免孤立标题，即同级标题只有一个；

（3）下级标题不得与上级标题同名。

二、概述

概述是文档的必备要素，是对一篇文档主要内容的简要描述。读者通过概述了解正文内容，明确作者意图。概述要求一是确切，就是要确切地概括文章的中心思想和特定意义，一篇文章的中心思想只有一个，但表达方法会有多种多样；二是完整，把文章的目的完整的概括出来，任何疏漏都会影响读者对内容的了解；三是简洁，就是以简明扼要的语句来表达，以"确切、完整"为原则，尽量避免任何解释性说明。

三、正文

正文由句子和段落以及图表组成，是一篇文章的中心内容，要求如下：

（一）句子

句子由词和词组构成，是能够表达完整意思的基本语言单位。除了基本的语法结构

外,作为技术文档还应注意以下方面:

(1) 避免使用长句。无标点符号的单句,长度应保持在 20 字以内。以顿号分隔的句子,长度少于 40 字为宜。使用逗号分隔的长句,总长度不应该超过 100 字或者正文的 3 行。

(2) 尽量使用简单句和并列句,避免使用复合句。如"那些出差的部分成员没有参加工作会议",应为"部分成员出差了,没有参加工作会议"。

(3) 尽量使用主动语态,避免使用被动语态。如"假如该组件尚未被购买",应改为"假如尚未购买该组件"。

(4) 尽量使用肯定句,不使用否定句。如"请确认没有打开设备的电源",应为"请确认设备的电源已关闭"。

(5) 避免使用双重否定句。如"没有授权的用户,不能进入设置功能",应为"获得授权的用户,才能进入设置功能"。

(6) 名词前避免过多的形容词,尽量采用专业的表达方式。如"应选择探测距离不小于 5 m、探测波长不小于 20 μm 的热释电红外数字传感器",应为"热释电红外数字传感器的选择,应满足探测距离≥5 m、探测波长≥20 μm 的要求"。

(7) 使用专业术语或公共认知的用语,不使用冷僻、臆造或者口语化的词语。

(8) 使用的专业词汇未被广泛认知的,应添加注释进行说明。缩写词未被广泛认知的,应在其后跟上完整的拼写。

(9) 所有标示、符号应查阅相关标准,或行业通用术语,有相关规定的必须采用。

(10) 每个陈述语句,只表达一个意思。正确使用标点符号,避免产生歧义。

(二) 段落

技术文档所述的段落为"逻辑段"或"意义段",有一个或多个自然段组成。应遵循以下原则:

(1) 一个段落只能有一个主题,或一个核心句子。核心句子放在段首,对全段内容进行概述,后面陈述的句子为核心句服务。

(2) 段落的句子语气要一致,避免使用感叹语气。

(3) 必要时,段落之间可使用一个空行隔开,表示结构层次。

(三) 数字

数字用于表示数值或标号、编号、序号等,一律使用阿拉伯数字。

(1) 数值使用半角字符。如"最大长度１０００ｍｍ",应为"最大长度 1000 mm";

(2) 数值范围用波浪线连接,两个数字都要加上单位。如"132～234 kg,67～89%",应为"132 kg～234 kg,67%～89%";

(3) 对于 4～6 位的数值,千分号是选用的,7 位以上数值,必须加千分号。多位小数要从小数点后从左向右添加千分号。如 14684.234,34 和 14,684.234,34 都是可接受的;

(4) 变化程度的表示。数值的增加要使用"增加到""增加了"表示。"到"表示定量,"了"表示增量,不能混淆。例如,增加到过去的两倍(含义为过去为一,现在为二),增加了两倍(含义过去为一,现在为三)。

(5) 货币应在数字前有货币符号,或在数字后写出货币中文名称。如￥1 000 或

1 000元人民币都是可以的。

(四) 图表

这里所说的图表,是将技术原理、数据转化为形象的、可视化的图像和表格。使用图表可以帮助我们快速直观地呈现想要表达的内容,便于阅读和理解。

(1) 首先讲一下图形的要求,对一些文字不好描述或无法描述的内容(例如电原理图、逻辑关系图等),应使用图片视觉化呈现。好的图片、恰当的插入,一方面简洁明了,另一方面为文档增色。图片应有编号和图题。文档内的图片应居中放置。

(2) 其次是表格,表格的使用能更清晰、更有效地处理烦琐的数据信息。另外,如果用表提供信息更有利于对内容的分类和组织,则宜使用表。每个表均应有编号和表题,表的宽度与行宽相同。

(五) 引用

引用的目的在于说明自己的主题、观点的依据,即用别人的结论证明自己观点的正确性。建议使用转述性的引用方式,即把原作者观点,用自己的话表述出来。必须引用原话时,应使用引号,最好不超过三句话。值得强调的是,引用一定要准确,这样证明才可信,理论才可靠。格式方面需注意以下两点:

(1) 引用第三方内容时,应注明出处(用上标方括号标注参考文献序号);

(2) 使用外部图片时,必须标明来源。

(六) 英文处理

在技术文档的书写中,英文及英文缩写不可避免,应注意下列三点:

(1) 第一次出现英文缩写词汇时,在括号中给出中英文标注。此后再次出现时,可直接使用。如国际电信联盟(International Telecommunication Union,ITU)。

(2) 专有名词中每个词第一个字母均应大写,非专有名词则不需要大写。

(3) 中英文混合排版时,英文使用半角,与中文之间应有半角空格。如:"本文说明了Makershow系统的注册方法",应为"本文说明了 Makershow 系统的注册方法"。

四、附录

附录是指附在正文后面与正文有关的材料,由于内容独立、篇幅过大,不便纳入正文的部分。附录的标题应单独给出,如附录 A 等。

五、参考文献

(一) 参考文献类型

参考文献类型描述为:专著[M]、会议论文集[C]、报纸文章[N]、期刊文章[J]、学位论文[D]、报告[R]、标准[S]、专利[P]、论文集中的析出文献[A]、杂志[G]等。

(二) 格式

参考文献类型的格式为:[序号]主要作者. 文献题名.[文献类型标识]. 出版者. 年. 卷(期). 起止页码(可选)。

例如:

[1] 周志轩. 目标管理与绩效考核[M]. 成都:成都时代出版社,2008.

思维导图：
标点符号的使用

[2] 刘绍坚.影响我国承接国际件外包的因素研究[J].国际贸易问题,2008,(02):86-93.

[3] 中国国家标准化委员会,GB/T 1.1-2009 标准化工作导则 第1部分：标准的结构和编写[S].北京：中国标准出版社,2009:49-51.

第五节 技术文档写作应用实例

技术文档写作是工程创新创业教育的重要培养目标之一,技术文档的编制应体现团队水准,要求团队成员按所承担的任务对研发过程中产生的资料及时整理编写,能够以准确的、合乎规范的语言进行表述,交团队讨论后整理归档。

本节以"趣味健身自行车"产品从选题立项到产品研发所涉及的《市场调研报告》与《需求规格说明书》为例,给予分析说明。技术文档的迭代完善贯穿项目研发全过程,应注意版本管理,保证文档的完整性和可追溯性。

一、市场调研报告

通过调查方案制定、实施,获取市场数据,经过分析论证得出调查结论,为选题立项提供客观依据。该报告由市场营销人员负责起草整理,一般包括以下内容：

(一)调查主题

了解健身自行车产品及市场现状,探究不同类型客户的真正需求,发现消费中的痛点、痒点。针对"趣味健身自行车"创意,深入调查目标客户的兴趣及价格接受程度,为分析市场预期提供客观数据。

(二)调查对象

应用场景一般为健身房、体育训练中心、社区活动中心、家庭。目标客户一般为健身教练与客户、自行车竞技专业人员及爱好者、社区活动中心人员、家庭自行车健身爱好者等。

(三)调查项目

根据"趣味健身自行车"创意特点,结合团队的商业模式,选取与调研主题关系密切的调研内容。遵循完整性与经济性原则,明确要收集的数据资料,根据这些资料分类,确定相应的调研项目。宜简不宜繁,避免资料的过度收集,造成人力资源的浪费和虚假数据干扰。

(四)调查方式

宜采用观察法、问卷法或访谈法。

(五)调查进度

明确每一阶段需要完成的工作内容、时间节点、人员安排,制定具体的调查计划进度表。

（六）资料处理

重点剔除逻辑不合理、回答不完全、明显错误、乏兴回答这几类数据,得到相对有效的完整数据。应注意宏观数据应是权威部门发布的数据,或从相关行业官网查阅的数据。微观数据是在市场调查过程中观察访问收集的数据。对调查结果进行分析处理,得出调查结论。

二、需求规格说明书

（一）目的

1. 范围和方式

对趣味健身自行车进行需求规格说明,首先给出系统整体架构,然后从用户容易理解的角度对功能需求、性能需求和非功能需求进行详细描述。并对机械结构、环境条件、防护等级进行规定。

2. 适用对象

目标用户：了解预期产品的功能和性能,并与分析人员一起对整个需求进行讨论和协商。

设计人员：准确理解业务,判断技术可行性。

测试人员：根据系统功能性能判断是否有成熟可靠的测试方法。

项目经理：了解产品的预期功能,据此考虑项目团队的人员构成、开发计划和项目管理方式。

（二）术语和定义

指文档中自行定义的、仅对本文档或内部使用的或不为大众熟知的术语及缩略语。通用术语、教科书、国家或行业标准定义的术语不列入其中。此处定义的术语正文中一定要出现,正文中出现的术语此处一定要定义。

（三）参考资料

与趣味健身自行车有关的、为功能和性能的确定提供依据的资料,此处列举资料正文中要有所体现。

（1）经核准的前期资料,如"市场分析报告""开题报告"等。

（2）引用的文件资料,应是正规出版物、国家或行业标准、政府权威部门发布的规章规范等。

（四）功能要求

（1）功能概述。简述趣味健身自行车的项目背景,说明系统要解决的问题,开发的必要性及前景。描述系统主要功能,简要说明要达到的目的。

（2）功能框图。趣味健身自行车要实现的业务功能或业务流程架构图。通过该图可以了解系统结构组成。

（3）详细功能。对上述趣味健身自行车功能框图中每个功能框实现功能进行详细描述。

（4）机械结构。说明趣味健身自行车的车体、车轮、速度传感、力矩传感、控制部分的结构组成、控制方式及主要优点,应画出结构示意图。

（五）非功能要求

（1）电磁兼容性（EMC）。指趣味健身自行车在正常运行时产生的电磁干扰不超过一定限值，即电磁骚扰度。对所在环境中存在的电磁干扰应具有一定程度的抗扰度，即电磁敏感性，应满足相应的国家或行业标准要求。

（2）环境耐受性。主要指趣味健身自行车工作的环境要求，包括温度、湿度、大气压力等。

（3）可靠性。指平均无故障时间，使用寿命等。提出这些指标时，在后续的设计中应考虑电子元器件的选用、可靠性防护（散热、防撞）、PCB版的可靠性设计等。

（4）绝缘性。主要指绝缘电阻、工频电压耐受性能、雷电冲击电压耐受性能，是保证人身安全的重要指标，应满足相关国家或行业标准。

（5）防护等级。趣味健身自行车一般应用于室内环境，无防尘、防潮、防水、防侵入等要求，可不予考虑。

（6）机械性能。主要指承重能力，考虑对使用人员体重的支撑，以及耐振动、冲击、碰撞能力，提出该性能时，应给出安全余量。

（六）技术指标

（1）机械指标：如自行车的外形尺寸、重量、轨道占地面积等。

（2）主要包括数据精确度、时间特性和适应性。如控制距离、骑行速度与竞速小车速度比等。

（七）约束条件

通常是对设计或实现方案的限制条件，一般包括国家或行业标准、知识产权、环保及相关法律法规、现有资源、时间周期、项目资金等。

本 章 小 结

本章从实际应用的角度，分析了技术文档的重要性及认识误区，强调技术文档是产品不可分割的组成部分，使学生认识到技术文档在项目管理中的作用，从而重视文档写作。叙述了技术文档编写要点与编写组织流程，以及文档管理方法，指出文档版本管理对于开发过程的追踪、控制和迭代的重要性。写作指南一节依据相关国家标准及参考资料，结合技术文档特点，系统地归纳了组成部分、内容要求及格式规范，供大家参考。

思 考 题

1. 技术文档为什么是产品不可分割的组成部分？
2. 为什么说写好文档是技术人员的必备技能？
3. 简述文档写作与逻辑表达能力的关系。

第十六章　工程项目管理

学习目标

1. 了解项目管理的基本概念及特征。
2. 了解项目管理的知识体系。
3. 理解项目管理的目标与内容。
4. 掌握工程项目管理体系。
5. 理解项目管理的基本过程。
6. 掌握工程项目管理计划与控制。

导入案例

一个项目范围管理失败的案例

有一个软件开发项目已经进行了 18 个月,项目何时结束还是处于不明确状态,因为用户不断有新需求,项目组也就要根据用户的新需求不断去开发新功能。这个项目实际是一个无底洞,没完没了地往下做,项目成员"肥的拖瘦,瘦的拖死",实在做不下去只能不干了。大家对这样的项目已经完全丧失了信心。

这个项目在范围没有明确界定的情况下,又没有一套完善的变更控制管理流程,看似服务态度好,任由用户怎么说,就怎么做,但最后项目以失败而告终,给公司带来损失,也给用户带来严重的损失。造成项目失败的原因非常明显,即项目的范围没有界定。

范围管理是项目目标实现的基础。在这个案例中首先有几个问题需要明确:

(1) 项目拖了 1 年半,合同究竟多长时间?尽管没有明确,但可以认为超过合同预期。不断的变更有没有对其原因进行相关的记录和审批程序?谁应该承担这个责任?等等,这些问题都是在项目启动前需要明确并要形成合同条款。

(2) 如果用户一直不明白具体需求是什么(一直有新需求可以认为用户需求不明确),是否可以协商项目分期?规定一个时间期限用来收集、记录、分析需求,并可邀请一些业内专家对需求进行评审。在需求收集阶段,客户可以任意提需求,过了该阶段,再提的需求需要按照需求变更程序来处理,分析变更后的需求,对项目影响大的还需另签订合同。

项目组如果能够按照上面两条实施了,就会控制好项目范围,规范项目过程管理,避免项目进入无限的死循环中。当然,执行这样一个过程需要项目经理和相关负责人充分地协调沟通,促进相互理解。

第一节 项目管理概述

随着社会的需求和项目复杂程度的增加,要求对项目的生产过程进行科学和全面管理。项目管理是以项目为对象的系统化管理,其主要任务是在项目活动中运用知识、技能、工具和技术,保证项目如期、不超预算、按质完成。

一、项目的含义

项目普遍存在于人们的工作和生活中,有修建高速铁路、三峡工程等大型项目;也有在日常生活中如设计开发一套软件系统等小型项目。所谓项目,就是在既定的资源和要求的限制下,为实现某种目标而相互联系的一次性工作任务。中国项目管理研究委员会对项目的定义是:项目是一个特殊的将被完成的有限任务;它是在一定时间内,满足一系列特定目标的多项相关工作的总称。其包括三层含义:

(1) 项目是一项有待完成的任务,有特定的环境和背景要求,具有特定的约束条件。

(2) 项目必须在一定的组织机构内,利用有限的人力、物力和财力在规定的时间内完成任务。

(3) 项目任务必须满足一定的性能、质量、数量、技术指标等要求。

由此可见,项目的基本特征包括:明确的目标、项目的独特性、项目的时限性、项目的不确定性及结果的不可逆转性这五类特征。

二、项目管理与工程项目管理

(一) 项目管理

项目管理,顾名思义是对项目进行管理,是指导项目从开始、执行直至终止的过程。美国项目管理协会(PMI)对项目管理的定义是:项目管理就是为了满足对项目的需求而将知识、技能、工具和技术应用到项目的活动中。该定义的特点是项目要有需求,最终目的是完成项目。中华人民共和国国家标准 GB/T 37507-2019 对其定义为:项目管理包括对项目各方面的策划、组织、检测和控制等连续过程的活动,以达到项目目标。该定义的特点是:项目要有明确的目标,为了完成这个目标需要策划、组织、检测和控制等几个活动。

现代项目管理作为一门学科为项目管理的应用提供了一套完整的科学体系,同时更加注重市场竞争和人的因素等。项目管理的发展过程如图 16-1 所示。

项目管理与传统的业务管理相比,其最大的特点是注重综合性的管理,可以跨部门进行,而且有严格的时间期限,即项目管理是通过不完全确定的过程,在确定的期限内提供不完全确定的产品或服务。因此项目管理具有以下特征:

(1) 项目管理的对象是项目。项目管理是针对项目的特点而形成的一种管理方法,

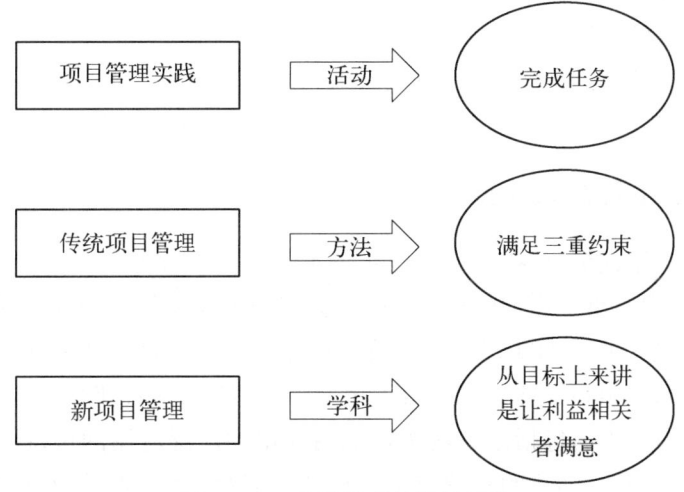

图 16-1　项目管理的发展过程

特别适用于大型的、复杂的工程。项目管理还需要将具有不同经历、来自不同组织的人员有机地组织在一个临时性的组织内,在技术性能、成本、进度等较为严格的约束条件下实现项目的目标。

(2) 系统工程思想贯穿项目管理的全过程。项目管理把项目看成是一个完整的、有生命周期的系统,为了便于实施和管理,可以将项目分解成更小的任务单元——子项目,并分别按照要求完成,然后再综合成最终的成果。项目管理贯穿整个项目的生命周期,是对项目的全过程管理。

(3) 项目管理组织具有一定的特殊性。项目管理将项目本身作为一个组织单元,围绕项目来组织资源;项目组是临时性的,是直接为项目的执行服务的,项目的结束即意味着项目组的终结;项目组是柔性的,打破了传统意义上的部门概念,根据项目生命周期的各阶段需要而重组和调配;项目管理组织强调协调、控制和沟通的职能,项目组的设置必须有助于项目各相关部门、人员之间的协调、控制和沟通,以保证项目目标的实现;项目管理的体制是一种基于团队管理的个人负责制。由于项目系统管理的要求,需要集中权力以控制工作正常运行,因而项目经理是一个关键角色。

(4) 项目管理的方式是目标管理。项目管理是一种多层次的目标管理方式。项目管理的方法、工具和技术手段具有先进性。项目管理采用科学的、先进的管理理论和方法。

(5) 项目管理具有创造性。由于项目具有一次性的特点,因此既要承担风险又必须发挥创造性。现代科学技术的发展有两个明显的特点:一是继承积累性,体现在人类可以沿用前人的经验,继承前人的知识、经验和成果,在此基础上向前发展;二是综合性,即要解决复杂的项目,往往必须依靠和综合多种学科的成果,将多种技术集合起来,才能实现科学技术的飞跃或更快地发展。因此,在项目管理的前期构思中,要十分重视科学技术情报工作和信息的组织管理,这是产生新构思和解决问题的首要途径。

(二) 工程项目管理

工程项目管理,实际上就是在工程领域进行的项目管理,英国皇家特许建造学会(CIOB)给出的定义是:为了一个建设项目进行从概念到完成的全方位的计划、控制与协调,以满足委托人的要求,使项目在所要求的质量标准基础上,在规定的时间和批准的预算费用内完成项目的目标。

工程项目管理的目的是实现项目目标,取得项目成功。因此,不管是工程项目管理,还是项目管理,都是以目标为导向的,科学的工程项目管理是产品开发的保障。

三、项目管理的主要知识体系

从20世纪50年代至今,项目管理逐步形成了一套较完整的知识体系。该知识体系在PMBOK 2000中给出了详细的描述:项目管理知识体系是一个涵盖面甚广的术语,内容包括项目管理这一职业的知识总和。就像法律、医学、会计这些职业一样,该职业的知识体系实际要依靠应用和推动其发展的实际工作者和学者来逐步建立。完整的项目管理知识体系的全部内容不但包括已经被实践证明并得到广泛应用的传统做法,而且也包括仅在有限范围内应用的,创新的和较艰难的做法,不仅包括发表过的资料,而且也包括未发表的资料。

项目管理的知识体系共分九大知识领域:① 项目的整体管理,也叫集成管理,是站在系统的角度来进行项目的管理;② 项目的范围管理;③ 项目的时间管理,也叫进度管理;④ 成本管理,工程项目的成本是一个核心的问题,承包商、业主对资金、投资都比较重视,所以它是项目管理的核心问题;⑤ 质量管理;⑥ 人力资源管理;⑦ 项目的沟通管理;⑧ 风险管理;⑨ 采购管理。

在这九个知识领域中,范围、时间、成本、质量是这套知识体系中的核心,其他管理是为了辅助这四大核心的。

【延伸阅读】 项目管理与其他管理学科的关系

在项目管理发展的历程中,它离不开一般的管理学知识和应用领域的知识。图16-2表达了项目管理知识和其他学科知识之间的一种关系。

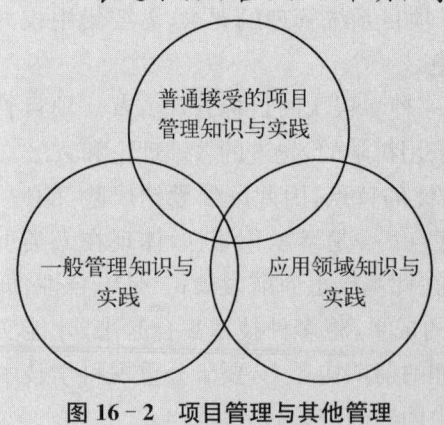

图16-2 项目管理与其他管理学科的关系

图16-2中的上面圆圈,表示普遍接受的项目管理的知识与实践。也就是说,经过大量的实践检验,这个项目管理的知识和理论是正确的,是满足实际需要的。左下面圆圈是一般管理的知识与实践。不论你是项目管理、企业管理,还是其他任何组织的管理,这都称之为一般管理。右下面圆圈是其他应用领域的知识和实践。项目管理可以和工程领域相结合,就形成了工程项目管理,再比如说,与计算机、软件等领域相结合,就形成了软件工程的项目管理,与建筑工程的应用结合,就是建筑工程的项目管理。项目管理在左边是普遍意义的相关联,在右边是不同应用领域的相关联。

第二节　工程项目管理的目标与内容

一、工程项目管理目标

工程项目管理的目标是：时间、质量、成本的管理，简称为 TQC，如图 16-3 所示。

（一）时间

时间也即进度，是指为保证项目各项工作及项目总任务按时完成所需要的一系列的工作和过程。时间管理是项目管理中的重要内容之一。时间管理的主要目标是最短时间、最低成本、最小风险，即在给定的限制条件下，用最短时间、最低成本，以最小风险完成项目工作。时间是一种特殊的资源，以其单向性、不可重复性、不可替代性而有别于其他资源。

为了保证项目能按时完成，要根据工作分解结构（WBS）对项目所有活动进行分解，列出活动清单。工

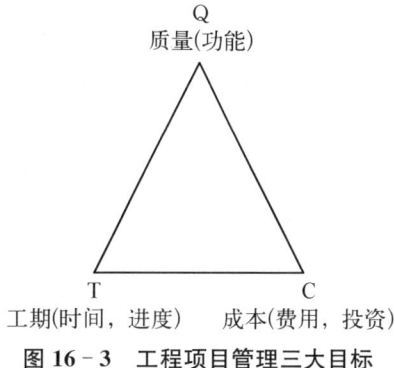

图 16-3　工程项目管理三大目标

作分解是着眼于工作成果，而活动分解是对完成工作所必须进行的活动进行分解，使之变成易执行、易检查的活动，有具体期限和明确的资源需求。时间管理中另一个很重要的内容是确定活动的顺序关系，只有明确了活动之间的各种关系，才能更好地对项目进行时间安排。

工程项目都有规模大、一次性、结构与技术复杂等特点，例如，三峡工程、南水北调工程、奔月工程等，无论是进度编制，还是进度控制，均有它的特殊性，主要表现在以下几方面：

（1）进度管理是一个动态过程。例如，一个大的工程项目可能需要一年，甚至需要几年的时间。一方面，在这样长的时间里，工程建设环境在不断变化；另一方面，实施进度和计划进度会发生偏差。因此在进度控制中要根据进度目标和实际进度，不断调整进度计划，并采取一些必要的控制措施，排除影响进度的障碍，确保进度目标的实现。

（2）项目进度计划和控制是复杂的系统工程。进度计划按工程单位可分为整个项目总进度计划、单位工程进度计划、分部分项工程进度计划等；按生产要素可分为投资计划、设备供应计划等，因此进度计划十分复杂。而进度控制更加复杂，它要管理整个计划系统，而绝不仅限于控制项目实施过程中的实施计划。

（3）时间管理有明显的阶段性。由于各阶段工作内容不一，因而风险较大。在管理中既要沿用前人的管理理论知识，又要借鉴同类工程进度管理的经验和成果，还要根据本工程特点对进度进行创造性地科学管理。

（二）质量

质量广义地讲，就是整个产品的功能，是产品的好和坏，也可以称之为质量问题。现

代项目管理中的质量管理是为了保障项目的产出物能够满足项目客户及项目各相关利益者所需要开展的、对于项目产出物质量和项目工作质量的全面管理工作。项目质量管理的概念与一般质量管理的概念有许多相同之处,但是也有许多不同之处。不同之处是由项目的特性所决定的。项目质量管理的基本概念包括:项目质量方针的确定、项目质量目标和质量责任的制定,项目质量体系的建设,以及为实现项目质量目标所开展的项目质量计划、项目质量控制和项目质量保障等一系列的项目质量管理工作。

一般情况下,在项目质量管理中同样要使用全面质量管理(TQM)的思想。所谓全面质量管理的思想,国际标准化组织认为:"是一个组织以质量为中心,以全员参与为基础,目的在于通过让顾客满意和本组织所有成员及社会受益而达到长期成功的一种质量管理模式。"该定义将全面质量管理的指导思想分为两个层次:一是一个组织的整体要以质量为核心,并且一个组织的每个员工要积极参与质量管理;二是全面质量管理的根本目的是使全社会受益和组织本身获得长期成功。确切地说,全面质量管理的核心思想是质量管理的全员性(全员参与质量管理的特性)、全过程性(认真管理好质量形成的全过程)和全要素性(认真管理好质量所涉及的各个要素)。

(三)成本

成本也就是费用或者投资。这些名词从不同的角度来看,含义是不同的。比如,站在施工单位角度来看,它就是成本,成本控制越严格,消耗越少,施工单位的利润就越高。而站在业主角度来看,它控制的是投资,投入越少就相当于业主的成本越小。

项目成本管理的内容包括制定资源计划、对项目成本进行估算和预算、在项目实施过程中对项目成本进行控制和预测、不断调整项目成本计划等。对于工程项目来说,成本的管理重点在于项目成本估算和控制上,首先对项目的成本进行估算,然后形成成本管理计划,在项目开发过程中,对项目施加控制使其按照计划进行。

因此,工程项目管理的目标就是在所要求的质量标准基础上,在规定的时间和批准的预算费用内,完成项目的任务。

二、工程项目管理内容

前面介绍了项目管理的九个知识领域,而实际的工程项目管理究竟要体现在哪些方面?按照工程项目实施的过程来看,实际的工程项目管理主要是管理好以下七个方面:

(1)工程项目的目标设计,这里面还包括项目的定义以及可行性研究。

(2)工程项目的系统分析,包括项目的外部系统、环境调查以及内部系统,也就是项目的组织结构分析。

(3)项目的计划管理,包括项目的实施方案和总体计划。其中,总体计划包括工期计划、成本或者是投资的计划、资源计划,以及它们之间的相互优化。

(4)项目的组织管理,包括项目的组织机构的设置、人员的组成、各方面的工作与职责的分配、项目管理规程的制定等等。

(5)工程项目的信息管理,包括信息系统的建立、文档管理等工作。

(6)工程项目的实施控制,包括进度控制、成本控制、质量控制、风险控制、变更管理等。

（7）项目后的工作，也就是项目完成以后，包括项目的验收、移交、运行准备、项目后评估、项目的总结、项目目标的实现程度、项目存在问题的分析等。

从工程项目管理的主要内容来看，工程项目管理是一个从前期策划开始，一直到项目的实施、结束等全过程的管理。

任何项目都离不开管理

第三节　工程项目管理体系

由于工程项目管理是一项比较复杂的管理活动，要想管好工程项目，项目管理者一般都要借助工程项目管理系统。下面从工程项目管理系统的角度来分析工程项目管理的体系结构、工程项目管理的流程和工程项目的集成化管理。

一、工程项目管理的体系结构

工程项目管理系统是工程项目管理的主要工具，也是项目管理的助手，离开它很难实现对项目的管理，因为任何一个工程项目都是一个复杂的过程，并且还是一个有机的整体。这个整体可以从一个三维的项目管理体系来描述，如图 16-4 所示。

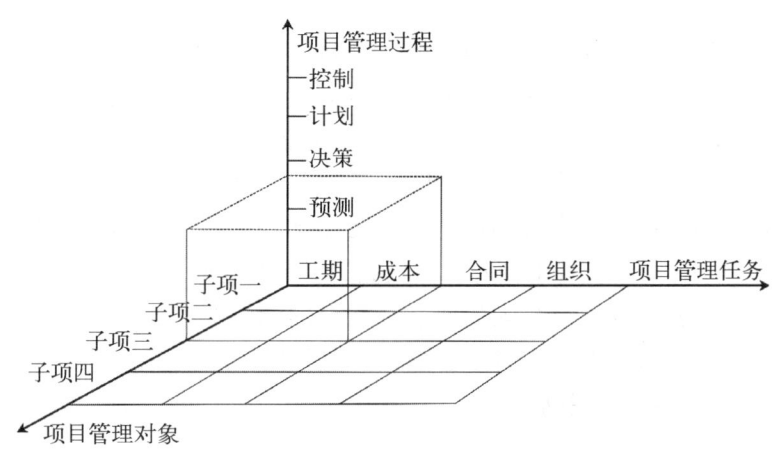

图 16-4　工程项目管理体系结构

横坐标是由工期、成本、合同、组织等工作构成了项目管理的任务；纵坐标是项目管理的过程，主要是过程的预测、决策、计划、控制等；第三坐标是项目管理对象，是项目分解成的一系列子过程。

图 16-4 构成了一个三维的、立体的项目管理的体系。对于每一个项目可能需要分解成多个子项目来管理，而每一个子项目都有工期、成本、质量、组织等管理的工作，也有管理的主要过程：计划、组织、协调、控制等。

二、工程项目管理的流程

工程项目管理的流程如图 16-5 所示。

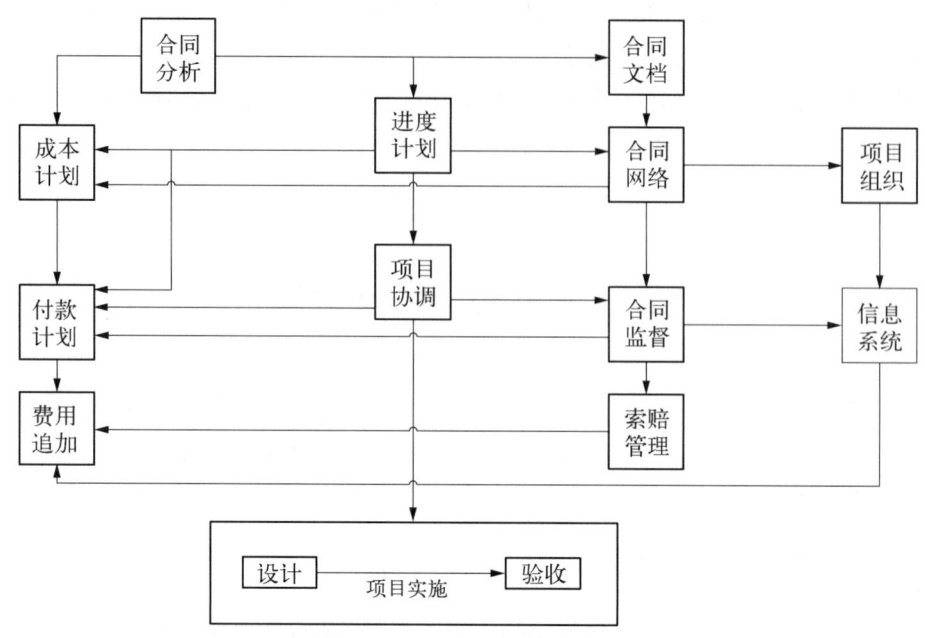

图 16-5　工程项目管理流程

所谓流程，就是在整个管理工作中形成的一种先后关系，也体现了在不同的组织机构中，各职能部门所形成的关系。

在这个流程中，首先要做的是合同分析，了解合同的要求，明确工程项目的目标、范围。然后根据合同，制定成本计划、进度计划和合同文档。因此，在进度、成本和合同之间就形成了一种相互影响的关系。另外，还要根据合同制定项目的组织结构，分配项目的人力资源等。根据项目执行的进展情况，按期付款，这就是付款计划。因为工程项目不可能一次把钱付清，都是按照进度来分期付款，干多少活给多少钱。在项目实施过程中，还要有项目的协调工作、合同的监督工作等。一旦做的事情与合同的要求不一致，要及时地调整，这样才能保证工程项目满足合同的要求。在合同调整执行过程中，还可能会出现索赔、增加费用等问题。从这个流程可以看出，工程项目管理的过程中会产生很多信息，这些信息都需要用信息系统来辅助管理。

三、工程项目的集成化管理

工程项目的集成化管理如图 16-6 所示。

项目管理的
三重约束

对于一个项目，首先要有构思和设想，看看这个构思是否满足某种要求，是否可行。如果可行，并能满足某种需要，那就进行决策，即是否立项。项目立项之后，就进入到实施阶段，再到完成阶段，运营阶段，最后是报废或者拆除，这就是项目的生命周期。

开发管理（development management，DM）主要是前期从构思到决策的管理，当然有时候也会朝后延伸到实施阶段，这里主要是设计阶段。项目管理（project management，PM）主要是实施阶段，向前也可能到项目的决策或构思阶段，向后也可能要到运营阶段。后面是设施管理（facility management，FM），设施管理主要是运营阶段。也有人提出，设

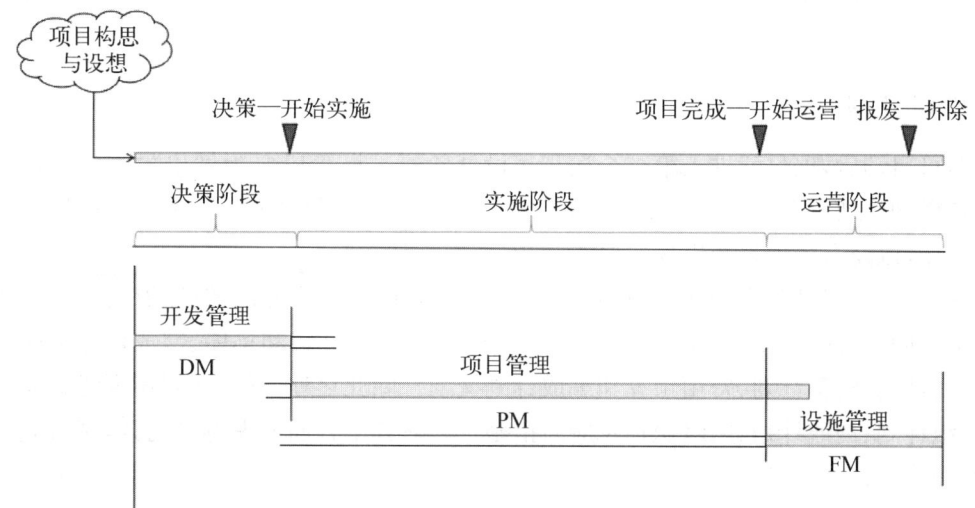

图 16-6　工程项目生命周期集成化管理

施管理可以向前延伸到项目的实施阶段,甚至是施工设计阶段、决策阶段,如果在前期没有良好的设计和设想,可能会严重影响到它的功能。

第四节　工程项目管理过程

现代工程项目的设计、开发、应用与实施已经成为复杂的系统化工程,其巨大的工作量已经让传统的产品生产方式难以适应,依据工程学的管理思想,将项目产品的生产过程阶段化已势在必行。

项目过程可分为两类:项目实现过程和项目管理过程。项目实现过程实际就是产品的开发过程,比如,开发一个软件项目,它的实现过程就包括需求分析、设计、编码、测试和验收等。项目管理过程是对项目开发过程的管理过程,项目管理过程主要包括:启动、计划、执行、控制、结束。各个过程之间的关系如图 16-7 所示。

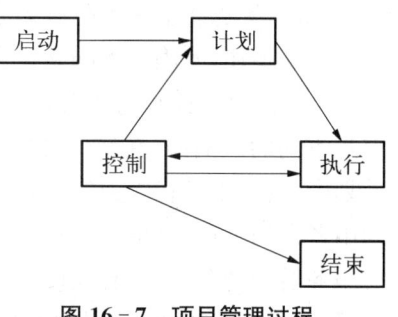

图 16-7　项目管理过程

项目的管理过程和实现过程就好像车的两个轮子,缺一不可,没有管理过程,实现过程就会失控,没有实现过程,管理过程就失去管理对象。因此,管理过程是实现过程的保障。下面重点介绍项目管理过程。

一、项目启动

在项目管理中,项目的启动是指识别和启动一个新项目或项目新阶段的过程。项目开始的前提是意向和需求的提出,有需求才有项目。为了确保以适当的理由启动合适的项目,需要进行利益相关者分析、可行性研究、项目定义,并确定下一阶段是否有必要开展。

二、项目计划

项目启动后,项目就进入第二个阶段:设计阶段。该阶段要为做出决策的项目编制各种各样的计划。在做这些计划工作时,要全面界定整个项目的范围、项目各阶段所需开展的工作,以及有关项目产出物的要求和规定。

计划的详细程度、复杂程度与项目的规模、类型有密切的关系,但计划的编制工作顺序基本相同,包括:目标分解、任务活动的确定、任务活动分解和排序、完成任务的时间估算、进度计划、资源计划、费用预算和编成计划文档。除此之外,制定计划还要考虑质量计划、组织计划、沟通计划、风险识别及应对措施等。对各个方面考虑得越周详,越有利于下一阶段的进行。

(一)项目开发计划

在实际的项目管理过程中,制定项目计划重点考虑的要素有两点:时间和资源。时间就是前面提到的进度,资源就是人力资源和物力资源等。例如,在软件开发计划中,资源的重点是人力资源。

因此,在项目开发计划中就必须要明确指出,什么人在什么时间,必须完成什么工作。计划必须是完全预先定义的,在计划中还要明确开发方法,例如,是用迭代的开发过程还是滚动的开发过程等。下面从时间和资源两个维度讨论如何制定项目的开发计划。

(1)时间。在项目开发计划中"时间"是第一维度,这也是计划的第一要素。项目开发进度一般要划分成几个阶段,每个阶段结束要设定一个检查点,这就是里程碑。里程碑是指在制定项目进度计划时,在进度时间表上设立一些重要的时间检查点,在项目执行过程中利用这些重要的时间检查点来对项目的进程进行检查和控制,这也是阶段性工作完成的标志,标志着上一个阶段结束、下一个阶段开始,将一个过程性的任务用一个结论性的标志来描述,明确任务的起止点。

(2)资源。资源包括人力资源、物质资源等。在不同的产品开发过程中资源的侧重点是不同的。例如,在软件开发计划中,资源的侧重点在人力资源上,在硬件产品的开发计划中,资源不仅指人力资源,还要包括物质资源,如材料。但总体上,人力资源是项目计划中考虑的重点,这里体现在人员的分工上。例如,要开发一款 APP 软件,总要有人做后台服务器端的开发,要有人设计数据库,有人做客户端,也就是手机端的开发,还要有 UI 的设计、美工处理等,如果要开发一款硬件产品,总要有人做系统搭建、电路设计、程序设计、系统调试、外壳设计与制作等。

(二)项目测试计划

测试是项目开发过程中一个重要的环节,是产品质量保证的重要手段之一,因此,测试计划也是产品开发过程中必须认真编写的关键过程。

1. 项目测试的定义

IEEE 提出:测试是使用人工的或自动的手段来运行或检测某个系统的过程,其目的在于检验它是否满足约定需求或是比较预期结果与实际结果之间的差别。

这就明确地提出测试是以检验是否满足需求为目标。

测试真正的作用是通过测试而发现产品中的缺陷、分析其原因并进行度量分析，从而确保产品的质量。所以，测试并不仅仅是为了要找出缺陷，还要分析缺陷产生的原因和缺陷的分布特征，帮助项目管理者或测试人员改进其工作。

2. 测试的原则

测试的原则是：所有的测试都应追溯到用户需求；尽早地和不断地进行测试；不可能完全地测试。在软件开发过程中发现缺陷的时间越晚，修复它所花费的成本就越大，因此在需求阶段就应该有测试的介入，问题发现越早，解决问题的代价就越小，这是软件开发过程中的黄金法则。

3. 测试级别

单元测试：单元测试是针对各单元模块进行的测试。

集成测试：集成测试（也叫组装测试，联合测试）是单元测试的逻辑扩展。集成测试的工作主要是把单元测试过的各模块或类逐步集成在一起来测试数据是否能够在各模块或类间正确流动，以及各模块或类能否正确同步。

系统测试：系统全部集成完毕以后就要进入系统测试。例如，嵌入式系统的系统测试是将软件、硬件、外设、网络等结合在一起所进行的全面测试。

验收测试：验收测试是系统应用的最后一个测试阶段。验收测试的目的是确保系统准备就绪，验证系统的有效性。

4. 测试计划

测试计划是以测试内容说明为主体，测试计划一般包括：测试对象的名称，测试的目的、步骤和进度，以及测试用例的设计，其中，测试用例又包括测试数据和期望结果。

三、项目执行与控制

建立了项目的开发计划，就必须按照该计划执行，这包括项目计划执行和项目控制。项目执行与控制是指项目在预算范围内、按进度完成，并使顾客满意。项目执行过程包括协调人员和其他资源，以便实施项目计划，并生产出项目或项目阶段的产品或可交付成果。项目资源的调配是以项目计划为依据的，目的是使各方面的资源按时到位，并可以根据项目的实际情况，对资源做出合理的调整，以保证项目能够按计划顺利进行。项目的控制可划分成对项目工期、成本、质量等方面的控制。

（一）项目执行输入

（1）项目计划，包括项目的管理计划和绩效测量基准，是对项目计划实施的主要投入。

（2）辅助说明，包括在项目计划开发期间产生的附加信息和文件；技术性文件、要求、特征和设计等方面的文件；有关标准文件等。

（3）组织管理政策，包括质量管理（通过审计，继续改进目标）；人事管理（招聘和解聘标准，雇员执行任务的情况分析）；财务监控（时间报告、要求的经费和支出情况分析、会计账目和标准合同条款）等。

（4）纠偏措施，一旦项目实际实行结果与计划不符，就要有纠正偏差的措施和要求，通过纠偏,使项目进入正常的轨道。

(二) 项目执行的工具和方法

在项目的执行过程中经常会用一些工具或方法来帮助或协助项目的执行。常用的工具和方法包括:① 管理技能:包括领导艺术、信息交流和协商组织等,都对项目计划的实施产生实质性的影响;② 产品所需的技能和知识;③ 工作分配体系,包括确保批准的项目工作能按时、按序地完成而建立的正式程序或步骤;④ 绩效检查例会;⑤ 项目管理信息系统,辅助管理项目的执行;⑥ 组织管理程序:包括运用在项目实施过程中的正式的和非正式的程序或流程等。

(三) 项目跟踪

(1) 项目跟踪的意义。进行项目跟踪就是为了保证项目能够按照预先设定的计划轨道行驶,使项目不要偏离预定的发展进程。项目跟踪的好处包括:了解成员的工作情况;调整工作安排,合理利用资源;促进完善计划内容;促进对项目工作量的估计;统计并了解项目总体进度;有利于人员考核。

(2) 项目跟踪的对象。项目跟踪采集对象一般包括:依据项目计划的要求确定跟踪频率和记录数据的方式;按照跟踪频率记录实际任务完成的情况;按照跟踪频率记录完成任务所花费的人力和工时;根据实际任务进度和实际人力投入计算实际人力成本和实际任务规模;记录除人力成本以外的其他成本消耗;记录项目进行过程中风险发生的情况及处理对策;按期、按任务性质统计项目任务的时间分配情况;收集其他要求的采集信息以及必要的度量信息等。

(3) 项目跟踪过程及工具。跟踪采集过程主要是在项目生存期内根据项目计划中规定的跟踪频率,按照规定的步骤对项目管理、技术开发和质量保证活动进行跟踪,以监控项目实际情况,记录反映当前项目状态的数据(如进度、资源、成本、性能和质量),用于对项目计划的执行情况进行比较分析,属于项目度量实施过程。

常用的采集工具包括:定期的项目内部报告(是项目团队中传递项目执行情况的比较正式的方式)、项目例会、E-mail、电子表格和项目管理软件等。

(四) 项目控制

项目控制的具体内容包括:根据项目目标制定控制计划;设定阶段成果验收准则;汇报和收集项目进展信息;判断偏差;分析偏差产生的原因和趋势;采取适当的纠正预防措施;跟踪评估措施的有效性等。

在项目控制中控制的核心是范围控制、进度控制、成本控制。

(1) 范围控制。主要包括项目范围变更的原因分析、项目范围控制的主要步骤、对范围变化的控制、项目范围变更控制的作用等。

(2) 进度控制。主要包括:项目进度控制的依据,如项目计划文件、项目工期计划实施情况报告、项目变更的请求、项目进度管理的计划安排;项目进度分析,包括编制的项目进度计划不切实际、人为因素的不利影响、设计变更因素的影响、资金和设备等原因的影响、不可预见的政治和经济等项目外部环境等因素的影响等;进度控制的工具和方法,如甘特图检查法、S形曲线检查法、前锋线检查法;进度的调整,如关键任务的调整、改变活动间的逻辑关系、改变活动持续时间、非关键工作的调整、增减工作项目、资源调整、重新编制计划。

（3）成本控制。依据节约原则、经济原则、责任权利相结合的原则、全面控制原则、按例外管理的原则，成本控制包括项目成本基准（又称费用线，是按时间分段的项目成本预算，是度量和监控项目实施过程中项目成本费用支出的最基本的依据）、项目执行报告、项目变更申请、项目成本管理计划等。成本控制方法包括项目成本分析表法、香蕉形曲线比较法、挣值法等。

四、项目结束

项目过程的最后一个环节是项目的结束过程，也叫项目收尾工作，其主要工作是项目团队组织开展的项目完工的工作，即全面检验项目工作和项目产出物。对照项目定义与决策阶段和项目计划与设计阶段所提出的项目目标和各种要求，确认项目是否达到目标或要求的工作。当发现项目存在问题或缺陷时，必须开展相应的整改工作，使项目达到目标和要求。项目结束的主要工作包括项目验收与交付。产品展示是项目验收与交付的主要体现形式，通过产品展示，用户可以看到产品的功能和性能是否符合预期，也可认为是对开发产品的宣传，介绍产品的特点，增加产品的卖点等。产品展示也可以认为是在产品开发生命周期中的用户验收测试。

项目管理的成功原则

项目收尾工作除上述产品展示之外，还包括：

（1）范围确认。项目接收前，重新审核工作成果，检验项目的各项工作范围是否完成，或者完成到何种程度，最后，双方确认签字。

（2）质量验收。质量验收是控制项目最终质量的重要手段，依据质量计划和相关的质量标准进行验收，不合格不予接收。

（3）费用决算。费用决算是指对从项目开始到项目结束全过程所支付的全部费用进行核算，编制项目决算表的过程。

（4）合同终结。整理并存档各种合同文件。

（5）资料验收。检查项目过程中的所有文件是否齐全，然后进行归档。

总之，项目管理过程主要包括启动、计划、执行、控制、结束等五个子过程。项目一开始，首先要做好项目计划，然后按该计划来执行，在执行过程中，要有监督、检查，这个监督检查也称之为项目控制，还要把监督检查的结果反馈到执行过程中。如果发现有问题，再去调整执行的过程和内容等，甚至要去改变计划。这样循环下去，直至满足项目的全部要求，项目就可以结束了。

第五节　创业项目管理的应用实例

好的项目经理一定能把团队成员团结在一起。有时虽然开发任务完成了，但是项目过程中团队成员总是加班加点，十分劳累，工作效率低。出现这样的问题后会导致项目结束时也是开发人员离去之时，即使不离开也会出现一些消极的因素。坏的东西影响速度是非常快的。

下面结合实例"校园蹭课 APP"重点从项目团队、项目计划与实施、项目验收与交付三部分进行项目管理知识的介绍。

一、项目团队

人是项目中最重要的资源,一个项目成功与否常常取决于工作人员的能力。工程项目一般是由不同角色的人共同协作完成的,每种角色都必须有明确的职业定义,因此组建项目团队就必须要根据员工的能力和特点,分配不同的角色。有关项目团队建设在前面章节中已经做了详细介绍,通过对项目团队建设的介绍,了解到项目团队的组建除了要求成员基本的专业素质外,还要求具有较宽的专业知识、产品的整体意识和系统集成的总体思想,并具有较强的合作精神。

在"校园蹭课 APP"开发过程中,团队成员是按 10 人为单位来进行组建,这里暂时把这 10 名成员称呼为:GM1、GM2……GM10。岗位设置如表 16-1 所示。

表 16-1 岗位设置

岗 位	经 理	办公文秘	财务管理	质量控制	项目开发	市场营销
人 数	1	1	1	2	4	1

在这 10 名团队成员中,根据大家的推荐,选出一名有一定协调能力、管理能力、技术全面的人员来承担经理这一角色,如表 16-2 所示。当然前面在介绍该应用实例中,因为考虑到是学生模拟企业公司行为,要求的是全体团队成员(包括经理)都要做部分技术开发工作,这里仅以项目开发 4 人来讨论项目管理问题。

表 16-2 团队角色

经 理	GM1
项目开发	GM2、GM3、GM4、GM5
质量控制	GM6、GM7
市场营销	GM8
办公文秘	GM9
财务管理	GM10

项目团队组建完毕后,项目经理组织大家进行市场调研,选出有创新特点的产品进行分析和开发。下面就以"校园蹭课 APP"为例来介绍项目团队的分工与合作。

首先要根据人员的分工和开发周期,构建团队的责任分配矩阵(responsibility assignment matrix,RAM),如表 16-3 所示。责任分配矩阵是用来对项目团队成员进行分工,明确其角色与职责的有效工具。通过这样的关系矩阵,项目团队每个成员在每个阶段承担什么角色,以及他们的职责等都得到了直观地反映。项目的每个具体任务都能落实到参与项目的团队成员身上,确保了项目的每项任务都有人做,每个人都有任务做。

表 16-3 责任分配矩阵

项目阶段	人员									
	GM1	GM2	GM3	GM4	GM5	GM6	GM7	GM8	GM9	GM10
市场调查和分析	A	P	P			R	R	R	P	P
需求和场景	R	A	P	P	P	P				
技术决策与开发	R	A	P	P	P	R	R	R	P	P
场景细化	R		A	P	P					
系统测试	R			P	P	A	A			
商业计划书	R	R						A	P	P

A：负责者　P：参与者　R：复查者

其中，横向为组织成员或部门名称，纵向为工作单元，也叫工作任务。横向和纵向的交叉处表示项目组织成员或部门在某个工作单元中的职责。矩阵中的符号表示项目工作人员在每个工作单元中的参与角色或责任。

在这个责任矩阵中，每一个阶段都要有负责人、参与者和复查者。在做出技术决策之后，就进入到产品的开发阶段，这里选用的是迭代、增量的软件开发过程，这个过程非常适合手机 APP 这类软件的开发。结合该案例，软件开发和产品场景的细化就用迭代、增量的方式来实现，每一次的迭代都会产生可演示产品。有了责任矩阵，就明确了每一位团队成员在不同阶段的分工，也明确了自己所承担的任务，如表 16-4 所示。

表 16-4 项目团队分工

项目阶段	GM1	GM2	GM3	GM4	GM5	GM6	GM7	GM8	GM9	GM10
需求分析和场景	召集	参加	参加	参加	参加	参加	参加	参加	参加	参加
技术决策		负责	参加	参加	参加	参加				
项目开发		负责一部分	负责一部分	负责一部分	负责一部分	负责一部分				
场景细化		探讨可行性	画图+主讲方案	画图	画图					
市场调查和商业计划书				撰写提供素材	撰写提供素材	撰写提供素材		召集和整理资料	编辑成文发布	
测试				参加	参加	负责	负责			
支持									材料购买+可用性保障+价格质量评估权衡+对比表	材料购买+可用性保障+价格质量评估权衡+对比表

二、项目计划与实施

结合"校园赠课 APP"实例,该项目管理过程分为五个部分:项目过程与计划、软件开发计划、软件测试计划、项目的执行与控制、开发计划的变更。

这五个部分中,制定项目的开发计划是管好项目的第一步,而这一步要涉及以下几个问题:如何制定项目开发计划?项目计划要考虑的要素是什么?项目计划书如何编写?包括哪些内容?

(一) 开发计划

以"校园蹭课 APP"为例,该项目是学校创新创业教育课程的项目,因此在制定实际的开发计划时需要结合具体的教学计划来制定。如果用 20 周的时间来完成产品的研发工作,假定开学第一周即 3 月 1 日开始产品创意、市场调研论证等环节后选定了本项目,那么结合该 APP 的开发过程,则可计划出以下时间结束节点和完成任务内容,其开发计划中"时间"维度体现在设置里程碑上。

(1) 3 月 29 日:完成场景定义和交互流程设计,完成开发环境的熟悉,选定开发工具。

(2) 5 月 10 日:前后台连接成功,进行主要业务流程的联调,前后台主要协议定义完成。

(3) 5 月 17 日:完成界面风格和导航的设计规范,完成 UI 的美化。

(4) 5 月 24 日:安全性方案的实现。

需要说明的是,"校园蹭课 APP"的开发计划要求,除了包括项目进度计划外,还需要包括资源分配。为了做好计划,能按计划执行,在本章的第一节中也讲到,项目管理中一般用一些管理工具来辅助管理,帮助项目经理和开发人员管好项目。MS Project 项目管理工具,如图 16-8 所示。

该例中项目团队中的各部门是按照时间进度并行进行的,本案例是按 20 周的计划来实施的。这里的项目管理、技术方案、软件开发、测试以及广告宣传等都可以并行进行,这也是目前项目团队惯用的方法,这里需要项目经理与各方协调好。表 16-5 展示了团队的分工和总体计划。

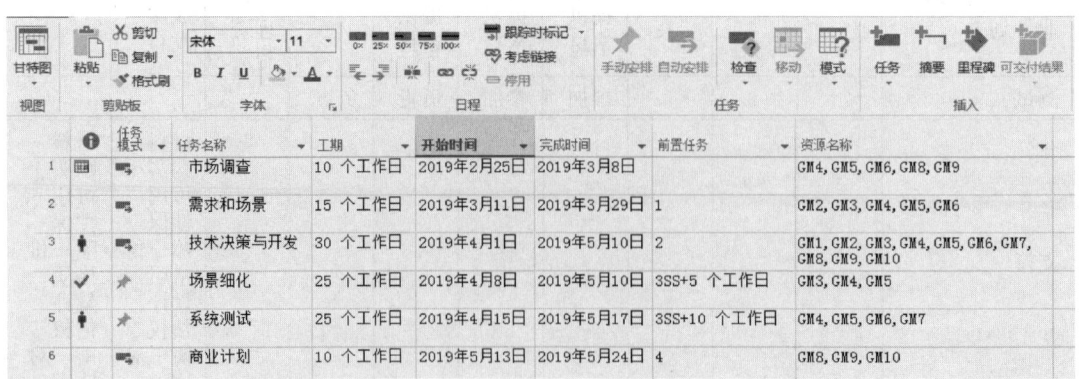

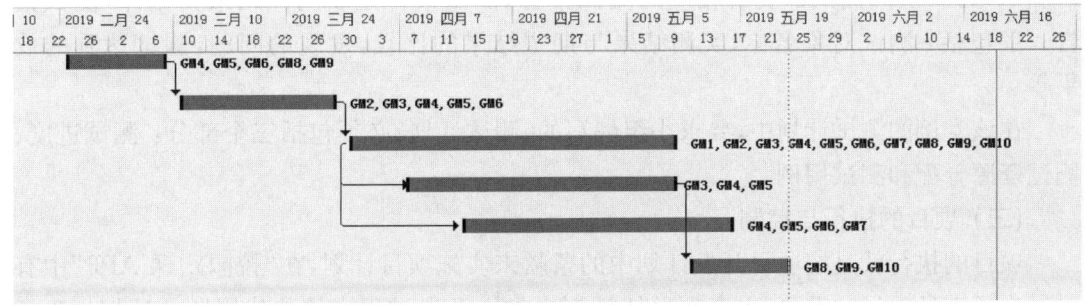

图 16-8　MS Project 项目管理工具

表 16-5　团队的分工和总体计划

时间	项目管理	技术方案	项目开发	测试和重构	宣传和推广
第 4 周	分析完成提交可行性报告和项目开题报告等	软件选型阶段	学习和造型	学习工具	场景资料整理第一稿公司 LOGO
第 8 周		方案选定场景细化描述文档	原型设计完成联机测试环境具备	联机测试环境适应测试	FeatureList
第 10 周			细化的 UI 第一版完成	配合硬件调试	完成项目门户网站、演示、美工完成
第 12 周	中期检查	细化的 UI 评估完成和重构方案提出	数据采集和存储开发完成	测试用例起草完成	
第 16 周		文档整理和归档	软件优化和重构	第一阶段迭代成果测试	场景调整、资料优化
第 20 周	交付和验收	最终文档交付	演示	最终测试演示场景准备	最终文档交付

（二）测试计划

测试是产品质量保证的重要手段之一，对应"校园蹭课 APP"实例，其测试计划包括：测试对象的名称，测试的目的、步骤和进度，以及测试用例的设计，其中，测试用例又包括测试数据和期望结果。本实例中测试对象就是"校园蹭课 APP"软件。测试的目的是验证该 APP 的功能和性能等是否满足用户需求和软件运行环境等的要求。测试步骤和进度就是按照测试对象分解的各功能模块的重要性划分的测试先后顺序，有些模块可以不分先后测试，但有些模块的测试是有先后的。测试用例是测试计划中的重点，好的测试用例能够更好地发现和验证产品的正确性，好的测试用例需要有丰富经验的测试工程师来认真地设计。测试用例包括测试数据和期望结果，例如，"用户登录"模块的测试用例的编写，测试数据既要有正确的用户账号和密码，也要有不正确账号和密码等，通过输入测试数据验证具体的登录情况与测试期望结果是否一致等。

有了测试计划，当测试对象开发出来以后，马上就对测试对象按测试计划的要求进行测试,每一次的测试都要有相应的测试报告,测试报告是以测试结果为主体,测试报告一般包括:测试对象名称,实测结果与期望结果的比较,发现的问题,测试达到的效果等。

在该实例的测试计划中,要求小组编写的《测试计划》必须包括三个部分:测试进度、测试资源分配和测试用例。

(三)项目的执行与控制

项目的执行就是按项目开发计划中的条款来实施项目计划,在"校园蹭课 APP"中有时候为了满足项目的需要,也会在总体计划中加入开发过程中的迭代周期的计划。为了确保项目计划中可交付的成果得到相应执行,有时候也可能根据开发的实际情况,适当地分配、协调和管好人力资源和其他资源,比如,当人力资源出现问题的时候,可能会调配人力,如加人、换人。

在"校园蹭课 APP"的开发中,每一次的迭代都要确保这次迭代有可交付的成果。在项目的执行过程中,还要对项目进行监测、控制,观察那些为了项目执行而执行的过程,看看他们有没有潜在的问题,必要时候,还要采取纠正措施来控制项目的执行,定期观察和衡量项目的绩效,还可以和小组成员讨论:谁在尽力,谁拖了后腿,将来的贡献度如何确定等。

(四)开发计划的变更

在计划执行中,还要细心观察计划执行的差异情况:比如,时间有没有按计划要求,有没有需求无法满足的情况,有没有更好的路线等。

还要定期对计划执行的实际情况进行通报。如果在执行计划时遇到问题怎么办?比如:如果一个分支没如期完成怎么办?它会不会拖垮整个项目?外部因素的依赖度怎样?之前有考虑不周的怎样处理?风险的应对策略怎么落实?等等。当出现这些情况后如何调整计划?这些都是值得思考的问题。

三、项目验收与交付

项目一旦开发、测试完毕就要对项目进行验收和交付,这是项目实施过程的最后阶段。"校园蹭课 APP"开发、测试完毕以后,该项目就会由教学指导委员会进行评审和验收,这个过程是检验学生创新创业能力的关键阶段。验收交付过程要求每个团队搭建模拟环境、包装自己设计的产品、布置产品展示台、制作产品广告宣传牌等一系列活动。通过产品展示,用户可以看到产品的功能和性能是否符合预期,也可认为是对开发产品的宣传,介绍产品的特点,增加产品的卖点等。产品展示也可以认为是在软件开发生命周期中的用户验收测试。在该实例中产品验收分为:实物(软件)验收、项目答辩、文档评价三个步骤进行。

(一)实物验收

实物验收就是项目团队展示项目的实际运行情况,介绍产品的特点等。针对"校园蹭课 APP"产品,首先项目团队在项目实际运行环境下演示软件的功能、展示软件界面、体现软件性能等,同时还要介绍产品的卖点、包装等商业条款,教学指导委员会成员根据产品的演示、外观设计、创新特征和市场前景等 4 个方面给出评价。

(1) 产品演示：开发团队能顺利完成产品功能的演示，各种性能达到设计要求。

(2) 外观设计：产品的界面或外形美观，操作方便。

(3) 创新特征：有创新意识，产品能体现创新特征，对前人工作有改进或突破，对产品有升级换代设想；对于学生来说这点比较困难，需要教学指导委员会事先定义好"创新"概念和范畴，掌握好创新评审的标准。

(4) 市场前景：产品的功能实用，有一定推广或应用价值。

最后，教学指导委员会成员根据验收情况填写《实物(软件)验收评价表》，并给出评价意见和百分制评分。

(二) 项目答辩

项目答辩，主要是从技术角度来分析项目团队的项目完成情况，教学指导委员会成员从技术路线、设计的方法、实现手段、面临的挑战等来向开发团队进行提问。一般情况下项目经理发表主旨演讲，但也可以是其他成员演讲，其他成员都要参与回答问题，教学指导委员会成员根据项目组答辩情况，从报告过程、报告内容、回答问题三个方面来进行评价。

(1) 报告过程：准备工作充分，时间符合要求。报告内容包括公司组成、产品简介、市场调研、公司管理、财务管理、市场营销、项目管理等，应反映项目运作全过程。

(2) 报告内容：思路清晰，语言表达准确，概念清楚，论点正确。实验方法科学，工程设计规范，分析归纳合理；内容中一定要体现创新创业，能反映产品创意过程，对创新创业有一定的认识和体验。

(3) 回答问题：有理论依据，符合逻辑，主要问题回答准确、深入。教学指导委员会从市场、技术、营销、财务、创新点等方面提问，负责不同任务的团队成员根据评审人员的提问要逐一回答。

根据项目团队的答辩情况，教学指导委员会成员填写《项目答辩评价表》，给出答辩评价意见和百分制评分。

(三) 文档评价

文档验收是项目验收的重要组成部分，文档可以把项目团队在开发过程中很多不可见的"东西"转化为可见的文字记录下来，便于以后开展工作，也便于监督检查。项目组成员都要有文档的编写能力，其中办公文秘是团队中文档编写的组织者和管理者，负责把每一个阶段的工作成果用文档的形式编写出来。作为产品的重要组成部分，项目结束一定对文档进行验收和移交，这是后期产品升级、维护的主要依据。

"校园蹭课 APP"项目开发完成后，需要验收的文档包括："校园蹭课 APP"市场分析报告、项目开题报告、财务预决算报告、设计报告(需求分析、概要设计、详细设计)、测试报告、验收报告等十多个文档资料，同时还需要提交会议纪要、队员演讲材料、工作日志等。

教学指导委员会将根据项目提交的文档，依据《文档验收标准》对文档评分并填写《文档验收评价表》。

本 章 小 结

通过本章的学习,大家对于工程项目管理有较全面的了解,通过案例分析,大家不仅能掌握如何做好项目计划、控制好项目的实施过程等,而且还要掌握工程项目管理过程中时间、成本、质量三者的平衡关系和资源尤其是人力资源在项目管理中发挥的作用等。

思 考 题

1. 项目管理就是在三重约束下完成交办的任务,请分析质量在三重约束中是如何处理的。

2. 请分析"项目管理必须实施项目经理负责制来实施"这句话是否正确,为什么?

3. 有人说"项目产品的质量与选用原材料的质量有关,原材料的质量越好产品的质量就越高越好",这句话有道理吗?结合实例说明。

4. "在项目开发结束后再由项目组成员把项目中需要的文档资料补齐提交给用户",你对这种观点有什么看法?它是否正确?说说你的理由。

5. 结合"校园蹭课APP"应用实例,讨论如下问题:

(1) 在工程项目的施工现场经常会看到这样一句话"多、快、好、省",这与本章提到的项目管理核心:范围、时间、质量、成本是相一致的,但是这句话中的四个字又是相矛盾,也就是经常说的:"想让马儿好,还想让马儿不吃草""一分价钱一分货"等。谈谈你对这句话的理解和认识,并结合该案例讨论在工程项目中如何做好这四者之间的平衡。

(2) 常言说"一年之计在于春,一日之计在于晨""有志之人立长志,无知之人常立志"。结合该案例谈谈项目计划的重要性。

(3) 在工程项目管理中,"人的因素"至关重要。你认为"人的因素"会影响到项目管理九个知识领域中的哪些?结合该案例谈谈你的看法。

参 考 文 献

[1] 王作冰. 人工智能时代的教育革命[M]. 北京：北京联合出版公司，2017.
[2] 克里斯坦森. 创新者的窘境[M]. 胡建桥，译. 北京：中信出版社，2010.
[3] 奈米斯. 异议的力量[M]. 胡小锐，译. 北京：中信出版社，2019.
[4] 勒庞. 乌合之众：大众心理研[M]. 张艳华，译. 北京：清华大学出版社，2017.
[5] 道伊奇. 重塑大脑重塑人生[M]. 洪兰，译. 北京：机械工业出版社，2015.
[6] 罗玲玲. 创意思维训练[M]. 3版. 北京：首都经济贸易大学出版社，2018.
[7] 波拉克. 创新的本能：类比思维的力量[M]. 青立花，胡红玲，陆小虹，译. 北京：中信出版社，2016.
[8] 霍洛维茨. 创业维艰：如何完成比难更难的事[M]. 杨晓红，钟莉婷，译. 北京：中信出版社，2015.
[9] 孙洪义. 创新创业基础[M]. 北京：机械工业出版社，2019.
[10] 中国国家标准化管理委员会，中华人民共和国国家质量监督检验检疫总局. 党政机关公文格式：GB/T 9704-2012[S]. 北京：中国标准出版社，2012.
[11] 中国国家标准化管理委员会，中华人民共和国国家质量监督检验检疫总局. 电子文件归档与电子档案管理规范：GB/T 18894-2016[S]. 北京：中国质检出版社，2016.
[12] 杨锋. 秘书学概论[M]. 北京：高等教育出版社，2011.
[13] 杨锋. 秘书实务[M]. 3版. 北京：中国人民大学出版社，2020.
[14] 杨霞. 文件管理规程与案例[M]. 北京：北京大学出版社，2014.
[15] 马连福，张慧敏. 现代市场调查与预测[M]. 5版. 北京：首都经济贸易大学出版社，2016.
[16] 田立军. 市场经济法律教程[M]. 6版. 上海：复旦大学出版社，2018.
[17] 李超. 专利代理实务分册[M]. 4版. 北京：知识产权出版社，2020.
[18] 高云. 民法典时代合同实务指南[M]. 北京：法律出版社，2020.
[19] 刘永泽，陈文铭. 会计学[M]. 6版. 大连：东北财经大学出版社，2018.
[20] 崔国萍. 成本管理会计[M]. 4版. 北京：机械工业出版社，2017.
[21] 鲁爱民. MBA财务管理[M]. 北京：电子工业出版社，2014.
[22] 罗斯，威斯特菲尔德，杰富. 公司理财：第11版[M]. 吴世农，沈艺峰，王志强，等译. 北京：人民邮电出版社，2020.

[23] 巴塔,巴韦斯.深度营销:营销的12大原则[M].美同,译.上海:上海财经大学出版社,2019.

[24] 乌利齐,埃平格.产品设计与开发:第6版[M].杨青,杨娜,译.北京:机械工业出版社,2018.

[25] 张赪.电子产品设计宝典可靠性原则2000条[M].2版.北京:机械工业出版社,2016.

[26] 于争.信号完整性揭秘:于博士SI设计手记[M].北京:机械工业出版社,2013.

[27] 郑军奇.EMC电磁兼容设计与测试案例分析[M].2版.北京:电子工业出版社,2018.

[28] 拉曼.UML和模式应用:第3版[M].李洋,郑龚,等译.北京:机械工业出版社,2006.

[29] 萨默维尔.软件工程:第10版[M].彭鑫,赵文耘,等译.北京:机械工业出版社,2018.

[30] 佩腾.软件测试:第2版[M].张小松,王钰,曹跃,等译.北京:机械工业出版社,2019.

[31] 周元哲,张庆生,王伟伟,等.软件测试案例教程[M].北京:机械工业出版社,2013.

[32] 国家食品药品监督管理总局.医疗器械产品技术要求编写指导原则[EB/OL].(2014-05-30)[2020-09-28].https://www.nmpa.gov.cn/directory/web/nmpa/ylqx/ylqxggtg/ylqxqtgg/20140530205801879.html.

[33] 国家食品药品监督管理总局.医疗器械通用名称命名规则[EB/OL].(2015-12-21)[2020-09-28].https://www.nmpa.gov.cn/xxgk/fgwj/bmgzh/20151221120001127.html.

[34] 洪生伟.标准文件编写指南[M].2版.北京:中国标准出版,2010.

[35] 郭宁.IT项目管理[M].2版.北京:人民邮电出版社,2017.

[36] 韩万江,姜立新.软件项目管理案例教程[M].4版.北京:机械工业出版社,2019.

[37] 丛培经.工程项目管理[M].5版.北京:中国建筑工业出版社,2017.

郑重声明

高等教育出版社依法对本书享有专有出版权。任何未经许可的复制、销售行为均违反《中华人民共和国著作权法》，其行为人将承担相应的民事责任和行政责任；构成犯罪的，将被依法追究刑事责任。为了维护市场秩序，保护读者的合法权益，避免读者误用盗版书造成不良后果，我社将配合行政执法部门和司法机关对违法犯罪的单位和个人进行严厉打击。社会各界人士如发现上述侵权行为，希望及时举报，本社将奖励举报有功人员。

反盗版举报电话　（010）58581999　58582371　58582488
反盗版举报传真　（010）82086060
反盗版举报邮箱　dd@hep.com.cn
通信地址　北京市西城区德外大街 4 号　高等教育出版社法律事务与版权管理部
邮政编码　100120

高等教育出版社

教学资源索取单

尊敬的老师：

您好！

感谢您使用**王忠勇**、**朱国贞**等编写的《**工程创新创业基础**》。为便于教学，本书另配有课程相关教学资源，如贵校已选用了本书，您只要添加服务 QQ 号 800078148，或者把下表中的相关信息以电子邮件或邮寄方式发至我社即可免费获得。

我们的联系方式：

联系电话：（021）56718921/56718739 　电子邮箱：800078148@b.qq.com
服务 QQ：800078148（教学资源） 　　　创新创业教师论坛 QQ 群：248192102
地址：上海市虹口区宝山路 848 号 　　　邮编：200081

姓　　名		性别		出生年月		专　　业	
学　　校				学院、系		教 研 室	
学校地址						邮　　编	
职　　务				职　　称		办公电话	
E-mail						手　　机	
通信地址						邮　　编	
本书使用情况	用于_____学时教学，每学年使用_____册。						

您对本书有什么意见和建议？

您还希望从我社获得哪些服务？
☐ 教师培训　　　　　☐ 教学研讨活动
☐ 寄送样书　　　　　☐ 相关图书出版信息
☐ 其他_____